Direito Tributário
e suas Repercussões Socioeconômicas

Ana Paula Basso
André Luna
Organizadores

Direito Tributário
e suas Repercussões Socioeconômicas

Editora Meraki
2022

Copyright © 2022 Editora Meraki Ltda.

Todos os direitos reservados.
ISBN: 978-65-88781-70-8

Acompanhamento editorial Leonam Liziero
Direção de arte Brenda Santos

Editora Meraki
Conselho Editorial
Alexandre Walmott Borges (UFU)
Alessandra Silveira (UMinho)
Ari Marcelo Solon (USP)
Dawid Bunikowski (UEF)
Diva Julia Safe Coelho (PNPD-CAPES/UFU)
Felipe Magalhães Bambirra (UniALFA)
Gonçal Mayos (UB)
José Carlos Remotti (UAB)
Osvaldo Alves de Castro Filho (UFMS)
Saulo Pinto Coelho (UFG)

B322d	Basso, Ana Paula et al.
	Direito Tributário e suas repercussões socioeconômicas/ Ana Paula Basso e André Luna (org). Andradina: Meraki, 2022
	Bibliografia
	ISBN 978-65-88781-70-8
	1. Direito Tributário 2. Finanças Públicas
	1. Título
	CDU – 34:336.2 CDD – 340:336

Reservados todos os direitos desta obra.
Proibida toda e qualquer reprodução desta edição por qualquer meio ou forma sem a permissão expressa do editor.

Sumário

Prefácio 7

Apresentação 10

Complexidade, interdisciplinaridade e ciência do Direito Tributário: Caminhos para a função prospectiva no Direito Tributário brasileiro 13
  Jeferson Teodorovicz

Cidadania fiscal e princípio da capacidade contributiva à luz da teoria de justiça de John Rawls 37
  Francisco Leite Duarte e Raul Messias Lessa

Tributação e desigualdade interseccional: um olhar para o Direito Tributário 50
  Luciana Grassano de Gouvêa Melo e Danielle Victor Ambrosano

A tributação como fator de (des)incentivo no desenvolvimento econômico-social: conciliação de interesse público e privado sob perspectiva da Análise Econômica do Direito 63
  Lidiane da Cruz Garcia e Maria de Fátima Ribeiro

Estudo sobre o efeito líquido da incidência do ICMS e IRPF na distribuição de renda no estado de Pernambuco 81
  Laércio Damiane Cerqueira da Silva e Bruno Bastos de Oliveira

Extrafiscalidade ambiental e promoção de fontes renováveis para diversificação e segurança da matriz energética 100
  Ana Paula Basso e Isabela Dativo Sena

Políticas fiscais em tempos de pandemia da Covid-19: O caso dos países do G-7 e do Brasil 116
  Joedson de Souza Delgado e Gabrielle Jacobi Kölling

Os desafios para a implantação da Zona Franca do Semiárido à luz do federalismo fiscal 137
  Fernando José Viana, Arnaldo Oliveira da Silva Neto e Severino P. Cavalcanti Neto

Tributação com fins ambientais e energia solar fotovoltaica como vetor de desenvolvimento sustentável estratégico em Princesa Isabel/PB 154
  Anderson Diego Marinho da Silva e Hector Ruslan Rodrigues Mota

Uma análise sobre o estado da arte envolvendo os jogos digitais 172
  Gabriel Xavier Marino e Antônio Carlos Diniz Murta

Viabilidade da tributação do streaming pelo ICMS Comunicação 189
  André Luna

LA TRIBUTACIÓN LABERÍNTICA DE LAS CRIPTOMONEDAS EN ESPAÑA **214**
    Luis María Romero Flor

MERCADO DE PUBLICIDADE & SEUS NOVOS MAGOS: O QUE RESTA PARA O ESTADO PODER ACOMPANHAR A ATIVIDADE DOS INFLUENCIADORES DIGITAIS E TRIBUTÁ-LA ADEQUADAMENTE **231**
    Harrison Alexandre Targino Júnior e Francisco de Assis Diego Santos de Souza

THE DIFFICULTIES OF TAXING THE DIGITAL ECONOMY FACING THE CONCEPT OF PERMANENT ESTABLISHMENT **245**
    Joedson de Souza Delgado e Anna Karla da Silva Brisola

A TRIBUTAÇÃO INTERNACIONAL EM TEMPOS DE ECONOMIA DIGITAL **265**
    Joedson de Souza Delgado e Antônio de Moura Borges

A POSTULAÇÃO DE APLICAÇÃO DA LINDB NO DIREITO TRIBUTÁRIO EM CONTRASTE COM A RESERVA DE LEI COMPLEMENTAR: UMA PROBLEMÁTICA DE DIFÍCIL SOLUÇÃO **279**
    Waldemar de Albuquerque Aranha Neto

A SOLIDARIEDADE EM MATÉRIA DE RESPONSABILIDADE TRIBUTÁRIA: O ALCANCE DA EXPRESSÃO "INTERESSE COMUM" PARA FINS DO ART. 124, I DO CTN NA JURISPRUDÊNCIA DO STJ **296**
    Diana de Melo Costa Lima e André Borges Coelho de Miranda Freire

MAJORAÇÃO DO IMPOSTO DE RENDA COMO SANÇÃO: A TRIBUTAÇÃO EXCLUSIVA NA FONTE NOS CASOS DE "BENEFICIÁRIO NÃO IDENTIFICADO" E "PAGAMENTO SEM CAUSA" NO CARF **314**
    Fernando Gomes Favacho e Andrew dos Santos Filgueira

REPERCUSIONES SOCIO ECONÓMICAS DEL DERECHO TRIBUTARIO COLOMBIANO **329**
    Anayibe Ome Barahona

A BASE DE CÁLCULO DO ICMS DIFAL – NÃO CONTRIBUINTE: "ÚNICA" OU "DUPLA"? **352**
    Ronaldo Medeiros e Abílio de Medeiros Rodrigues

NATUREZA JURÍDICA DA SUBSTITUIÇÃO TRIBUTÁRIA DE ICMS PARA A JURISPRUDÊNCIA **377**
    Lídia Maria Ribas, Hendrick Pinheiro e Júlia Braceiro Daneluzzi

AUTORAS E AUTORES **394**

Prefácio

O Programa de Pós-Graduação em Ciências Jurídicas iniciou suas atividades no mês de março de 1996 na área de concentração em Direito Econômico. A proposta de Mestrado em Direito Econômico, apresentada na época pelo Coordenador do Curso, o Professor Manoel Alexandre Belo, rapidamente, se destacou no Nordeste brasileiro, porque estimulou pesquisas que tratassem da regulamentação jurídica da atividade econômica, do desenvolvimento social, humano e econômico, do trabalho, da livre concorrência e dos diversos planos e projetos de proteção social, econômica e ambiental. Desde então, inúmeros trabalhos foram publicados, sempre mantendo esse vínculo com a pauta originária que alimentou, durante os anos 90 do Século XX, a reunião de diversos pesquisadores renomados, entre eles: o Professor Eduardo Ramalho Rabenhorst, a Professora Maria Áurea Baroni Cecato e os professores Edward Pinto Lemos e Marcos Augusto Romero, em sua formação originária.

A Questão Fiscal perpassa toda essa discussão da área de concentração em Direito Econômico, permitindo publicações relevantes tratando de objetos que vão desde aos objetivos extrafiscais da tributação, entre eles, a questão ambiental, o desenvolvimento socioeconômico e a desigualdade social até o debate aprofundado de elementos indispensáveis ao conhecimento da norma e obrigação tributária. É dando continuidade a essa tradição em matéria tributária e econômica, inerente ao Programa de Pós-Graduação em Ciências Jurídicas, que apresentamos aos leitores e estudiosos da área mais uma obra de excelência acadêmica, capitaneada pela Professora Ana Paula Basso, orientadora de Mestrado e Doutorado e líder do Grupo de Pesquisa Estudos de Direito Tributário e suas Repercussões Socioeconômicas (GPEDTRS).

O poder e soberania dos Estados Modernos se consolida a partir da capacidade de tributação e arrecadação tributária junto a determinada população num território específico. Debater tributação e eficiência fiscal do Estado é possibilitar a análise de canais para a obtenção de receitas voltadas ao financiamento de importantes políticas públicas. No ano de 2022, os indicadores de acompanhamento do volume de arrecadação tributária estão nos dando nota de que alcançaremos recordes históricos de receitas oriundas da tributação. Demonstra-se, assim, que, no contexto brasileiro, há uma regulação eficiente em termos de arrecadação, o que possibilitaria ao Estado lançar mão de uma excelente estratégia de gastos públicos, propiciadores de desenvolvimento humano, econômico e social. Infelizmente, longe disso, as despesas comuns revelam um desperdício de valores incomum, perpetuador do subdesenvolvimento nacional e aprofundador das desigualdades sociais.

Por sua vez, a própria matéria tributária segue a dinâmica social e econômica e necessita de uma plasticidade adaptativa extraordinária. Em termos de justiça fiscal, é indispensável discutir reformas que atendam à capacidade contributiva com equanimidade e permitam o crescimento econômico de sujeitos individuais e empresas, sem descuidar de impor limites ao caráter expropriatório e disfuncional observado por alíquotas tributárias inadequadamente aplicadas ou não reajustadas conforme mudanças observadas no ambiente econômico. Carga Tributária não pode ser fator desestimulador do desenvolvimento humano e econômico; não pode, igualmente, se tornar elemento perpetuador do subdesenvolvimento e nem deixar de observar regras eficientes de arrecadação. É extremamente relevante preocupar-se com a diversificação humana, econômica, regional, produtiva e setorial envolvidas no trajeto da arrecadação, possibilitando desenvolver parâmetros mais equilibrados e sustentáveis de receita tributária.

As novas tecnologias e sua influência sobre a vida humana e social exigem dos pesquisadores em matéria fiscal, a análise do alcance e eficiência do direito tributário. Por um lado, a dificuldade de se estabelecer parâmetros de controle e fixação de regras no mundo digital e virtual, aparentemente fora das dimensões tradicionalmente "territoriais da soberania" (espaço desterritorializado). Por outro lado, há uma impossibilidade latente de não se discutir elementos de tributação sobre relações sociais e econômicas desenvolvidas no universo virtual. Taxas e tributos em matérias digitais ou virtuais exigem um "modelo de cooperação internacional" em matéria tributária. É indispensável discutir esse fenômeno e buscar essa cooperação, dada a perda de "soberania nacional" para lidar com determinados fenômenos econômicos contemporâneos e a necessidade de assegurar a redistributividade da renda em quaisquer cenários e para além das "crises cíclicas" da economia. Aqui o Direito Tributário assume nuances de proteção social, assegurando capacidade fiscal e redistributiva ao Estado, no enfrentamento de fenômenos de "desterritorialização da atividade econômica" e de "fluidez capitalista" em contraposição a fixação localmente empobrecida dos trabalhadores e das pessoas humanas em geral. Uma dinâmica que igualmente exige parâmetros possibilitadores de acesso à informação e à digitalização e à ampliação de mercado e de possibilidades de renda, trabalho e consumo que essas novas tecnologias permitem. Enfim, cooperar internacionalmente para o desenvolvimento de regras tributárias que assegurem proteção social sem desestimular a evolução social e humana permitida por parte dessas altas tecnologias de informação e "desterritorialização" tornou-se um problema crucial da atualidade.

Por fim, a questão tributária não pode mais andar dissociada, tanto em parâmetros fiscais como extrafiscais, da questão ambiental. Há uma guinada em curso na busca de fórmulas sustentáveis de desenvolvimento e atuação economicamente produtiva. O debate acerca das economias verdes, das novas fontes de energia não poluentes, da capitalização da biodiversidade e de modelos produtivos ambientalmente sustentáveis, precisa desse "olhar fiscal". Influencia, diretamente, a análise da receita ou de sua dispensa estratégica, observando-se os vários ganhos, indiretos ou diretos, dessas decisões em matéria fiscal. Importante ressaltar, igualmente aqui, a necessidade de cooperação internacional e a noção da produção difusa de consequências que não se limitam ao universo fixo de uma geração. Estabelecer "consensos intergeracionais" faz com que as normas pensadas nessa matéria ambiental desenvolvam uma tendência prolongada no sentido de defesa das condições da vida e da proteção ao meio ambiente equilibrado.

Todos esses temas contribuem para a análise aprofundada, inovação, revisão e reforma de normas tributárias, adaptando-se ao cenário multidimensional e exigente das complexas relações humanas, sociais e de mercado atualmente em curso. O Grupo de Pesquisa e Estudos coordenado pela professora Ana Paula Basso conseguiu construir um texto original e muito interessante, tocando nesses variados objetos de estudo e sua inter-relação com o Direito Tributário e dando ao leitor condições de se posicionar e aprofundar o seu conhecimento acerca de como a matéria fiscal pode se comportar e influenciar diante de tantos percalços e mudanças. Leitura, portanto, mais que recomendada...

GUSTAVO BARBOSA DE MESQUITA BATISTA
Coordenador do Programa de Pós-Graduação em Ciências Jurídicas da Universidade Federal da Paraíba – UFPB. Professor Associado de Direito Penal junto ao Departamento de Direito Público da UFPB. Orientador de Mestrado e Doutorado.

APRESENTAÇÃO

A presente obra coletiva é resultado de um dos projetos propostos pelo Grupo de Pesquisa "Estudos de Direito Tributário e suas repercussões socioeconômicas - GPEDTRS" (CAPES/CNPQ/UFPB), reforçando seu objetivo em colaborar com a construção de uma sociedade mais justa ofertando conhecimento para diagnóstico e orientações para conjeturar uma política tributária-fiscal eficiente e sustentável. Trata-se de uma coletânea que remete a uma reflexão mais ampla sobre o tema, que reúne distintos posicionamentos, com análises críticas, sobre as diferentes repercussões do direito tributário na sociedade e em seus estudos interdisciplinares.

Pelos estudos ora retratados, busca-se apresentar respostas a demandas relevantes para a contemporaneidade sob fundamentação teórica-jurídico-tributária, e também, de política fiscal. Intuitivamente, os textos foram norteados por quatro grandes enfoques de pesquisa, um deles envolve aspectos filosóficos, o outro considera o critério da extrafiscalidade tributária, e os seguintes cingem-se pelos juízos de prospecção e descrição. Dentro do conteúdo apresentado, verifica-se que o sistema tributário pode se mostrar e pode interferir estrategicamente nas políticas de desenvolvimento socioeconômico, de forma produzir justiça e reduzir as desigualdades sociais. Assim como, avalia-se o seu progresso histórico e alerta o quanto ainda necessita se aprimorar diante dos desafios postos e reiteradamente renovados pela era digital e pela economia globalizada.

Os autores desta obra cumprem o papel de subsidiar os debates que vêm sendo travados no Brasil e em escala mundial, avaliando a eficiência do que se dispõe no atual sistema jurídico, bem como fazendo proposições sem prescindir do senso crítico e da realidade em que se vive.

No contexto atual, não tem como afastar o sistema tributário do desenvolvimento de uma nação. Ele repercute em diferentes esferas, a exemplo da política institucional, econômica, fiscal e social. Sua complexidade e implicações atingem diversos setores, porquanto ainda que imprevisíveis, podem ter um prévio prognóstico para estrategicamente arrazoar sobre medidas a serem planejadas e implementadas. Presencia-se o imperativo de equilibrar as contas do Estado, o que requer redução de gastos e eficiência na arrecadação. Eficiência esta que não pode relegar a necessidade de se raciocinar novas formas de tributação e o abandono de algumas vigentes e ineficientes, considerando que a tributação, em regra, não é neutra e impacta na vida dos particulares, nas prestações de serviços, nos investimentos e no mercado.

É importante repensar institutos tributários. As pesquisas postas no presente livro ponderam diversas situações que afligem o contexto socioeconômico que demandam melhor atenção e merecem ser pautados nos diversos debates que tratam dos rumos das políticas tributária e econômica.

Pela leitura de cada um dos textos, percebe-se que as reflexões e observações perpetradas por cada autor não se apartam de conhecimentos técnicos e, sobretudo, da percepção muito próxima da realidade. Num momento de crise mundial, afetada pela pandemia da Covid-19 e pela situação de guerra envolvendo países na Europa, a relevância destas discussões ganha mais destaque, sopesando que a avaliação dos efeitos das políticas fiscais se conforma como cada vez mais necessário com a recessão econômica que se anuncia. Há sim, necessidade de se considerar como o sistema tributário pode interferir socio e economicamente no desenvolvimento de um país.

É sabido que a reforma tributária é imprescindível. Dessa forma, ao fim da compreensão dos textos pelos seus leitores, acredita-se que surgirá diferentes respostas à seguinte indagação: qual/is problema/s o Brasil, na hipótese de se efetivar a reforma tributária, deve/m ser considerado/s para o seu adequado desenvolvimento socioeconômico? As experiências relatadas nesta coletânea, com certeza darão suporte a discursos pertinentes para um novo modelo tributário ou de proposta individual de alteração que possa atender de forma mais competente aos anseios da sociedade, que, todavia, converge em enfrentamento de dificuldades que vão além das fronteiras de cada nação.

Como visto, o livro é atual e necessário, bem como demanda continuidade nos debates sobre as repercussões do Direito Tributário no planejamento dos sistemas jurídicos dos Estados para atender as demandas que se apresentam nos seus territórios e no mundo.

Assim finaliza-se esta apresentação, na certeza que muito contribuirá para os estudos de Direito Tributário e de processos de constituição de políticas e estratégias de desenvolvimento socioeconômico. Enfim, cumpre a estes organizadores e ao GPEDTRS, diante do exitoso resultado, agradecer a cada um dos coautores que tornaram possível a oferta de importante conteúdo à sociedade com a materialização desse veículo de conhecimento.

Ana Paula Basso
André Luna
(Organizadores)

COMPLEXIDADE, INTERDISCIPLINARIDADE E CIÊNCIA DO DIREITO TRIBUTÁRIO: CAMINHOS PARA A FUNÇÃO PROSPECTIVA NO DIREITO TRIBUTÁRIO BRASILEIRO

JEFERSON TEODOROVICZ

SUMÁRIO

1. Introdução. 2. Tendências históricas da Ciência do Direito Tributário e a abertura à interdisciplinaridade. 3. A epistemologia da complexidade e a elevação da interdisciplinaridade na Ciência do Direito Tributário Brasileiro contemporâneo. 4. Interdisciplinaridade e a função prospectiva (normativa) do tributarista. 5. Considerações finais. Referências.

1 Introdução

As perspectivas de investigação do fenômeno interdisciplinar oferecem caminhos no campo da tributação que perfilham pela análise do fenômeno tributário por perspectivas diferenciadas. Não que elas não existissem muito antes de se considerar sob a perspectiva epistemológica e pedagógica a interdisciplinaridade, mas é realmente curioso que, na perspectiva jurídica do fenômeno, houve forte tendência, a partir de determinado momento, em se esquivar do reconhecimento da influência exterior na construção do próprio fenômeno jurídico tributário, ainda que esse fosse por demais evidente.

Hodiernamente, o "retorno" à interdisciplinaridade oferece novas perspectivas ou de "revisitações" a caminhos outrora desprestigiados ou minorados em importância no campo da Ciência do Direito Tributário. Não se quer dizer, naturalmente, que a Ciência do Direito Tributário, em sua análise jurídica do fenômeno, deva deixar sua secular construção de lado, mas, pelo contrário, reconhecer a existência (como as próprias teorias interdisciplinares revelam) de zonas de intersecção, onde é possível o diálogo recíproco entre diferentes disciplinas.

Mais do que isso, nas zonas de intersecção revela-se campo frutífero para a construção (gradual) de interdisciplinas, com pressupostos epistemológicos e metodológicos próprios e que não necessariamente se confundem com as estruturas científicas das ciências da qual se originam.

Assim, primeiramente, busca-se demonstrar que há atualmente ambiente mais propício para investigações interdisciplinares (em análise à literatura jurídica tributária brasileira), para, depois, identificar formatações interdisciplinares embrionárias. A partir desses aspectos preliminares, apresentar-se-ão algumas linhas gerais sobre o que se entende por complexidade e interdisciplinaridade, e seus reflexos, na Ciência do Direito Tributário contemporâneo, caminhando pela possibilidade de uma função prospectiva ou normativa ao tributarista.

2 Tendências históricas da ciência do direito tributário e a abertura à interdisciplinaridade

A atenção a elementos exteriores não é fato novo na história da Ciência do Direito Tributário Brasileiro.

A aplicação de conhecimentos reunidos ou consolidados em outro ramo do conhecimento sempre foi – de alguma forma – considerada mesmo que por linhas de estudo que buscavam a emancipação jurídica plena do Direito Tributário em face da histórica influência da Ciência das Finanças (Economia Pública ou Finanças Públicas) em estudos sobre Direito Financeiro e Direito Tributário. O tratamento multidisciplinar relegado ao fenômeno tributário, e a influência de grandes financistas e economistas na produção jurídica tributária não deve ser ignorado. Até mesmo o debate autonomista do Direito Tributário, nos primeiros anos de formação disciplinar, foi justificado por substancial parcela doutrinária pelo fato de o tributo apresentar conteúdo essencialmente econômico (justificando a autonomia do Direito Civil, por exemplo). A absorção de conhecimentos do campo da Ciência das Finanças foi essencial para o desenvolvimento da Ciência do Direito Tributário, especialmente em seus primeiros passos (TEODOROVICZ, 2017, p. 63 e ss; TEODOROVICZ, 2021, p. 586-646).

Ainda, outra situação relevante refere-se à influência da Filosofia e da Filosofia do Direito na Ciência do Direito Tributário, já que a absorção do arsenal metodológico e epistemológico da Filosofia (e da Filosofia do Direito) sempre esteve presente, de alguma maneira, no processo disciplinar do Direito Tributário Brasileiro.

Vários exemplos na Ciência do Direito Tributário podem ser lembrados nesse sentido.

O primeiro catedrático do Direito Tributário da USP, Ruy Barbosa

Nogueira, em diferentes ensaios, aplicava o tridimensionalismo de Miguel Reale no âmbito da Filosofia do Direito (NOGUEIRA, 1999, p. 04-05; NOGUEIRA, 1992, p.191 e ss.).

Por outro lado, caminho diferente trilhou Geraldo Ataliba que, em sua dogmática jurídica aplicada ao Direito Tributário, manteve maior proximidade ao positivismo e ao formalismo jurídico, absorvendo e aplicando os ensinamentos da Lógica Jurídica (substrato formal da teoria do conhecimento) e da Teoria Geral do Direito, sobretudo pela influência de Hans Kelsen, Alfredo Augusto Becker, Pontes de Miranda, Norberto Bobbio e Lourival Vilanova (ATALIBA, 1968, p. 01 e ss). Em especial, a Escola da PUC-SP, que teve como líder histórico Geraldo Ataliba, manteve – até os dias atuais – tendências à reflexão filosófica jurídica a partir do formalismo e do positivismo jurídico – em diferentes formatações. A Filosofia Analítica, naturalmente, encontra forte espaço de desenvolvimento nessas relevantes perspectivas de estudo do Direito Tributário.

Por exemplo, Paulo de Barros Carvalho constrói o Constructivismo Lógico-Semântico a partir das conquistas filosóficas e epistemológicas construídas no Círculo de Viena, técnicas oriundas da Filosofia da Linguagem para a interpretação do Direito, com grande atenção à sintática e à semântica linguística aplicada ao Direito Tributário (CARVALHO, 2008, p. 23 e ss). A construção da Regra-Matriz de Incidência Tributária, é uma bela demonstração da aplicação da lógica jurídica e da semiótica à estrutura normativa (formal) do tributo.

Por outro lado, a riqueza de linhas existentes na Filosofia (e na Filosofia do Direito) possibilitou que outros caminhos relevantes da Filosofia fossem aplicados à Ciência do Direito Tributário. É o caso da contribuição de Ricardo Lobo Torres, que refletiu o Direito Tributário a partir do Círculo Kantiano, aplicando o pós-positivismo axiológico pautado em valores no estudo do Direito Tributário Contemporâneo. A Filosofia dos Valores encontra grande espaço para reflexão em suas produções jurídicas aplicadas ao Direito Tributário, caminhando para uma análise que não prioriza apenas a forma normativa, mas sua substância também (TORRES, 1998, p. 27 e ss).

Ainda, a contribuição de Ives Gandra da Silva Martins, nesse sentido, também deve ser reconhecida, especialmente pela atenção do autor ao Jusnaturalismo e ao diálogo entre Direito Tributário e Economia como elementos necessários ao progresso da disciplina (MARTINS, 1982, p. xv-xx; MARTINS, 2005, p.436).

Assim, a remissão a elementos da Filosofia do Direito e da Filosofia Geral sempre foram constantes, especialmente a partir da década de sessenta do século XX, na literatura tributária brasileira.

No mesmo passo, ainda que determinadas linhas da Filosofia do Direito aplicadas ao Direito Tributário, a exemplo do formalismo e do positivismo jurídico, apontassem maior conveniência ao estudo apartado de outros ramos do conhecimento afetos à tributação (como a Ciência das Finanças), atualmente, o que se pode observar é uma reaproximação da própria Ciência do Direito Tributário, em diferentes proporções, à contribuição oriunda de outros campos do conhecimento.

A própria expressão "interdisciplinaridade" (mesmo que em um sentido por vezes diferente das contribuições no campo da pedagogia e da epistemologia interdisciplinar) começa a aparecer gradativamente em obras de Direito Tributário.

Nesse sentido, registram-se aproximações com outros ramos do conhecimento nas obras de Roberto Ferraz (2005a, p. 19 e ss), seja na consideração na origem e na destinação dos tributos (FERRAZ, 2005b, p. 176-235) e James Marins (2009, p. 21 e ss), seja na defesa de uma conduta ponderada aos valores voltados à diminuição da vulnerabilidade do contribuinte nas relações tributárias (complexas por excelência), seja na promoção da justiça tributária e na consolidação da Política Jurídica Tributária (MARINS, 2005, p. 49 e ss).

Marins, no mesmo passo, critica o reducionismo epistemológico aplicado ao fenômeno financeiro (e, por extensão, ao fenômeno tributário) que determinadas linhas de estudo do Direito Tributário passaram a perseguir, especialmente em um contexto de positivismo formal, já que essas correntes foram proeminentes no Brasil a partir da década de setenta do século XX:

> O reducionismo epistemológico, defendido por brilhantes teóricos positivistas de meados do século passado, estava justificado pelo objetivo de conferir segurança jurídica à obrigação tributária que se encontrava severamente exposta a razões de ordem puramente política ou preponderantemente econômicas. Ainda assim, apesar do objeto restritíssimo que lhe foi destinado, o Direito Tributário reduzido não foi concebido para servir como instrumento de poder do Estado, ao contrário, sua gênese intelectual e cultural repousou sobre o objeto restritíssimo que lhe foi destinado (...). (MARINS, 2009, p. 20-21)

Em ambiente acadêmico mais propício, surgem tendências literárias antagônicas ao reducionismo epistemológico prevalecente no século XX, conforme atesta Humberto Ávila, que também parece caminhar para essa perspectiva ao prefaciar a obra de André Folloni (ÁVILA, 2013, 15-22).

Essa sensação pode ser corroborada pela posição de Marco Aurélio Greco, ao escrever o ensaio sobre a "Crise do Formalismo no Direito Tributário Brasileiro" (GRECO, 2011, p. 09-19), elevando a função pragmática da norma tributária (por inspiração de Tércio Sampaio Ferraz Júnior), assim como a doutrina de Cristiano Carvalho que, à semelhança de Marco Aurélio Greco, e apresentando fortes críticas à mesma tendência tradicional formalista atribuída à parcela da doutrina tributária brasileira, e analisada por Greco, reforça a conveniência da interdisciplinaridade nos estudos de Direito Tributário (para que a doutrina transponha seus próprios limites, ampliando seu escopo, mas sem fundi-la com outras disciplinas) no Brasil (CARVALHO, 2008, p. 127-141).

Outro importante exemplo da aproximação à interdisciplinaridade aplicada ao Direito Tributário pode ser observado na obra coletiva coordenada por Eurico Diniz de Santi, intitulada "Curso de Direito Tributário e Finanças Públicas. Do Fato à Norma, da Realidade ao Conceito Jurídico" (SANTI, 2008, s/p). A obra foi inspirada no ensaio do Professor Marcelo Neves sobre a interdisciplinaridade (e suas reservas) na Ciência do Direito. (NEVES, 2005, P. 207-214).

Adotando a proposta de Marcelo Neves como de interdisciplinaridade (como o espaço de comutação discursiva entre os diversos campos do saber jurídico), Eurico Diniz de Santi realça a pretensão da obra:

> A proposta deste livro está ligada à esta última acepção de interdisciplinaridade, ou seja, oferecemos uma Dogmática Jurídica desprovida de pretensões de certeza e aberta aos influxos e pressões advindas de análises econômicas, históricas, políticas e sociológicas, - sempre empreendidas por reconhecidos experts destas diversas áreas do saber – e dirigidas, topicamente, aos casos concretos relativos ao fenômeno tributário e financeiro do Estado brasileiro que se encontram dispostos em toda extensão desse volume. Obtém-se, assim, o almejado material interdisciplinar como resultado prático dessa convergência de olhares de disciplinas epistemologicamente autônomas, mas acopladas pela força unificadora e pela riqueza material de cada caso concreto (SANTI, 2008, s/p).

A gradual percepção da Ciência do Direito Tributário sobre a problemática da interdisciplinaridade acabou ocasionando reflexos em todas as linhas de pesquisa do Direito Tributário, seja pela repulsa, seja pela aceitação, com maiores ou menores restrições (TEODOROVICZ, 2021, p. 586-646).

Exemplos dessas repercussões interdisciplinares podem ser observados nas reflexões contemporâneas de Paulo de Barros Carvalho, que, não obstante já tecer históricas contribuições à filosofia da linguagem aplicada ao Direito Tributário, passa, no século XXI, diante desse novo contexto, a referir a interdisciplinaridade expressamente. Porém, destaca a necessidade de ponderações (e cuidados) a serem adotadas por aqueles estudiosos que busquem enfrentar o desafio interdisciplinar (CARVALHO, 2011, p. 166-167; CARVALHO, 2012, p. 129-130), vinculando esse diálogo à necessidade de respeito aos limites de sua disciplina.

Nota-se que o autor, atento às perspectivas interdisciplinares, considera a necessidade da existência de disciplinas bem consolidadas como pressuposto da interdisciplinaridade. Não obstante, revela que:

> Sem disciplinas, é claro, não teremos as interdisciplinas, mas o próprio saber disciplinar, em função do princípio da intertextualidade, avança na direção de outros setores do conhecimento, buscando a indispensável complementaridade. O paradoxo é inevitável: o disciplinar leva ao interdisciplinar e este último faz retornar ao primeiro. A relação de implicação e polaridade, tão presente no pensamento de Miguel Reale, manifesta-se também aqui, uma vez que o perfil metódico que venha a ser adotado sê-lo-á, certamente, para demarcar uma porção da cultura. (CARVALHO, 2011, p. 168; CARVALHO, 2012, p. 129-130)

A interdisciplinaridade, na análise de Paulo de Barros Carvalho, vincula-se à intertextualidade (diálogo entre textos científicos) (CARVALHO, 2011, p. 200), e, nesse sentido, o diálogo intertextual é viável ainda que existam severas dificuldades ao empreendimento, seja no âmbito da intertextualidade interna (diálogo entre Direito Tributário e Direito Econômico, por exemplo) seja no âmbito da intertextualidade externa (no âmbito do diálogo entre Ciência do Direito e História do Direito, por exemplo).

Porém, Paulo de Barros ainda assim impõe reservas ao empreendimento interdisciplinar:

> Aquilo que podemos esperar de quem empreenda a aventura do conhecimento, no campo do social, a esta altura, é uma atitude de reflexão de prudência, em respeito mesmo às intrínsecas limitações e à própria finitude do ser humano. Esta tomada de consciência, contudo, não pode representar a renúncia de seguir adiante, expressa nas decisões que lhe parecerem mais sustentáveis ao seu projeto descritivo". (CARVALHO, 2011, p. 200; CARVALHO, 2012, p. 129-130).[1][2][3]

---

[1] "Simultaneamente, porém, não haveria cabimento falar-se numa interdisciplinaridade prescindindo-se do valor individual das disciplinas postas em relação, o que significa reconhecer a bi-implicação desses conceitos. Consignada a resalva, é preciso dizer que a intertextualidade no direito se apresenta em dois níveis bem característicos: (i) o estritamente jurídico, que se estabelece entre os vários ramos do ordenamento (intertextualidade, interna ou intrajurídica); e (ii) o chamado jurídico em acepção lata, abrangendo todos os setores que tem o direito como objeto, mas com outras propostas cognoscentes, assim como a Sociologia do Direito, a História do Direito, a Antropologia Cultural do Direito (intertextualidade externa ou extrajurídica). Quanto ao "direito comparado" tanto cabe na primeira classe quanto na segunda, dependendo da perspectiva em que se coloca o sujeito do conhecimento". (CARVALHO, 2012, p. 198).

Assim, a conclusão do autor pontua pela abertura à interdisciplinaridade, ainda que a tenha colocado sobre as peculiaridades da intertextualidade, aceitando a possibilidade do diálogo interdisciplinar, a propósito do mesmo evento. E acrescenta: "Cada qual a recortaria, com os recursos de sua linguagem, e os desvios, as não coincidências, as dissonâncias entre os relatos formariam a fonte de interesse e a matéria-prima fundamental da conversação entre eles (...)". Não obstante, reforça a importância da leitura das cautelas de Alfredo Augusto Becker sobre o tratamento equivocado do fato jurídico tributário "(...) por doutrinas estranhas como a economia, a ciência das finanças, e outras mais" (CARVALHO, 2009, p. 71-76).

Por outro lado, representantes contemporâneos de linhas de estudo historicamente simpáticas ao diálogo com outros ramos do conhecimento (e, sobretudo, com a Economia) encontram agora ambiente propício para reflexões dessa natureza, conforme se observa em Luís Eduardo Schoueri, que reconhece a complexidade da tributação (fenômeno tributário), bem como a sua possibilidade de ser estudada por diferentes pontos de vista (SCHOUERI, 2012, p. 10-12).

Embora mantenha ao papel do jurista a função primordial de sistematizar o ordenamento jurídico tributário (sob a perspectiva jurídica), e que devem por isso ser resolvidas no plano da Teoria Geral do Direito, assevera que:

> Entretanto, a análise jurídica não deve deixar de lado o fenômeno sobre o qual se debruça. Sendo a tributação um fenômeno histórico, político, econômico e social, as contribuições oferecidas por essas aproximações não podem ser deixadas de lado na busca da construção de um sentido ao todo tributário (...) (SCHOUERI, 2012, p.10-12).

Schoueri, no entanto, adverte não fazer apologia ao uso acrítico pelo jurista das ferramentas construídas em outros campos do conhecimento (a exemplo da Economia), mas, pelo contrário, recomenda que se deve atentar para eventuais riscos a que o jurista esteja submetido nesse procedimento,

---

[2] "A intertextualidade intrajurídica já era defendida por Kelsen, ao proclamar a unidade do sistema de normas como necessária para a construção de uma ciência do direito jurídica. Naturalmente, nesse processo ocorre a demarcação do objeto científico (*continuum* heterogêneo), com o corte inicial da realidade para viabilizar a investigação científica (*descontinuum* homogêneo)". É justamente o recorte do objeto a ser investigado a que Paulo de Barros acrescenta os obstáculos à interdisciplinaridade: "Dois outros obstáculos, na forma de desafios, estarão no caminho do estudioso, mesmo que se admita superada aquela situação paradoxal: (i) quais as proporções do corte e (ii) que critérios utilizar para a condução do raciocínio no trato com o objeto já constituído (digamos, recortado)" (CARVALHO, 2012, p. 200).

[3] Note-se também que em recente estudo coletivo organizado pelo Grupo de Estudos de Paulo de Barros, e destinado a homenagear Vilém Flusser, mais uma vez o autor posicionou-se sobre o assunto, adotando posicionamento mais restrito, ao tratar do diálogo entre textos (que se mostra semelhante ao diálogo entre as ciências, vertidas em linguagem) (CARVALHO, 2009, p.71-76).

não podendo deixar de lado critérios jurídicos para solução de conflitos. Para o autor, existem mecanismos próprios – construídos pela Ciência do Direito – que devem ser priorizados na interpretação e aplicação do direito[4].

Também merece lembrança a contribuição de José Souto Maior Borges, através da elaboração do método de estudo denominado "Hermenêutica Histórica", que, sem identificar-se com a análise histórico-evolutiva, busca compreender as origens históricas de um instituto jurídico no âmbito de seu próprio contexto histórico em que foi elaborado. Trata-se, na lição de Souto Maior Borges, de "(...) uma escavação conceitual; ir ao fundo dos fundamentos das categorias científicas (...)" (BORGES, 2000, p. 112-113)[5], mas que se constitui como proposta metodológica diferenciada e complementar (mas não substitutiva), ao estudo dogmático do Direito Tributário (BORGES, 2000, p. 133-138).

Porém, Souto Maior Borges não negou expressamente, naquele momento, no empreendimento da Hermenêutica Histórica, a conveniência do estudo dogmático normativo, ao qual a hermenêutica histórica seria complementar.

A aproximação interdisciplinar de José Souto Maior Borges, em seu estudo sobre a "Hermenêutica Histórica", e sua aplicação complementar à Ciência do Direito Tributário, também mantém semelhante linha (BORGES, 2000, p. 112 e ss).

No mesmo passo, deve-se mencionar o empreendimento interdisciplinar de Ricardo Lobo Torres, que considera, à luz da Sociologia, os reflexos da sociedade de riscos no Direito Tributário Brasileiro (TORRES, 2000, p. 95-112).

Ainda, merece destaque também o ensaio de Marciano Seabra de Godoi,

---

[4] "A norma não é, portanto, o único aspecto do direito, já que ao lado convivem também fato e valor. A compreensão destes permitirá a extração do sentido da primeira. Assim é que ao jurista cabe estudar e refletir sobre as conclusões a que chegam os economistas, os historiadores, os filósofos e todos os outros pensadores que, com metodologias próprias, contribuem para a correta compreensão dos fatos e dos valores que informa, ao lado da norma, propriamente dita, o direito" (SCHOUERI, 2012, p. 12).

[5] Diferenciando a hermenêutica histórica da análise histórico-evolutiva, defende que a primeira "(...) Preconiza a atitude retrospectiva, o passo atrás, a volta à origem, ao momento histórico em que uma teoria nova eclodiu o conserto da ciência jurídica. Trata-se de uma metodologia histórica. Empreender uma "escavação" conceitual da origem é instaurar, no campo jurídico, a hermenêutica histórica. Intenta-se revisitar as circunstâncias em que a teoria jurídica foi originariamente concebida. Localizá-la no seu tempo próprio - eis o desafio. E nele estancar a análise - eis a inovação. Por isso, a hermenêutica histórica não é histórico-evolutiva: esta procura surpreender prospectivamente o fenômeno na sua evolução ao longo do tempo. A hermenêutica histórica deve ousar o passo atrás, o retorno à origem. Trata-se de uma escavação conceitual; ir ao fundo dos fundamentos das categorias científicas" (BORGES, 2000, p. 112 e ss).

sobre "Os Clássicos das Finanças Públicas e do Direito Financeiro e seu paulatino abandono pela Ciência do Direito Tributário produzida no Brasil". A preocupação do autor caminha pela aproximação à interdisciplinaridade para o aperfeiçoamento da Ciência do Direito Tributário:

> É preciso se libertar da camisa de força que representa a teorização do sistema tributário sempre a partir de casos judiciais e da análise lógica e semântica das normas da Constituição e do Código Tributário Nacional. Os clássicos da Economia Política, da Ciência das Finanças e do Direito Financeiro nos ajudam a perceber que a tributação e os gastos públicos são das políticas públicas mais importantes do Estado contemporâneo, em que determinados agentes tomam decisões que afetam, de distintos modos, importantes princípios constitucionais, além de impactar diretamente a vida dos cidadãos, contribuintes ou não. É preciso que a ciência do Direito Tributário também se dedique à temática, voltando a desenvolver estudos e metodologias que enfoquem a relação entre o direito tributário, o direito financeiro, o direito econômico e o desenvolvimento nacional (GODOI, 2018, p. 554).

Godoi defende, portanto, que a literatura tributária contemporânea se reaproxime das lições de grandes publicistas e financistas, oriundos da Ciência das Finanças, da Política Tributária e do Direito Financeiro, perspectiva que leva à interdisciplinaridade para o aperfeiçoamento da própria Ciência do Direito Tributário.

Assim, nesse panorama, no processo disciplinar do Direito Tributário Brasileiro, ainda que estruturado pela tendência natural da especialização, pautou-se sempre com inequívocas ponderações, seja pela atenção à consideração econômica, aos aspectos históricos, à consideração das lições da filosofia e da epistemologia, enfim, sempre houve, em algum momento, considerações extrajurídicas aplicadas ao Direito Tributário, ainda que não expressamente assumidas (TEODOROVICZ, 2017, p. 63 e ss; TEODOROVICZ, 2021, p. 586-646).

O quadro tende a se intensificar ainda mais, especialmente porque, atualmente, recentes esforços interdisciplinares tendem a aproximar-se da epistemologia da complexidade (assim como da pedagogia interdisciplinar), campos do conhecimento em que a interdisciplinares apresentou estudos mais avançados.

3 A epistemologia da complexidade e a elevação da interdisciplinaridade na Ciência do Direito Tributário brasileiro contemporâneo

A maior atenção à expressão "interdisciplinaridade", conforme registrado em obras da literatura tributária brasileira na atualidade, leva à necessidade de apresentar uma breve noção do que significa o fenômeno, assim como a relação desta com a complexidade.

Para Hilton Japiassú, epistemólogo pioneiro no Brasil no estudo da interdisciplinaridade no campo da Pedagogia, a ideia de "disciplina" apresenta mesma significação do que "ciência". Na visão de Japiassú, significa "(...) exploração científica especializada de determinado domínio homogêneo de estudo, isto é, o conjunto sistemático e organizado de conhecimentos que apresentam características próprias nos planos de ensino, da formação, dos métodos e das matérias (...)" (JAPIASSÚ, 1976, p. 51).

Essa visão é compartilhada por Heinz Heckhausen, para quem a "disciplina" possui semelhante significado atrelada à concepção de "ciência". A expressão "disciplinaridade", para Heckhausen, guarda os seguintes traços: "exploração científica especializada de um domínio determinado e homogêneo de estudos, exploração que consiste em fazer surgir novos conhecimentos que se substituem a outros mais antigos" (HECKHAUSEN, 1972, p. 83-90).

Embora não se tratem de definições precisas ou definitivas, pode-se reconhecer que elas bastam para o prosseguimento das reflexões acerca do objeto central deste estudo, isto é, a interdisciplinaridade, que, considerando as definições acima produzidas, revela-se como fenômeno identificado e estudado (na epistemologia e na pedagogia) a partir de meados do século XX, mas com certa distância das linhas próprias da Ciência do Direito. Isso porque a Ciência do Direito, estruturada em uma visão disciplinar sustentada pelo Paradigma da Modernidade[6][7], que impulsiona o fenômeno da especialização disciplinar, acabou afastando-se de estudos que criticavam ou mesmo relativizavam os limites ou fronteiras entre disciplinas científicas.

Por esse motivo, quando se fala em interdisciplinaridade, efetivamente estudado na pedagogia e na epistemologia, estar-se-á discutindo a existência de um Paradigma que substitui o Paradigma da Modernidade, isto é, o Paradigma da Complexidade (SANTOS, 2008, p. 01 e ss).

A partir da elevação da complexidade epistemológica, passa-se a analisar com maior afinco seus principais estudiosos, dentre os quais se destacou Edgar Morin (2000, p. 1999 e ss), no campo da complexidade epistemológica.

Nesse sentido, assevera Morin:

> O pensamento da complexidade se apresenta, pois, como um edifício de muitos

---

[6] "Paradigmas são as realizações científicas universalmente reconhecidas que, durante algum tempo, fornece problemas e soluções modelares para uma comunidade de praticantes de uma ciência" (KUHN, 1998, p. 13 e ss).
[7] Na lição de Anthony Giddens, a expressão "Modernidade" "(...) refere-se a estilo, costume de vida ou organização social que emergiram na Europa a partir do século XVII e que ulteriormente se tornaram mais ou menos mundiais em sua influência. Isto associa a modernidade a um período de tempo e a uma localização geográfica inicial, mas por enquanto deixa suas características principais guardadas em segurança numa caixa preta." (GIDDENS, 1991, p. 08).

andares. A base está formada a partir das três teorias (informação, cibernética e sistema) e comporta as ferramentas necessárias para uma teoria da organização. Em seguida, vem o segundo andar, com as idéias de Von Neumann, Von Foerster e Prigogine sobre a auto-organização. A esse edifício, pretendi trazer os elementos suplementares, notadamente três princípios, que são o princípio dialógico, o princípio de recursão e o princípio hologramático (MORIN, 2000, p.204-206).

Na visão de Morin, o primeiro princípio (dialógico), busca unir noções antagônicas "(...) para pensar os processos organizadores, produtivos e criadores no mundo complexo da vida e da história humana." Já o princípio da recursão organizacional, caminhando além da retroação (feedback), pode ser entendido como "círculo gerador no qual os produtos e os efeitos são eles próprios produtores e causadores daquilo que os produz". Por fim, o terceiro princípio (hologramático) põe em evidência o aparente paradoxo de sistemas onde não apenas a parte está no todo mas "(...) o todo está na parte", interagindo mutuamente (MORIN, 2000, p.204-206)[8].

Ainda, no campo da pedagogia interdisciplinar desenvolveu-se a noção de transdisciplinaridade (expressão adotada por Jean Piaget, com originalidade, mas depois aperfeiçoada por Basarab Nicolescu).

Nesse sentido, Basarab Nicolescu construiu a ideia de transdisciplinaridade estruturada em três postulados:

> (...) transdisciplinaridade é o novo conhecimento "in vivo", e baseia-se nos três seguintes postulados: 1. Existem, na natureza e em nosso conhecimento da natureza, diferentes níveis de realidade e, correspondentemente, diferentes níveis de percepção; 2. A passagem de um nível de realidade para outra é segurada pela lógica do terceiro incluído; 3. A estrutura da totalidade dos níveis de Realidade e percepção é uma estrutura complexa: cada nível é o que é porque existem todos os níveis ao mesmo tempo" (NICOLESCU, 2003, s/p; NICOLESCU, 1999, p. 29 e ss).

A lógica do terceiro incluído seria substituta da lógica do terceiro excluído, fundamental para a lógica tradicional (e para a compreensão do conhecimento em dualidades – verdade/falsidade, certeza/incerteza, sujeito/objeto, etc). Essa substituição simbolizaria a possibilidade da contrução de conhecimentos com graus variados de certeza ou incerteza, por exemplo, assim como a superação da percepção de que o conhecimento obtido não pode ser linear, mas que advém de um particular ponto de vista que não necessariamente exclui outros sobre o mesmo objeto (NICOLESCU, 2003, s/p; NICOLESCU, 1999, p. 29 e ss).

---

[8] Por exemplo, o indivíduo é parte da sociedade, ao mesmo tempo em que a sociedade está no indivíduo (através da linguagem, cultura, normas, etc). Porém, deve-se ressaltar que o pensamento complexo de Morin não "(...) expulsa a certeza para colocar a incerteza, que expulsa a separação para colocá-la no lugar da inseparabilidade, que expulsa a lógica para autorizar todas as transgressões." Dito de outra forma, o pensamento complexo não renega as conquistas trazidas pela ciência clássica, mas busca complementá-la no que é ineficiente (MORIN, 2000, p.204-206).

No fundo, a complexidade e a transdisciplinaridade são faces de uma mesma moeda (pois analisados, o primeiro, a partir da epistemologia, e o segundo, a partir da pedagogia).

Não por acaso, em um ambiente mais propício, começam a repercutir as diferentes teorias da interdisciplinaridade e da complexidade (e suas diferentes classificações) (GUSDORF, 1976, p. 08-09; MORIN, 1999, p. 18-19; GUSDORF, 1990, p. 847-868; JANSTCH, 1972, p. 98-125; PIAGET, 1972, p. 131-143; HECKHAUSEN, 1972, p. 83 e ss), ainda que gradualmente, na própria Ciência do Direito Tributário no Brasil, especialmente a partir de meados do século XXI.

Por exemplo, merece menção a recente contribuição de José Souto Maior Borges, que publicou recentemente estudo denominado "Um Ensaio Interdisciplinar em Direito Tributário: Superação da Dogmática", no qual revisa sua posição epistemológica original, assumindo como pressuposto desse ensaio paradigma teórico diferenciado de seus estudos anteriores, ou seja, o Paradigma da Complexidade, em substituição ao paradigma "redutor restritivo do conhecimento" em matéria tributária, muito embora reconheça que a aceitação desse novo paradigma incorre em assumir risco de "(...) elevado grau de indeterminação conceitual". Não por acaso, para José Souto Maior Borges, neste ensaio, a interdisciplinaridade seria "(...) um outro nome da complexidade" (BORGES, 2013, p.106-121).

Criticando as tendências da doutrina brasileira (que atingiu uma saturação epistemológica), busca encontrar soluções para "(...) lograr um progresso efetivo nos estudos jurídicos sobre o tributo" (BORGES, 2013, p.106-121). Para alcançar tal objetivo, inspirado em Morin, assume como paradigma epistemológico o modelo do enfrentamento das complexidades, induzindo a necessidade de uma "revolução copernicana" (ou "revolução meta-copernicana") (BORGES, 2013, p.106-121)[9], sem necessariamente afastar a simplificação das hipóteses científicas. Em outras palavras, busca combater o estancamento da análise da estrutura do tributo, sem atenção às suas funções (à teleologia das categorias e aos institutos da dogmática do direito tributário)[10].

---

[9] Essa atitude científica heterodoxa acarretará, se efetivamente adotada, uma "revolução copernicana" no âmbito dos estudos do Direito Tributário. Assim: "(...) Sob esse aspecto, relações interdisciplinares se assemelham ao modelo do universo de Hubbles: assim como o universo não tem centro, mas dispersão e expansão, o mundo jurídico junta (o sistema) aquilo que está disjunto (as especializações jurídicas descentralizadas). É dizê-las, numa palavra: excêntricas. A questão da complexidade é, como se verá, problema da organização do conhecimento no âmbito tributário. A revolução está na inversão de perspectiva (a) da norma de conduta para (b) a conduta normada (pragmática) e (c) da estrutura à (d) função tributária, como preconizava Bobbio" (BORGES, 2013, p. 108-109).

[10] E elenca o principal inconveniente da opção metodológica redutora, qual seja a alienação, que implica nos seguintes problemas: 1) o estudo da utilização dos recursos oriundos do cumprimento das obrigações tributárias seria vedado ao

É interessante mencionar que o autor eleva a obra de Ives Gandra Martins, como feliz exceção doutrinária à tendência redutora no Brasil. "A justiça que não lhe fiz, desde sempre, faço-a agora.", assim como reconhece a influência da obra de André Folloni (FOLLONI, 2013a; FOLLONI, 2013b, p. 15 e ss), para alterar substancialmente a forma de enfrentamento à temática tributária (BORGES, 2013, p. 118 e ss).

Assim, sob o paradigma da complexidade, José Souto Maior Borges reformula sua posição original (BORGES, 2013a, p. 120), aceitando a procedência da opinião sobre a complexidade como novo paradigma epistemológico, e elevando a interdisciplinaridade como campo necessário para os próximos estágios evolutivos do estudo do direito tributário.

Portanto, gradualmente, estudiosos passam a defender a necessidade de maior abertura epistemológica, especialmente sobre a possibilidade da consideração do fato tributário em sua própria complexidade, inclusive iniciando reflexões sobre os fundamentos teóricos da interdisciplinaridade na teoria do conhecimento.

Pode-se inclusive considerar, em alguns estudos recentes publicados sobre o tema, que esses mantêm as seguintes características comuns: a) a defesa da interdisciplinaridade como mecanismo apto ao aperfeiçoamento disciplinar; b) a substituição do paradigma tradicional (reducionismo epistemológico) pelo paradigma da complexidade; c) a elevação da necessidade de estudos conjuntos sobre o fenômeno tributário, especialmente no diálogo entre Economia, Contabilidade e Direito.

Nesse sentido, os trabalhos de André Folloni realizados sob a perspectiva pragmática da norma jurídica, cumulados com a defesa do paradigma da complexidade, apresentam importante contribuição à interdisciplinaridade, inspirada na hermenêutica histórica de José Souto Maior Borges, e, especialmente, ao defender a superação do tradicional procedimento redutor de complexidades praticado pela literatura tributária brasileira, pautada na construção de teorias prévias à observação, condicionando-a, mas "(...) não cedendo caso a realidade objeto de estudo a contrarie (...)" (FOLLONI, 2013a, p. 35 e ss), o que, em muitos aspectos, reflete a busca exacerbada pela segurança, e a consequente redução do objeto de estudo (FOLLONI, 2013a, p. 01-75).

---

jurista especializado em tributo. Em outras palavras, o tributarista não entende de direito financeiro e o jus-financista não entende de direito tributário; 2) deixa de investigar criticamente a aplicação dos recursos públicos (destinação); 3) a conversão "em letra morta" do princípio da moralidade da administração (pela sua acentuada carga ética, ou seja, interdisciplinar a ser aplicada ao direito tributário) e a falta de diálogo entre Direito Tributário e Ética Administrativa; 4) os problemas da alienação que ignora as relações intersistêmicas do direito tributário e da moral positiva, cujo enfrentamento teórico não seria apenas uma questão acadêmica mas até de cidadania, dentre outros (BORGES, 2013, p. 119-121).

A crítica do autor às tendências tradicionais aplicadas na doutrina tributária brasileira, especialmente aquelas construídas na Escola da PUC-SP[11], apresenta forte conexão à hermenêutica histórica (extraída da trajetória teórica de José Souto Maior Borges), já que a adota como subterfúgio para questionar a produção teórica brasileira (notadamente a tradição dogmático-normativa) (FOLLONI, 2013b, p. 23-27), ao apontar que, para a efetiva evolução da Ciência do Direito Tributário, esta deve ser capaz de enfrentar a complexidade econômica e socioambiental contemporânea, superando, gradualmente, os seguintes obstáculos: a) hermenêutica kelseniana, que, segundo Folloni, impede ao cientista de se manifestar "(...) com racionalidade científica, a respeito do que pode vir a ser (...)", restringindo "(...) qualquer manifestação pragmática sobre os efeitos que determinada norma ou teoria ou conduta podem gerar, isolando-a no campo da irracionalidade" (FOLLONI, 2013b, p.27 e ss; FOLLONI, 2013a, p.207 e ss); b) o reducionismo epistemológico, já que a doutrina admitiu que a redução de complexidades seria o pressuposto para viabilizar o estudo "científico" do Direito Tributário (FOLLONI, 2013a, p.365-383).

Evidentemente, o caminho apontado pelo autor também caminha à interdisciplinaridade (FOLLONI, 2013b, p. 39-40), promovendo o diálogo com outros ramos jurídicos (Direito Financeiro, Constitucional, Administrativo, etc.,), assim como à Economia, à Política e à Ética, enfrentando a complexidade e incentivando a pragmática, sempre refletindo sobre o caminho apontado por José Souto Maior Borges (FOLLONI, 2013a, p. 386-387).

Nesse caminho seguiu também Elidie Palma Bifano (2014, p. 158-171), analisando questões relacionadas ao Direito Tributário perante a Economia, a Informática, a Mecânica e a Contabilidade. Reconhecendo os complexos desafios da informação na relação tributária [12], ao defender o

---

[11] "Os tributaristas costumam tratar do conteúdo jurídico-positivo sem trazer, à presença, a realidade social subjacente. Essa realidade, determinante para a boa interpretação e aplicação do direito, fica velada, no discurso que se volta exclusivamente para a forma estrutural do direito positivo e seu conteúdo semântico – definido, este, em um método sistemático fechado, no sistema normativo, idealizado, em isolamento perante seu meio. A universalidade que reclama a forma vazia diante da realidade. Se é preciso o trabalho kelseniano ou vilanoviano no âmbito da teoria geral do direito, é inadequado, como metodologia exclusiva, buscar transformar o direito tributário em teoria geral. Essa exclusividade faz com que o direito tributário se esvazie de matéria, convertendo-o em uma fórmula simbólica. Subjaz, a isso, a exclusividade de uma razão incapaz de lidar com conteúdos materiais cambiáveis e permeáveis, sujeitos aos mais diversos condicionamentos, externos e internos" (FOLLONI, 2013a, p. 133-204).

[12] "O maior desafio do mundo moderno, certamente, é a informação sob diversos aspectos: i) necessidade do cidadão, o homem que vive em sociedade, de comunicar-se e conhecer-compreender o que os demais cidadãos pensam, fazem e produzem, sob pena de isolar-se; ii) necessidade do cidadão de elucidar dúvidas de

reconhecimento da complexidade ínsita ao fenômeno tributário e o afastamento da tendência kelseniana (que leva ao reducionismo epistemológico)[13], chega até mesmo a investigar a estrutura teórica da interdisciplinaridade na teoria do conhecimento. Para Elidie Bifano, no Direito Tributário, essa atitude interdisciplinar é essencial, desde a elaboração da norma até sua aplicação e interpretação (BIFANO, 2014, p. 161).

Um dos muitos méritos identificados no estudo da autora foi buscar defini-la e compreendê-la a partir de teóricos nacionais da interdisciplinaridade no campo da pedagogia interdisciplinar (Ivani Fazenda), que, evidentemente, pressupõe o reconhecimento da chamada "epistemologia da complexidade", reforçando a necessidade de que o sistema jurídico não seja concebido como monolítico, lembrando as importantes lições de Miguel Reale (teoria tridimensional), e elevando a complexidade[14].

Para a autora, portanto, é injustificável o divórcio entre Direito Tributário, Contabilidade e Economia[15], que acaba determinando o "(...) afastamento do fato econômico, hoje privilegiado pela Ciência Contábil. Olvidar o fato econômico é olvidar que o tributo é, de per si, fato econômico, por excelência, criado e justificado pelas relações econômicas

---

seu cotidiano; e (iii) necessidade do cidadão de crescer, intelectualmente, inclusive no que respeita ao exercício de suas atividades profissionais" (BIFANO, 2014, 159-160).

[13] Nesse contexto, a autora repercute as recentes críticas epistemológicas sobre o paradigma redutor do conhecimento, na esteira dos defensores da interdisciplinaridade: "Essa segregação de ciências em decorrência de seus objetos e métodos de pesquisa consolidou a figura da disciplinaridade científica, em que cada suposto ramo do saber tem conteúdo e método próprios não se confundindo com quaisquer outros. O progresso de certos estudos evidenciou que, muitas vezes, é necessário envolver e trabalhar com mais de uma ciência, ao mesmo tempo, o que conformou a multidisciplinaridade, ou seja, o recurso a duas diferentes disciplinas sem que elas sejam alteradas em seus objetos e métodos. Por essa razão, atualmente, considera-se que a divisão entre as ciências é apenas um instrumento prático, uma vez que os progressos científicos, observados decorrem de problemas nascidos nos limites de setores que, até então, eram tratados isoladamente" (BIFANO, 2014, p. 161).

[14] "A complexidade das relações sociais, nos dias de hoje, não permite que o Direito deixe de interconectar-se com outros setores do saber, tidos como jurídicos ou não. Esses elementos e aspectos têm, individual ou coletivamente considerados, relevante importância na matéria que adiante se examina: a eleição do valor social que se sujeitará à incidência tributária e o processo para se fazer essa eleição e inseri-la no ordenamento jurídico" (BIFANO, 2014, p. 162).

[15] De forma mais incisiva, oferece reflexões sobre a interdisciplinaridade do direito tributário com a Economia e com a Contabilidade. Na interação entre Economia e Direito Tributário, aponta diversas utilidades no diálogo entre os dois ramos do conhecimento: "O uso do fenômeno econômico como indicador de riqueza não é privilégio do Direito Tributário, utilizado que é pelo Direito Societário para remunerar os sócios de empresas (dividendos ou lucro) sendo também irrelevante, para tanto, o recebimento dos correspondentes recursos. Como exemplo, a tributação pelo imposto sobre a renda alcança o acréscimo patrimonial, representado por fatos econômicos, o que exige que tais fatos sejam interpretados, necessariamente, à luz dos correspondentes fenômenos econômicos que gerara" (BIFANO, 2014, p. 162 e ss).

desenvolvidas pela sociedade"[16].

Ademais, em recente estudo denominado "Direito Tributário Disciplinar, Multidisciplinar, Pluridisciplinar e Transdisciplinar", de Marcos de Aguiar Villas-Bôas (VILLAS-BÔAS, 2015a, p. 184 e ss; VILLAS-BÔAS, 2015b, p. 01 e ss), pode-se perceber a ampla influência da epistemologia da complexidade e das teorias da interdisciplinaridade desenvolvidas na pedagogia e na epistemologia.

O autor tenciona observar o Direito Tributário sob as perspectivas que extrapolem os limites disciplinares do Direito Tributário, permitindo dialogá-lo com outros ramos do conhecimento, cujas interações seriam variáveis de acordo com cada "formatação interdisciplinar", mas com a perspectiva instrumental do direito tributário enquanto veículo apto a modificar "a triste realidade econômico-social do país" (VILLAS-BÔAS, 2015a, p. 184 e ss).

Esse é um dado interessante, pois o autor claramente mostra a perspectiva normativa ou prospectiva ao utilizar o Direito Tributário como instrumento, eventualmente aliado a outros ramos do conhecimento (em uma das configurações interdisciplinares) cujo propósito seria o aperfeiçoamento da própria realidade brasileira.

Note-se que, criticando os rumos tradicionais perseguidos pela literatura brasileira, e analisando a experiência estrangeira, propõe observar o direito tributário, e suas relações com outros ramos do conhecimento conexos, através de sucessivas "dimensões", no qual viabilizaria o diálogo com *Law and Economics*, por exemplo, ou mesmo com a Sociologia.

Nas palavras do autor: "Enfim, queremos demonstrar que inúmeras dimensões podem ser adicionadas ao conhecimento do Direito Tributário, sem que ele perca as suas fronteiras". E conclui: "(...) a transdisciplinarização do Direito Tributário abre uma infinidade de possibilidades, desde que se tenha o cuidado de não deixar desaparecerem as fronteiras claras e bem delimitadas da disciplina, (...)" (VILLAS-BÔAS, 2015a, p. 184 e ss).

A visão do autor, ao buscar a conexão interdisciplinar entre o Direito Tributário e outros ramos do conhecimento, buscando alcançar alicerces para o que denominou por "Direito Tributário Transdisciplinar", demonstra claramente maior afinidade com os pressupostos epistemológicos e pedagógicos da transdisciplinaridade e da complexidade

---

[16] Em outras palavras: "Esses fatos dentre muitos outros que se podem apresentar e comentar demonstram que urge se promova a reconciliação entre o Direito Tributário, a Contabilidade e, por consequência, a Economia, cuja interação e interdisciplinaridade são incontroversas" (BIFANO, 2014, p.170-171).

(TEODOROVICZ, 2017, p. 662-668; TEODOROVICZ, 2021, p. 586-646).

Assim, através do reconhecimento da epistemologia da complexidade, por parcela da literatura tributária nacional contemporânea, surge tendência progressiva de que novos estudos forneçam elementos para a superação das deficiências próprias do processo disciplinar. Contudo, esse empreendimento não é imune a inerentes dificuldades e precisa necessariamente adaptar-se às peculiaridades do fenômeno tributário, assim como também arregimenta a necessidade de se alcançar finalidades próprias ao empreendimento. A literatura nesse campo ainda é muito recente, e precisa, como qualquer outra perspectiva de estudo e ensino, sedimentar gradualmente suas próprias bases teóricas e metodológicas na aplicação dessas premissas ao fenômeno tributário.

4 Interdisciplinaridade e a função prospectiva (normativa) do tributarista

O processo interdisciplinar, caracterizado pela troca de conhecimentos entre disciplinas afetas ao mesmo objeto de conhecimento, não pode ser encarado como a necessária "fusão" entre o Direito Tributário e outras disciplinas, como se o primeiro lentamente perdesse suas características historicamente consolidadas no processo de especialização disciplinar.

Complementar ao processo disciplinar, a interdisciplinaridade aparece como veículo fundamental para o reconhecimento da complexidade epistemológica e da transdisciplinaridade e, portanto, ao invés do inevitável recorte metodológico caracteristicamente disciplinar, na interdisciplinaridade, assume-se a complexidade e busca-se enfrentá-la, adotando estratégias de aproximação de disciplinas que favoreçam o exame da "zona de intersecção" e, portanto, não incorrendo em uma suposta "destruição" das disciplinas já consolidadas.

Afinal, não é possível resolver os problemas contemporâneos que desafiam os estudos tributários sem buscar alternativas ao estudo disciplinar e, nesse sentido, a interdisciplinaridade oferece o caminho para que o raciocínio jurídico tributário seja reforçado, através da troca de informações e experiências úteis ao empreendimento do tributarista.

Reconhecendo a possibilidade do estudo interdisciplinar perante o fenômeno tributário como importante aliado ao empreendimento disciplinar, como esse deve ser realizado? E quais disciplinas afetas à tributação poderiam oferecer conhecimentos úteis ao empreendimento?

Em realidade, há a justificada perspectiva de que o direito tributário brasileiro positivo pode e deve ser aperfeiçoado, e não apenas descrito, como é próprio da função tradicional do intérprete do direito (com as ponderações formuladas pela literatura). A função prospectiva ou normativa aparece como instrumento pra que o direito tributário seja aperfeiçoado, direcionando-o a valores fundamentais caros ao próprio ordenamento jurídico.

Reforce-se que a noção de função normativa exposta neste trabalho é uma adaptação livre das ideias identificadas em estudos interdisciplinares observadas, por exemplo, em James Marins e José Juan Ferreiro Lapatza, no âmbito da Política Jurídica Tributária, assim como em estudos ligados à Análise Econômica do Direito, a exemplo de Cristiano Carvalho (MARINS, 2005, p. 49 e ss; FERREIRO LAPATZA, 2007, p. 130-132; CARVALHO, s/d, p. 158 e ss).

A interdisciplinaridade deve ser empreendimento do qual participe a própria Ciência do Direito Tributário, valorizando-a. Esta, dialogando com disciplinas afins, viabiliza a construção conjunta de temas favoráveis ao reforço do raciocínio jurídico-tributário.

A função prospectiva ou normativa permite abordagens investigativas centradas em objetivos semelhantes, que passam, naturalmente, a ser observados em decorrência dos valores mais importantes da tributação, que não se limitam à segurança no Direito Tributário, mas avançam às perspectivas de justiça tributária.

Nesse contexto, várias possibilidades efetivamente interdisciplinares são apontadas para o diálogo recíproco com a Ciência do Direito Tributário na busca de seu aperfeiçoamento disciplinar no século XXI, seja entre a contribuição interdisciplinar com a Filosofia do Direito Tributário, com a Política do Direito Tributário, com a Análise Econômica do Direito Tributário, com a Sociologia do Direito Tributário, com a Pedagogia do Direito Tributário, apenas para mencionar as possibilidades mais facilmente identificáveis.

Contudo, os campos interdisciplinares do conhecimento afetos à tributação ainda mantém-se, de certa forma, em processos iniciais de aperfeiçoamento, em muitos aspectos decorrentes da própria tendência à especialização disciplinar do Direito Tributário e a exclusão do diálogo com outros ramos do conhecimento (sobretudo da Ciência das Finanças).

De qualquer forma, tais dificuldades teóricas não devem impedir o enfrentamento de reflexões nesses campos do saber, especialmente pelas valiosas contribuições ao aperfeiçoamento do Direito Tributário.

Se observada a realidade contemporânea, pode-se dizer que o processo disciplinar do Direito Tributário Brasileiro encontra-se à iminência de substanciais transformações, seja no modo de compreensão do fenômeno tributário, seja no modo de estudar o mesmo fenômeno.

Nos últimos anos do século XXI surgem novas propostas que flertam com o tema, incluindo-se a reaproximação entre Direito Financeiro e Direito Tributário. Há maior atenção entre a origem e a destinação dos recursos tributários. Por outro lado, as mudanças de posturas teóricas também são observadas no enfrentamento da complexidade aplicada ao estudo do Direito Tributário em André Folloni e José Souto Maior Borges, ou na perspectiva pragmática do Direito Tributário, como o faz Luís Eduardo Schoueri, ou na Filosofia do Direito aplicada ao Direito Tributário, como o fazem Paulo de Barros Carvalho, Ricardo Lobo Torres, Ives Gandra Martins e, mais recentemente outros autores, não afastando o diálogo entre Direito Tributário e Ciência das Finanças, ou mesmo através da consideração de perspectivas normativas ou prospectivas (como o direito tributário pode ser melhorado), desenvolvido tão fortemente no campo da Filosofia da Tributação, da Política Tributária (e Política Jurídico-Fiscal, em James Marins) e da Análise Econômica do Direito Tributário (SCHOUERI, 2005, p.15; SCHOUERI, 2012, p. 10-12; BORGES, 2000, p. 112; BORGES, 2013, p. 23 e ss; FOLLONI, 2013a, p.1-75; BIFANO, 2014, p.161; CARVALHO, s/d, p. 262-264; SCHOUERI, 2013, p. 15-16; MARINS, 2005, p. 53-54.).

Reforça-se, assim, a função prospectiva ou normativa ao tributarista, que pode avançar a temas que não comportam os limites da disciplina jurídico-tributária, utilizando tais ferramentas para aperfeiçoar o próprio objeto de estudo, como é o caso da tributação frente ao acesso à informação, à tributação diante de novidades tecnológicas, a tributação e a internacionalização, a tributação e Contabilidade, e as próprias questões fundamentais da justiça e ética tributárias, verdadeiros tabus para o estudo tradicional do Direito Tributário (BECKER, 1963, p. 19-20), mas que, com as novas influências contemporâneas, são novamente realinhados, sempre buscando o aperfeiçoamento do direito tributário positivo (função normativa ou prospectiva).

A humanização do Direito Tributário, viabilizada pelos novos direitos fundamentais, aliada aos fenômenos decorrentes da globalização, reforçam essa perspectiva, e levam à percepção de que o Direito Tributário (disciplina) não pode responder determinadas questões fundamentais isoladamente de outras disciplinas afins, tornando, nesses casos, inevitável a reflexão sobre a interdisciplinaridade no processo disciplinar do Direito Tributário Brasileiro.

5 Considerações finais

O presente trabalho buscou realizar análise panorâmica sobre os reflexos graduais da interdisciplinaridade (em diferentes contextos) na Ciência do Direito Tributário, enquanto disciplina jurídica. Adotou-se a ideia de interdisciplinaridade enquanto espaço formado na zona de intersecção entre duas ou mais disciplinas afetas a semelhante objeto de estudo, tal qual o fenômeno tributário. Se, inicialmente, a literatura tributária brasileira, com forte aproximação às linhas de pesquisa pautadas no formalismo e no positivismo jurídico, priorizavam uma perspectiva analítica aplicada ao Direito Tributário, gradualmente, também como reflexo direto de fatores epistemológicos comuns, como a absorção do próprio Paradigma da Complexidade, reconhecido e desenvolvido por teóricos do porte de Edgar Morin, a interdisciplinaridade, em diferentes visões, passa a ser elevada, especialmente no campo da pedagogia interdisciplinar (que, por sua vez, contemporaneamente, liga-se à transdisciplinaridade de Basarab Nicolescu).

Independente da variedade de posturas no campo da pedagogia e da epistemologia acerca da interdisciplinaridade, não há dúvidas que o enriquecimento teórico causado nesses campos do conhecimento aos poucos repercutiu também na própria Ciência do Direito (e, por extensão, e com mais atraso, na Ciência do Direito Tributário).

Em primeiro momento, a literatura tributária especializada passou a refletir sobre a possibilidade de estudos interdisciplinares, ainda que de forma complementar ou auxiliar ao estudo do jurista (no campo do Direito Tributário), como se pode observar em Paulo de Barros Carvalho e até mesmo em José Souto Maior Borges, a propósito de sua "Hermenêutica Histórica".

Gradualmente, o Paradigma da Complexidade começa a ser reconhecido no campo do próprio fenômeno tributário e, acima disso, aparece como pressuposto epistemológico reconhecível em André Folloni, James Marins, José Souto Maior Borges, assim como em Elidie Palma Bifano e Marcos Villas-Bôas.

Não se quer dizer, por outro lado, que a interdisciplinaridade vise substituir as conquistas do empreendimento disciplinar, que leva à formação das disciplinas. Pelo contrário, caminha para preencher as zonas de intersecção existentes nos limites entre as disciplinas atinentes à semelhante objeto de estudo. No campo da tributação, por exemplo, vale a pena considerar as interações interdisciplinares entre Direito Tributário, Contabilidade, Economia (e das Finanças Públicas) e Filosofia, por exemplo, sem ignorar também as possibilidades de contribuições com a Sociologia, com a Pedagogia, com a

Ciência Política, com a Política do Direito, entre outros.

A Ciência das Finanças (atual Finanças Públicas) foi elementar para o desenvolvimento da disciplina jurídica que posteriormente seria reconhecida como Direito Tributário, especialmente quando a noção de autonomia (fora de uma concepção dogmática positivista formal) registrava menores barreiras às interações interdisciplinares (mesmo de maneira meramente complementar ou auxiliar ao estudo do Direito Tributário).

Por esse motivo, em ambiente epistemológico mais propício a interações efetivamente interdisciplinares, espera-se que estudiosos busquem contribuir para o preenchimento das zonas de interseção existentes entre as disciplinas afetas à tributação, pois, a verdadeira interdisciplinaridade permite que as disciplinas sejam fortalecidas por essa interação (já que os limites dessas serão melhores compreendidos e definidos), mas jamais enfraquecidas.

Nesse sentido, o desdobramento da função prospectiva ou normativa, já bem delineada no campo da Filosofia e da Política da Tributação, assim como na Análise Econômica do Direito Tributário, que busca melhorar o "direito tributário posto", pode ser um caminho hábil para empreendimentos interdisciplinares, além das funções tradicionalmente atribuídas ao jurista tributarista.

É, portanto, um empreendimento acadêmico merecedor de atenção dos novos tributaristas, e é o que se espera para os futuros anos da Ciência (ou das Ciências) do Direito Tributário.

Referências

ATALIBA, Geraldo. **Sistema constitucional tributário brasileiro**. 2. ed. São Paulo: Editora Revista dos Tribunais, 1968.

ÁVILA, Humberto. Prefácio. In: FOLLONI, André. **Ciência do direito tributário no Brasil**: Críticas e Perspectivas a partir de José Souto Maior Borges. São Paulo: Saraiva, 2013.

BECKER, Alfredo Augusto. **Teoria geral do direito tributário**. São Paulo: Saraiva, 1963.

BIFANO, Elidie Palma. O direito tributário e a interdisciplinaridade com outros ramos do saber. In: ZILVETI, Fernando Aurelio (Coord.). **Direito Tributário Atual**, São Paulo, n. 30, 2014.

BORGES, José Souto Maior. Hermenêutica histórica no direito tributário. **Revista Tributária e de Finanças Públicas**, São Paulo, n. 31, 2000.

BORGES, José Souto Maior. Um ensaio interdisciplinar em direito tributário: superação da dogmática. **Revista Dialética de Direito Tributário**, São Paulo, n. 211, 2013.

CARVALHO, Cristiano. Análise econômica da tributação. In: TIMM, Luciano Benetti (Org). **Direito e Economia no Brasil**. São Paulo: Atlas, s/d.

CARVALHO, Cristiano. Tributação, Ciência e desenvolvimento: como poderia ser a doutrina do direito tributário no Brasil? In: SANTI, Eurico Marcos Diniz de (Coord.). **Tributação e Desenvolvimento**. São Paulo: Quartier Latin, 2011.

CARVALHO, Paulo de Barros. **Curso de direito tributário**. São Paulo: Saraiva, 2011.

CARVALHO, Paulo de Barros. **Direito Tributário**: fundamentos jurídicos da incidência. 9. ed. São Paulo: Saraiva, 2012.

CARVALHO, Paulo de Barros. **Direito tributário**: linguagem e método. São Paulo: Noeses, 2008.

CARVALHO, Paulo de Barros. Poesia e direito – o legislador como poeta: anotações ao pensamento de Flusser. In: HARET, Florence (Coord); CARNEIRO, Jerson (Coord.). **Vilém Flusser e os Juristas**. Comemoração dos 25 anos do Grupo de Estudos de Paulo de Barros Carvalho. São Paulo: Noeses, 2009.

FERRAZ, Roberto. Apresentação. In: FERRAZ, Roberto.(Coord). **Princípios e Limites da Tributação**. São Paulo: Quartier Latin, 2005.

FERRAZ, Roberto. Da hipótese ao pressuposto da incidência: em busca do tributo justo. In: SCHOUERI, Luís Eduardo (Coord.) **Direito Tributário**. Homenagem a Alcides Jorge Costa. Volume I. São Paulo: Quartier Latin, 2003.

FERREIRO LAPATZA, José Juan. **Direito tributário**: teoria geral do tributo. Barueri: Marcial Pons – Manole, 2007.

FOLLONI, André. **Ciência do direito tributário no Brasil**: críticas e perspectivas a partir de José Souto Maior Borges. São Paulo: Saraiva, 2013a.

FOLLONI, André. O direito tributário diante da complexidade econômica e socioambiental ou: para além de Souto sem sair de Souto nos 50 anos da Teoria Geral de Becker. **Revista Tributária e de Finanças Públicas**, São Paulo, n.111, 2013b.

GIDDENS, Anthony. **As consequências da modernidade**. Tradução de Raul Fiker. São Paulo: Editora UNESP, 1991.

GODOI, Marciano Seabra de. Os clássicos das finanças públicas e do direito financeiro e seu paulatino abandono pela ciência do direito tributário produzida no Brasil. In: CAMPOS, Carlos Alexandre de Azevedo; CAVALCANTE, Denise Lucena; CALIENDO, Paulo (Coord). **Leituras Clássicas de Direito Tributário**. Salvador: Jus Podium, 2018.

GRECO, Marco Aurélio. Crise do formalismo no direito tributário brasileiro. **Revista da PGFN**, Brasília, n. 1, 2011.

GUSDORF, Georges. Prefácio. In: JAPIASSÚ, Hilton. **Interdisciplinaridade e patologia do saber**. Serie Logoteca. Rio de Janeiro: Imago Editora, 1976.

GUSDORF, Georges. **Réflexions sur l'interdisciplinarité**. Bulletin de Psychologie, XLIII, 397, 1990.

HECKHAUSEN, Heinz. Discipline et interdisciplinarité. In: **L'interdisciplinarité**. Problèmes d'enseignement et de recherche dans les Universités. Paris: Ceri (Eds) - UNESCO/OCDE, 1972.

JANSTCH, Erich. Vers l'interdisplinarité et la transdisciplinarité dans l'enseignement et l'innovation. In: **L'interdisciplinarité**. Problèmes d'enseignement et de recherche dans les Universités. Paris: Ceri (Eds) - UNESCO/OCDE, 1972.

JAPIASSÚ, Hilton. **Interdisciplinaridade e patologia do saber**. Serie Logoteca. Rio de Janeiro: Imago Editora, 1976.

KUHN, Thomas. **A estrutura das Revoluções Científicas**. 5. ed. São Paulo: Editora Perspectiva, 1998.

MARINS, James. **Defesa e vulnerabilidade do contribuinte**. São Paulo: Dialética, 2009.

MARINS, James. O desafio da política jurídico-fiscal. In: MARINS, James (Coord). **Tributação & Política**. Livro 6. Curitiba: Juruá Editora, 2005.

MARTINS, Ives Gandra da Silva. A missão do jurista e o direito natural. In: **Direito Econômico e Tributário**. Comentários e Pareceres. Co-Edição – FIEO – Fundação Instituto de Ensino para Osasco. São Paulo: Resenha Tributária, 1982.

MARTINS, Ives Gandra da Silva. **Uma teoria do tributo**. São Paulo: Quartier Latin, 2005.

MORIN, Edgar. O paradigma da complexidade. In: MORIN, Edgar; LE MOIGNE, Jean-Louis. **A Inteligência da Complexidade**. São Paulo: Petrópolis, 2000.

MORIN, Edgar. **O método 3**: o conhecimento do conhecimento. São Paulo: Editora Sulina, 1999.

NEVES, Marcelo. Pesquisa interdisciplinar no Brasil: o paradoxo da interdisciplinaridade. **Revista do Instituto de Hermenêutica Jurídica**, Belo Horizonte, ano 1, n. 3, jan. / dez. 2005.

NICOLESCU, Basarab. **Definition of transdisciplinarity**. 2003. Disponível em: http://www.interdisciplines.org/ interdisciplinarity/papers/5/ (último acesso em 05.12.2019).

NICOLESCU, Basarab. **O manifesto da transdisciplinaridade**. Trad. Lúcia Pereira de Souza. São Paulo: Trion, 1999.

NOGUEIRA, Ruy Barbosa. **Curso de Direito Tributário**. 15. ed. São Paulo: Saraiva, 1999.

NOGUEIRA, Ruy Barbosa. Miguel Reale e o direito tributário. In: **Imunidades. Contra Impostos na Constituição Anterior e sua disciplina mais completa na Constituição de 1988**. 2. ed. São Paulo: Saraiva, 1992.

SANTI, Eurico Diniz de. Apresentação. In: SANTI, Eurico Diniz de (Coord). **Curso de Direito Tributário e Finanças Públicas**. Do Fato à Norma, da Realidade ao Conceito Jurídico. Série Metodologia & Ensino – Direito Desenvolvimento e Justiça. São Paulo: Saraiva, Direito GV, 2008.

SANTOS, Akiko. Complexidade e transdisciplinaridade em educação: cinco princípios para resgatar o elo perdido. **Revista Brasileira de Educação**, v. 13, n. 37 jan. / abr. 2008.

SCHOUERI, Luís Eduardo. **Normas tributárias indutoras e intervenção econômica**. São Paulo: Forense, 2005.

SCHOUERI, Luís Eduardo. **Direito tributário**. São Paulo: Saraiva, 2011.

SCHOUERI, Luís Eduardo. **Direito tributário**. 3. ed. São Paulo: Saraiva, 2013.

TEODOROVICZ, Jeferson. **História disciplinar do direito tributário brasileiro**. São Paulo: Quartier Latin, 2017.

TEODOROVICZ, Jeferson. O direito tributário brasileiro e a interdisciplinaridade: possibilidades, perspectivas e desafios. **Revista Direito Tributário Atual**, São Paulo, n. 48, 2021.

TORRES, Ricardo Lobo. Os direitos humanos e a tributação. In: **Tratado de Direito Constitucional Financeiro e Tributário**. v. 3 Rio de Janeiro: Renovar, 1998.

TORRES, Ricardo Lobo. Legalidade tributária e riscos sociais. **Revista Dialética de Direito Tributário**, São Paulo, v. 59, 2000.

VILLAS-BÔAS, Marcos de Aguiar. Direito tributário disciplinar, interdisciplinar, multidisciplinar, pluridisciplinar e transdisciplinar. **Revista Direito Tributário Atual**, São Paulo, n. 33, 2015.

VILLAS-BÔAS, Marcos de Aguiar. **Direito tributário, pragmática e transdisciplinaridade**: da incidência normativa à política tributária. Tese de Doutorado. Direito. Pontifícia Universidade Católica de São Paulo, 2015. Disponível em: http://optimaltaxationtheory.com/assets/Site_-_Marcos_Villas-B__as_-_Tese_de_Doutorado_-_Publica____o.pdf. Acesso em: 11/10/2019.

CIDADANIA FISCAL E PRINCÍPIO DA CAPACIDADE CONTRIBUTIVA À LUZ DA TEORIA DE JUSTIÇA DE JOHN RAWLS

Francisco Leite Duarte
Raul Messias Lessa

SUMÁRIO

1. Introdução. 2. O homem, sua polis e a cidadania. 3 O cidadão contribuinte. 4. Cidadania fiscal e capacidade contributiva à luz dos princípios de justiça de John Rawls. 5. Considerações finais. Referências.

1 Introdução

Por refletir questões éticas, morais e culturais, a ideia de justiça é daquelas que perpassam todos os aspectos das relações humanas, razão pela qual é objeto de investigação de diversos ramos dos saberes, a exemplo da Filosofia, da Ciência Política e do Direito.

O Direito ordena as relações sociais com aspiração de que elas se perfaçam de modo reto, justo, daí que os seus modais deônticos – seja quando proíbe comportamentos, seja quando obriga condutas, ou as permite – buscam sustentação em um sistema axiológico pautado em algum ou alguns princípios de justiça.

Naturalmente, que a História está cheia de exemplos de sociedades organizadas em regimes jurídicos evidentemente injustos, muito embora no âmbito simbólico e institucional, careçam de um discurso associado a determinados elementos morais para justificarem suas respectivas ordens normativas.

A justiça é, assim, algo que pretende fundamentar as relações intersubjetivas e as instituições da sociedade, como se houvesse uma necessidade na humanidade de justificar suas ações em torno de algum valor moralmente justo. A justiça é critério de aferição das condutas boas e razoáveis das sociedades bem ordenadas politicamente.

Sociedade justa é aquela que melhor atende aos anseios de seus membros, seja quando disciplina as relações entre os seus cidadãos, seja na relação do Estado com outros indivíduos, seja nas relações com as instituições da comunidade, em vista da maior otimização possível na distribuição do ônus e do bônus hauridos no seio da comunidade, respeitados os direitos humanos historicamente construídos e conquistados pelos povos.

Dado que as sociedades humanas, sob pena de seu aniquilamento, precisam de altos níveis de coesão social, a pressupor um equilíbrio básico na forma como são distribuídos os bens gerados pelo esforço da sociedade e os ônus necessários a esses esforços, a justiça é categoria conceitual imanente a qualquer discussão no âmbito das coisas das sociedades politicamente organizadas. É que, como diz Michael J. Sandel, a medida de justiça de uma sociedade é aquilatada como "ela distribui as coisas que valoriza – renda e riqueza, deveres e direitos, poderes e oportunidades, cargos e honrarias" (SANDEL, 2012, p. 28).

Essa ideia de justiça pautando as condutas individuais e das instituições da comunidade é intuída por todas as pessoas racionais, não sendo certo, porém, muito menos fácil, aquilatar o seu conteúdo, os mais desejáveis princípios de justiça, seja. Porque eles variam em relação a cada indivíduo e cultura e, sujeita que está à carga de valores sociais da comunidade.

Há, assim, muitas teorias de justiça. Conquanto seja por demais simplista sintetizar as grandes questões sobre justiça, não é de todo modo errôneo dizer que o pensamento filosófico sobre os elementos e princípios de justiça passam, sem descurar de outros estudiosos, pelos ensinamentos de Aristóteles (384 a. C – 322 a. C), pela doutrina utilitarista em sua dimensão mais forte de Jeremy Bentham (1748-1832) ou moderada de John Stuart Mill (1806-1873), pela ideologia libertarista em suas diversas configurações, desde Robert Nozick (1938 – 2002), Friedrich A. Hayek (1899-1992), Milton Friedman (1912-2006) e Kant (1724-1804), desembocando em autores modernos ligados ao liberalismo político, a exemplo de John Rawls (1921 – 2002).

Como a palavra justiça, cidadania é termo polissêmico e assume diversas adjetivações, segundo o enfoque material que se tenha em mente para qualificá-lo. Trata-se de vernáculo ao qual se associa múltiplas dimensões. Quando se quer associar ao termo o plexo de direitos e obrigações envolvendo o dever fundamental de pagar tributos e o correlato dever do Estado na construção de políticas públicas em vista de atendimento das necessidades da sociedade, falamos de cidadania fiscal, expressão riquíssima de significados, todos eles permeados de discussões ligadas a princípios de justiça.

A cidadania fiscal, seja pela faceta dos direitos do cidadão - contribuinte, seja pelos seus deveres correlatos, sobretudo o dever fundamental de pagar tributos, encastela vários princípios, dentre eles um de elevada estatura no ordenamento jurídico de vários países – o princípio da capacidade contributiva.

A ideia subjacente ao princípio da capacidade contributiva indica que a parte do ônus do contribuinte para o sustento do desiderato estatal deve ocorrer segundo a dimensão de riqueza do particular, numa relação razoavelmente proporcional entre o volume de tributação e o grau de riqueza do cidadão, segundo alguma métrica submetida a um parâmetro de justiça.

Por ser um princípio próprio do Direito tributário, o princípio da capacidade contributiva dialoga com o princípio da liberdade. Como elemento importante da cidadania fiscal encastela-se nas dobras do princípio da igualdade. A cidadania fiscal e o princípio da capacidade contributiva têm sido estudados por diversos prismas. Estudá-los sob a lente dos princípios de justiça esculpidos por John Rawls em sua Teoria de justiça é o objetivo deste ensaio.

2 O homem, sua polis e a cidadania

Bem mais do que nos primórdios da humanidade, o homem moderno vive inserido nas profundezas de uma notável organização social que a todos domina, influencia e prende em suas teias institucionais – O Estado. O Estado talvez seja uma das obras mais importantes da engenhosidade humana.

O indivíduo, desde a sua concepção, é destinatário da proteção estatal. Ao nascer, adentra numa relação própria de pertencimento, dele sendo sujeito de direitos e de obrigações, de diferentes naturezas e sentidos, segundo os termos da configuração jus-política estatal em dado momento histórico, da qual deflui o atributo próprio da cidadania que vai marcar a relação do cidadão com o Estado.

De fato, o ser nascente, por ser pessoa é, desde então, cooptado para o ventre dessa realidade multifacetada e institucionalizado, que a todos domina, desde o nascimento até à morte. O Estado molda, pela lei, a vontade do seu povo, submete-o aos seus quereres e põe o indivíduo em um centro catalisador de certos direitos e responsabilidades: um cidadão, o filho da *pólis*, o indivíduo que pertence à cidade e é por ela reconhecido.

Na modernidade, o Estado está em todos os espaços e, inserido dentro do seu manto de jurisdição, o cidadão é um dos seus principais elementos constitutivos, mantendo com ele os mais variados vínculos de subordinação ou de coordenação, azeitando-o com o seu trabalho, com sua cultura, o seu contributo, o seu tributo. Essa relação do homem com o Estado não deixa de ser amplificação da inegável sociabilidade humana. De fato, a natureza humana é marcada pela tônica da sociabilidade, assim já proclamara ARISTÓTELES (2019, I, 1252b, 13-4). É no âmbito da relação do homem com a sua pólis que, de simples indivíduo, o homem se torna cidadão, portador de cidadania.

Inegavelmente, o homem sempre viveu em sociedade, mas o termo cidadania associa-se, ao desenvolvimento das pólis gregas, por volta dos séculos VIII e VII A.C., muito embora, ali, ao olhar de hoje, a cidadania fosse bastante reduzida, posto que excludente da maioria do seu povo, os não-cidadãos e o estrangeiro. (PORTO, 2016, p. 21-39).

Como diz MENDES (2010, p. 22), citando SADEK, ser cidadão na Grécia antiga:

> [...] implicava um modo ético de ser e agir do homem grego, concretizada na participação política no traçado dos destinos da pólis e classificação das pessoas, com diferenciação nas correspondentes funções sociais, denotando a estrutura capaz de atender as necessidades práticas do cotidiano.

O termo cidadania tem assumido diversas configurações, com significados ou ressignificações variáveis no decorrer do tempo, muito embora haja um núcleo semântico estável que perpassa a história do conceito, como a ideia de um plexo de direitos e de obrigações recíprocos na relação do cidadão com o Estado.

Se for assim, o conceito de cidadania é engendrado no âmbito das relações sociais de determinada sociedade e penetra seu sistema jurídico portando a carga axiológica do ambiente de sua gestação, razão porque o conceito de cidadania numa sociedade pluralista e democrática será diferente daquele normatizado no âmbito de uma sociedade fechada e autoritária.

Com efeito, nem na Grécia antiga a concepção de cidadania foi a mesma. Sobressaiu-se, sobretudo, em Atenas porque o regime ateniense era considerado uma democracia, bem assim porque regia-se pelo princípio da igualdade de todos perante a lei e pela adoção do critério de mérito para escolha dos governantes, sem contar de que a origem humilde não era obstáculo para a ascensão social. Essas ideias resumem o célebre discurso de Péricles em 431 a.C. quando Atenas homenageou os seus mortos na guerra do Peloponeso e formatou, séculos depois, a substância da cidadania moderna: "a igualdade de todos perante a lei, a inexistência de desigualdades sociais impeditivas do acesso social e no emprego do mérito como critério de escolha dos governantes" (BARRETO, 2015, p. 31).

Como bem o diz o BARRETO (2015, p. 32), a realidade política e social de Atenas não correspondia aos ideais proclamados por Péricles e esse dissenso era também sentido pelos seus dois maiores filósofos. Platão sustentava que a massa da população deveria ser afastada da participação política e que os governantes deveriam se dedicar com exclusividade ao bem público (PLATÃO, 2007, Livro 5, p. 456-470). Para ARISTÓTELES (2019, Livro 3, Cap. 1), cidadão era aquele que participava nas decisões e nas funções governamentais e que "não se deve mesmo considerar que um cidadão se pertence a si próprio, mas que tudo pertence à cidade" (ARISTÓTELES, 2019, Livros 7 e 8).

Como observa MENDES (2010, p. 22), com apoio em MAMIN, o fundamento da democracia grega residia não na existência de governantes e governados, mas na possibilidade de cada cidadão ocupar as duas posições alternadamente, daí que a igualdade e a liberdade, conceitos umbilicalmente associados ao de cidadania, requeriam governos democráticos (sob a concepção grega de democracia) para que a cidadania pudesse se concretizar.

A fragmentação do poder durante a Idade Média e a singularidade das relações sociais então vigentes, eclipsou o exercício da cidadania por muito tempo, mas no Século XI, no ambiente da luta pelo poder entre o clero e a nobreza, surgem manifestações de rebeldia contra a concentração do poder "na península ibérica, com a Declaração das Cortes de Leão de 1188, e sobretudo, na Inglaterra, com a Magna Carta de 1215" (COMPARATO, 2007, p. 46).

A partir daí, embora com diferentes configurações, a noção de cidadania se amplia e ganha impulso considerável no ambiente da Revolução Francesa e com as novas posturas acerca da relação do indivíduo com o Estado, sobretudo pelas doutrinas dos contratualistas, a exemplo de Hobbes, Locke e Rousseau.

Hoje, a noção de cidadania compreende um conjunto de prerrogativas envoltos em três grupos de direitos: os civis do século XVIII, os políticos, do século XIX e os direitos sociais do século XX (MARSHALL, 1967, p. 63-114), direitos esses que não se incorporaram uniformemente aos ordenamentos jurídicos dos diversos Estados em uma mesma época, posto que sempre foram condicionados aos diversos regimes jurídico-políticos e econômico do Estado moderno.

Como diz BARRETO (2015, p. 34), hoje, encontramos no núcleo do Estado democrático de direito direitos contra o Estado e em defesa do indivíduo que corresponderiam aos direitos civis (igualdade no acesso à justiça, liberdade de culto, liberdade de expressão, liberdade de ir e vir, direito à propriedade), os direitos políticos (direito de votar e de ser votado, direito de participação no governo) e os direitos sociais, oriundos da intervenção do Estado que procura diminuir as desigualdades econômicas e sociais provocada pela economia livre de mercado. Consequência de diversas lutas por justiça social, esses direitos, em diversos momentos da história e das sociedades, foram, paulatinamente, incorporados às constituições dos Estados ocidentais, compondo, hoje, um núcleo de proteção ao cidadão, formatando um espectro de prerrogativas ligadas ao conceito de cidadania, a exemplo da Constituição brasileira de 1988, que proclama, logo no seu primeiro artigo, a cidadania e a dignidade da pessoa humana como dois dos seus fundamentos.

A cidadania e a dignidade da pessoa humana, fundamentos da República Federativa do Brasil, em vista dos objetivos da República, dos quais destacamos a construção de uma sociedade livre, justa e solidária (Art. 3º, I) amalgama-se aos direitos e garantias fundamentais do art. 5º, bem como aos direitos sociais do art. 7º, sem prejuízos de outros decorrentes do regime e dos princípios por ela adotados, ou dos tratados internacionais em que a República Federativa do Brasil seja parte (§2º do art. 5º) para compor um autêntico estatuto de proteção aos brasileiros e aos estrangeiros residentes no País.

É no âmbito desse estatuto geral, moldado em diversos dispositivos constitucionais, mas, sobretudo nos acima mencionados, que a Constituição brasileira perfila um específico regime de proteção ao cidadão-contribuinte no âmbito da relação jurídica de tributação, aquilatando o que ela denomina "limitações constitucionais do poder de tributar, donde se encontra um princípio de elevadíssima estatura, decorrente do princípio da igualdade e que conduz a uma tributação justa – o princípio da capacidade contributiva, estipulado no §1º do art. 145 da Constituição brasileira de 1988.

3 O cidadão contribuinte

O plexo jurídico entre o Estado e o cidadão que tem por objeto o pagamento do tributo ou, por parte do Estado, a satisfação das necessidades coletivas, é um conjunto de vínculos jurídicos contrapostos e indissociáveis que, a par de atributos diferenciados, mantem elementos comuns em posições contrapostas, mas necessariamente alimentados pela seiva da cidadania fiscal.

A primeira relação jurídica desse plexo é de natureza tributária. O seu sujeito ativo é o Estado, no Brasil, cada entidade federativa. O sujeito passivo é o cidadão-contribuinte. A causa que liga os sujeitos da obrigação é a lei, expressão máxima do poder político. Aqui, estamos diante de uma obrigação de dar, que tem como objeto o pagamento do tributo.

Na segunda relação, a que vincula o Estado ao cidadão pelas ações direcionadas à prestação positivas ou negativas no interesse da cidadania, quase sempre de natureza administrativa, os liames da juridicidade são difusos e os sujeitos se invertem. Nem sempre há uma relação jurídica estrito senso, senão um dever político por parte do Estado em fazer cumprir, em prol do cidadão, e dadas certas condições, um plexo de direitos e liberdades, ora assentados em lei, ora proclamados em normas constitucionais de eficácia limitada ou contida. O sujeito passivo é o Estado e o objeto assume um espectro variadíssimo, seja na forma de obrigações de dar, seja na forma de obrigações de fazer.

Ali, na relação jurídico-tributária, o Estado tem o poder de exigir o tributo e o contribuinte o dever de adimplir a obrigação. Aqui, na relação jurídico-administrativa, quando amparado em norma jurídica vinculante, o cidadão tem o poder de exigir o serviço e obras públicas e o Estado o dever de cumprir o pacto firmado no âmbito de uma relação jurídica estrito senso ou do pacto constitucional.

Os poderes, atributos e prerrogativas da cidadania estão presentes nos dois tipos de relações. No que diz respeito especificamente à relação jurídico-tributária, que é a que interessa para efeitos de aquilatação de uma cidadania fiscal, subjaz a ela, como pano de fundo, duas dimensões éticas. Uma, a ética tributária, do Estado que tributa; e a outra, a ética fiscal, do cidadão-contribuinte que entrega parte do seu patrimônio ao Estado em nome de uma razão que se impõe pelo direito em torno de um consenso formatado no contrato social.

A ética tributária impõe ao Estado uma principiologia orientadora do poder de tributar pautado no princípio da boa fé, limitado pelos direitos e garantias individuais do cidadão-contribuinte. Pela ética fiscal, impõe-se ao cidadão-contribuinte o dever fundamental de pagamento do tributo, segundo sua capacidade contributiva, também lastreado no princípio da boa fé, da solidariedade social e no consenso pautado no âmbito do pacto social.

4 Cidadania fiscal e capacidade contributiva à luz dos princípios de justiça de John Rawls

John Rawls nasceu em Baltimore, Maryland, nos Estados Unidos da América em 1921 e faleceu em 2002. Fez seu Doutorado em Filosofia e em Letras na Universidade de Princeton em 1950, iniciando ali sua carreira acadêmica. Foi professor da Universidade de Corneil e da Universidade de

Harvard, onde ocupou a cadeira de Filosofia Moral. Conhecia com excelência o pensamento clássico, sobretudo Platão e Aristóteles, inspirando-se também no pensamento de Thomas Hobbes, John Locke, David Hume, dedicando-se com especial empenho a Kant, Jeremias Bentham e John Stuart Mill. No contexto das correntes filosóficas, John Rawls encastela-se no âmbito do liberalismo clássico, mas também é influenciado pelo existencialismo, marxismo e pela filosofia analítica. Não foi preocupação de Rawls discutir as posições filosóficas, morais e religiosas. O que interessava era se havia o consenso entre os membros da sociedade, tendo por base a liberdade e a igualdade das pessoas. Escreveu vários livros, dentre eles Teoria da Justiça, A justiça como equidade, A justiça como imparcialidade, Sobre a liberdade, Liberalismo político e o Direito dos Povos (OLIVEIRA, 2006, p. 529), John Rawls formula uma teoria capaz de balizar axiologicamente uma sociedade real em vista de saber até que ponto ela é justa na criação de oportunidades para seus cidadãos, independentemente das diferentes posições sociais por estes ocupadas. A teoria é fundamentada em três axiomas: a) uma situação original e hipotética de equidade, em que todos são chamados a definir os princípios regentes de uma sociedade. Nessa situação inicial as pessoas não conhecem suas respectivas posições sociais (classe social, gênero, cor, etnia, etc.), posto estarem cobertos por um "véu de ignorância". Por conseguinte também não conheceriam as vantagens ou desvantagens comparativas, estando, portanto, impossibilitados de usar tais referenciais à tomada de suas decisões, b) igualdade de condições nas oportunidades de participação nos postos públicos, para evitar distorções nas qualificações das pessoas em função das condições existentes no meio em que nasceram e c) existência de instituições de âmbito público que publicizem e utilizem nos atos que normatizam suas atividades as regras que orientam a sociedade, devendo tais instituições participarem no incentivo à constituição e manutenção da cidadania e de cidadãos cientes de seus direitos e deveres (MENDES, 2010, p. 26). Nessas condições, ou seja, nesse acordo hipotético em uma posição original de equidade sob o "véu da ignorância", as pessoas racionais motivadas por interesses próprios, seriam levadas, segundo Rawls: a) a rejeitar o utilitarismo, já que, submetidas ao "véu da ignorância", poderiam estar em uma situação desfavorável, pertencente a uma minoria oprimida, por exemplo, e b) refutar o princípio libertário do laissez-faire, posto que tanto essa pessoa poderia ser uma pessoa milionária como uma pessoa mendiga (SANDEL, 2012, p. 29) . Quanto ao que se entende por cidadão "cônscios de seus direitos e deveres", o cidadão seria livre quando: a) "Dada a sua capacidade moral de formular, revisar e procurar concretizar racionalmente uma concepção de bem sua identidade pública de pessoa livre não é afetada por mudanças em sua concepção específica de bem ao longo do tempo" (RAWLS, 2000, p. 73); b) "Além disso, são vistas como capazes de restringir sus suas reivindicações àquelas permitidas pelos princípios de justiça" (idem, p. 77) bem como quando se considerarem no direito de fazerem reivindicações às instituições na promoção de suas concepções de bem, enquadradas numa concepção de crença púbica de justiça (MENDES, 2010, p. 27). A teoria de John Rawls extrapola a esfera da moral individual. Para o filósofo americano, as instituições da sociedade também estariam submetidas a princípios pactuados na posição original: a) Existência de um consenso a respeito dos princípios públicos de justiça; b) Que o consenso seja respeitado e observado concretamente pelas instituições significativas da sociedade. (RAWLS, 2000, p. 79). Daí que, dessa configuração axiomática, dois princípios de justiça emergiriam naturalmente: a) um que oferecesse as mesmas liberdades básicas para todos os cidadãos, a exemplo da liberdade de expressão e de religião – princípio da liberdade igual ou básica) e outro relacionado à equidade social e econômica – princípio da diferença. (SANDEL, 2012, p. 179). Verdade que, formulados incialmente em seu "Teoria da Justiça", de 1971 graças ao seu espírito crítico e colaborador, esses princípios, quando confrontados, foram melhorados e ganhou versão mais acabada em seu "Liberalismo político" de 1993.

O princípio da liberdade igual, como bem o diz LIMA (2019, p. 22):

> [...] implica na justiça formal como um pressuposto de sociedades razoáveis a caminho da igualdade substancial, caracterizando-se pela interpretação da lei por tribunais legítimos e pelo cumprimento das sentenças por indivíduos que detém liberdade de ir e vir, de crer, direito de expressão, de reunião e à propriedade privada.

Pelo princípio da diferença, só seriam admitidas as desigualdades sociais e econômicas que pudessem beneficiar membros menos favorecidos da sociedade. Para LIMA (2019, p. 23):

> [...] essas liberdades básicas abrangidas pelo princípio da liberdade igual e exercitadas livremente nas sociedades pluralistas e tolerantes possam ser encaminhadas, por exigência da igualdade material e através dos programas políticos, a um sentido de cooperação social e, por conseguinte, na busca de igualdade entre os agentes sociais.

Conquanto, John Rawls não tenha se preocupado especificamente com a questão tributária nem com cidadania fiscal, não é difícil perceber que sua construção teórica, por envolver em sua base o consenso, a crença pública de justiça, a ênfase na liberdade e na realização da igualdade material com justiça substancial, em vista da promoção de melhores condições materiais de vida com justa distribuição dos bens da sociedade, pode ser um poderoso instrumento de análise das questões que envolvam justiça fiscal, tributação em bases justas, temáticas subjacentes ao princípio da capacidade contributiva e à cidadania fiscal.

Decerto, que sob as condições estabelecidas por Rawls, as pessoas livres e racionais seriam levadas a estabelecer premissas de tributação que privilegiasse a igualdade, a propriedade, a liberdade, a livre iniciativa e o princípio da tributação segundo a capacidade contributiva.

De antemão, embora o tributo seja receita obtida pelo Estado compulsoriamente, em sua base política mais remota encontra-se o consenso a legitimar a atividade estatal, daí que, no Estado democrático de Direito, o instrumento por excelência para instituição do tributo é a lei, a máxima expressão do poder político. O consenso pressupõe a liberdade, homens livres e cônscios dos seus direitos e responsabilidades, diante das necessidades da sua comunidade, porque logram os benefícios da sociabilidade que lhe é imanente, assumem, por dever de solidariedade, o ônus de financiamento do desiderato estatal.

Homens livres e conscientes dos seus direitos e deveres, em consenso a respeito de princípios de justiça, pressupõem, outrossim, a igualdade de todos em torno de uma racionalidade fundamental compartilhada pelo grupo social, daí que não tem dificuldade em reconhecer a necessidade de uma tributação segundo o princípio da capacidade contributiva, por aplicação do princípio da diferença de John Ralws.

Com efeito, sob o "véu da ignorância", esse homem livre, não sabedor da posição econômica numa situação de posição inicial, seria levado a aceitar um nível de tributação que respeitasse a propriedade (princípio da vedação ao confisco), que preservasse o mínimo à preservação da vida (dignidade humana), o direito de ir e vir e de livre iniciativa, tudo segundo a capacidade contributiva, de modo tal que houvesse uma razoável tributação proporcional ou progressiva segundo a dimensão de patrimônio do indivíduos e de outras características singulares e pessoais, em vista de combater as desigualdades sociais e econômicas pela de redistribuição de renda através da tributação e afirmação da cidadania fiscal.

A cidadania fiscal é desses nortes totalmente associada à ideia de justiça social e fiscal. Está fortemente assentada no princípio da igualdade. Para Heidi M. Hurd a igualdade ao lado da liberdade individual e dos interesses de confiança constitui um dos três valores primordiais do Estado de Direito, que se destina a fundamentar os princípios da moral: "*La igualdad requiere el tratamiento similar de los que son idênticos em spectos moralmente relevantes. Inversamente, permite (y tal vez exija) el tratamiento de los que son idênticos em aspectos moralmente relevantes*" (HURD, 2003, p. 307).

A cidadania fiscal, porque eivada de conteúdo ético, tem duplo sentido. Aponta para o cidadão-contribuinte e para ética que deve permear seu comportamento junto ao Estado e para a ética estatal no exercício do poder de tributar, já que, como bem salientou RAWLS (2000, p. 79) as instituições da sociedade também estariam submetidas a princípios pactuados na posição original, que não podem deixar de observar o consenso firmado.

Com efeito, com salientado por CRUZE, citado por MÉNDEZ (2001, p. 169).

> [...] tanto as Autoridades concretas como también los sujeitos passivos em particular han de tomar em consideración los interesses legítimos de la outra parte y no pueden com su própria conducta, sobre la que la outra parte há depositado su confianza, actuar contradictoriamente.

Sob a perspectiva histórica da evolução dos direitos humanos fundamentais nos Estados modernos, PASIN (2010, p. 115-116), com base em Giovani Sartory, assinala que o fundamento da igualdade revela em sua unidade duas dimensões: "(a) Política e jurídica: a lei é igual para todos (generalidade da lei) e b) econômica e social: o tratamento de todos na lei é igual na medida de suas desigualdades (suficiência da Lei)". No campo da tributação, para evitar injustiça fiscal, o princípio da igualdade tem se relativizado para incorporar em seus quadrantes o princípio da capacidade contributiva, presente nos ordenamentos jurídicos italiano, espanhol, argentino, dentre outros e encontrando guarida no texto da constituição brasileira no §1º do art. 145, verbis:

> Art. 145. [...]
> §1º. Sempre que possível, os impostos terão caráter pessoal e serão graduados segundo a capacidade econômica do contribuinte, facultado à administração tributária, especialmente para conferir efetividade a esses objetivos, identificar, respeitados os direitos individuais e nos termos da lei, o patrimônio, os rendimentos e as atividades econômicas do contribuinte.

O princípio da igualdade e da capacidade contributiva associam-se à uma questão de ética tributária. De fato, as instituições básicas da sociedade e o homem livre e cônscio de seus direitos e de suas responsabilidades, para fortalecerem a coesão social e a cidadania fiscal, devem agir segundo os atributos de justiça, erigidos em torno da boa-fé, pois como ensina MÉNDEZ (2001, p. 170):

> La aplicación de la doctrina general sobre el princípio de la buena fe – como modelo de conduta – al âmbito tributário podría seguramente ajustarse a la seguiente proposición: es contrario a la buena fe todo acto o conducta insertos en un procedimiento tributário que se dirija a impedir, entorpecer, pertubar, menoscabar el retrasar el ejercicio de um derecho o de uma potestad, o que pretenda convertir em imposible, difícil, oneroso o prolongado el cumprimento de uma obrigación o de um deber de la outra parte.

A cidadania fiscal, em vista dos princípios de justiça e da boa fé quando direcionado para a Administração tributária, converte-se em um conjunto de poderes-deveres, que deverão ser exercidos com estrita observância das limitações constitucionais do poder de tributar, constitutivo de um autêntico estatuto do cidadão-contribuinte. Pelo contrário, vinculando o cidadão-contribuinte, tem esse o dever fundamental de pagamento do tributo e portar-se com boa fé em todas as relações que presidem a relação jurídico-tributária.

5 Considerações finais

Uma das relações mais tensas entre o cidadão-contribuinte e o Estado ocorre no âmbito da atividade financeira do estatal, particularmente no exercício do poder de tributar. Trata-se de uma tensão natural, mas eivada de possibilidades conflituosas. De um lado, o Estado-fisco que renunciou a atividade empresarial, precisa, para cumprir o seu desiderato constitucional, apropriar-se de parte do patrimônio do indivíduo, avançando sobre parte de um dos direitos inalienáveis da cidadania – a propriedade.

Mas, da parte do cidadão, não somente está em jogo o direito de propriedade. Sua liberdade é alcançada também na medida, em que não pode disponibilizar a inteireza dos seus bens e dos seus esforços, segundo à sua vontade e desígnios.

Sendo um cidadão livre, segundo o arcabouço jurídico a qual está submetido, e cônscio dos seus deveres institucionais e ciente do dever de solidariedade que deve fundamentar as relações sociais no meio da sua comunidade, reconhece a importância do Estado, a necessidade da atividade de tributação, mas só pode se satisfazer no cumprimento das suas obrigações dentro de um plexo de direitos, configuradores de uma relação jurídica e não somente numa relação de força.

Mas a existência de lei prévia, como significante da legitimidade da tributação é-lhe insuficiente, se não respaldada noutro princípio de justiça material – a igualdade. Não uma igualdade formal, mas a que leve em conta as diferenças moralmente relevantes, daí o princípio da capacidade contributiva, um dos mais importantes do que podemos considerar por cidadania fiscal.

A ideia de liberdade, de propriedade e de igualdade; a ideia de consenso e de crença pública na justiça, atributos por excelência da cidadania fiscal, ganham um peso de relevância em sua construção teórica a partir dos princípios de justiça da teoria de justiça de John Raws.

Todos os axiomas da teoria rawlsiana, bem assim os seus dois princípios fundamentais, seja a liberdade igual, seja o princípio da diferença, podem conduzir o teórico do direito tributário a grandes descobertas, caso se debruce sobre uma das mais relevantes teorias de justiça da modernidade no âmbito da Filosofia moral. Seguramente, a cidadania fiscal tem muito o que ganhar.

Com efeito, sob o "véu da ignorância", esse homem livre, não sabedor da posição econômica numa situação de posição inicial, seria levado a aceitar um nível de tributação que respeitasse a propriedade (princípio da vedação ao confisco), que preservasse o mínimo à preservação da vida (dignidade humana), o direito de ir e vir e de livre iniciativa, tudo segundo a capacidade contributiva, de modo tal que houvesse uma razoável tributação proporcional ou progressiva segundo a dimensão de patrimônio do indivíduos e de outras características singulares e pessoais, em vista de combater as desigualdades sociais e econômicas pela de redistribuição de renda através da tributação e afirmação da cidadania fiscal.

Referências

ARISTÓTELES. **Política**. Tradução de Maria Aparecida de Oliveira Silva. São Paulo: Edipro, 2019.

BARRETO, Vicente. O conceito moderno de cidadania. **Revista de Direito Administrativo**, Rio de janeiro, v. 192, p. 29-37, fev. 2015.

COMPARATO, Fábio Konder. **A afirmação histórica dos direitos humanos**. 5. ed. São Paulo: Saraiva, 2007.

HURD, Heidi M. **O combate moral**. Tradução de Edson Bini. São Paulo: Martins Fontes, 2003.

LIMA, Newton de Oliveira. **10 lições sobre Rawls**. Petrópolis: Vozes, 2019.

MARSHALL, T. H. **Cidadania, classe social e status**. Tradução de Meton Porto Gadelha. Rio de Janeiro: Zahar, 1967.

MENDES, Ovídio Jairo Rodrigues. **Concepção de cidadania**. 2010. Dissertação (Mestrado em filosofia e Teoria geral do direito). Faculdade de Direito, Universidade de São Paulo, 2010.

MÉNDEZ, Amelia González. **Buena fe y derecho tributário**. Madrid: Marcial Pons, 2001.

OLIVEIRA, Maria José Galleno de Souza. Reflexões do pensamento de John Rawls na obra o direito dos povos. **Revista da Faculdade de Direito da Universidade de São Paulo**, [S.l.], v. 101 p. 529-550, 2006.

PASIN, João Bosco Coelho. **Derecho tributário y ética**: la moral de la justa imposición. Buenos Aires: Heliasta, 2010.

PLATÃO. **A república**. Tradução de Ciro Mioranza. 2. ed. São Paulo: Escala, 2007.

PORTO, Ana Maria da Costa; BORGES, Antônio de Moura. O exercício da cidadania fiscal. **Revista Brasileira de Direitos e Garantias Fundamentais**, Curitiba, v. 2., n. 2, p. 21-39, jul. / dez. 2016.

RAWLS, John. **O liberalismo político**. Tradução de Dinah de Abreu Azevedo. 2. ed. São Paulo: Ática, 2000.

RAWLS, John. **Uma teoria da justiça**. Tradução de Almiro Piseta e Lenita M. R. Esteves. São Paulo: Martins Fontes, 1997.

SANDEL, Michael J. **Justiça**: o que é fazer a coisa certa. Tradução de Heloisa Matias e Alice Máximo. 6. ed. Rio de Janeiro: Civilização Brasileira, 2012.

Tributação e desigualdade interseccional: um olhar para o Direito Tributário

Luciana Grassano de Gouvêa Melo
Danielle Victor Ambrosano

Sumário

1. Introdução. 2. Dados sobre desigualdade social considerando critérios de gênero e raça no Brasil. 3. Justiça fiscal e desigualdade interseccional de gênero. 4. O que pode ser feito para alterar esse estado de coisas. 5. Considerações finais. Referências.

1 Introdução

O lugar social que ocupamos nos faz ter experiências e perspectivas distintas sobre a vida em sociedade. Ocupar um lugar de privilégio social, de onde se é permitido falar, traz o dever de lançar luzes sobre questões como racismo e desigualdade interseccional de gênero, que impactam diretamente o desenvolvimento do país.

Mas quem está autorizado a falar sobre desigualdade de gênero e raça? Todas as pessoas, na medida em que o lugar de fala se refere ao lócus social e não sobre a autorização para tratar sobre determinado assunto. O estudo e a consciência sobre esse lugar de fala é que se mostra extremamente importante no combate às repressões de gênero e raça, pois nos possibilita enxergar opressões que impactam diretamente a vida de grupos subalternizados, dos quais não fazemos parte.

Racismo e sexismo são formas de opressão que colocam as mulheres negras na condição de maior vulnerabilidade social, sendo poderosos obstáculos ao enfrentamento da situação de exclusão social que deixa mulheres negras sempre à margem dos direitos.

Em sua concepção estrutural, o racismo está presente nas relações sociais, políticas, jurídicas e econômicas, fazendo com que mesmo a responsabilização individual e institucional por atos racistas não seja capaz de extinguir a reprodução da desigualdade racial.

De maneira geral, o racismo deve ser visto como uma forma de racionalidade, de compreensão das relações, constituindo as ações conscientes e inconscientes como um modo de funcionamento social, estando arraigado nas instituições políticas, no direito, na economia e nas subjetividades, conforme esclarecido por Silvio ALMEIDA (2018, p. 15).

No campo da economia, por exemplo, o racismo estrutural pode ser observado em relação à carga tributária do Brasil que comumente é considerada muito elevada por empresários e por grandes contribuintes, que menos necessitam dos serviços públicos que são custeados pelo pagamento desses tributos.

Conforme se verá, a caraterística regressiva do sistema tributário faz com que os tributos recaiam mais pesadamente sobre as camadas mais pobres da população, onde se encontram de forma massiva mulheres negras.

As mulheres negras representam o grupo social mais vulnerável e com o menor rendimento médio mensal no país, apesar da legislação brasileira assegurar a missão inclusiva e social transformadora no art. 3º da Constituição Federal.

O presente artigo pretende analisar, de forma objetiva, os impactos da regressividade do sistema tributário brasileiro na situação de vulnerabilidade da mulher negra.

As discussões sobre Direito Tributário e especificamente sobre a regressividade da tributação no Brasil não enfrentam o problema da contribuição nociva de tal característica do sistema ao acirramento das desigualdades de gênero e de raça ou, muito menos, buscam encontrar uma solução jurídica, diretamente ligada à atividade arrecadatória do Estado, para a redução das desigualdades socioeconômicas encontradas na sociedade.

Os debates em matéria de reforma tributária abordam, acima de tudo, discussões sobre a elevada carga tributária a que se sujeita a sociedade brasileira, considerada um verdadeiro obstáculo para o desenvolvimento da economia e do crescimento do país. Os discursos políticos estão voltados, primordialmente, à redução e simplificação dos tributos, como forma de "alívio" ao bolso dos contribuintes, sem se questionar a justiça na distribuição dessa carga tributária.

Por certo, questões relativas à simplificação do sistema devem integrar a pauta das reformas, mas não se pode perder de vista a devida interlocução do Direito Tributário com as questões sociais.

O presente artigo busca romper com a literatura clássica do direito tributário, diminuindo a escassez de estudos sobre o tema, quebrando o tabu sobre a possibilidade de se inserir o ideal feminista e negro na ótica fiscal, enfrentando criticamente a contribuição do atual sistema tributário regressivo para agravar o quadro de desigualdades de gênero e raça, para ao final compreender que é possível à interseção entre tributação, gênero e raça para o fim de minimizar os impactos sociais sofridos por mulheres negras em uma sociedade culturalmente patriarcal e racista.

2 Dados sobre desigualdade considerando critérios de gênero e raça no Brasil

Segundo estudo elaborado pelo IPEA no ano de 2018 (BRASIL, 2019c), o percentual de pessoas pretas ou pardas abaixo da linha da pobreza (com percepção de menos de US$ 5,50 / dia) era de 32,9% e aqueles que auferiam rendimentos menores do que US$ 1,90 / dia representava 8%. Em 2018, o rendimento médio real habitual mensal das pessoas ocupadas brancas era de R$ 2.796, quando das pessoas ocupadas pretas ou pardas foi de R$1.608,00, ou seja, 73,9% desse montante.

O recorte segundo o tipo de ocupação revelou que, tanto na ocupação formal, como na informal, as pessoas pretas ou pardas receberam menos do que as de cor ou raça branca. Um dado relevante trazido pelo estudo do IPEA é de que as razões de rendimentos, entre categorias de cor ou raça e de sexo, indicam que o diferencial por cor ou raça é maior do que o diferencial por sexo.

A pesquisa releva que enquanto as mulheres receberam 78,7% do valor dos rendimentos dos homens, em 2018, as pessoas de cor ou raça preta ou parda receberam apenas 57,5% dos rendimentos daquelas de cor ou raça branca. Ou seja, a pesquisa indica uma preponderância do fator raça no quadro de desigualdade de renda no país, apesar da desigualdade de gênero também ser relevante.

Da mesma forma, é verificada a vantagem dos homens brancos sobre os demais grupos populacionais, sendo que a maior distância de rendimentos ocorre quando comparados às mulheres pretas ou pardas, que recebem menos da metade da renda que os homens brancos auferem (44,4%).

Logo abaixo dos homens brancos na distribuição de renda encontra-se a mulher branca, que possui rendimentos superiores não só aos das mulheres pretas ou pardas (58,6%), como também aos dos homens pretos ou pardos (74,1%). Os homens pretos ou pardos possuem rendimentos superiores somente aos das mulheres pretas ou pardas (razão de 79,1%).

Em outra recente pesquisa realizada pelo IBGE é indicado que mulheres e negros (pretos e pardos) são as maiores vítimas do desemprego no país, durante a pandemia de Covid-19. No 2º trimestre de 2020 foi apurada uma taxa de 13,3% de desemprego, com alta em relação ao 1º trimestre, quando a referida taxa atingia 12,2%. Ocorre que para as mulheres a taxa superou a média nacional, atingindo 14,9% (SALANI, 2020).

Quando verificados os números com recorte de raça, a situação fica ainda mais preocupante. Entre os desempregados, 10,4% se declararam brancos, abaixo da média nacional e 17,8% se declararam negros.

A Portaria nº 344/2017 (BRASIL, 2017) do Ministério da Saúde, tornou obrigatória a inclusão de informações acerca do gênero e da raça nos formulários dos sistemas de informação em saúde. Contudo, conforme destaca Márcia Pereira Alves dos SANTOS et al (2020), "o quesito raça/cor não foi elegível para análise de situação epidemiológica da Covid-19 nos primeiros boletins epidemiológicos".

De toda forma, mesmo com a obrigatoriedade, os autores relatam que ainda há muitos dados incompletos nas fichas de notificação da COVID-19 (idem, p. 228). A negligência quanto a essas informações dificulta a demonstração do real alcance da pandemia e seus impactos considerando os recortes de gênero e raça, e também evidencia mais um lado do racismo estrutural arraigado nas instituições brasileiras.

Veja-se que em todas as pesquisas apresentadas acima, a conclusão a que se chega é de que, no que se refere aos diversos indicadores sociais, principalmente a distribuição de riqueza, as mulheres negras mantêm-se na base da pirâmide social, representando o grupo social de maior vulnerabilidade socioeconômica do país.

3 Justiça fiscal e desigualdade interseccional de gênero

3.1 Justiça fiscal e regressividade

A análise do direito tributário sob a perspectiva da justiça fiscal demanda reconhecê-lo não apenas como um ramo da ciência do direito que deve ser analisado precipuamente de forma dogmática. A relação obrigacional fisco versus contribuinte, o conhecimento sobre as regras de apropriação de créditos dos impostos e contribuições, acerca das técnicas de compensação são, de fato, matérias importantes do ponto de vista prático, mas que registram apenas uma face do que a tributação representa.

A tributação, em especial quando a enxergamos numa perspectiva de relação entre cidadão e Estado, em que o cidadão, através do cumprimento da obrigação tributária financia o Estado para que cumpra seu papel constitucional, deve ser compreendida como um grande e importante instrumento de justiça sob o poder do Estado. Nessa perspectiva, a tributação não se apresenta neutra sob o ponto de vista econômico-social, pois quanto mais a vimos nessa dimensão, mais importam os princípios da isonomia material e da capacidade contributiva.

Por sua vez, a justiça fiscal pode ser efetivada tanto do lado da receita, quanto do lado da despesa, como faces da mesma moeda. No campo da receita, tem-se que a distribuição das cargas tributárias deve-se atentar ao princípio da capacidade contributiva, corolário da isonomia em seu aspecto material, cumprindo com os objetivos de desenvolvimento regional e diminuição das desigualdades sociais, considerando inclusive critérios de gênero e raça, conforme disposição expressa do art. 3º da Constituição Federal de 1988.

A exigência dos tributos deve ser efetivada de forma justa, equanimemente distribuída, ao ponto de promover o desenvolvimento e a redistribuição da riqueza. Ou seja, deve-se buscar arrecadar mais de quem possui maior capacidade de contribuir para a realização dos fins constitucionais do Estado.

Do lado das despesas, como contrapartida de uma arrecadação tributária justa e efetiva, verifica-se a efetivação da justiça no provimento de serviços públicos e políticas públicas especialmente destinas àqueles que mais necessitam do amparo dos serviços e bens públicos.

Assim, para que seja possível ao Estado o oferecimento de políticas públicas de promoção da dignidade social, é de suma importância que haja uma arrecadação tributária substanciosa e justa, que arrecade mais daqueles que possuem mais, de modo que a riqueza possa ser distribuída entre toda a sociedade, por meio do oferecimento de serviços públicos indispensáveis, como educação, saúde, moradia e até mesmo políticas de transferência direta de renda.

Entretanto, no que toca à realização da justiça fiscal no campo da receita, verificam-se falhas graves em relação ao sistema tributário brasileiro atual. O sistema tributário brasileiro pode ser descrito como um sistema tributário fortemente marcado pela regressividade, em razão da alta concentração de tributos sobre o consumo em detrimento da tributação sobre a renda e o patrimônio.

Os tributos incidentes sobre o consumo, por sua vez, possuem a característica de onerar indiretamente contribuintes de fato que, ao contrário dos contribuintes de direito, não possuem relação pessoal e direta com a obrigação tributária e, por isso, não realizam o recolhimento dos tributos aos cofres públicos (obrigação conferida ao contribuinte "de direito"). Por onerar indiretamente o consumidor, os tributos sobre o consumo não respeitam a sua capacidade contributiva, de modo que pessoas com rendas desiguais arcam com o mesmo montante de tributos incidentes sobre o consumo de um determinado bem ou serviço.

Diz-se, por isso, que a tributação indireta ou sobre o consumo não respeita a isonomia material, o que se tenta mitigar pela aplicação do princípio da seletividade. Ocorre que a seletividade não é capaz de, isoladamente, reverter às nocividades da regressividade tributária em termos de justiça distributiva.

3.2 Tributação e desigualdade interseccional de gênero

O racismo determina as hierarquias de gênero em nossa sociedade, de modo que, analisar gênero e raça, de forma conjunta, faz com que estruturas tributárias e políticas públicas possam ser pensadas de forma mais efetiva para o atendimento dos grupos em maior situação de vulnerabilidade.

Quando mulheres negras estão na base da pirâmide social de forma permanente, como verificado no Brasil, pensar em políticas públicas que melhorem a vida de todas as mulheres requer nomear as diferentes realidades, de modo que todas as mulheres efetivamente possam estar inseridas em políticas públicas inclusivas, independentemente do lugar social que ocupem. É necessário pensar a categoria mulher, portanto, em sua inteira diversidade e interseccionalidade, do contrário parte dessas mulheres serão invisibilizadas.

Ressignificar o sentido de universalidade é abrir caminho para novos lugares de fala com o objetivo de dar voz e visibilidade aos sujeitos considerados implícitos dentro da normatização hegemônica.

Considerando que os negros estão na base da pirâmide social, situação que atinge especialmente as mulheres negras, é possível afirmar que uma tributação regressiva sobre a renda, que atinge de maneira proporcionalmente mais gravosa os rendimentos do trabalho assalariado, contribui para o acirramento das desigualdades de gênero e raça.

É certo que grande parte das mulheres negras se situam na faixa de isenção do imposto de renda, que hoje é de R$1.903,98, o que reforça a afirmação dos professores Beverly I. MORAN e William WHITFORD (1996, p. 752) de que "a maioria dos negros raramente ganha o suficiente para se preocupar com impostos elevados". Quando muito, no caso de serem tributadas, mulheres negras estariam submetidas à primeira faixa de alíquota da tabela.

Entretanto, mesmo em relação a esse reduzido número de mulheres negras tributadas pelo imposto de renda – o percentual correto não é possível estimar, dada a ausência de informações oficiais sobre as declarações, segundo cor/raça (MELO, 2020, p. 23) – não se pode descartar que há, de fato, uma injustiça grave na tributação incidente sobre elas, em virtude das alterações perpetradas pela legislação ordinária que assolam a progressividade prevista constitucionalmente.

Assim, em relação às mulheres negras que auferem renda maior do que o valor previsto para a isenção, o fato de a tributação recair de forma mais gravosa sobre o rendimento do trabalho assalariado coloca-as proporcionalmente em situação de desigualdade frente aos demais grupos sociais que auferem rendas isentas ou não tributadas, como é o caso dos lucros e dividendos.

Lucros e dividendos são auferidos por altos funcionários de empresas ou por profissionais liberais, com maior nível de instrução educacional (advogados, por exemplo). Ocorre que o percentual de mulheres negras que ocupam cargos de gerência em grandes companhias é baixíssimo – 2,1% do quadro gerencial e 0,5% do quadro executivo, em 2010 (INSTITUTO ETHOS, 2010) – e, em relação ao nível de instrução, as mulheres negras apresentam índices mais baixos de formação se comparadas à população branca (BRASIL, 2019b). Ou seja, essas mulheres pouco ou nada se beneficiam da isenção trazida pela legislação ordinária.

Com relação ao nível educacional, frise-se que mesmo possuindo escolaridade maior do que dos homens negros (mulheres negras representam 10,4% da população com 25 anos ou mais com ensino superior completo, enquanto em relação aos homens negros esse percentual é de apenas 7%, conforme divulgado pelo IBGE), a renda da mulher negra ainda é menor, o que evidencia que a posição de vulnerabilidade da mulher negra perpassa todas as vias de opressão, tanto de gênero, como de raça e classe.

É necessário afirmar que medidas tendentes a aumentar a arrecadação tributária sobre grupos privilegiados, que dispõem de maiores recursos, além de representar a realização do princípio de justiça através da arrecadação, também contribui para que o Estado tenha maior disponibilidade de recursos para investir em políticas públicas voltadas especificamente à melhoria das condições de vida da mulher negra, promovendo a almejada justiça por meio dos gastos públicos.

Em 2017, a carga tributária bruta brasileira atingiu 32,43% do Produto Interno Bruto. (BRASIL, 2018). Com relação a esse percentual, 15,71% se referiu à tributação de bens e serviços, contra apenas 6,23% de tributação sobre a renda.

A Receita Federal também indica que, em 2017, a base de incidência com a maior variação positiva foi a de "bens e serviços". Já a base de incidência "renda" obteve a maior variação negativa, arrecadando 0,78% menos em 2017 do que no ano de 2016.

Comparando-se a carga tributária do Brasil com a carga tributária dos países membros da OCDE, é possível verificar que a carga tributária no Brasil é inferior à média aplicada nesses países. (BRASIL, 2018, p. 6). O que deve ser avaliado na situação brasileira não é o peso da carga tributária, mas sim sobre quem ela recai.

Quando se compara a tributação por base de incidência, observa-se que para a base renda o Brasil tributa menos que os países da OCDE, enquanto que para a base bens e serviços, tributa-se, em média, mais. Essa característica marca a regressividade do sistema tributário brasileiro, conforme visto.

Assim, por auferirem uma renda menor do que qualquer outro grupo social, as mulheres negras tendem a dispender a totalidade de seus recursos na aquisição de bens e serviços para a subsistência da família e, por isso, toda a renda dessas mulheres acaba sendo tributada.

Outro dado relevante se refere ao número de mulheres negras, chefes de família, que estão abaixo da linha da pobreza no país. A pesquisa realizada pelo IBGE (BRASIL, 2019a) sobre as condições de vida da população brasileira revelou que, em 2018, 63% das casas chefiadas por mulheres negras no Brasil viviam abaixo da linha da pobreza. A linha da pobreza refere-se a famílias que vivem com cerca de R$ 420,00 por mês.

Considerando que os tributos sobre o consumo não se preocupam com a capacidade contributiva dos contribuintes de fato, a falta de capacidade de mulheres negras para arcar economicamente com o ônus do tributo não é fator impeditivo para a sua exigência. Mesmo mulheres negras, chefes de família, que vivem com cerca de R$420 reais por mês para se sustentarem e sustentarem seus filhos suportarão cargas tributárias elevadas sobre a aquisição de itens básicos de alimentação e saúde.

Até a seletividade dos tributos sobre o consumo, que deveria servir para tributar de forma mais grave produtos supérfluos, não contribui para mitigar o peso da tributação sobre o consumo. Produtos que compõem a cesta básica recebem alta incidência tributária, o que onera ainda mais os pobres, camada social sobre representada pelas mulheres negras.

Não se preocupando com a justiça social no enfoque de gênero, verifica-se também a atribuição de uma maior carga tributária para produtos utilizados por mulheres, como absorventes íntimos, anticoncepcionais em comparação com produtos tipicamente masculinos. Ainda quando recaem mais pesadamente sobre cigarros e bebidas, por exemplo, que são produtos mais consumidos por homens, dentro do orçamento familiar, o reflexo desse gasto é a transferência do esforço para a compra de produtos de primeira necessidade por mulheres. (SALVADOR, 2014).

Dessa forma, por todos os ângulos que se analisa a tributação regressiva no Brasil, seja pela ótica da tributação da renda, ou pela tributação do consumo, o que se verifica é que a mulher negra se situa em situação de desvantagem e acirramento de sua condição de vulnerabilidade social.

4 O que pode ser feito para mudar esse estado de coisas

Além de considerarmos extremamente relevante a alteração do atual sistema de tributação concentrado no consumo, com o reforço da progressividade da tributação sobre a renda, a partir da revogação da isenção sobre os lucros e dividendos, entre outras medidas, e a ampliação da tributação sobre o patrimônio, consideramos igualmente importante à promoção de uma justiça fiscal sob a ótica da despesa pública, com a adoção de políticas públicas que impactam diretamente na melhoria da condição de vida das mulheres negras.

Na medida em que uma alteração do sistema tributário com vistas a torná-lo mais justo e progressivo permitirá ao Estado arrecadar de forma mais efetiva os seus tributos, fonte primária de receitas, tais recursos, ao integrarem o orçamento público, poderão servir para a implementação e manutenção de políticas públicas com vieses de gênero e raça.

Em outras palavras, entendemos que os impactos positivos causados por políticas públicas com recortes de gênero e raça também justificam a necessidade de se buscar um sistema tributário mais justo, progressivo e que arrecade mais, com base na capacidade contributiva de cada um de seus cidadãos, para fazer frente a despesas públicas necessárias ao atendimento de direitos sociais, especialmente de grupos mais vulneráveis.

Ocorre que nem sempre a tributação tem um impacto direto na vida de mulheres negras e, portanto, alterações pontuais no sistema tributário podem não repercutir diretamente na diminuição da sua condição de vulnerabilidade social. Por isso, é preciso rever o sistema como um todo, de modo a torná-lo mais progressivo e efetivo para fins de distribuição de renda.

Mulheres negras possuem nível de renda tão baixo que, em sua maioria, sequer são alcançadas pela tributação sobre a renda, por estarem abaixo da faixa de isenção. Nesse sentido, alterar a tributação da renda com a revogação da isenção sobre os lucros e dividendos, por mais justa que tal medida seja, não terá efeitos imediatos sobre mulheres negras se, além disso, não for revisto o peso da tributação sobre o consumo e não for realizado investimento público em serviços destinados à melhoria das suas condições de vida.

É preciso ter em mente também que nem todas as alterações no sistema tributário, com vistas a uma igualdade de gênero, abarcam mulheres negras. Cite-se como exemplo a recente decisão trazida pelo Supremo Tribunal Federal (STF) no que tange à exclusão do salário maternidade da base de cálculo das contribuições previdenciárias devidas pelas empresas. Trata-se do julgamento ocorrido nos autos do Recurso Extraordinário n° 576.967 (BRASIL, 2020), proferido em sede de Repercussão Geral.

Naquela assentada, a maior parte dos Ministros da Corte Suprema entendeu que o salário maternidade deveria ser excluído da base de cálculo da contribuição previdenciária devida pelo empregador, por não representar uma verba paga em decorrência do trabalho e, também, por ter sido levado em consideração que a não tributação de tal parcela poderia representar uma forma de mitigar as desigualdades de gênero presentes no mercado de trabalho, que colocam as mulheres em condições de desvantagem competitiva face aos homens. Nesse caso, por fazerem jus ao recebimento do referido benefício previdenciário, decorrente da maternidade, elas se tornariam mais onerosas ao empregador, que pagaria um valor maior de Contribuição Previdenciária à União e, portanto, menos vantajosa seria a sua contratação, o que representa uma competição injusta no mercado de trabalho por questão de gênero.

Apesar de muito louvável a decisão proferida pelos Ministros da Suprema Corte, se analisarmos detidamente a realidade social de mulheres negras, como visto no capítulo 2 do presente artigo, tal entendimento mal terá impacto sobre as suas vidas, pois as mulheres negras representam a maioria entre os que ocupam trabalhos informais e, portanto, a maioria daqueles que não fazem jus a quaisquer benefícios previdenciários ou trabalhistas.

Por certo não caberia ao STF, naquele julgamento, analisar essa questão, que estava fora dos limites do caso concreto, mas o importante é chamar a atenção para o fato de que, nem sempre, uma mudança no sistema tributário tende a beneficiar todas as mulheres, justamente pelo fato de que, as vias de opressão que perpassam a vida de mulheres negras, colocam-nas em uma situação de vulnerabilidade muito mais profunda do que aquela vivenciada por mulheres brancas. (AMBROSANO, 2021).

Assim, consideramos relevante, também, analisar a justiça fiscal efetivada no campo das despesas públicas, mediante a implementação de políticas públicas para o combate da desigualdade de gênero e raça, para a melhoria do acesso à educação, à saúde e a uma vida digna às mulheres negras.

5 Considerações finais

Analisados os diversos indicadores sociais (saúde, educação, renda), chega-se à conclusão de que as mulheres negras estão historicamente na base da pirâmide social. Esses dados foram extremamente importantes para justificar a necessidade do estudo da justiça fiscal também sob uma ótica interseccional, o que não é realizado no Brasil, onde a maior parte das pesquisas na área tributária se voltam a questões que envolve discussões de dogmática jurídica.

No Brasil, o sistema tributário é altamente regressivo, pois tributa-se mais fortemente o consumo do que a renda e o patrimônio, conforme também restou demonstrado. Verificou-se, ademais, que as mulheres negras, que auferem as menores rendas e que despendem a quase totalidade dessa renda no consumo de bens e serviços, dada a baixíssima capacidade de acumular riquezas e fazer investimentos, são as mais oneradas pela carga tributária no país, considerando-se o princípio da capacidade contributiva.

Essa situação expressa uma estrutura social que normaliza opções políticas, econômicas e jurídicas de que resultam evidente agravamento da extrema vulnerabilidade de mulheres negras.

O problema da desigualdade de gênero e raça é grave, histórico e muitas vezes se apresenta como algo tradicional e, portanto, normal. Isso apenas demonstra a imperiosa necessidade de refletir sobre nossas relações sociais, econômicas, jurídicas e políticas, sobretudo porque o grupo à margem, objeto da preocupação deste estudo representa a maior parte populacional brasileira.

É importante consignar que o racismo não se limita à questão da representatividade. A despeito da enorme importância de existir a presença de mais mulheres negras no Congresso brasileiro, isso não é uma garantia de que o racismo será combatido por meio das nossas políticas públicas. Deve haver, sobretudo, um compromisso nacional, efetivo e estrutural com essa mudança.

A pandemia de COVID-19, que atingiu de forma mais gravosa mulheres negras, acarretando o recrudescimento da pobreza, exige o fortalecimento do Estado na promoção de políticas públicas de combate à crise social e econômica agravadas pela crise sanitária, e que este olhar esteja especialmente voltado para a população mais vulnerável.

Esse estado de coisas é resultado de uma história brasileira de racismo e opressão. A população negra descendente de um povo escravizado vem sendo, até os dias atuais, mantida na condição de pobreza e subalternidade. Essa reparação histórica pode e deve ser realizada, entre outras medidas, pela via da tributação, juntamente com a promoção de políticas públicas especialmente voltadas à melhoria das condições de vida da população negra.

Referências

ALMEIDA, Silvio. **O que é racismo estrutural?** Belo Horizonte: Letramento, 2018.

AMBROSANO, Danielle Victor. **Justiça fiscal e desigualdade de gênero e raça no Brasil**. Dissertação (Mestrado em Direito) - Universidade Federal de Pernambuco, Recife, 2021.

BRASIL. **Portaria nº 344, de 1º de fevereiro de 2017**. Dispõe sobre o preenchimento do quesito raça/cor nos formulários dos sistemas de informação em saúde. Brasília, 2017. Disponível em: https://bvsms.saude.gov.br/bvs/saudelegis/gm/2017/ prt0344_01_02_2017.html. Acesso em: 22 de maio de 22.

BRASIL. Instituto Brasileiro de Geografia e Estatística – IBGE. **Síntese de indicadores sociais**: uma análise das condições de vida da população brasileira: 2019a. IBGE, Coordenação de População e Indicadores Sociais: Rio de Janeiro, 2019a.

BRASIL. Instituto Brasileiro de Geografia e Estatística – IBGE. **Pretos ou pardos estão mais escolarizados, mas desigualdade em relação aos brancos permanece**. Agência IBGE, 13 nov. 2019b. Disponível em: http://agenciadenoticias.ibge.gov.br/agencia-sala-de-imprensa/2013-agencia-de-noticias/releases/25989-pretos-ou-pardos-estao-mais-escolarizados-mas-desigualdade-em-relacao-aos-. Acesso em: 22 de maio de 2022.

BRASIL. Instituto de Pesquisa Econômica Aplicada – IPEA. **Desigualdades sociais por cor e raça. Brasília**: IPEA, 2019c. Disponível em: https://biblioteca.ibge.gov.br/visualizacao/livros/liv101681_informativo.pdf. Acesso em: 22 maio de 2022.

BRASIL. Receita Federal. **Carga tributária no Brasil 2017**: análise por tributos e bases de incidência. Brasília: Ministério da Fazenda, 2018. Disponível em: http://receita.economia.gov.br/dados/receitadata/estudos-e-tributarios-e-aduaneiros/estudos-e-estatisticas/carga-tributaria-no-brasil/carga-tributaria-2017.pdf. Acesso em: 22 de maio de 2022.

BRASIL. Supremo Tribunal Federal. **Recurso Extraordinário nº 576.967**. Relator: Min. Roberto Barroso, 05 de agosto de 2020. Disponível em: http://portal.stf.jus.br/processos/downloadPeca.asp?id=15344732542&ext=.pdf. Acesso em: 22 de maio de 2022.

INSTITUTO ETHOS. **Perfil social, racial e de gênero das 500 maiores empresas do Brasil e suas ações afirmativas** – Pesquisa – 2010. Instituto Ethos/IBGE. Disponível em: https://www3.ethos.org.br/wp-content/uploads/2016/05/Perfil_Social_Tacial_Genero_500empresas.pdf. Acesso em: 22 de maio de 2022.

MELO, Luciana Grassano de Gouvêa. A tributação da renda e a invisibilidade da mulher negra no Brasil. In **Polícia fiscal e Gênero**. Amanda Gabriela de Lima [et al.] organizado por Luciana Grassano de Gouvêa Melo, Ana Pontes Saraiva, Marciano Seabra de Godoi. Belo Horizonte, MG: Letramento; Casa do Direito. Coleção de Direito Tributário e Financeiro, 2020.

MORAN, Beverly I.; WHITFORD, William. A black critique of the internal revenue code. **Wisconsin Law Review**, p. 751-820, 1996.

SALANI, Fabiola. Tragedia social: desemprego e maior entre mulheres e negros, aponta IBGE. **Revista Fórum**, 28 ago. 2020. Disponível em: https://revistaforum.com.br/noticias/tragedia-social-desemprego-e-maior-entremulheres-e-negros-aponta-ibge/. Acesso em: 22 de maio de 22.

SALVADOR, Evilásio. **As implicações do sistema tributário brasileiro nas desigualdades de renda**. Brasília, 2014. Disponível em: https://www.inesc.org.br/wp-content/uploads/2019/04/Sistema_tributario _e_desigualdades_evilasio.pdf. Acesso em: 22 de maio de 2022.

SANTOS, Márcia Pereira Alves dos et al. População negra e Covid-19: reflexões sobre racismo e saúde. **Estudos Avançados**, v. 34, n. 99, mai. / ago. 2020.

A TRIBUTAÇÃO COMO FATOR DE (DES)INCENTIVO NO DESENVOLVIMENTO ECONÔMICO-SOCIAL: CONCILIAÇÃO DE INTERESSE PÚBLICO E PRIVADO SOB PERSPECTIVA DA ANÁLISE ECONÔMICA DO DIREITO

LIDIANE DA CRUZ GARCIA
MARIA DE FÁTIMA RIBEIRO

SUMÁRIO

1. Introdução. 2. A tributação sob perspectiva da teoria dos jogos e da teoria da escolha racional: fator de (des) estímulo no desenvolvimento econômico-social. 3. Intercâmbios entre agentes públicos e privados na formação da tributação: rent-seeking no jogo político-tributário. 4. Incentivos fiscais e seus reflexos no desenvolvimento econômico-social e na justiça fiscal. 5. Considerações finais. Referências.

1 Introdução

O estudo apresentado é teórico descritivo, analítico e crítico, dentro do tema da tributação e do movimento *Law and Economics* (também conhecido como Análise Econômica do Direito – AED), no cenário do Direito Tributário no Brasil, mais especificamente quanto aos incentivos fiscais concedidos pelo Estado em forma de isenções, tributações com alíquotas diferenciadas e regimes especiais.

O questionamento principal que norteou a pesquisa: a tributação com subvenções (com isenções, alíquotas diferenciadas e regimes especiais) é um fator de (des) incentivo para os agentes envolvidos nas atividades produtivas sob o viés da Análise Econômica do Direito, em quais aspectos?

Para responder a referida indagação, em considerações analíticas e críticas, foi utilizado o método dedutivo, principalmente com a perspectiva da teoria dos jogos e da teoria da escolha racional, e também com a contextualização das necessidades de arrecadação para manutenção do Estado Democrático de Direito. Ademais, também tendo em conta o consequencialismo dos resultados econômicos e sociais, transdisciplinares, nas interações dos agentes envolvidos no cenário sistêmico brasileiro para conciliação de interesses públicos e privados.

A pesquisa foi realizada pelo método bibliográfico, com compilação em três itens, a partir do estudo de parte das obras de autores como Richard Posner, Ronaldo Fiani, Maackay e Rousseau, Paulo Caliendo, Heleno Torres, dentre outros. E teve como objetivo difundir o conhecimento acerca da aplicabilidade do referencial da Análise Econômica do Direito ao Direito Tributário.

2 A tributação sob perspectiva da teoria dos jogos e da teoria da escolha racional: fator de (des)estímulo no desenvolvimento econômico-social

O alcance que os princípios e premissas da Análise Econômica têm no Direito Tributário é explicado por Paulo Caliendo, inclusive com pressupostos gerais que conferem coerência intersistemática entre o sistema de economia e o sistema tributário. Assim, alguns princípios tributários (da neutralidade fiscal, da capacidade contributiva e da justiça fiscal) seriam mais influenciados pelo sistema econômico que outros princípios – eles teriam "coerência intra-sistemática". E a tributação, neste aspecto, é uma resposta ao sistema social e ao risco, sob as diretrizes da justiça e eficiência econômica – envolvendo Política, Economia e Direito:

> A tributação deve ser considerada como um fenômeno Inter sistêmico que envolve a Política, a Economia e o Direito, e o Sistema Tributário deve ser lido como resultado das trocas entre os subsistemas da sociedade e assim terá o sentido dinâmico de resposta à complexidade do sistema social e ao risco. Por sua vez, as trocas entre os diversos subsistemas deverão ser realizadas de modo equilibrado, ponderando corretamente os ditames da justiça e da eficiência econômica. (CALIENDO, 2009, p. 8).

A teoria dos jogos e a teoria da escolha racional são vertentes que fazem parte do movimento da Análise Econômica do Direito-AED, formada esta por várias teorias e modelos estratégicos que utilizam conceitos da Economia (da microeconomia, principalmente) para dar respostas a questões jurídicas sob uma perspectiva racional e econômica aos mais diversos ramos do Direito – portanto, uma releitura do Direito à luz de premissas e princípios econômicos.

GICO JÚNIOR (2020, p. 34-35) explica a amplitude de possibilidade de aplicações da Análise Econômica do Direito a qualquer ramo do Direito:

> [...] qualquer objetivo pode servir de guia para a AED normativa, desde uma maior preocupação com distribuição de riqueza até a forma mais eficiente de se incentivar a conciliação entre casais em crise.

Ronaldo FIANI (2020, p. 2) afirma que qualquer situação em que agentes com capacidade de decisão, ou, um conjunto desses indivíduos que se relacionam entre si, em interações nas quais suas decisões geram reflexos e interdependência mútua, é considerado "jogo". Sejam estes jogos simultâneos, competitivos, cooperativos, de estratégias mistas, enfim, são várias as situações em que as interações podem ser analisadas formalmente como jogos de estratégias – que podem ser entendidos por lógica de dados objetivos.

Pela teoria dos jogos, a tributação pode ser entendida como resultado da ação coordenada ou não coordenada de agentes econômicos e políticos. Assim, por exemplo, lacunas e diferenças de tributação criam um ambiente de insegurança e imprevisibilidades que representam aumento dos custos de transação (COASE, 2017, p. 6) que impactam o sistema jurídico-econômico.

Impende lembrar que a teoria da escolha racional explica que as decisões dos agentes (indivíduos, empresas, países, enfim, organizações em geral) são tomadas levando em conta as preferências desses entes/indivíduos como unidade humana que desenvolve raciocínios (tem em conta o individualismo metodológico). Assim, para analisar as escolhas e os resultados possíveis é necessário tomar como premissa que os agentes são racionais, ou seja, agem por uma relação de preferências baseadas na razão, na racionalidade, com base nos meios mais adequados aos objetivos almejados, pelos incentivos/recompensas, e não com base em emoções, valores pessoais ou costumes/tradições. (FIANI, 2020, p. 33).

Neste sistema de estratégias racionais, o Estado seria um ator especial, um jogador especial, pois pode impor suas decisões por coação, com o monopólio da força que detêm, dentre outras missões, uma missão especial de garantir a ordem pública e o interesse geral, sob pena da desordem gerar imperfeições no mercado.

A questão da existência do interesse público geral recebe críticas diante de diversos interesses individuais e de interesses de grupos diversos que direcionam ações por meio da força e legitimidade do Estado, para criar benefícios e protecionismos para indivíduos ou grupos, conforme MACKAAY e ROUSSEAU (2020, p. 154) explicam:

> Qualquer que seja o sentido dado ao conceito de interesse geral dificilmente dará conta, por exemplo, das subvenções e restrições à importação adotadas em benefício de diferentes grupos de agricultores e pecuaristas, ou outras formas de protecionismo praticadas nas fronteiras nacionais contra indústrias estrangeiras em benefício de indústrias locais.

A arrecadação tributária está entre as prioridades do Estado como forma de custear todo o sistema democrático de direitos. Também, por outro lado, está entre as prioridades dos particulares, empresas, principalmente, obter incentivos fiscais para desenvolvimento de suas atividades econômicas com lucratividade. Bem como é de interesse dos cidadãos, em geral, usufruir de bens públicos e obter serviços e prestações estatais, em atendimento principalmente dos mais desfavorecidos economicamente.

A tributação é fator fundamental no desenvolvimento econômico-social, podendo se apresentar em aspecto positivo e/ou negativo. Pode-se dizer que a tributação é um fator negativo, uma externalidade negativa, quando é considerada custo de transação para quem paga, para os consumidores e empreendedores (geradores de riquezas). Impacta na formação dos preços, na produção e circulação de mercadorias/serviços. Assim, direta ou indiretamente, a tributação influencia no consumo, na disposição da qualidade de vida dos contribuintes, v.g. – considerando a Análise Econômica do Direito em sua perspectiva de busca da minimização das perdas e/ou da maximização de ganhos.

A tributação deve ser levada em consideração no planejamento de desenvolvimento social, nos programas de atividades econômicas e gestão de resultados, tanto nos setores públicos quanto nos privados. Por representar custo, impacta no crescimento econômico, no direcionamento de investimentos empresariais, nas alocações de recursos, tendo em conta a escassez de recursos.

Por outro lado, a tributação pode ser considerada um fator positivo na perspectiva do Estado ao representar receita, fonte de renda para gerir as necessidades estatais e sociais, para manutenção estrutural das instituições democráticas e garantir os direitos fundamentais – pelo menos o mínimo existencial dos cidadãos mais necessitados.

A tributação também pode ser considerada como um fator positivo para a formação da justiça social, para redistribuição de renda, embora "justiça social" seja um termo de difícil conceituação jurídica, pois, por vezes, implica contextualização de casos específicos, para pessoas ou grupos beneficiados – por necessidade de ações afirmativas estatais, de assistencialismo ou de concessão de subsídios que desonerem os custos para estímulo de determinadas atividades produtivas. A tributação, portanto, assim, é um fator econômico-social, com efeito, extrafiscal, até metafísico, pela realização de justiça social.

Em termos de direitos ambientais, por exemplo, a tributação com finalidade extrafiscal visa a concretização da sustentabilidade, embora haja interesses diversos e difíceis de serem conciliados entre a Ordem Econômica, a partir do art. 170ss da Constituição Federal de 1988, e do direito ao meio ambiente equilibrado, conforme o art. 225 da Constituição – portanto, entre a realização de atividade potencialmente poluidora e o dever de preservação ambiental.

É considerado como viável, positiva, a tributação pelo Estado para moldar comportamentos por política fiscal para tornarem mais eficazes as legislações ambientais de proteção ao meio ambiente equilibrado, por exemplo. Embora também existam críticas, considerando negativa a atuação estatal de tributação ambiental quanto a tributar mais forte determinada atividade econômica, pois feriria a livre-iniciativa e a livre concorrência, induzindo comportamentos de consumidores e dificultando o empreendedorismo. (MASSIGNAN; SILVEIRA, 2017, p. 131).

Em um raciocínio hipotético dedutivo, pela teoria dos jogos, é possível analisar como as ações se desenvolvem no jogo entre interesses públicos e privados, e analisar as consequências/resultados das interações das ações dos "jogadores estrategistas" (FIANI, 2020, p. 43).

O jogo estratégico se forma no Estado Democrático de Direito, pode-se dizer, entre relações interdependentes entre interesses do Estado (manutenção estrutural e realização de direitos), interesses de agentes políticos (eleitorais e normativos) e interesses dos particulares, empresas, pessoas físicas, cooperativas, enfim, diversas organizações civis e sociais (com finalidades econômicas e para benefícios sociais). Este jogo é explicitado, mais especificamente para o ambiente de negócios das empresas e de agentes políticos, por Sergio Lazzarini, como "capitalismo de laços", em relações de escolhas políticas:

> Esse emaranhado de contatos, alianças e estratégias de apoio gravitando em torno de interesses políticos e econômicos é o que eu denomino capitalismo de laços. Trata-se de um modelo assentado no uso de relações para explorar oportunidades de mercado ou para influenciar determinadas decisões de interesse. Essas relações podem ocorrer somente entre atores privados, muito embora grande parte da movimentação corporativa envolva, também, governos e demais atores na esfera pública [...] Essa má alocação pode ocorrer de duas formas. Primeiro, induzindo decisões empresariais pautadas por ideologias particulares ou motivos políticos dos governantes [...] Segundo, conferindo vantagens àqueles que têm os 'contatos certos', independentemente do seu mérito pessoal". (LAZZARINI, 2018, p. 4-5, grifos nossos).

É interessante também mencionar que a tributação mais onerosa em determinados setores econômicos além de eventualmente prejudicar a livre-concorrência e a livre-iniciativa é problemática também por levar as demandas sociais para outros aspectos problemáticos da intervenção estatal – sobre a vida e a liberdade dos indivíduos de forma geral – em um ambiente econômico globalizado, de consequências e riscos compartilhados.

A tributação mais elevada de cigarros, de bebida alcoólica e de alguns alimentos, como carnes, por exemplo – para induzir o menor consumo, menor poluição ambiental – pode subsidiar mesmo que indiretamente, novos investimentos de big players da indústria alimentícia em prejuízo de economia local ou redundar em outros problemas sociais[1].

Nas interações econômicas de mercado e na intervenção por subvenções é importante o equilíbrio com vista nas consequências para o desenvolvimento econômico-social – diante dos aspectos positivos e negativos dos incentivos pela interferência estatal pela tributação.

3 Intercâmbios entre agentes públicos e privados na formação da tributação: rent-seeking no jogo político-tributário

Ronald COASE (2017, p. 6-7) explica as relações que envolvem o mercado, a firma, com organizações para diminuir os custos de transação em trocas pretendidas:

> A existência de custos de transação impulsionará aqueles que desejam realizar trocas a se envolverem em práticas que ocasionam uma redução dos custos de transação.

Estas trocas podem ocorrer de maneiras diversas, seja por formação de conglomerados empresariais, seja com a manutenção de poder político para beneficiar determinados setores econômicos para redução dos custos.

A organização empresarial é legítima dentro da liberdade de formar diversos tipos de estruturas societárias e planejamento tributário correspondente, até mesmo por privilegiar a administração de recursos por gestão de eficiência e buscar melhorias para o setor produtivo.

A preocupação com a alocação de recursos é um dos fatores fundamentais do pensamento referencial *Law and Economics*, na gestão da escassez, considerando-se os custos totais. A alocação eficiente deve ser considerada tanto no setor público quanto no privado, neste com o objetivo direto de lucro e, naquele, na manutenção de bens e realização de direitos, com preferências: "Para levar os direitos a sério é preciso levar a sério a escassez de recursos [...]"(HOLMES; SUNSTEIN, 2019, p. 75).

A escolha racional é inerente à Análise Econômica do Direito. Diante da impossibilidade de realizar todas as necessidades são feitas escolhas entre atender uma(s) ou outra(s) demanda(s), elegendo-se prioridades em um cenário de previsibilidades e riscos. Neste sentido, Gustavo AMARAL (2010, p. 42) explica as escolhas disjuntivas na realização de direitos (todos com custos):

> Nada que custe dinheiro pode ser absoluto [...] As finanças públicas são uma ciência ética porque nos forçam a levar em conta, de modo público, os sacrifícios

---

[1] A tributação com alíquota alta de tabaco, por exemplo, pode levar ao aumento de consumo de drogas ilícitas, não tributadas (como maconha, cocaína), em uma migração do consumo dependente, repercutindo em gastos estatais e impactos sociais com persecução criminal, com desintoxicação, entre outros efeitos.

que nós, como comunidade, decidimos fazer [...] Por depender de recursos escassos, os direitos demandam ou implicam escolhas disjuntivas de natureza financeira.

Os intercâmbios, as trocas entre os agentes, "jogadores", do setor público e do privado, podem levar a escolhas tendo em conta os resultados racionalmente pretendidos "faz a pessoa inventariar os resultados desejados (valores), identificar as ações que podem ser tomadas na sua busca (opções); determinar em que medida cada ação contribui para o resultado desejado e a que custo (valorização) e adotar aquela que contribuir mais (escolha). (MACKAAY; ROUSSEAU, 2020, p. 31).

Nestas escolhas, não raro, há a possibilidade de formar preferências e conluios justamente entre os detentores de maior poder político e econômico, por meio de políticos veteranos e grandes empresas – grandes players – com condições de influenciar no estabelecimento de tributação mais favorecida para determinados setores produtivos, o que aumenta ainda mais a regressividade tributária.

Em estudo acerca da equidade e progressividade na tributação brasileira, Paulo Caliendo faz algumas críticas acerca do posicionamento de alguns autores como Thomas Piketty que incluam o tributo no centro dos problemas sociais, deixando de tratar o tributo como custo – uma questão técnica de mercado – para considerar ser um fator "político e filosófico" (palavras de Piketty). Assim, o tributo serviria para redistribuição de renda, em uma finalidade social, sem levar em conta outros fatores como (des)estímulo ao trabalho e (des)estímulo à acumulação de capital e poupança, o que garantiria desenvolvimento social. (CALIENDO, 2018, p. 202).

Caliendo afirma que, nos argumentos, Piketty mescla questões econômicas e de utilidade social com "moralismo contra os mais ricos" e que a tributação sobre o patrimônio não representa, segundo Caliendo, um bom instrumento de redistribuição de renda por não verificar com precisão a diferença econômica entre dois contribuintes, nem qual a linha de base de redistribuição e o quanto deveria ser redistribuído. Para diminuir as desigualdades, Caliendo afirma que a progressividade e centralidade da tributação do capital não seria o único fator a ser considerado, mas outros fatores econômicos e de fomento são tão importantes ou até mais importantes para o desenvolvimento social e redução das desigualdades: "Pelo menos três variáveis impactam tanto ou mais que a tributação progressiva: a redução da inflação, a redução dos juros, os entraves ao empreendedorismo". (idem, p. 206).

O estudo das preferências que levam às escolhas dentro do viés político está na Análise Econômica do Direito, principalmente na vertente da *public choice* (escolha coletiva ou escolha pública), na qual a tributação é considerada uma escolha pública. Este viés da *Law and Economics* tem como pressuposto a consideração dos fenômenos coletivos por meio do entendimento de que os agentes individuais agem racionalmente de acordo por seus próprios interesses. Assim, estes agentes atuariam ou influenciariam as ações estatais nas democracias:

> [...] cidadãos, eleitores, os eleitos ((políticos, tanto para o executivo (governo) quanto para o parlamento (congresso)), membros das administrações (repartições e agências), por intermédio dos quais as ações do Estado são postas em prática. (MACKAAY; ROUSSEAU, 2020, p. 162).

A intervenção estatal para gerar vantagens e desvantagens por critérios políticos e para fins econômicos beneficiam, geralmente, os maiores players, pela maior facilidade de participar da prática de rent-seeking – obtenção de benefícios por meio de lobby – conforme explica Richard POSNER (2010, p. 156):

> Há ainda uma outra perspectiva econômica em relação à democracia schumpeteriana fornecida pela economia do rent-seeking. O termo se refere à dissipação de recursos em esforços para obter lucro puro (o que os economistas chamam de 'renda'). Os recursos gastos apenas para transferir a riqueza do bolso de uma pessoa para o de outras é desperdiçado do ponto de vista social. O dispêndio de tais recursos gira riqueza sem aumentá-la e, como custos reais estão sendo incorridos, o bolo social encolhe no processo de ser dividido, o sufrágio universal é um método de redução do rent-seeking político, já que o povo não representado é presa fácil para rent-seekers que tem nas mãos as alavancas do poder governamental. Além disso quanto maior o eleitorado, mais difícil é para os supostos rent-seekers forjar coalizões eleitorais para a exploração de minorias eleitorais porque os custos de organização conforme o número de pessoas que precisam ser trazidas para a coalizão para que ela se torne efetiva [...]. Quanto mais pesadamente os ricos forem taxados, menos renda tributável eles gerarão, de forma que, a índices suficientemente altos de tributação, a transferência líquida para o resto da população será negativa. E de fato, observamos apenas níveis moderados de redistribuição de renda pelo governo em democracias modernas - principalmente nos Estados Unidos.

MACKAAY e ROUSSEAU (2020, p. 178) explicam a prática de obtenção de benefícios por rent-seeking nos seguintes termos:

> [...] rent-seeking (busca por rendas) proposta originalmente por Anne Krueger [...]. A noção reveste grande conjunto de medidas, programas de subvenção ou gratuidade de serviços, isenções fiscais, regulação da indústria (permissão, imposição de normas de conhecimento, de qualidade ou de conteúdo etc.), o que constitui uma primeira barreira à entrada no mercado, restrições alfandegárias, exigências de conteúdo nacional, entre outras. Em todos os casos, trata-se de vantagens obtidas por via política que não seriam alcançadas no mercado privado ou apenas com custos muito altos.

Quanto à interferência estatal por necessidade de equilíbrio nas desigualdades, Paulo Caliendo lembra do tratamento favorecido a ser destinado a empresas de pequeno porte previsto na Constituição Federal no art. 146, III, "d" – como incentivo fundamental ao desenvolvimento equilibrado para redução das desigualdades sociais, além de:

> [...] juros moderados, inflação baixa e estímulos ao ambiente de empreendedorismo, ou seja, fatores que permitem a construção de uma poupança no médio e longo prazo. (CALIENDO, 2018, p. 212-213).

A possibilidade de que escolhas de políticas tributárias, alterações legislativas, estejam sob influência de interesses políticos e econômicos de determinados indivíduos ou grupos faz com que a intervenção estatal para subvenções demande tanta atenção pelo custo social e pelo aumento do poder estatal:

> Para usar uma terminologia de Joseph Schumpeter, o governo interventor permite que os empreendedores políticos – aqueles que influenciam o governo para conceder subsídios ou para prejudicar competidores através de regulações – sejam mais bem-sucedidos do que os empreendedores do mercado. [...] o caminho da servidão não está sendo aberto apenas pelo governo [...] a comunidade empresarial apoia e dá ferramentas para o crescimento do poder governamental. A razão é que um governo interventor traz amplos benefícios para grandes negócios. Infelizmente, isso não acontece senão às custas do resto da sociedade. (CARNEY, 2018, p. 145-146).

A análise dos fatores do jogo político-econômico denota a possibilidade de corporativismos, por grupos de interesses que compõem o Estado como um todo, na dinâmica social. Assim, supera-se a ideia de que o Estado é um ente abstrato, imparcial, na ordem pública, para corporificá-lo por meio de indivíduos racionais, pois analisando os elementos da *public choice* depreende-se que as relações que envolvem as ações do Estado têm custos e proveitos que potencialmente podem espoliar cidadãos e/ou privilegiar grupos, conforme explicam MACKAAY e ROUSSEAU (2020, p. 181):

> Esse exame permitiu que nos distanciássemos da relação com o modelo angelical, que vê o Estado como guardião imparcial da ordem pública, a quem podemos recorrer, sem custo, sem ônus, para corrigir toda derrapagem das relações entre cidadãos. Se a maior parte dos observadores concorda com a ideia de que o Estado poderia, de forma útil, assumir certas funções desse tipo, resulta que, no concreto funcionamento dos Estados, poderes suficientes desse tipo, resulta que, no concreto funcionamento dos Estados, poderes suficientes para cumprir tais funções podem também, servir para espoliar os cidadãos em proveito dos detentores de tal poder ou de grupos que privilegiem.

O distanciamento ou perda das balizas dos objetivos e fundamentos na Constituição Federal – para a Ordem Econômica e para o Sistema Tributário – aprofunda desigualdades em um Sistema Tributário já complexo pelo excesso de normas e tributos.

4 Incentivos fiscais e seus reflexos no desenvolvimento econômico-social e na justiça fiscal

Gina POMPEU e CARNEIRO JÚNIOR (2018, p. 51), em abordagem jurídico-social, consideram que a tributação é justificada para manutenção da liberdade e da dignidade humana, pois representa o custeio de um poder central que assegure a ordem, o desenvolvimento da sociedade e o crescimento econômico. Eles explicam, em concepção macroeconômica, que a tributação representa dignidade humana na redistribuição de riqueza para proporcionar uma vida digna ao indivíduo e a sua família – a fim de erradicar as desigualdades, tal qual determina a Constituição Federal brasileira nos seus objetivos previsto no art. 3º, e como direciona a Organização das Nações Unidas na disposição dos Objetivos de Desenvolvimento Sustentável até o ano de 2030.

No mesmo sentido, ROSSIGNOLI e SANESHINA (2017, p. 219-225) afirmam que as normas constitucionais são atualmente consideradas cogentes e autoaplicáveis, devendo ser obedecidas imediatamente, principalmente quanto ao objetivo previsto no artigo 3º, III, da Constituição Federal "III - erradicar a pobreza e a marginalização e reduzir as desigualdades sociais e regionais". Para tanto, os autores sugerem que o sistema tributário deve ser efetivamente estabelecido de acordo com a capacidade contributiva e pela progressividade para diminuição das desigualdades sociais.

O Estado deve ser, segundo Gina POMPEU e CARNEIRO JÚNIOR (2018, p. 53), um financiador de recursos indispensáveis à dignidade humana (pela solidariedade social). Ainda, em um aspecto de abstenção, afirmam que o Estado não deve tributar o indivíduo e sua família de modo que prejudique o indispensável à liberdade, à autorrealização, ao bem-estar – à vida digna com a disponibilização de mínimo vital. Conforme estes autores, o mínimo vital encontra-se no âmbito de liberdade do indivíduo e não é uma discricionariedade do Estado, especialmente em alguns casos, como a garantia de um desabrigado a ter um teto, mesmo que provisório, na falta de lei aprovada para que o Estado lhe forneça uma casa. Está também, o mínimo vital, segundo os autores, na realização da liberdade, do desenvolvimento, do crescimento econômico e na boa execução de serviços públicos essenciais.

O sistema tributário brasileiro, segundo ROSSIGNOLI e SANESHINA (2017, p. 238), é de fato regressivo por tributar o consumo de forma igualitária, o que atinge pesadamente as pessoas mais carentes, com menor capacidade contributiva, representando um montante grande de sua renda – nisto demonstrada a injustiça do sistema tributário. Afirmam que a tributação brasileira não incide tão significativamente sobre o patrimônio e a renda, não representando tratamento tributário isonômico. Assim, a tributação não estaria contribuindo para o desenvolvimento econômico mais igualitário e para diminuir as desigualdades sociais, pois não tributa com alíquotas maiores os patrimônios e rendas maiores – não seria um sistema justo por desrespeitar a capacidade contributiva dos indivíduos.

Em uma conjuntura de conciliação de propósitos de interesses públicos e privados, a tributação moderna não estaria mais vinculada ao orçamento com o objetivo, exclusivamente, de arrecadar recursos para o poder público. A União, os Estados e os Municípios podem dispor de incentivos para atender situações de setores mais críticos afetados pela atual crise econômica e fiscal em decorrência da pandemia de Covid-19, por exemplo. Os incentivos podem vir por meio de leis de políticas públicas de desonerações a certos setores produtivos e a determinadas classes de consumidores por faixas de renda, para determinados produtos, v.g.

Em uma consideração pelo consequencialismo, pela verificação prospectiva dos resultados, pode o ente estatal estabelecer incentivo fiscal como a renúncia de IPI por certo período, v.g., para incentivar o consumo de determinados bens, como automóveis, eletrodomésticos, ou pelo menos a redução de alíquotas. A atuação estatal em política tributária, portanto, é abrangente:

> Por meio da política extrafiscal, o legislador, poderá estimular ou desestimular comportamentos, de acordo com os interesses da sociedade, por meio de uma tributação regressiva, progressiva ou isentiva. É ponto pacífico, que cabe à política tributária se ocupar do planejamento e análise dos tributos que devem ser instituídos e cobrados, e, determinar que eles devam ser instrumentos indicados para alcançar a arrecadação preconizada pela política financeira, sem contrariar os objetivos maiores da política econômica e social que orientam o destino do país. (RIBEIRO, 2016, p. 347).

A intervenção do Estado com políticas de incentivo deve ser uma excepcionalidade temporária, circunstancial, para minimizar efeitos de crise econômica e fiscal pela qual passa a sociedade, por exemplo. Especialmente para atender determinada região ou determinado setor produtivo, com vista à manutenção do equilíbrio para o desenvolvimento econômico-social, de modo que haja a possibilidade de investimentos, poupança e geração de riquezas.

O Estado tem em conta o princípio da universalidade, da obrigação geral de pagar tributos. Entretanto, esta obrigação é mitigada pelo princípio da capacidade contributiva, da isenção do mínimo existencial, pelos incentivos fiscais em forma de desonerações e outras medidas que facilitem a manutenção das atividades econômicas. Especialmente em períodos de crise econômica e fiscal os entes federados devem promover a quitação de débitos tributários com parcelamentos, renúncia de multa e juros, por exemplo, para viabilizar a efetiva arrecadação.

Determina a Constituição Federal no seu artigo 170, IX, como princípio da Ordem Econômica, "tratamento favorecido para as empresas de pequeno porte constituídas sob as leis brasileiras e que tenham sua sede e administração no País". Assim, os planejamentos em política fiscal devem atentar às ações, em um conjunto, que privilegiem a coerência na interpretação constitucional para o fomento às empresas de pequeno porte, agentes com menor mobilidade econômica.

É importante mencionar que as obrigações com o fisco mantêm o fundamento da tributação em manter a liberdade e a dignidade humana, essenciais junto aos mecanismos de poder central do Estado:

> O dever fundamental de pagar tributo justifica-se na imprescindibilidade da tributação para a liberdade e a dignidade humana. Em relação à primeira, a tributação surge da limitação da própria liberdade para que ela seja possível em sociedade. Isto porque demanda o custeio de um poder central que assegure a ordem, seja interna ou externa, assim como o desenvolvimento humano e o crescimento econômico. Já quanto à dignidade, o tributo aparece como mecanismo de redistribuição de riqueza que possibilita os recursos materiais necessários a uma vida digna. (POMPEU; CARNEIRO JÚNIOR, 2018, p. 52).

Considera-se que o poder de renúncia fiscal é amplo, mas não ilimitado, pois deve haver aplicação do princípio da proporcionalidade e da razoabilidade pelo bem da segurança jurídica e da responsabilidade fiscal. A par do poder de desoneração pela União, por exemplo, existe, por outro lado, a obrigação de repasses aos fundos de participação aos demais entes federados, sendo que limites para a renúncia de receita não pode comprometer os valores previstos na Constituição, causar transtornos às unidades da Federação (RIBEIRO, 2016, p. 367).

Ademais, as desonerações e incentivos não podem causar um desequilíbrio com interferência tão significativa que torne a política tributária causadora de instabilidade na Economia. Devem ser eficazes na correção de desequilíbrios, na promoção do desenvolvimento econômico-social, com benefícios pontuais para a diminuição das desigualdades. Para a eficiência econômica e alcance concreto dos objetivos estatais:

> [...] as normas jurídicas tributárias, quando utilizadas como incentivos para determinados comportamentos econômicos, revelam-se instrumentos

potencialmente aptos para alcançar finalidades do Estado, por meio de políticas fiscais. (RIBEIRO, 2016, p. 205).

O problema ao se considerar políticas fiscais, sem privilegiar alterações legislativas amplas no sistema tributário (para conferir-lhe mais justiça), é que são levadas até mesmo ao Judiciário questões que deveriam ser discutidas no plano do Legislativo. Em prejuízo da legalidade, a politização levada ao judiciário gera concentração de demandas e preservação de hegemonia política, deixando o Judiciário, como legitimador de políticas hegemônicas e até oligárquicas:

> O fortalecimento do poder judiciário por meio da constitucionalização é mais frequentemente o resultado de um pacto estratégico tripartite entre elites políticas hegemônicas, mas cada vez mais ameaçadas, que procuram isolar duas preferências políticas das vicissitudes da política democrática; [...] o apoio político à constitucionalização pode ser analisado produtivamente em termos de uma abordagem de preservação hegemônica baseada em interesses. As elites do governo em sociedades divididas e de estado enfrentam uma luta constante para preservar sua hegemonia. [...] os tribunais superiores nacionais raramente divergem a longo prazo das metanarrativas nacionais e dos interesses das forças políticas hegemônicas (HIRSCHL, 2020, p. 355-356).

Os "meios", por exemplo, utilizados na arrecadação de tributos são importantes para formar a justiça fiscal e não somente o "fim" tributário direto (eficiência arrecadatória), nas lições de CALIENDO (2009, p. 109):

> Não nos importa aqui somente o fim alcançado, mas os meios utilizados. O meio(método) é justamente o caminho para determinado fim. A fiscalidade sem reservas, sem limitações, sem respeito a princípios básicos (previsibilidade, legalidade, capacidade contributiva e isonomia) não é aplicação da justiça, mas a sua violação.

Uma consideração importante acerca dos incentivos fiscais está no pensamento acerca da liberdade como um modelo constitucional que faz prevalecer a proteção da livre concorrência. Todavia, a livre disposição dos agentes pode fazer surgir, naturalmente ou artificialmente, como já mencionado, *rent-seeking*:

> [...] força de concentração de poder, descarrilar para a corrupção, o autoritarismo, uso privado dos recursos públicos (*rent-seeking*) e, portanto, exigem mecanismos sólidos de controle e fiscalização, bem como de limitação do poder governamental. (CALIENDO, 2009, p. 233).

Os agentes de maior poder político e econômico são os que detêm, normalmente, possibilidades reais para levar questões tributárias de alta relevância às Cortes Superiores e influenciar nas políticas fiscais por meio do Judiciário, enquanto são relegadas a segundo plano os agentes com pretensões não hegemônicas.

As intervenções do Estado por meio de subvenções não podem criar desigualdades. Neste sentido, COASE (2017, p. 153) afirma que os arranjos sociais devem ser considerados não somente do ponto de vista econômico, mas "seja levado em consideração o efeito total desses arranjos, em todas as esferas da vida".

De forma muito didática, Heleno Torres explica que o caráter extrafiscal dos impostos, as isenções, os incentivos, benefícios fiscais e regimes especiais são "meios de atingir a justiça fiscal, por intermédio da realocação de recursos e redistribuição de meios de produção e riquezas", para os quais deve ser verificada o fim, a finalidade, dos atos legislativos e administrativos quanto à legitimidade do conteúdo, se está sob respaldo constitucional, como para reduzir desigualdades, por exemplo:

> O estímulo dos incentivos presta-se como medida para impulsionar ações ou corretivos de desigualdades na ordem econômica, visando atingir certos benefícios, cujo alcance poderia ser tanto ou mais dispendioso, não fosse sua presença [...] Todo incentivo fiscal é legítimo quando concedido sob amparo constitucional, enquanto se nutre do propósito de reduzir desigualdades e promover o bem comum, como o desenvolvimento nacional ou regional, sustentado em desígnio constitucional que se preste à promoção da quebra de desigualdades ou preservação dos direitos individuais ou sociais ou ainda o próprio sentido de unidade econômica. (TORRES, 2019, p. 665-666).

A conciliação de interesse público e privado é complexa, pois envolve a necessidade de segurança jurídica das normas, previsibilidade dentro do sistema constitucional, este deve conferir legitimidade e coerência nos incentivos fiscais.

O estudo da finalidade pela Análise Econômica do Direito deve redundar em justiça fiscal e eficiência econômica, como leciona Paulo CALIENDO (2009, p. 84; 225), na confluência de interesses jurídicos-econômicos. A justiça fiscal não existiria, assim, como conceito exclusivamente jurídico, isolado, mas dependente do contexto econômico e da consideração da eficiência. E esta [eficiência], por sua vez, teria três sentidos "sintático, semântico e pragmático", em integração para a formação da justiça fiscal. A eficiência é considerada, neste sentido, como o objetivo a ser alcançado por meio da concorrência, e esta seria propulsora da eficiência, em um ciclo interdependente.

Quanto à segurança jurídica no controle das finalidades das isenções, incentivos fiscais ou regimes especiais, Heleno TORRES (2019, p. 668), afirma a necessidade de verificar a finalidade do tratamento favorecido para o desenvolvimento:

> Somente a finalidade do ato pode conferir solução a este complexo tema, dada a

expectativa de confiança legítima que se forma em favor dos contribuintes que se aproveitam de incentivos, isenções ou benefícios fiscais.

Mesmo diante da complexidade na interpretação da coerência no sistema tributário com todos os seus princípios e os princípios da Ordem Econômica, pela Análise Econômica do Direito, especialmente pela teoria dos jogos, pode-se dizer que sobreleva em importância os princípios da capacidade contributiva e o princípio da livre concorrência, em uma análise para se chegar a um dos fins da tributação – a justiça fiscal.

Na realização da justiça fiscal, o poder do Estado deve ser utilizado não às avessas, não deve beneficiar aqueles que já detém grande poder político e econômico, concedendo incentivos em forma de isenções aos maiores players. A força estatal deve ser para a manutenção da liberdade como regra (livre iniciativa, livre concorrência, enfim), mas liberdade na igualdade, para iguais, como leciona Norberto BOBBIO (2017, p. 62).

A isonomia tributária segundo Humberto Ávila, exige relação entre sujeitos e correlação estatística fundada em um processo permanente de análise de perspectivas para preservar os direitos fundamentais dos contribuintes apesar das dominações[2].

A conciliação entre interesses públicos e privados é difícil diante da necessidade de fomento ao empreendedorismo, da necessidade de arrecadação, da realização de direitos fundamentais pelo Estado e manutenção de bens públicos. Todavia, a incumbência estatal está precipuamente na realização da justiça fiscal para evitar construção de desequilíbrios entre contribuintes com capacidades diversas, ou seja, produzir um nivelamento às avessas, para benefício daqueles que já dispõem de maior poder político e econômico.

5 Considerações finais

A tributação (com isenções, alíquotas diferenciadas e regimes tributários especiais) é um fator de (des)incentivo para os agentes envolvidos nas atividades econômicas, para as empresas, consumidores e contribuintes em geral. Gera repercussões no desenvolvimento econômico-social pela realização de investimentos em determinados setores e/ou regiões.

Sob o viés da Análise Econômica do Direito, principalmente pela teoria

---

[2] "[...] é conhecida a dominação do mercado de contadores por grandes empresas de auditoria, de médicos por grandes empresas de assistência médica, de publicitários por grandes empresas de publicidade, para mencionar algumas profissões excluídas pelo legislador porque supostamente não se sujeitariam à dominação do mercado por grandes empresas [...]" (ÁVILA, 2015, p. 53).

dos jogos e pela teoria da escolha racional, é possível analisar e fazer planejamento de políticas públicas tributárias – para promoção do desenvolvimento econômico-social, para reduzir as desigualdades econômico-sociais, para fomentar o desenvolvimento de setores produtivos ou regiões desfavorecidas – em interpretação coerente dos meios e finalidades dispostos na Constituição Federal.

Os incentivos fiscais, por alíquotas diferenciadas, por exemplo, influenciam no desenvolvimento econômico-social pela possibilidade de serem (d)estímulos – conforme a Análise Econômica do Direito, principalmente pela teoria dos jogos e pela teoria da escolha racional – para as empresas e para o empreendedorismo, de forma geral. Eles podem gerar tanto falhas de mercado, em prejuízo da livre concorrência, quanto incentivos reais, necessários ao desenvolvimento de atividades produtivas/econômicas. A tributação é um fator determinante principalmente para empresas de pequeno porte que, normalmente, não tem muita elasticidade econômica nas oscilações das demandas de mercado.

A intervenção estatal com subvenções fiscais exige cautela, pode gerar desvantagens diante da possibilidade de adoção de escolhas de políticas tributárias por critérios políticos e fins econômicos que beneficiem, geralmente, os maiores players – empresas detentoras de maior poder político e econômico para participar da prática de rent-seeking, por exemplo – com obtenção de benefícios por via de influências pessoais, por lobby, na aprovação de normas e regulações tributárias, gerando diferenças na formação dos preços e na concorrência.

É necessário a observância atenta das finalidades dos incentivos fiscais ou regimes especiais, como legitimadores do tratamento favorecido para o desenvolvimento econômico-social. Nisto, o estudo da finalidade, pela Análise Econômica do Direito, deve resultar em justiça fiscal e eficiência econômica. Assim, conciliando interesses jurídicos e econômicos, tanto em sentido metafísico de justiça (para redução das desigualdades), como em resultados econômicos práticos (para a eficiência em arrecadação, aumento da criatividade e do empreendedorismo).

Os estímulos estatais, por meio de subsídios, devem ser utilizados não em seleção reversa. Não deve beneficiar, em regra, com incentivos fiscais, quem já detém grande poder político e econômico. O aparato estatal deve ser utilizado para a manutenção, o máximo possível, da neutralidade fiscal, da proteção da livre concorrência, da livre iniciativa – liberdade entre iguais – e correção de falhas de mercado para redução das desigualdades.

A precaução que se deve ter aos jogos de interesses públicos e privados, na tributação, está na cautela para que o Estado não utilize seu poderio para beneficiar empresas já consolidadas no mercado e que não ofereçam uma contraprestação correspondente aos incentivos, em demérito. Do contrário, os incentivos fiscais podem causar mais falhas de mercado, aumentar a insegurança e os custos de transação – que dificultam a entrada e permanência de empresas de pequeno porte nas atividades econômicas – inviabilizando, ou pelo menos dificultando, o empreendedorismo, tão essencial para o desenvolvimento econômico-social.

Referências

AMARAL, Gustavo. **Direito, escassez e escolha**: critérios jurídicos para lidar com a escassez de recursos e as decisões trágicas. 2. ed. Rio de Janeiro: Lumen Juris, 2010.

ÁVILA, Humberto. **Teoria da igualdade tributária**. 3. ed. São Paulo: Malheiros, 2015.

BOBBIO, Norberto. **Liberalismo e Democracia**. Tradução de Marco Aurélio Nogueira. São Paulo: Edipro, 2017.

CALIENDO, Paulo. **Direito tributário e análise econômica do direito**: uma visão crítica. Rio de Janeiro: Elsevier, 2009.

CALIENDO, Paulo. A tributação progressiva da renda e a redistribuição da renda: O caso do Brasil. **Revista da Faculdade Mineira de Direito**, v. 20, n. 40, p. 190-214, jul. 2018.

CARNEY, Timothy P. Os custos culturais do corporativismo: como o conluio entre governo e empresas deprecia o empreendedor e beneficia o bajulador. In: **De volta ao caminho da servidão**. Thomas Woods Jr. (org.). Tradução de Ana Júlia Galvan. Campinas: Vide Editorial, 2018.

COASE, Ronald H. **A firma, o mercado e o direito**. Tradução de Heloisa Gonçalves Barbosa. 2. ed. Rio de Janeiro: Forense Universitária, 2017.

FIANI, Ronaldo. **Teoria dos jogos**. 4. ed. São Paulo: GEN, Grupo Editorial Nacional, Editora Atlas, 2020.

GICO JÚNIOR, Ivo T. **Análise econômica do processo civil**. Indaiatuba: Foco, 2020.

HIRSCHL, Ran. **Rumo à juristocracia**: as origens e consequências do novo constitucionalismo. Tradução de Amauri Feres Saad. Londrina: E.D.A., 2020.

HOLMES, Stephen; SUNSTEIN, Cass R. **O custo dos direitos**: porque a liberdade depende de impostos. Tradução de Marcelo Brandão Cipolla. São Paulo: WMF Martins Fontes, 2019.

LAZZARINI, Sérgio. **Capitalismo de laços**: os donos do Brasil e suas conexões. 2 ed. São Paulo: BEI Comunicação, 2018.

MACKAAY, Ejan; ROUSSEAU, Stéphane. **Análise econômica do direito**. 2. ed. São Paulo: Atlas, 2020.

MASSIGNAN, Fernando Bortolon; SILVEIRA, Paulo Caliendo. Desenvolvimento sustentável e extrafiscalidade: o dever de intervenção estatal na economia para concretização de valores sustentáveis. **Revista Direito Ambiental e Sociedade**, v. 7, n. 1, p. 120-139, 2017.

POMPEU, Gina Marcilio; CARNEIRO JUNIOR, Antonio Mendes. **Desenvolvimento humano e mínimo vital**: uma justa tributação. RDIET, Brasília, v. 13, n. 2, p. 30-56, jul./dez., 2018.

POSNER, Richard A. **Direito, pragmatismo e democracia**. Tradução de Teresa Dias Carneiro: revisão técnica de Francisco Bilac M. Pinto Filho. Rio de Janeiro: Forense, 2010.

RIBEIRO, Maria de Fátima; ROSSIGNOLI, Marisa. Crise econômica: questões pontuais sobre os incentivos concedidos e os limites do ajuste fiscal. In: **Direito, economia e desenvolvimento sustentável II**. Florianópolis: CONPEDI, 2015.

RIBEIRO, Maria de Fátima. A política desonerativa da União e o impacto no orçamento dos entes subnacionais (Tema 653 da Repercussão Geral. RE 705.423). In: **Direito Financeiro na Jurisprudência do Supremo Tribunal Federal**: homenagem ao ministro Marco Aurélio. Coordenadores Marcus Lívio Gomes, Marcus Abraham e Heleno Taveira Torres, Editora Juruá, Curitiba, 2016, p. 347-366.

ROSSIGNOLI, Marisa; SANESHIMA, Cristiano Floriano. Desenvolvimento, distribuição de renda e sistema tributário brasileiro: algumas inter-relações. **Revista Direito UFMS**, Campo Grande, v. 3, n.2, p. 217 – 240, jul. / dez. 2017.

TORRES, Heleno Taveira. **Direito constitucional tributário e segurança jurídica**: metódica da segurança jurídica do sistema constitucional tributário. 3. ed. São Paulo: Thomson Reuters Brasil, 2019.

Estudo sobre o efeito líquido da incidência do ICMS e IRPF na distribuição de renda no estado de Pernambuco

Laércio Damiane Cerqueira da Silva
Bruno Bastos de Oliveira

Sumário

1. Introdução. 2. O Sistema Tributário Nacional: breve síntese. 3 O princípio da capacidade contributiva. 4. Estudos empíricos sobre tributação e distribuição de renda. 5. Aspectos metodológicos para estimação das participações de renda por classe. 6. Análises e discussões dos resultados. 7. Considerações finais. Referências.

1 Introdução

O Sistema Tributário Nacional, orientado – inicialmente – a exercer função meramente arrecadatória, está intrinsicamente relacionado às mais relevantes políticas públicas desenvolvidas pelos estados para provisão de bens e serviços essenciais para a coletividade. Tem origens na essência de formação do contrato social, na medida em que legitima a restrição da capacidade econômica individual em prol da capacidade econômica da sociedade.

Com efeito, deve ser entendido não somente como organização da estrutura para a geração de receitas produtivas e rentáveis, mas, precipuamente, como instrumento para o desenvolvimento econômico e social do país, operando em respeito às normas definidas democraticamente pela sociedade, e respondendo a duas fundamentais exigências: a **equidade vertical**, que representa os critérios para a definição da repartição de encargos fiscais entre as pessoas de diferentes rendas; e a **equidade horizontal**, a qual representa os critérios de justiça distributiva entre as pessoas de mesma renda.

Trata-se, então, de um elemento fundamental para que sejam alcançados os objetivos expressos no Art. 3º da Constituição Federal de 1988 (CF/88). E para tal, deve haver compatibilidade entre o modelo de atuação do setor público proposto na CF/88 e os critérios distributivos do Código

Tributário Nacional (CTN). Em outras palavras, a geração de recursos para financiamento de políticas públicas para garantia dos direitos sociais precisa estar alinhada a uma estrutura que distribui o ônus tributário retirando renda do topo da pirâmide e alocando-a em sua base.

Não obstante, o que se percebe no Brasil é uma situação adversa: Apesar da CF/88 elencar – expressa e implicitamente - inúmeras proposições que limitam o poder de tributar do Estado, há uma correlação entre forças políticas que retrata um sistema tributário articulado contra os mais pobres e viesado em favor dos mais ricos.

Os pontos que baseiam essa afirmação estão relacionados ao baixo grau de progressividade da tributação direta no Brasil, bem como o peso da tributação indireta. O Instituto Brasileiro de Planejamento Tributário – IBPT (2018) tem alertado sobre o crescimento da tributação incidente sobre o consumo, inclusive, de bens essenciais e com expressiva participação no orçamento, frente a que incide sobre a renda e patrimônio das famílias.

Em decorrência dessas observações, esta pesquisa parte da hipótese de que o sistema tributário nacional é responsável por agravar a concentração de renda no país, que já é elevadíssima. Dados do Instituto Brasileiro de Geografia e Estatística - IBGE (2018) mostram que o Brasil apresenta um dos mais altos graus de desigualdade de distribuição de renda no mundo, onde os 10% mais ricos detêm 43,3% da renda total do país, e os 10% mais pobres detêm apenas 0,7% da renda total. A região brasileira que observa maior desigualdade é a Nordeste, com razão de 44,9 da renda média dos 1% que ficam no topo.

O que agrava ainda mais esse cenário é que, nas discussões acerca da reforma tributária, pouco se fala em seus impactos distributivos e na definição dos mecanismos de melhoria da alocação da renda, já que o cerne da questão da reforma gira em torno do pacto federativo e da competitividade empresarial.

Essa é a motivação do trabalho em tela: Instigado por VIANNA *et al* (2000), BENEGAS e ALVES (2014), e SILVA, DUARTE e OLIVEIRA (2021), o estudo investiga o efeito final do sistema tributário nacional na distribuição de renda e na pobreza no Estado de Pernambuco – a partir de informações da Pesquisa de Orçamento Famíliar (POF) 2017/2018 do IBGE – sobre o consumo e renda das famílias.

O objetivo central da pesquisa é verificar - a partir da proposição de dois cenários - se o Imposto Sobre Operações Relativas à Circulação de Mercadorias e Sobre Prestações de Serviços de Transporte Interestadual e

Intermunicipal e de Comunicação (ICMS) no Estado de Pernambuco é um imposto regressivo, e se (caso seja) essa regressividade é compensada pelo Imposto sobre a Renda da Pessoa Física (IRPF).

Para a consecução dos objetivos, este trabalho apresenta, além desta introdução, uma revisão sobre o Sistema Tributário Nacional e destaque para uma visão do estudo sobre o critério da Capacidade Contributiva, respectivamente. Na seção 4 expõe-se sobre trabalhos que versam sobre o tema; Na seção 5 segue a apresentação da metodologia e base de dados; na seção seguinte são apresentados os resultados da pesquisa, e por fim, na última seção são expostas as principais conclusões do estudo.

Pelo exposto acima, emprega-se no presente trabalho, como sistema de referência, a *Law and Economics*, ou seja, análise econômica do Direito. Economistas e juristas possuem grandes desafios, pautando a análise econômica a partir da ideia de justiça a que se propõe o Direito.

2 O Sistema Tributário Nacional: breve síntese

O Título VI, Capítulo I da Constituição Federal (CF/88) dedica-se – dos arts. 145 a 162 – ao tratamento do que se conhece na literatura como Sistema Tributário Nacional (STN). Refere-se ao conjunto de normas constitucionais de essência tributária, o qual compõe um sistema jurídico global formado por um conjunto unitário, o qual, segundo HARADA (2017), está ordenado de normas subordinadas aos princípios fundamentais, reciprocamente harmônicos, que organiza os elementos constitutivos do Estado, que outra coisa não é senão a própria Constituição.

Imperioso salientar que a CF/88 não cria os tributos, mas aponta as situações fáticas que poderão ser apreendidas pelo legislador infraconstitucional para a sua instituição, ou seja, autoriza a sua criação dentro de parâmetros objetivos por ela consignados. Assim, como expressa COSTA (2017), a lei somente poderá contemplar fatos que se encontrem dentro da moldura constitucionalmente traçada para esse fim, o que representa sensível limitação à eleição de situações a ser efetuada pelo legislador.

DUARTE (2019) fundamenta que essas normas constitucionais limitadoras do tributo e das relações estabelecidas estão dotadas de duas caraterísticas fundamentais: **1) exaustividade**, já que a CF/88 normatiza de forma bastante detalhada a matéria tributária; **2) rigidez**, porque a Constituição estabelece rigorosa divisão de competência entre as entidades políticas da Federação e carece de um procedimento especial para sua alteração: a Emenda Constitucional.

Seguindo orientação didática de DUARTE (2019), é possível verificar que para efeitos do estudo do Sistema Tributário Nacional, os dispositivos constitucionais que tratam dos tributos – direta ou indiretamente – podem ser agrupados em quatro grupos temáticos:

1) Atribuição de competência tributária às entidades políticas;
2) Limitações constitucionais ao poder de tributar;
3) Regime básico dos tributos, principalmente dos impostos municipais e estaduais;
4) A repartição da receita tributária.

Em suma, a competência tributária trata da prerrogativa dos entes federativos, atribuída pela CF/88, para instituição de seus tributos respectivos. As limitações constitucionais ao poder de tributar versam sobre o conjunto de princípios e imunidades que estabelecem diretrizes indutoras de atuação do estado para cumprimento dos objetivos fundamentais da República Federativa do Brasil, expressos no art. 3º da CF/88. Já o regime básico dos tributos analisa a regra prescritiva do comportamento que obriga um sujeito a entregar partes de seu patrimônio ao Estado. Por fim, a repartição tributária enfoca como as entidades políticas centrais detentoras de maiores recursos procedem transferências, baseados na voluntariedade ou na obrigatoriedade.

Não obstante a importância equivalente de cada um desses grupos para o estudo do Direito Tributário e análise da incidência, o escopo de trabalho dessa pesquisa centra-se em um ponto específico do item 2), qual seja, Limitações Constitucionais ao Poder de Tributar.

Trata-se de caráter específico porque, para os fins dessa pesquisa a qual estudo empírico prioriza, a feição da incidência de tributos sobre as famílias pernambucanas, a atenção é especificamente voltada ao princípio da capacidade contributiva, e seu caráter objetivo e subjetivo.

3 O princípio da capacidade contributiva

O texto constitucional idealiza o fundamento segundo o qual cada agente deve sofrer de forma pessoal e conforme suas características próprias o ônus da tributação.

Expressa o art. 145 §1º da CF (1988, p. s/p):

> §1º Sempre que possível, os impostos terão caráter pessoal e serão graduados segundo a capacidade econômica do contribuinte, facultado à administração tributária, especialmente para conferir efetividade a esses objetivos, identificar, respeitados os direitos individuais e nos termos da lei, o patrimônio, os rendimentos e as atividades econômicas do contribuinte.

Conforme BECKER (1972), isso impõe ao legislador o limite de estipular como critério de Regra Matriz de Incidência Tributária fatos que sejam signos presuntivos de renda ou de capital. Trata-se do caráter objetivo do princípio. Ademais, a norma deve se referir às condições econômicas reais de cada sujeito passivo, considerado em sua individualidade. Este é o caráter subjetivo.

É perceptível no texto constitucional que há vinculação do contribuinte a sua aptidão para obter riquezas ou a sua percepção, o que em análise mais sistemática permite concluir que as entrelinhas do texto se referem a capacidade econômica e não capacidade contributiva. Este, inclusive, é o entendimento de muitos estudiosos da Literatura Tributária, entre eles CARRAZZA (1999) e DUARTE (2019).

Não obstante a ideia associada a justiça distributiva, entende-se que o princípio da capacidade contributiva não é capaz de absorver parâmetros precisos sobre as idiossincrasias de cada indivíduo. Ademais, embora o princípio preze que cada contribuinte deve pagar sua "justa parte" para financiamento do Estado, não há consenso sobre o que seria a "justa parte".

Ou seja, como a capacidade contributiva é medida em termos econômicos, fica claro que há equidade horizontal quando contribuintes (sentido *lato sensu*) com mesmos níveis de renda periódica contribuem com a mesma quantidade. Mas, como alcançar a equidade vertical? Qual a contribuição justa de contribuintes que estão em níveis de renda diferentes? A resposta intuitiva para essas questões versa sobre a incidência progressiva da carga tributária.

3.1 Progressividade versus regressividade na incidência tributária

Enfoca DUARTE (2019) que a progressividade – juntamente com a seletividade de alíquotas – é excelente técnica de implementação do princípio da capacidade contributiva. Justificada pela ideia do utilitarismo[1], trata-se do aumento do tributo conforme se majora uma outra variável associada a base tributária.

A variável que permite implementação de uma estrutura tributária progressiva, e que é frequentemente utilizada pelos governos como indicador da capacidade de pagamentos é a renda. Impõem-se alíquotas menores para indivíduos de baixa renda, e alíquotas maiores para indivíduos com alta renda. Essa é a chamada **tributação direta**, ou seja, incidente integralmente sobre a pessoa, de modo que ela não pode transferir o ônus a outrem.

Não obstante, nas últimas décadas, a progressividade do imposto sobre a

---

[1] Conceito segundo o qual a utilidade marginal da renda após a incidência dos impostos deve ser a mesma para todos os indivíduos (BENEGAS; ALVES, 2014).

renda foi questionada em decorrência do efeito negativo sobre a oferta de trabalho, o que em alguns países atenuou o alcance dessa forma de tributação como instrumento de redistribuição da renda. Ganhou evidência a **tributação indireta**, situação na qual há um contribuinte de fato e de direito.

Nessa linha, alguns estudiosos, como CREEDY (1997), passaram a defender que a tributação sobre o consumo deveria ser utilizada como parâmetro da capacidade contributiva e melhor indicador do padrão de vida, pois em decorrência da sua suavização durante o ciclo de vida seria mais estável que a renda. O autor argumenta que, ao se analisar a questão da progressividade na tributação, deve-se considerar que o impacto distributivo do imposto sobre o consumo deve ser medido em termos dos gastos totais da família, ao invés de só utilizar o parâmetro da renda. Ademais, trouxe à baila a percepção que a progressividade na tributação do consumo pode ser alcançada através da seletividade do imposto, a partir de alíquotas distintas conforme o grau de essencialidade dos bens. BENEGAS e ALVES (2014) expõem as razões para tal:

i) elevado potencial tributário decorrente da baixa elasticidade-preço do bem tributado;
ii) elevada concentração da produção, que facilita a cobrança do imposto;
iii) necessidade de tributar mais pesadamente os bens supérfluos;
iv) necessidade de controlar as externalidades negativas geradas pelo consumo do bem.

Isto posto, tem sido fortemente recomendado pelos gestores econômicos redução das alíquotas dos produtos da cesta básica. Não obstante, é valioso salientar que como a tributação seletiva sobre os bens essenciais objetiva o aumento da arrecadação, a desoneração de produtos essenciais traria uma queda substancial.

Ademais, não há garantia que a tributação seletiva do consumo garante a progressividade. Há bens que representam enorme proporção na demanda de indivíduos de renda baixa, mas que ao mesmo tempo são considerados supérfluos.

Exatamente nas questões acima pontuadas que esta pesquisa doravante se aterá. Com efeito, torna-se necessário abordar a mensuração da capacidade contributiva com base na forma com que os tributos afetam os indivíduos da sociedade. A depender das participações relativas da tributação indireta e direta na arrecadação total, o sistema tributário estará incidindo mais sobre determinada camada da população em detrimento de outra.

De forma clara, na hipótese de impostos diretos terem maior participação relativa, pode-se concluir que o sistema de tributação obtém maior montante de receitas das camadas mais ricas da população. No sentido inverso, a maior contribuição para o volume de receita arrecadada se origina das camadas mais pobres.

3.2 Tributos progressivos, proporcionais e regressivos

Como bem explana DUARTE (2019), concernente ao aspecto valorativo de incidência tributária [2], os tributos são classificados em tributos progressivos, proporcionais ou regressivos[3]. A depender da modalidade de incidência, o imposto sobre a renda assume uma das três técnicas.

A Figura 1, abaixo, representa o comportamento da carga tributária sobre a renda, em que T representa o imposto pago, Y representa a renda, e a carga tributária é representada por T/Y.

Figura 1 – Carga tributária progressiva, regressiva e proporcional

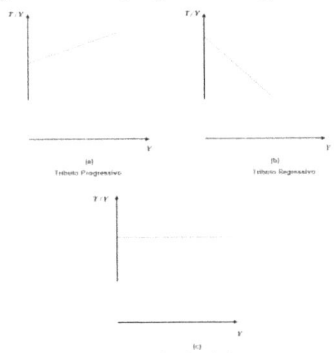

Fonte: Dados da pesquisa.

A Figura 1 (a) apresenta a carga tributária progressiva, pois está crescendo com o nível de renda; a Figura 1 (b) apresenta a regressiva, na medida em que cresce ao tempo em que a renda se reduz; e a Figura 1 (c) expressa a carga tributária proporcional, pois é a mesma independentemente do nível de renda.

Já o imposto sobre o consumo de produtos alimentícios constitui nitidamente um exemplo de imposto regressivo, isto é, a mesma alíquota pesará no orçamento do cidadão, seja ele rico ou pobre.

Supondo um consumidor que aufira R$ 1.000,00 por mês e gaste R$ 100,00 em alimentos, pagando R$ 20,00 em impostos, o seu ônus com a carga tributária é de 20/1000, ou 2%. No entanto, um consumidor que tenha renda mensal de R$ 5.000,00, na compra de R$ 100,00 nos mesmos alimentos, tem carga tributária incidente de apenas 0,4%.

Dito isto, este estudo busca justamente investigar o efeito final desse sistema progressivo/regressivo sobre a distribuição de renda e na pobreza no Estado de

---

[2] Relaciona-se ao dimensionamento da base de cálculo e da alíquota (DUARTE, 2019).
[3] Vale dizer que se o critério for a capacidade contributiva, o tributo regressivo é manifestadamente inconstitucional.

Pernambuco, com base nas informações sobre o consumo e renda das famílias.

Vale relembrar que se busca verificar se o Imposto Sobre Operações Relativas à Circulação de Mercadorias e Sobre Prestações de Serviços de Transporte Interestadual e Intermunicipal e de Comunicação (ICMS) em Pernambuco é um imposto regressivo, e se, caso seja, essa regressividade é compensada pelo Imposto sobre a Renda da Pessoa Física (IRPF).

4 Estudos empíricos sobre tributação e distribuição de renda

São escassos os trabalhos realizados no Brasil que abordam o tema "tributação ótima" com foco na distribuição de renda. Entre os relevantes pode-se destacar ERIS *et al* (1983), os quais examinaram os impactos da estrutura tributária brasileira sobre a distribuição de renda de 1975, colhendo como resultado a regressividade de alíquotas de tributos indiretos.

SIQUEIRA *et al* (1999) encontraram evidências sobre a regressividade da tributação sobre o consumo de modo que o ônus tributário sobre as famílias com menor poder aquisitivo era maior, o que provocava redução no poder de compra.

VIANNA *et al* (2000), com base na estrutura tributária de 1996, estimou que a carga de tributos vigente recaia fortemente sobre as famílias mais pobres, e que a progressividade dos tributos diretos sobre as famílias não compensava a regressividade dos tributos sobre o consumo.

Já BENEGAS e ALVES (2014) analisaram o impacto do imposto sobre o consumo e sobre a renda na distribuição de renda no estado do Ceará, e encontraram resultados que evidenciam, para aquele Estado, que a regressividade do ICMS é compensada pela progressividade do IRPF.

Por fim, SILVA, DUARTE e OLIVEIRA (2021), investigaram – a partir de informações da Pesquisa de Orçamento Familiar (POF) 2017/2018 – o efeito final da tributação sobre o consumo e renda das famílias paraibanas, e concluíram que o ICMS é um imposto regressivo, sendo essa regressividade compensada pelo IRPF. Não obstante, o grau de progressividade do IR é insuficiente para fins distributivos frente as diferenças de rendimentos entre os cidadãos situados na primeira e na última classe de renda.

Estes trabalhos motivam a pesquisa em tela: busca-se analisar - considerando as idiossincrasias locais de renda e consumo – sobre influência do sistema tributário sobre a distribuição de renda no Estado Pernambucano.

Tendo em vista que a tributação tem total influência na distribuição de renda e diminuição da pobreza, espera-se que os resultados do trabalho possam apontar discussões que embasem as modificações pretendidas na reforma tributária.

Para consecução do trabalho, expõe-se na próxima sessão a metodologia utilizada.

5 Aspectos metodológicos para estimação das participações de renda por classe

Para atender ao objetivo central da pesquisa, que é verificar se o ICMS no Estado de Pernambuco é um imposto regressivo, e se essa possível regressividade é compensada pelo IRPF, utilizou-se dados da Pesquisa de Orçamento Familiar (POF) 2017/2018, do IBGE, a qual apresenta os gastos da família em diversos bens.

Imperioso informar que, não obstante a POF apresentar diferentes tipos de gastos, nesta pesquisa, optou-se por utilizar exclusivamente despesas coletivas da residência familiar com alimentos, desconsiderando os dispêndios individuais com produtos alimentícios realizados fora do domicílio.

Seguindo os passos de SILVA, DUARTE e OLIVEIRA (2021), dentre os produtos alimentícios apresentados pela POF, buscou-se eleger o grupo de alimentos relevantes na demanda domiciliar das famílias baseada na cesta de consumo ampliada proposta pela Comissão Econômica para América Latina e o Caribe[4] – CEPAL (1999) organizada com cinquenta bens do gênero alimentício.

Com essas informações torna-se possível observar quanto a família despendeu com cada bem, e a partir da aplicação da alíquota sobre esse dispêndio estimar quanto foi pago em ICMS.

Informações e alíquotas do referido imposto aplicadas sobre o consumo do domicílio foram coletadas a partir da consulta à Lei nº 10.259, de 27 de janeiro de 1989, à Lei nº 15.730, de 17 de março de 2016 c/c a Consolidação da Legislação do ICMS-PE, qual seja, o Decreto nº 14.876, de 12 de março de 1991, e alterações.

Destarte, a inferência sobre a regressividade ou progressividade do imposto se deu nos seguintes passos:

1º Passo – Para a estratificação das faixas de renda, foi utilizada a renda familiar de todas as fontes obtidas pelo domicílio ao longo do período estudado. Para que os resultados não ficassem viesados, já que os valores se referem a períodos de tempos distintos, foram corrigidos para a data de janeiro de 2018.

A fim de que fossem observados o maior número de classes possível, ao invés do uso do critério de renda baixa, média ou alta, foi utilizada a Regra de Sturges[5], a qual define o número de classes (k) em função do número de elementos da pesquisa (n), conforme a seguinte fórmula:

$$k = 1 + 3{,}3 \, log_{10}(n) \qquad [1]$$

---

[4] Organização criada em 1948, integrada a ONU, cujo objetivo é promover por meio de ações econômico-sociais o desenvolvimento em toda América Latina e Caribe.
[5] Para detalhes, ver TOLEDO e OVALES (1985).

2º Passo – iniciou-se por meio do cálculo da elasticidade-renda, que é um instrumental utilizado na Ciência Econômica que permite analisar a sensibilidade do consumidor, estimando a variação de seu consumo por uma cesta de bens em função da variação de sua renda.

O cálculo foi realizado, para cada um dos bens analisados, por meio de regressão estatística/econométrica a qual tem fórmula funcional segundo a Equação [2], abaixo:

$$lnC_{jit} = \alpha + \beta lnY_j + \varepsilon_i \qquad [2]$$

Onde, *lnC$_{jit}$* é o logaritmo neperiano do consumo da família *j* do bem *i*; *lnY$_j$* o logaritmo neperiano do gasto da família *j* em todos os bens; e ε_i o choque aleatório.

Vale salientar que, na estimação, utilizou-se as despesas familiares em substituição à renda para considerar o consumo de todo o orçamento com a aquisição dos itens da cesta de consumo.

3º Passo – A partir das elasticidades-rendas encontradas na Equação [2] – observáveis na Tabela A.1 do Apêndice – foi desenvolvida uma modelagem contrafactual das famílias: a mensuração do consumo das famílias após suposição de acréscimo de um montante de renda que permita a família sair de uma classe mais baixa para a subsequente, através da seguinte formulação:

$$\hat{c}_{ij} = \hat{c}_{ij0}(1 + \delta_1) \qquad [3]$$
$$\hat{c}_{ij} = \hat{c}_{ij1}(1 + \delta_1) \qquad [4]$$

no qual, *ĉ$_{ij}$* trata-se do consumo estimado do item *i* na classe de renda *j*, δ_1 a elasticidade-renda da demanda do item *i*, e *ĉ$_{ij0}$* – na Equação [3] – trata-se do consumo do item *i* na classe de renda imediatamente anterior, ao passo que *ĉ$_{ij1}$* a – na Equação [4] – trata-se do consumo do item *i* na classe de renda imediatamente posterior.

4º Passo – Estimado o consumo, foram calculados o ICMS pago aplicando-se as respectivas alíquotas ao novo nível de consumo para todas as faixas de renda, por meio da fórmula.

$$ICMS_i = \sum_{i=1}^{13} \hat{c}_{ij}\tau_i \qquad [5]$$

Em que *ĉ$_{ij}$* é o consumo do item *i* na renda *j* – estimado nas Equações [3] e [4] – e τ_i é a alíquota do ICMS aplicável ao item *i*. Com isso, obtém-se também a renda líquida após a dedução do ICMS

5º Passo – No outro caso, para o cálculo da renda líquida após subtração do IRPF foi realizada a seguinte operação: isenção para as faixas de renda até R$ 1.903,98 por mês; alíquota de 7,5% sobre o que superou esse valor para faixas de renda entre R$ 1.903,99 e R$ 2.826,65 por mês; para faixas de renda entre R$ 2.826,66 e R$ 3.751,05 alíquota de 15% sobre o valor que superou R$ 2.826,65; para faixas de renda entre R$ 3.751,06 e R$ 4.664,68 alíquota de 22,5% sobre o valor que superou R$ 3.751,05; e para faixas de renda a partir de R$ 4.664,68, alíquota de 27,5% sobre o que superar esse valor.

Adiante, calculou-se as participações de cada faixa de renda na renda total, dividindo a renda média de cada faixa pelo total.

Finalmente foram verificados os resultados, apresentados em duas possibilidades: caso a participação na renda total das classes de renda mais baixas tenha aumentado, o efeito do imposto é progressivo; no entanto, se a participação diminuir, o efeito do imposto é regressivo.

É de bom alvitre ressaltar que após a coleta e tratamento dos dados da POF, para a realização das análises, utilizou-se o *software* estatístico *Action Stat*.

Eis então, na próxima seção, a exposição da Tabela 1 com os resultados das estimações do trabalho.

6 Análises e discussões dos resultados

Abaixo, a Tabela 1 apresenta os resultados encontrados conforme toda metodologia exposta na Seção 5.

Tabela 1 – participação na renda total com deduções de ICMS e IRPF por faixa de renda

Classe	Renda média (R$)	Partic. antes do ICMS (%)	ICMS total (R$)	Renda depois do ICMS (R$)	Partic depois do ICMS (%)	Perdas/Ganhos após o ICMS (%)	IRPF (R$)	Renda após o IRPF (R$)	Partic. após o IRPF (%)	Perdas/Ganhos após o ICMS e o IRPF (%)
1	2.009,34	0,65	68,16	1.941,18	0,63	-3,07	0,00	1.941,18	0,67	3,07
2	3.845,34	1,24	111,18	3.734,16	1,22	-1,61	0,00	3.734,16	1,30	4,84
3	5.123,22	1,65	131,32	4.991,90	1,63	-1,22	0,00	4.991,90	1,73	4,85
4	6.867,03	2,21	166,94	6.700,09	2,19	-0,91	0,00	6.700,09	2,33	5,43
5	8.467,30	2,73	195,79	8.271,51	2,70	-1,09	0,00	8.271,51	2,87	5,12
6	10.840,98	3,50	213,06	10.627,92	3,47	-0,86	0,00	10.627,92	3,69	5,42
7	13.553,32	4,37	217,08	13.336,24	4,35	-0,46	0,00	13.336,24	4,63	5,95
8	21.546,11	6,95	300,64	21.245,47	6,93	-0,29	0,00	21.245,47	7,38	6,18
9	54.030,23	17,43	625,67	53.404,56	17,43	0,00	313,93	53.090,63	18,45	5,85
10	70.347,67	22,69	711,99	69.635,68	22,73	0,18	1.542,15	68.093,53	23,66	4,27
11	113.408,40	36,58	918,61	112.489,79	36,72	0,38	16.709,80	95.779,99	33,28	-9,02
Total	310.038,94	100,00	3.660,43	306.378,51	100,00		18.565,88	287.812,63	100,00	

Fonte: Dados da pesquisa.

Com o número de observações (*n*) referentes ao rendimento total médio mensal familiar, foram estabelecidas 11 faixas com suas respectivas rendas médias, apresentadas nas duas primeiras colunas. Na coluna três tem-se a participação – em termos percentuais – de cada classe na renda total.

De início, vale destacar a enorme discrepância entre as rendas médias da primeira e da última faixa de renda, o que permite inferir sobre uma maior desigualdade de renda do Estado Pernambucano, se comparado aos estudos de BENEGAS e ALVES (2014) para o Estado do Ceará, e de SILVA, DUARTE e OLIVEIRA (2021) para o Estado da Paraíba.

Sobre os resultados da tabela acima, como se sabe, parcela dessa renda é destinada ao pagamento de tributos. Assim, deduzindo-se o quanto é pago em ICMS, obtém-se – na coluna cinco – a disposição efetiva de bens e serviços da família. Bom salientar que, nessa metodologia, o fato do ICMS crescer em decorrência do aumento da classe de renda não garante a progressividade ou regressividade do imposto, já que esse aumento decorre do incremento do consumo.

Essa evidência, no entanto, pode ser observada nas colunas seis e sete, com a nova participação total por classe após subtração do referido imposto: é observável que, com exceção das três maiores classes de renda, todas as outras apresentam redução em suas participações na renda total. Vê-se nitidamente que a menor classe é a que mais sofre, tendo significativa queda de 3,07%, ao passo que a classe mais alta de renda, do contrário, apresenta ganho de 0,38%.

Ou seja, os resultados expostos permitem afirmar claramente que o ICMS se apresentou como um imposto regressivo, destacando o fato de que as classes que se situam na zona intermediária incorrem em perdas menores que a classe mais baixa. Em outras palavras, embora haja perdas, a redução é maior nas classes mais pobres se comparadas à classe média.

A coluna oito expõe o IRPF pago por cada classe de renda, calculado conforme metodologia apresentada da seção anterior. Verifica-se que "apenas" as classes 9 a 11 alcançaram os respectivos valores para retenção do tributo, ao passo que permitiram a obtenção da nova renda e da participação na renda total líquida do IRPF (colunas nove e dez, respectivamente).

Percebe-se que, apesar da perda de renda em decorrência do desconto do imposto, as participações percentuais na renda total líquida do IRPF das classes 9 e 10 são maiores em relação as suas participações na renda total após desconto do ICMS.

Por fim, a análise da última coluna permite concluir sobre a compensação do IRPF frente a já identificada regressividade do ICMS, pois representa a renda líquida dos impostos estudados. Os resultados apontam que a regressividade é compensada pelo IRPF, sobretudo nas classes intermediárias, ao tempo em que não há incremento na participação da classe pobre no índice de participação na renda total da economia. Este resultado permite afirmar que a incidência da tributação sobre o consumo é bastante prejudicial, principalmente na menor faixa de renda.

Em suma, verifica-se a progressividade do IR no ponto em que as classes 1 a

10 obtiveram ganhos após a dedução dos tributos analisados, novamente destacando-se na análise a classe intermediária com ganhos na casa de aproximadamente 5%, ou seja, maiores que as faixas mais pobres e no mesmo patamar dos contribuintes da primeira faixa de incidência do IR.

Ademais, não obstante as quatro últimas faixas tenham contribuído com o pagamento do Imposto de Renda, apenas a classe mais alta apresentou perda em relação a participação na renda total, no sentido de que essa perda foi significativa para gerar os ganhos das classes anteriores dos contribuintes do IRPF.

Em suma, ao se estudar a população pernambucana com base na estratificação por classes de renda, todos esses resultados mostram que o peso dos impostos indiretos diminui à proporção que aumentam os rendimentos das pessoas, ocasionando sérios efeitos negativos no que concerne à equidade e, consequentemente, à distribuição de renda. Resumidamente, verifica-se a predominância cada vez maior da tributação indireta na carga fiscal pernambucana.

Observa-se que a classe de renda mais alta é privilegiada quando a análise é feita apenas sobre a incidência do imposto sobre o consumo, enquanto que a maior beneficiada após o efeito líquido, ou seja, após a incidência dos tributos diretos e indiretos é a classe média pernambucana, em detrimento da população pobre que é quem sofre a maior carga, relativamente. O que é preocupante, haja vista a importância dos dispêndios com alimentos no orçamento das famílias mais pobres.

As tabelas abaixo apresentam dados da Pesquisa de Orçamento Familiar disponibilizados pelo Instituto Brasileiro de Geografia e Estatística que justificam tal preocupação.

A Tabela 2 apresenta a distribuição da despesa de consumo monetária e não monetária média mensal familiar, por tipos de despesas, em Pernambuco no período 2017-2018. Segundo dados da POF, são 3.021.057 famílias pernambucanas, contendo tamanho médio de 3,12 pessoas, e que gastam R$ 2.889,14 em consumo de um total de R$ 3.442,75.

Vê-se que R$ 588,71 do máximo das despesas de consumo são direcionados a Alimentação. Perdendo apenas para Habitação (R$ 963,97), trata-se do segundo maior tipo de despesa, entre as famílias residentes no Estado. Se levado em consideração que esses gastos são realizados para a compra de bens e serviços que atendam de forma direta as necessidades pessoais do grupo familiar, a carga tributária incidente sobre esses produtos alimentares com maior grau de essencialidade para as famílias mais pobres evidencia um modelo tributário com baixo grau de eficiência distributiva.

A Tabela 3 expõe números que fortalecem essa afirmação. Trata-se de informações sobre a distribuição da despesa média mensal familiar pernambucana, por classes de rendimento total e variação patrimonial mensal, segundo o tipo de despesa – com alimentação – para o mesmo período.

Tabela 2 - Distribuição da despesa de consumo média mensal familiar (%) por classe de renda total e variação patrimonial (R$)

Tipo de despesa	Até 1.908	Mais de 1.908 a 2.862	Mais de 2.862 a 5.724	Mais de 5.724 a 9.540	Mais de 9.540 a 14.310	Mais de 14.310 a 23.850	Mais de 23.850
Alimentação	25,6	22,5	19,2	15,0	10,9	9,3	8,6

Fonte: Dados da POF.

Verifica-se que o grupo familiar com rendimento mensal de até dois salários-mínimos é quem gasta a maior parcela de seu orçamento com alimentação. São 1.127.037 famílias nessa faixa de renda com gastos em torno de R$ 344,50 do total dessa faixa salarial, R$ 1.343,21. Por outro lado, famílias com rendimentos superiores a vinte salários-mínimos tem participação de apenas 8,6% na cesta de consumo.

À guisa das conclusões, percebe-se então o nível de regressividade do ICMS, sobretudo para os mais pobres. Entende-se que, em termos relativos, as alíquotas não incidem uniformemente e as distorções com respeito as famílias mais abastadas são bastante expressivas.

Famílias inseridas nas primeiras faixas de rendimento comprometem grande parcela de seu orçamento com alimentos, e como não poderia ser diferente, necessitam alocar a maior parte de seus gastos em bens essenciais para sua sobrevivência, mesmo que – em termos absolutos – o total das despesas fosse insuficiente para o suporte às outras necessidades básicas.

De uma forma geral, os resultados são semelhantes aos encontrados por BENEGAS e ALVES (2014) para o Estado do Ceará, e de SILVA, DUARTE e OLIVEIRA (2021) para o Estado da Paraíba, e justifica-se, pois, são estados inseridos na mesma região do país, com equivalência econômica e em número de habitantes, não obstante as suas idiossincrasias sociais.

Os resultados do trabalho mostram que o IRPF sobre os recebimentos familiares é progressivo, e compensam a regressividade da tributação indireta estudada, notadamente, na classe de renda média. Contudo, pelos resultados encontrados, o grau de progressividade é insuficiente para fins distributivos frente as diferenças de rendimentos entre a primeira e última classe de renda.

Imperioso ressaltar que, não obstante o estudo se limitar aos dados locais, a partir da análise do Estado Pernambucano, constata-se que a alternativa de reforma tributária que considere a distribuição de renda e a pobreza poderia passar pela introdução de alíquotas diferenciadas do ICMS e/ou isenções tributárias para um conjunto de bens alimentícios essenciais que representem parcela significativa da cesta de consumo das famílias mais pobres. Nesse caso, lógico, considerando a discussão e processamento uniforme nas Unidades Federativas por meio do Conselho Nacional de Política Fazendária – CONFAZ.

Ademais, não obstante fugir do escopo do pacto federativo, já que, conforme Art. 153 inciso III da CF/88, o Imposto sobre a Renda e Proventos de Qualquer Natureza é de competência da União, as mudanças no IR com considerações sobre a capacidade contributiva deveria modificar o arranjo da estrutura arrecadatória, deslocando o foco da base tributária para o plano do capital, ao invés de preponderantemente incidir sobre os rendimentos dos trabalhadores.

Em síntese, ainda que a tributação não seja a razão essencial para justificar a possível desigualdade de renda no Estado, e apesar das especificidades de seu perfil distributivo serem mais complexas do que foi aqui estudado, identifica-se uma associação entre a estrutura tributária e seus indicadores de distribuição de renda.

Almejar a melhor distributividade de renda e riqueza para a maximização do bem-estar fazem parte da metodologia aqui empregada, a *Law and Economics*. POSNER (1977) afirma não ser a riqueza o único critério de escolha social, porém deve ser considerado como tal, objetivando-se assim o equilíbrio econômico-social, o qual a Constituição Federal tanto aspira.

Os termos do 145 §1º da Lei Maior considera que a solidariedade do indivíduo deve ocorrer na medida de suas possibilidades, de forma que possa contribuir com a sociedade sem comprometer sua subsistência. Isto posto, na esteira desse entendimento, o estudo aqui realizado vai ao encontro do principal parâmetro de desigualdade a ser considerado para a conferência de tratamento diferenciado às pessoas: o **princípio da capacidade contributiva**.

7 Considerações finais

Este trabalho analisou, a partir de dados da Pesquisa de Orçamento Familiar (POF) 2017/2018, o efeito líquido do Imposto Sobre Operações Relativas à Circulação de Mercadorias e Sobre Prestações de Serviços de Transporte Interestadual e Intermunicipal e de Comunicação e do Imposto sobre a Renda da Pessoa Física na distribuição de renda da população pernambucana.

Através de Análises Estatísticas e Exploratória dos Dados calculou-se as participações de cada classe na renda total, a fim de verificar se o ICMS no Estado de Pernambuco é regressivo, e se essa possível regressividade é compensada pelo IRPF.

Os resultados apontam que a incidência da tributação indireta apresenta caráter incontestavelmente regressivo, o que evidencia o efeito negativo desse sistema de tributação no que concerne à pobreza e distribuição de renda. Haja vista que os indivíduos inseridos na classe de renda mais alta se beneficiam, enquanto a classe pobre apresenta maior perda na renda total.

Em contrapartida, com respeito a tributação direta, verifica-se que a progressividade do IRPF compensa o efeito regressivo do ICMS, sobretudo nas faixas de rendas intermediárias, isto é, na classe média, mas sem grandes efeitos sobre a classe mais pobre.

De uma forma geral, as evidências obtidas para o Estado da Pernambuco são semelhantes às encontradas no Estado do Ceará, por BENEGAS e ALVES (2014), e no Estado da Paraíba, por SILVA, DUARTE e OLIVEIRA (2021), os quais sugerem que o caráter regressivo da tributação sobre o consumo favorece a continuidade dos níveis de pobreza e desigualdade de renda, como um todo.

Como visto na análise de pós-incidência do IRPF, mudanças na estrutura que direcionassem a preponderância da tributação direta poderiam reverter o cenário. Entretanto, o Sistema Tributário Brasileiro parece espelhar o de países semi-industrializados de economia fechada, ou seja, apresenta modesta participação dos impostos sobre renda e insignificante incidência sobre o patrimônio e transmissão de heranças, no total tributável. O resultado é a limitação na possibilidade de se reverter a desigualdade, não obstante a progressividade dos tributos diretos.

Apesar de serem em nível local, os resultados alertam para o fato de que as vertentes da desigualdade necessitam estar presentes nas discussões sobre a reforma tributária em trâmite no Congresso Nacional. Basta ver que em países de primeiro mundo a tributação foi fator preponderante na melhoria do quadro distributivo das suas sociedades.

Por fim, vale salientar que, inobstante os importantes resultados alcançados, este trabalho é seminal. O avanço da pesquisa passa pela introdução de outros impostos e das contribuições sociais e análise ampliada no que diz respeito às despesas coletivas da residência familiar. Para tal, buscar-se-á dirimir as limitações do ponto de vista empírico e metodológico decorrentes da extrema complexidade de se aplicar a análise exploratória de dados ao modelo tributário nacional, às múltiplas alíquotas e às diversas legislações tributárias que se apresentam nos entes federativos.

Referências

BECKER, A. A. **Teoria geral do direito tributário**. 2 ed. São Paulo: Saraiva, 1972.

BENEGAS, M.; ALVES, L. F. Uma análise sobre o efeito final do ICMS e do IRPF na distribuição de renda do Estado do Ceará. **Planejamento e Políticas Públicas**. n 43, Brasília: jul. / dez. 2014.

BRASIL. **Constituição Federal de 05 de outubro de 1988**. Disponível em: http://www.planalto.gov.br/ccivil_03/Constituicao/Constituicao.htm. Acesso em: 23 out. 2019.

BRASIL. **Lei nº 5.172 de 25 de outubro de 1966**. Dispõe sobre o Sistema Tributário Nacional e institui normas gerais de direito tributário aplicáveis à União, Estados e Municípios. Disponível em: http://www.planalto.gov.br/ccivil_03/leis/l5172.htm. Acesso em: 23 out.2019.

CARRAZZA, R. A. **Curso de direito constitucional tributário**. 13. ed. São Paulo: Malheiros, 1999.

CEPAL – COMISSÃO ECONÔMICA PARA A AMÉRICA LATINA E O CARIBE. **La pobreza a fines de los años noventa (Mimeo)**. Santiago de Chile: Cepal, 1999.

COSTA, R. H. **Curso de direito tributário**: Constituição e Código Tributário Nacional. 4 ed. São Paulo: Saraiva, 2017.

CREEDY, J. **Are consumption taxes regressives?** WP 20/97, Melbourne Institute Working Paper Series. University of Melbourne, Melbourne, 1997.

DUARTE, F. L. **Direito tributário**: teoria e prática. 3. ed. São Paulo: Revista dos Tribunais, 2019.

ERIS, I. et al. A distribuição de renda e o sistema tributário no Brasil. In: ERIS, C. C.; Eris, I.; MONTORO FILHO, F. **Finanças públicas**. São Paulo: Pioneira/Fipe, 1983.

HARADA, K. **Direito financeiro e tributário**. 26. ed. São Paulo: Atlas, 2017.

INSTITUTO BRASILEIRO DE GEOGRAFIA E ESTATÍSTCA – (IBGE). Disponível em: http://www.ibge.gov.br/home/estatistica/economia/. Acesso em: 03 abr. 2020.

INSTITUTO BRASILEIRO DE PLANEJAMENTO TRIBUTÁRIO – (IBPT) – Disponível em: https://www.ibge.gov.br/estatisticas /sociais/educacao/24786-pesquisa-de-orcamentos-familiares-2.html?edicao=25578&t=resultados. Acesso em 30 maio 2019.

PERNAMBUCO. **Decreto nº 14.876, de 12 de março de 1991**. Consolidação da legislação do ICMS-PERNAMBUCO. Disponível em: https://www.sefaz.pe.gov.br/Legislacao/Tributaria/Documents/legislacao/14876/Indices/IndiceSistematico.htm. Acesso em 10 maio 2021.

PERNAMBUCO. **Lei nº 10.259, de 27 de janeiro de 1989**. Institui o Imposto sobre Operações relativas à Circulação de Mercadorias e sobre Prestações de Serviços de Transportes Interestadual e Intermunicipal e de Comunicação – ICMS e dá outras providências. Disponível em: https://www.sefaz.pe.gov.br/Legislacao/Tributaria/Documents/Legislacao/Leis_Tributarias/1989/Lei10259_89.htm. Acesso em10 maio 2021.

PERNAMBUCO. **Lei nº 15.730, de 17 de março de 2016**. Dispõe sobre o Imposto sobre Operações relativas à Circulação de Mercadorias e sobre Prestações de Serviços de Transporte Interestadual e Intermunicipal e de

Comunicação - ICMS, agrupando em um único texto normativo as normas previstas em lei sobre a matéria. Disponível em: https://www.sefaz.pe.gov.br/Legislacao/Tributaria/Documents/Legislacao/Leis_Tributarias/2016/Lei15730_2016.htm. Acesso em 10 maio 2021.

PORTAL ESTATÍSTICO ACTION STAT. **Estatística básica**. Disponível em: http://www.portalaction.com.br/estatistica-basica. Acesso em 19 fev. 2020.

POSNER, Richard. **Economic analisys of law**. Boston: Little Brown, 1977.

SILVA, L. D. C.; DUARTE, F. L.; OLIVEIRA, B. B. Efeitos da Incidência do ICMS e IRPF na distribuição de renda na Paraíba: análise da progressividade/regressividade dos tributos. **Revista de Estudos Empíricos do Direito**, v. 8, p. 1-28, 2021.

SIQUEIRA, R. B. et al. **Imposto sobre consumo no Brasil**: a questão da regressividade reconsiderada. Universidade Federal de Pernambuco: Departamento de economia. Recife, 1999.

TOLEDO, G.; OVALE, I. **Estatística básica**. São Paulo: Atlas, 1985.

VIANNA, S. et al. **Carga tributária direta e indireta sobre as unidades familiares no Brasil**. Brasília: Ipea, 2000.

Apêndice

ELASTICIDADE ESTIMADA POR PRODUTO

Ordem	Variável	Coeficiente	p-valor
1	Abacaxi	0,03211	0,0000
2	Abóbora	0,01843	0,0000
3	Achocolatado em pó	0,26342	0,0003
4	Açúcar	0,71523	0,0000
5	Alface	0,02213	0,0021
6	Alho	0,14131	0,0045
7	Arroz	0,80413	0,0000
8	Banana	0,31282	0,0000
9	Biscoito doce	0,19341	0,0000
10	Biscoito Salgado	0,21934	0,0045
11	Café	0,63746	0,0000
12	Carne de Primeira	0,40042	0,0000
13	Carne de Segunda	0,43844	0,0000
14	Carne Seca/de Sol/Charque	0,59345	0,0000
15	Cebola	0,33713	0,0000
16	Cenoura	0,39034	0,0000
17	Enlatados e Conservas	0,50453	0,0000

18	Farinha de Mandioca	0,43458	0,0000
19	Farinha de Trigo	0,21648	0,0000
20	Feijão	0,82834	0,0000
21	Fígado	0,09341	0,0000
22	Frango	0,51221	0,0012
23	Iogurtes	0,30988	0,0043
24	Laranja	0,20318	0,0005
25	Leite	0,32647	0,0000
26	Leite em Pó	0,61331	0,0005
27	Limão	0,11463	0,3450
28	Linguiça	0,44321	0,0012
29	Maça	0,19231	0,0034
30	Macarrão	0,67234	0,0000
31	Maionese	0,10342	0,0000
32	Mamão	0,20232	0,0982
33	mandioca/Macaxeira	0,58272	0,0000
34	Manga	0,21283	0,0000
35	Manteiga	0,40233	0,0000
36	Margarina	0,52883	0,0402
37	Mortadela	0,40321	0,0000
38	Óleo	0,49132	0,0040
39	Outras Farinhas	0,21311	0,0000
40	Ovo	0,52134	0,0003
41	Pão	0,23481	0,0000
42	Peixe	0,60111	0,0000
43	Pimentão	0,11643	0,0000
44	Porco	0,53123	0,0000
45	Presunto	0,55845	0,0000
46	Refrigerantes	0,31644	0,0000
47	Repolho	0,01098	0,0001
48	Sal	0,30063	0,0000
49	Sucos Prontos	0,51311	0,0000
50	Tomate	0,62738	0,0000

Fonte: Elaborado pelos autores.

Extrafiscalidade ambiental e promoção de fontes renováveis para diversificação e segurança da matriz energética

Ana Paula Basso
Isabela Dativo Sena

Sumário

1. Introdução. 2. Complexidade da transição da matriz energética para fontes de energia renováveis na hodierna conjectura mundial. 3. Atual condição da matriz energética brasileira e das fontes renováveis alternativas. 4. Tributação e extrafiscalidade ambiental para promoção de energias renováveis. 5. Considerações Finais. Referências.

1 Introdução

O presente estudo tem como objetivo analisar a tributação sobre a energia no Brasil com o atual contexto mundial, de forma que se promova a proteção do meio ambiente a partir da extrafiscalidade. As reformas tributárias com vistas à tutela ambiental têm sido um movimento entre as nações nos últimos tempos. Não se trata de um tema fácil, como se poderá verificar, porquanto tratar de questão multidisciplinar, que envolve vários fatores externos à discussão jurídica e destacada complexidade na sua implementação.

Atualmente, embora a transição da matriz energética para fontes renováveis reste insuficiente - tendo de se recorrer à geração pela queima de combustível fóssil, não há que se recuar da implantação de medidas que a fomentem. O presente estudo tem como escopo a análise acerca da tributação ambiental sobre a energia elétrica, pautando-se numa promoção conectada à eficácia de tutela ambiental e de desenvolvimento econômico sustentável.

A energia representa elemento primordial na vida das pessoas e nas atividades econômicas, e garantir uma matriz segura e eficiente é protestar por outros direitos afirmados na Constituição Federal. O trabalho persevera numa visão propositiva do Direito, todavia se preocupa em não colocar a tributação ambiental e a mudança de matriz energética como algo simples, que não estejam atrelados à complexidade de diferentes fatores que ainda torna forte a dependência pelo petróleo no mundo.

No Brasil, a carga tributária que recai sobre a energia, em toda a sua cadeia de produção e circulação, é estimada como alta. Por isso, investir em energia que não traga eficiência e baixo custo pode não ser atrativo e, há de se considerar que as fontes renováveis se apresentarem como não competitivas. Por isso a importância de incentivá-las justificadas pela tutela do meio ambiente.

A promoção de produção de energias limpas é um arranjo importante e necessário para o desenvolvimento socioeconômico sustentável do país. Além disso, é um fator primordial de impulsionamento da economia para que os setores produtivos e de serviços não fiquem submissos aos preços do petróleo e do gás natural. Portanto, conforme se verifica neste estudo, o critério ambiental deve ser ponderado no âmbito da tributação, a fim de que se traga menor ônus econômico na implementação de energias renováveis.

2 Complexidade da transição da matriz energética para fontes de energia renováveis na hodierna conjectura mundial

A energia é um dos pilares de desenvolvimento. Os seus impactos ambientais e as mudanças climáticas são pautas dos diferentes encontros sobre o meio ambiente e economia no mundo, o que tem fomentado o debate sobre a utilização de fontes energéticas ambientalmente conscientes.

A política energética de um país e sua independência é uma preocupação emergente a todas às nações. Atualmente, o petróleo (principal fonte de energia) teve seus preços elevados em razão do conflito da Rússia com a Ucrânia. Os países do Ocidente correm o risco de ter a sua oferta reduzida ou até interrompida diante das sanções impostas à Rússia, que é um dos principais produtores de petróleo. Como se tem visto, a dependência da produção russa dessa commodity prejudica a oferta diante da grande demanda no planeta, resultando na alta dos preços e interferindo diretamente nas economias das nações.

Os processos de transição para energias renováveis e limpas, em escala global, tem incentivado a descarbonização, seja pela oferta quanto pela demanda, incrementando as energias renováveis, reduzindo o consumo de combustíveis fósseis, estimulando tecnologias que diminuem as emissões e gases potencializadores do efeito estufa, bem como com a inclusão de ônus (podendo ser tributário) para produtos com alto potencial poluidor. A União Europeia (UE) dispara na adoção de fontes geradoras de energias limpas, de modo que em 2021, a comunidade europeia firmou o pacote legislativo *Fit for 55*, assumindo o compromisso de reduzir 55% das emissões de gases do efeito estufa até 2030. (CHAVES, 2021)

Diante da mudança da matriz energética da União Europeia para a energia renovável, os países europeus seguiram mais dependentes do petróleo e da energia proveniente da Rússia. As táticas para a mudança da matriz energética mais limpa, implicou que os estados membros da União Europeia reduzissem as compras a longo prazo, no entanto, com a disparada de preços do petróleo e do gás natural, passou-se a optar por outros combustíveis rompendo com a neutralidade de carbono. Com redução em investimento em combustíveis fósseis, com alta demanda de energia em especial pela retomada da economia pós-pandemia e com a ocorrência de fatores externos e geopolíticos, a nova matriz europeia não é o suficiente para atender a demanda, perpetrando com que se recorra à Rússia para atender a sua carência de energia, sendo ela responsável por um terço do volume importado pelo continente. (CHAVES, 2021)

A partir dessa circunstância da Europa, fica a preocupante sujeição aos combustíveis fósseis, chamando a atenção para a mudança da matriz energética que é condicionada a diferentes fatores, que podem influenciar no fornecimento de energia, na volatilidade dos preços e na instabilidade do mercado que pode recair na necessidade de se optar por fontes que se opõe aos próprios fins da transição energética. (CHAVES, 2021)

No Brasil, o Decreto Legislativo 140/16 aprovou o Acordo de Paris, que representa um instrumento relevante para o desenvolvimento sustentável da nação, em especial por tratar do enfrentamento das mudanças climáticas. Estabeleceu-se, no mencionado documento, medidas de redução de emissão de dióxido de carbono a partir de 2020, alcançando notadamente as atividades vinculadas às fontes de energia. Concernido Acordo tem por base fundamentos já postos pela Constituição Federal, em especial na Ordem Econômica, no que se refere particularmente a defesa do meio ambiente equilibrado.

Anterior ao Acordo, no Brasil já estava vigente a Lei 12.187/09, que trata da Política Nacional sobre Mudanças do Clima. Importa recordar que esta lei recebeu o veto sobre as diretrizes que assentavam medidas de redução do uso de combustíveis fósseis e a sua substituição na matriz energética brasileira. Descrita retirada destas medidas se justificara com os imperativos que envolvem o fornecimento energético do país que poderia trazer como consequência a debilidade na confiabilidade e segurança do seu sistema. O Brasil tem profusas fontes de petróleo e carvão, o que faz com que tenha adequado rendimento energético, atribuindo ganhos econômicos para o país. (FIORILLO; FERREIRA, 2020)

Ainda que inicialmente, pareça que o Brasil não quis adotar medidas que tutelassem o meio ambiente e fosse de contra à esta preocupação, há razão plausível para seu posicionamento. Conforme FIORILLO e FERREIRA (2020, p. 8) afirmam, o petróleo é fonte de energia fundamental e fonte geradora de riquezas para o país, "não podendo ser pura e simplesmente substituído na medida em que aludida substituição eliminaria sua função estratégica e não estaria adequadamente concatenada com as necessidades energéticas do País [...]".

Por outro lado, isso não quer dizer que não deva haver incentivos à inclusão de novos sistemas energéticos renováveis, considerando que preservar o meio ambiente é uma rogativa mundial e de atendimento à própria dignidade e sobrevivência humana frente às questões climáticas. Entretanto, não tem como esquecer os desdobramentos que isso pode causar a partir de uma crise energética. A transição da matriz energética é algo complexo e aporta incertezas conforme se constata da realidade europeia. Apesar disso, ao mesmo tempo não se deve usar como pretexto a insuficiência energética das fontes renováveis para que estas não sejam impulsionadas, já que por incerteza, igualmente se tem o fornecimento de combustíveis fósseis, que é fonte não renovável por ser finita/esgotável, do qual, igualmente, não é recomendável ser totalmente dependente.

A Constituição Federal brasileira, em seu artigo 170, VI, procura atribuir um sentido de mútua contenção, sem anular um ao outro, entre a livre iniciativa e a defesa do meio ambiente. Não se deve interpretar este dispositivo sob a perspectiva de que a preservação do meio ambiente impede o desenvolvimento econômico, coibindo que qualquer empreendimento que afete ao meio ambiente não deva ser instalado ou que se proíba de forma absoluta o uso de combustíveis fósseis por seu reforçado potencial de emissão de gases de efeito estufa. O que se deve buscar são formas de minimizar a degradação ambiental.

Há que se propagar instrumentos apropriados para a menor degradação possível. Estimular o uso racional do petróleo, substituindo-o, quando permitido visando a segurança energética, por fontes renováveis e reduzir a dependência dos combustíveis fósseis. Nesse intuito, é importante que haja investimentos em tecnologias renováveis para a diversidade de fontes nas matrizes energéticas, para que novas opções ambientalmente desejáveis sejam atrativas para adoção do mercado e acessíveis à população. Conforme se estudará, a manipulação da carga tributária pode ser mecanismo de fomento de novas fontes energéticas.

3 Atual condição da matriz energética brasileira e das fontes renováveis alternativas

Conforme visto no tópico anterior, verifica-se na Europa que a transição da matriz energética para as fontes renováveis ainda não é suficiente para atender a demanda. Comparado à União Europeia, o Brasil ainda está a passos lentos nas políticas de investimento de energias renováveis alternativas à produção elétrica, restando ainda dependente da produção por combustão de combustíveis fósseis.

Embora a principal forma de produção de energia brasileira seja a hidráulica, o país tem forte potencial de produção de energia renovável eólica e solar, que podem ser mais exploradas e auxiliar na segurança energética nacional. Apesar do aumento exponencial de energias renováveis, que conta com a participação acentuada da iniciativa privada, em especial nas referidas fontes, resulta na falta de recursos e esforços públicos na geração de energia.

A deficiência na produção de energia pelas hidrelétricas restou evidente com a crise hídrica presenciada em meados de 2021 até os primeiros meses do ano de 2022, que obrigou o país mudar a bandeira tarifária das contas de energia pela escassez hídrica, fazendo com que outros tipos de energia fossem captados, como as termelétricas que geram energia a partir de combustíveis fósseis, como carvão diesel e gás.

No Brasil, a Política Nacional do Meio Ambiente surgiu em 1981, com edição da Lei 6.938, sendo que apenas em 1988, foi consagrado como valor constitucional com a promulgação da atual Constituição Federal. A Constituição brasileira, no seu artigo 170, VI, trata da ordem econômica e financeira, atribuindo especial preocupação à defesa do meio ambiente. Assegura, também, em seu artigo 225, que todos têm direito ao meio ambiente ecologicamente equilibrado, incumbindo ao Poder Público e à coletividade o dever de defendê-lo e preservá-lo para as presentes e futuras gerações.

O Brasil, por força do compromisso firmado na Convenção de Paris, em 2015, (COP 21), assumiu metas perante o *United Nations Framework Convention on climate Change* (UNFCCC), com a concessão da Pretendida Contribuição Nacionalmente Determinada (INDC). Diante deste documento, diferentes compromissos foram assumidos pelo país. No que se refere às energias renováveis, pode-se citar as seguintes obrigações:

> i) aumentar a participação de bioenergia sustentável na matriz energética brasileira para aproximadamente 18% até 2030, expandindo o consumo de biocombustíveis, aumentando a oferta de etanol, inclusive por meio do aumento da parcela de biocombustíveis avançados (segunda geração), e aumentando a parcela de biodiesel na mistura do diesel; [...] iii) no setor da energia, alcançar uma participação estimada de 45% de energias renováveis na composição da matriz energética em 2030, incluindo:
> - expandir o uso de fontes renováveis, além da energia hídrica, na matriz total de energia para uma participação de 28% a 33% até 2030;
> - expandir o uso doméstico de fontes de energia não fóssil, aumentando a parcela de energias renováveis (além da energia hídrica) no fornecimento de energia elétrica para ao menos 23% até 2030, inclusive pelo aumento da participação de eólica, biomassa e solar; - alcançar 10% de ganhos de eficiência no setor elétrico até 2030. [...] v) no setor industrial, promover novos padrões de tecnologias limpas e ampliar medidas de eficiência energética e de infraestrutura de baixo carbono; (INDC, 2015)

O intento deste acordo é que se revolucione a matriz energética, o que postula que o contexto normativo nacional se aproxime dos fins ajustados pelo compromisso internacional. (CALIENDO, 2016)

A proteção do meio ambiente é uma tarefa mundial, até porque a poluição não costuma se depositar entre limites fronteiriços, de modo que a sociedade moderna, em âmbito global, mostra-se propensa ao implemento crescente das energias renováveis. O Brasil se insere nesse contexto, ainda que valendo-se de forma relevante de energia hidráulica, há a incorporação gradativa de novas fontes, como a geração de energia eólica, de biomassa e solar.

A matriz elétrica brasileira é em grande parte de fonte renovável. A geração de energia hidráulica responde por 65,2%, a solar 1,66% e a eólica 8,8%, entre outras fontes de energia. Segundo relatórios consolidados nos Balanços Energéticos Nacionais (BEN) realizados pela Empresa de Pesquisa Energética, o Brasil tendencia na redução de produção de energia por fontes não renováveis. No ano de 2020, segundo o relatório BEN de 2021, teve sua oferta de fontes não renováveis resultante em 15,2% do total nacional de produção de energia, enquanto no relatório BEN 2019 o percentual foi superior a este, de 16,7%. (EPE, 2019 e 2021)

A microgeração de energia a partir de fontes renováveis (com destaque a solar) se enquadra ao que preconiza o texto constitucional ao resguardar o meio ambiente, assim como a produção de energia eólica que se apresenta em maior proporção. Todavia, ambas as fontes não se apresentam de forma tão eficiente como a produção de energia pela queima de combustíveis fósseis e a produzida por hidrelétricas.

Quanto à produção de energia pela queima de combustíveis fósseis, não se deve ignorar a concentração de gases compostos de carbono (CO e CO_2), que provocam o efeito estufa, devendo haver o desestímulo ao seu uso, além da elevação contínua no preço do petróleo que compromete a economia do país repercutindo na oferta e preços de produtos e serviços, ocasionando sérios prejuízos (externalidades negativas) à sociedade brasileira.

O Brasil se destaca por ter como marco da geração de eletricidade, a hidráulica, considerada como fonte limpa de energia. No entanto, ainda que situadas em diferentes bacias hidrográficas, esta produção é muito condicionada às situações climáticas. O fluxo de água é variável e dependente do ciclo das chuvas. A crise hídrica, oriunda da seca em determinadas regiões do país em meados do ano de 2021 e início de 2022, comprometeu a produção de energia, demandando a ativação de termelétricas e o encarecimento da energia, repercutindo no agravamento da inflação no país com o acréscimo deste custo nos produtos e serviços.

Por mais que seja considerada uma fonte renovável, vale recordar que a criação de uma hidrelétrica causa danos ambientais, com inundação de áreas causando alteração em ecossistemas, destruindo vegetações, assoreando rios e extinguindo espécies, além de provocar o deslocamento de populações ribeirinhas. E, depois de implementada, ainda pode ocasionar impactos no meio ambiente, ou seja, no caso de crise hídrica, uma das opções para enfrentá-la é a redução da vazão dos reservatórios das hidrelétricas, o que prejudica práticas essenciais de determinadas populações, como a pesca e o transporte fluvial. Além de que, a decomposição da vegetação que é submersa origina a produção de gases como o metano e o carbônico, também causadores de mudanças climáticas. (FEARNSIDE, 2019)

Outrossim, cumpre também tornar cada vez mais dispensável o emprego de água na produção de energia pela diversificação da matriz energética, por ser um recurso natural muito disputado e que pode ter seu fornecimento empenhado pela falta de chuva em períodos de seca, como ocorreu há pouco tempo. As energias renováveis de fontes eólicas e solar estão em ascensão no país e merecem prudência por estarem se consolidando no país. Conquanto, não há por que se restringir o estímulo para determinadas fontes considerando as múltiplas riquezas naturais brasileiras.

O Brasil tem outro potencial de energia que precisa de melhor atenção, que é a partir da oferta de eletricidade de biomassa, que é produzida a partir das usinas de cana de açúcar. Conforme o Balanço Energético Nacional de 2021 (EPE,2021) a oferta interna por esta fonte chegou ao percentual 9,1%. O custo desta forma de geração consiste na metade do que é posto pelas térmicas acionadas emergencialmente. Empresários do setor de açúcar e etanol têm demandado incentivos financeiros para a aumentar a produção de energia com este método. A União da Indústria de Cana-de-Açúcar (Única) informou que as usinas de cana-de-açúcar são capazes de produzirem energia equivalente a uma hidrelétrica de médio porte. A Associação da Indústria de Cogeração de Energia (COGEN), destaca que as usinas de cana-de-açúcar situadas na região centro-sul do país poderiam ter ofertado energia no valor de R$300,00 a R$400,00 por megawatt-hora, custo inferior das usinas térmicas, que é superior a R$ 1.000,00 por MWh que foram acionadas para atender a demanda em 2021. Isso, de acordo com informação da COGEN à Revista Forbes, poderia ter sido feito pelo governo através de pleito emergencial. (FORBES, 2021)

Conforme se pode verificar, uma fonte renovável pode não ser sustentável porque sofre limitações, bem como pode oferecer certo impacto ambiental, ainda que em menor potencial. Ter fontes alternativas de energia promoveria a defesa do meio ambiente e auxiliaria na potencialidade da matriz energética do país, reduzindo os impactos ambientais ocasionados pela produção de energia elétrica a partir de fontes não renováveis para prover a demanda. Nesse ensejo, cumpre avaliar se o sistema energético brasileiro é eficiente, seja sob seu aspecto econômico e de sustentabilidade, e por sua vez, avaliar se há investimento adequado para diversificar sua matriz no intuito de reduzir seus impactos negativos.

Ao tratar da matriz energética nacional, diante do seu papel expressivo para o desenvolvimento do país, ela deve ser abordada de forma a equilibrar os seguintes sustentáculos do desenvolvimento sustentável: econômico, social e ambiental, o que não é simples diante das mútuas limitações e interesses. Um dos passos a conciliar estes pilares, é a inclusão da tutela do meio ambiente entre os diferentes ramos do direito, de forma que haja incentivos à inovação para o aprimoramento da qualidade de vida das pessoas e melhoria nas atividades econômicas. Neste ponto, considerando o tributo como instrumento econômico, é importante conciliar o sistema tributário à realização de políticas públicas de preservação ambiental.

4 Tributação e extrafiscalidade ambiental para promoção de energias renováveis

Conforme lembrado, a percepção do problema ambiental deve ser aproximada às outras áreas por seu caráter multidisciplinar e interdisciplinar. O Direito Tributário é uma ferramenta que com uso de instrumento econômico pode conciliar estratégias que sejam ambientalmente desejáveis. No Brasil, nos últimos anos, foram propostas emendas constitucionais para a reforma tributária que não versaram, especificamente, sobre isso, no entanto, é importante que este conteúdo tenha nível constitucional para melhor atenção dos legisladores e gestores públicos.

A partir da interpretação do artigo 170, VI, da Constituição brasileira, é oportuno instituir diferenças tributárias nas ações da iniciativa privada em atenção ao meio ambiente equilibrado. Ainda que não exista embaraço para que critérios de tutela de meio ambiente sejam introduzidos na tributação a partir da extrafiscalidade, o sistema tributário nacional pouco atua e ressoa com os fins de preservação ambiental assegurados constitucionalmente.

A tributação ambiental pode se apresentar, através do seu caráter extrafiscal, pela manipulação da carga tributária, podendo criar gravames/aumento desta para situações/operações/produtos/serviços poluentes, de forma a desestimulá-las, ou tributar com ônus menor ou até afastar a incidência/desonerar para técnicas/posturas/produtos/serviços que não afetam ou tenham menor potencial agressor ao meio ambiente. Tais medidas implicam em tratamento diferenciado da tributação que estariam justificados pela proteção ambiental preconizada na Constituição Federal.

Também é possível a previsão e a cobrança de nova exação, tida como tributo verde, que poderia compensar a redução de outra espécie tributária prevista no ordenamento jurídico, que tenha outra base de incidência que não seja favorável ao desenvolvimento socioeconômico. Tal medida é conhecida como "reciclagem de receitas". Trata-se de uma recomendação da OCDE no sentido de que se desonere tributos tradicionais, que causam distorções econômicas e sociais, pela criação de tributo ambiental. (SOARES; JURAS, 2015) Isso se verificou na Alemanha que, em 1999, impulsionou a reforma fiscal ecológica com a instituição do *Ökosteuer*, autorizando que se valha de receita dos impostos pautados no meio ambiente, incidentes por exemplo sobre petróleo, mineral e eletricidade, para reduzir as contribuições sociais e para promover formas de energias renováveis e eficiência energética. (MATTEI, MATIAS, 2019)

Embora a mencionada proposta não seja analisada de forma mais detalhada nesta pesquisa, sua aplicação no Brasil merece melhor reflexão, visto que criar tributos, em especial sobre a eletricidade, poderia ser uma forma de encarecer o produto para o consumidor final sem que este tenha condições de eleger uma fonte renovável. Além do mais, se a pretensão é reduzir os danos ambientais, para ser propriamente um tributo caracterizado como ambiental, essa finalidade deve ser efetivamente buscada e concretizada, e assim sendo, tratar-se-á de tributo de gradual redução de receita, o que poderá comprometer o orçamento público.

A tributação sobre a energia no Brasil é elevada e repercute em diversos setores por incidir nas diversas cadeias de produção. E se for considerar uma produção energética de maior custo e de menor eficiência, a carga tributária agrava a sua competitividade, ainda que seja uma fonte que acarrete melhores benefícios sociais, fazendo assim, com que não haja isonomia na concorrência de distintas fontes na oferta de energia.

Tem se presenciado a ampliação de micro e minigeração de energia elétrica no Brasil, que são pequenos geradores de energia elétrica, geralmente de fonte solar, instalados nas residências dos consumidores, para seu consumo e permite que o excedente da energia seja injetado na rede pública para que possa ser compensado integralmente e distribuído para outros usuários. Afora de ser uma fonte limpa de energia, ocasiona uma economia representativa para o detentor dos geradores. Este agente gerador e consumidor também é usuário da rede pública, sendo que, no final do mês, terá que pagar apenas o saldo devedor à concessionário de energia elétrica, e, caso o saldo seja positivo, transfere este saldo para o mês subsequente (MACHADO SEGUNDO, 2019).

No entanto, o poder público não descuida de impor taxação sobre essas formas de fabrico de energia que pode desestimular o desenvolvimento da geração distribuída no país. A discussão acerca a tributação sobre a energia solar iniciou-se com o debate de como deveria ser a cobrança do imposto estadual ICMS sobre a energia produzida desta forma. Chegou-se ao ponto de alguns Estados-membro elucubrarem tributar toda a energia que é produzida pelo microgerador, exigindo que houvesse medidor autônomo. Essa tributação compreenderia a energia produzida e a que fosse totalmente consumida pelo próprio titular do microgerador, ainda que não esteja conectado à rede pública de energia. Todavia, não deixaria, inclusive, de tributar a energia injetada na rede pública. O usuário e titular de microgerador, dessa forma, pagaria tributação até maior que dos demais usuários, porque teria de pagar ICMS sobre a energia que produzia e pela energia que consumisse.

A intenção de tributação comentada vai contra o que se espera para o desenvolvimento sustentável, posto que a microgeração de energia é favorável à economia e ao meio ambiente. De forma a minimizar os efeitos para não inviabilizar a implantação destas novas tecnologias, o Conselho Fazendário dos Estados (CONFAZ), permitiu que os Estados concedessem isenção do ICMS sobre a energia produzida por microgeradores. Nesse sentido, o Convênio CONFAZ 16/2015, autoriza os Estados-membros:

> [..] conceder isenção do ICMS incidente sobre a energia elétrica fornecida pela distribuidora à unidade consumidora, na quantidade correspondente à soma da energia elétrica injetada na rede de distribuição pela mesma unidade consumidora com os créditos de energia ativa originados na própria unidade consumidora no mesmo mês, em meses anteriores ou em outra unidade consumidora do mesmo titular, nos termos do Sistema de Compensação de Energia Elétrica, estabelecido pela Resolução Normativa nº 482, de 17 de abril de 2012. (CONFAZ, 2015)

De acordo com o aludido convênio, o ICMS vai incidir apenas quando houver saldo devedor no final do mês, que será o resultado da diferença entre a quantidade gerada (considerando também os créditos de quantidades geradas em meses anteriores) e a quantidade consumida. Se esta última for superior, sobre esta diferença é devido o ICMS, estando as demais situações "isentas" da tributação do imposto estadual.

O presente texto não tem a intenção de estudar, detalhadamente, o sistema tributário sob a análise de caso de incidência do tributo, tampouco a averiguação da realização do fato gerador nessas operações. No entanto, há que se destacar que é difícil conceber a incidência do ICMS sobre a energia gerada e consumida pela própria unidade geradora, porque não se verifica a circulação da pertencida mercadoria, ou seja, não há troca de titularidade da energia que foi produzida e usada pelo próprio usuário. A situação não se configura na hipótese de incidência do ICMS. Assim como também não há incidência da norma do ICMS sobre a energia que é injetada na rede da concessionária que supera o consumido no mês que gera crédito para o mês seguinte, ou não. O que ocorre apenas, é que o momento de consumo da mesma energia produzida pelo próprio produtor é posterior, sem haver circulação, inexistindo troca de titularidade da mercadoria. Isto quer dizer que o termo isenção posto pelo Convênio do CONFAZ foge da técnica tributária, porque para haver isenção tem que haver incidência da norma tributável, o que não ocorre no que está sendo relatado. (MACHADO SEGUNDO, 2019)

O fundamento de preservação do meio ambiente para que sua exploração na Ordem Econômica seja equilibrada está na Constituição Federal. A atuação do Estado deve se orientar nesse sentido, assegurando o uso racional dos recursos naturais. O ICMS é o principal imposto incidente sobre a energia, entretanto no caso em tela é percebido a ânsia em arrecadar receita transpondo incidência tributária onde não se configura fato gerador deste tributo, que tem como consequência o desestímulo na adoção da técnica renovável. As fontes renováveis não podem sofrer tributação inibidora porque são alternativas que minimizam prejuízos socioeconômicos. A energia solar é uma energia neutra de baixo grau de impacto ambiental, economicamente viável e ajustada aos interesses sociais. Diante dos ditames que a presente conjuntura socioeconômica confere, é importante que se pense em incentivos tributários para estas fontes e não arranjar tributação que venham a torná-las menos atrativas.

Percebe-se o ânimo questionável dos Estados em tributar tais situações que demonstra como o poder público tem ido contra a promoção de energia renovável, de forma a desestimular, no que for possível, a utilização de fontes não renováveis. Observa-se no caso levantado que foram considerados apenas interesses arrecadatórios, desvinculado de qualquer análise da questão ambiental. Ademais, esses microgeradores também auxiliam na demanda de energia que muitas vezes é insuficiente perpetrando com que medidas de aumento do custo da energia sejam implantadas e termelétricas sejam acionadas, causando aumento de preços e de dano ambiental. Ainda que se esteja falando de incidência ou não incidência de exação tributária, está se tratando de tributação ambiental porque a operação envolve a energia solar que apresenta atributos de benefícios ao meio ambiente. A tributação desincentiva esta prática sustentável, não se coadunando com os primórdios constitucionais em que o Estado deve ser o condutor da melhora na qualidade ambiental.

A extrafiscalidade com fins ambientais ocasiona uma resposta no mercado e no comportamento social permitindo atribuir um benefício ambiental. Já que se está tratando de energia solar, convém trazer como exemplo, um caso dos Estados Unidos. Os EUA, a partir da regulação da energia, tem dedicado estímulos à pequena produção de energia solar, nas taxas de depreciação e créditos favorecido. Tem crescido no país o mercado de células fotovoltaicas, aumentando suas vendas pela redução dos custos por unidade. Isso se tem atribuído aos créditos fiscais de investimentos renovados pelo *Emergency Economic Stabilization Act of 2008*. Ocorre que, traz o inconveniente de que há tratamento distinto em diferentes estados deste país. Ademais, versa sobre uma fonte específica de energia renovável e que outras não recebem mesmo tratamento, por esta razão as empresas de energia eólica permeiam uma luta por fora na proteção do seu mercado. Sem embargo, é um começo para que os Estados Unidos tomem iniciativas mais eficientes e céleres para a promoção das energias renováveis, sobretudo por ser o segundo maior país emissor de gases de efeito estufa no mundo. (WEDY, 2021)

O sistema tributário, em especial com a tributação ambiental, pode incluir nos seus instrumentos formas de proteção do meio ambiente na indução de comportamentos ambientalmente benéficos. Além de que cumpre, igualmente, ao sistema tributário considerar os valores constitucionalmente preconizados. O tributo pode ser revestido do seu caráter extrafiscal, podendo servir como instrumento de desestímulo de comportamento difusamente indesejáveis. Com esse mecanismo o elemento econômico do tributo se estimula ou se reprime comportamentos, permitindo alcançar o objetivo constitucionalmente almejado. (BASSO, 2010)

Nos termos do artigo 170, VI, da CF, o Estado assumiu papel regulador da atividade econômica com vistas ao meio ambiente equilibrado. Cuidar do meio ambiente importa associar o ditame constitucional de sua preservação às normas tributárias, como instrumentos econômicos, e a energia, que é um destacado fator da Ordem Econômica, que dependendo da sua forma, tem forte potencial poluidor. A reforma tributária no Brasil não pode deixar de lado estas questões, tampouco as normas infraconstitucionais, porque são matérias de política tributária para preparar o desenvolvimento socioeconômico do país, com oferta segura de energia e promoção de direitos, como um meio ambiente equilibrado que promove saúde e vida digna das pessoas.

O relatório *Taxing Energy Use* 2015 da OCDE, que serve de referência para as nações avaliarem as opções fiscais que melhor podem se adaptar a sua realidade, dispõe sobre o uso da tributação sobre a energia de forma que se induza ao investimento em fontes de energia renovável. O documento ressalva que o uso de tributos influencia nos preços da energia e podem refletir os impactos ambientais e conter os efeitos negativos, enquanto os incentivos fiscais seriam alternativos para as tecnologias limpas. (OCDE, 2015)

Nesse passo, implica concluir sobre a aplicação de regime diferenciado que provoque tratamento distinto para as energias renováveis para dar impulso à preferência na sua adoção. A distinção tributária favorecida a ser proporcionada às energias renováveis, justificam-se pelo seu menor impacto ambiental, sopesando que elas produzem uma menor carga de externalidade negativa à sociedade, ocasionando menor custo social. Nos termos do artigo 23, da Constituição Federal, compete a todos os entes federados proteger o meio ambiente e combater a poluição em qualquer de suas formas. O que quer dizer, podem ser tomadas medidas como de eficiência energética, difusão de novas tecnologias, incentivo à pesquisa e promoção de fontes renováveis. (CALIENDO, 2016)

Trata-se de se pensar em providências de aspecto negativo e positivo. A primeira, que é negativa, será para impedir atitudes poluidoras, e por outro lado, enquanto positiva, será ativa, de forma que o Estado crie orientações ou agenceie ações no intuito de eliminar ou reduzir a poluição. Para preservar o meio ambiente é importante que haja uma diferenciação pautada pela sustentabilidade. E, tal ideia se fundamenta no dever de todos, incluindo o Estado, de proteger o meio ambiente, de forma que ele seja equilibrado, para as presentes e futuras gerações.

As energias renováveis têm importante papel na proteção ambiental e estão, reiteradamente, presentes nas pautas dos encontros internacionais direcionados à esta preocupação. Procurar introduzi-la cada vez mais como forma alternativa de produção de energia é estar de acordo e atender a finalidade constitucional. A ordem econômica não pode estar alheia a esta preocupação.

É visível que novas fontes de energias renováveis estão sendo estudadas e poderão ser implantadas, a exemplo da geotérmica, bioenergia e energia das ondas e marés, o que requer que o estímulo à inovação seja constante. Os incentivos fiscais, conduzidos pela extrafiscalidade ambiental, mostram-se indispensáveis para adoção de novos modelos energéticos, reduzindo os estímulos aos combustíveis fósseis.

O incentivo fiscal auxilia na competitividade das fontes renováveis alternativas que ainda se apresentam custosas e ineficientes frente às outras formas de produção energética, contudo, em contrapartida proporcionam efeitos sociais benéficos (externalidades positivas). As energias renováveis precisam se tornar competitivas e os incentivos são importantes para tanto para reduzir o seu custo em comparação com as energias convencionais.

5 Considerações finais

A extrafiscalidade ambiental é alicerçada na Constituição, considerando que o meio ambiente equilibrado é um direito e dever de todos, assim como a promoção da sua defesa é fundamento da ordem econômica. Ela pode servir de instrumento de estímulo à inovação e mudança de condutas para a promoção do desenvolvimento.

O agenciamento de um novo padrão energético com maior inclusão das energias renováveis é oriundo da proteção ambiental, que produz consequências positivas no contexto social e econômico, apresentando alternativa de reduzir os prejuízos sociais.

As energias renováveis passaram a se expandir no mundo por exigência de tratados internacionais que comprometeram as nações a reduzirem as emissões de gases de efeito estufa e adotarem energias limpas. No entanto, estas formas de energia não se apresentam tão eficientes que as de técnicas poluentes, trazendo a preocupação da segurança energética.

Nesse sentido, importante que haja melhor diversidade na matriz energética para que não se fique subordinado a determinada forma de produção que por determinada eventualidade, ainda que torne o país dependente de energia gerada a partir da queima de combustível fóssil.

Nesse sentido, a tributação no que se refere à energia elétrica deve estar orientada pelos fins extrafiscais de tutela ambiental, sobretudo quando se trata de incentivo, porque o tratamento diferenciado está justificado para a promoção das fontes renováveis para a mitigação da degradação ambiental, sendo que estas fontes precisam se mostrar competitivas já que não apresentam a mesma eficiência energética das fontes convencionais que afetam o meio ambiente.

Portanto, não se quer produzir com essa pesquisa uma proposta que possa ter distorções e uma percepção dissimulada do que deve ser uma tributação com finalidade extrafiscal propriamente ambienta. Ou seja, não é defendido que se institua sob a justificativa da promoção da melhoria da matriz energética, uma política tributária meramente arrecadatória ou de privilégio que oferece precário ou nulo resultado para a preservação do meio ambiente, não podendo nestas hipóteses, receber a merecida concepção de tributo ambiental.

Referências

BASSO, Ana Paula. Os benefícios fiscais em favor do desenvolvimento sustentável. **Direito e Desenvolvimento**, João Pessoa, v. 1, n. 2, p. 41-52, dez. 2010.

BRASIL. Ministério do Meio Ambiente. **iNDC - Contribuição Nacionalmente Determinada**. Disponível em: https://antigo.mma.gov.br/clima/grupo-executivo-sobre-mudanca-do-clima/grupo-executivo-sobre-mudanças-climáticas/item/10570-in dc-contribuição-nacionalmente-determinada.html. Acesso em: 31 de maio de 2022.

BRASIL. Conselho Nacional de Política Fazendária – CONFAZ. **Convênio CONFAZ n. 16/2015**. Brasília, DF. Disponível em: https://www.confaz.Fazend a.gov.br /legislacao/convenios/2015/CV016_15. Acesso em: 31 de maio de 2022.

CALIENDO, Paulo. Extrafiscalidade ambiental e o incentivo às energias renováveis. In CALIENDO, Paulo; CAVALCANTI, Denise. (org) **Tributação ambiental e energias renováveis**. Porto Alegre: Editora Fi, 2016.

CHAVES, Ana Carolina. **Crise energética na Europa expõe complexidade da transição energética**. Instituto de Estudos Estratégicos de Petróleo, Gás Natural e Biocombustíveis – INEEP. Rio de Janeiro, 2021. Disponível em: https://ineep.org.br/crise-energetica-na-europa-expoe-complexidade-da-transicao-energetica/. Acesso em: 31 de maio de 2022.

EMPRESA DE PESQUISA ENERGÉTICA (EPE) **Balanço energético nacional 2021**: Ano base 2020. Rio de Janeiro: EPE, 2021. Disponível em: https:// www .epe.gov.br/sites-pt/publicacoes-dados-abertos/publicacoes/ PublicacoesArqui vos/publicacao-601/topico-596/BEN2021.pdf. Acesso em: 31 de maio de 2022.

FIORILLO, Celso Antonio Pacheco. FERREIRA, Renata Marques. A soberania Energética em face da ordem econômica constitucional e o Acordo de Paris: a política energética nacional como instrumento de desenvolvimento sustentável. **Novos Estudos Jurídicos**, v. 25, n. 1, p. 2-28, Jan-Abr, 2020

FEARNSIDE, Philip Martin. 2019. Emissões de gases de efeito estufa das represas hidrelétricas da Amazônia brasileira. p. 87-90. In: P.M. Fearnside (ed.) **Hidrelétricas na Amazônia**: impactos ambientais e sociais na tomada de decisões sobre grandes obras. Vol. 3. Editora do INPA, Manaus, 2019

FORBES. **Biomassa das usinas de cana pode gerar mais energia e amenizar efeitos da crise hídrica**. São Paulo. 10 jun. 2021. Disponível em: https://forbes.com.br/forbesagro/2021/06/biomassa-das-usinas-de-cana-pode-gerar -mais-energia-e-amenizar-efeitos-da-crise-hidrica/. Acesso em: 31 de maio de 2022.

MACHADO SEGUNDO, Hugo de Brito. ICMS e microgeração de energia: tributação ambiental como pretexto? **Consultor Jurídico**, 2019. Disponível em: https://www.conjur.com.br/2019-out-02/consultor-tributario-icms-microgeracao-energia-tributacao-ambiental-pretexto. Acesso em: 31 de maio de 2022.

MATTEI, Julia. MATIAS, João Luis Nogueira. A reforma tributária ecológica alemã como paradigma para o Brasil. **Veredas do Direito**, v. 16. n. 34, p. 205-233. Belo Horizonte, 2019.

OECD. Tax energy use 2015: OECD and selected partner economies. **Paris: OECD and select partner economies**. Paris: OECD Publishing, 2015. Disponível em: http://dx.doi.org/10.1787/9789264232334-en. Acesso em: 31 de maio de 2022.

SOARES, Murilo Rodrigues da Cunha; JURAS, Ilídia da Ascensão Garrido Martins. **Desafios da Tributação Ambiental**. Câmara dos Deputados – Consultoria Legislativa. 2015. Disponível em: https://www2.camara. leg.br/atividade-legislativa/estudos-e-notas-tecnicas/publicacoes-da-consultoria -legislativa/areas-da-conle/tema20/desafios-da-tributacao-ambiental_murilo-soares-e-ilidia-juras_politicas-setoriais. Acesso em: 31 de maio de 2022.

WEDY, Gabriel. Breves notas sobre a energia solar e tributação nos EUA. **Consultor Jurídico**, 2021. Disponível em: https://www.conjur.com.br/2021-mar-06/ambiente-juridico-breves-notas-energia-solar-tributacao-eua. Acesso em: 31 de maio de 2022.

Políticas fiscais em tempos de pandemia da Covid-19: O caso dos países do G-7 e do Brasil

Joedson de Souza Delgado
Gabrielle Jacobi Kölling

Sumário

1. Introdução. 2. Opções de política fiscal em resposta a pandemia da Covid-19. 3. Avaliação das políticas fiscais nos países do G-7 e no Brasil. 4. Considerações finais. Referências.

1 Introdução

A pandemia da Covid-19 que surgiu na cidade de Wuhan, na China, aceleradamente se alastrou pelo globo resultando em enormes danos econômicos. (FORTES, 2020). Esta pandemia viral afetou milhões de indivíduos e vem causando centenas de milhares de mortes.

Como medidas de contenção da doença, governos nacionais emitiram ordens à população para ficarem em casa, interromperam a atividade comercial doméstica e fechou os locais públicos para reunião necessários para aumentar o distanciamento social e diminuir o risco de transmissão. (KHAN et al., 2020). Embora a economia global esteja se recuperando da contração econômica, a pandemia da Covid-19 que ocorreu durante o grande *lockdown* em abril de 2020 continua a se espalhar em "ondas de infecções" e muitos países desaceleram a reabertura e até impõe *lockdowns* parciais (ORGANIZATION FOR ECONOMIC COOPERATION AND DEVELOPMENT, 2020).

Em particular, a natureza prolongada da crise sanitária vem afetando a economia global com repercussões potencialmente duradouras e de longo alcance. As previsões econômicas refletem os riscos contínuos para uma recuperação global sustentável causada pelo ressurgimento de casos infecciosos e potenciais pressões inflacionárias associadas à demanda reprimida do consumidor. Do lado da oferta, a escassez reflete interrupções nos mercados de trabalho e gargalos na produção e na cadeia de suprimentos.

Os países do G-7 (Canadá, França, Alemanha, Itália, Japão, Reino Unido e Estados Unidos) e o Brasil foram severamente afetados pela pandemia da Covid-19. Segundo a Universidade Johns Hopkins (2022), os EUA tiveram o maior número de casos confirmados da Covid-19 e o Brasil é o país mais atingido na América Latina registrando mais de 27 milhões de casos e o segundo maior número oficial de mortes do mundo.

O trabalho objetiva, por meio da metodologia descritiva analítica e do procedimento bibliográfico, verificar como os países do G-7 e o Brasil aliviaram os efeitos socioeconômicos negativos provocados pela pandemia da Covid-19 em suas economias com a implementação de inúmeras medidas econômicas na política fiscal. Para tanto, investigar as medidas já implementadas nos países do G-7 e no Brasil esclareceria até que ponto as políticas fiscais são eficazes.

Ante a relevância do tema e impacto social, o texto contribui para a compreensão das políticas fiscais de cunhos arrecadatórios e extrafiscal implementadas pelos países do G-7 e pelo Brasil em resposta à pandemia da Covid-19. Com isso, evidenciamos as principais respostas fiscais que os governos vêm adotando para limitar o impacto humano e econômico provocado pela doença.

Este artigo está dividido em três seções, além desta introdução. A segunda seção examina as opções de política fiscal em resposta à pandemia da Covid-19. A terceira seção analisa as políticas fiscais adotadas nos países do G-7 e no Brasil. Evidenciado as respostas fiscais para a retomada pós-Covid-19, o trabalho se encerra com a abordagem das medidas políticas que levaram a uma flexibilização financeira maciça e conferiu estabilidade ao sistema financeiro com a campanha mundial de vacinação contra a Covid-19.

2 Opções de política fiscal em resposta a pandemia DA Covid-19

A Covid-19 é a crise mais desafiadora ao longo da história, desde a Segunda Guerra Mundial, e responsável pela maior queda na atividade econômica desde a Grande Depressão. A perspectiva de retração da economia mundial é de 3% para os próximos períodos e ainda pode decair, conforme a análise do economista estadunidense Lawrence SUMMERS (2020) que analisa a pandemia, juntamente com os ataques terroristas de 11 de setembro de 2011 e a crise financeira de 2007–2008, fazem parte dos três maiores choques globais do século 21.

As estimativas da Organização para a Cooperação e Desenvolvimento Econômico (OCDE) não são animadoras ao preverem que a produção industrial em diversos países pode cair entre 20% a 25% e o consumo das famílias em cerca de um terço. (ORGANISATION FOR ECONOMIC CO-OPERATION AND DEVELOPMENT, 2020). Para cada mês de confinamento obrigatório e restrições à circulação na via pública em 2020 calculou-se queda de cerca de 2% no Produto Interno Bruto – PIB. (ORGANISATION FOR

ECONOMIC CO-OPERATION AND DEVELOPMENT, 2020).

A partir da pandemia, as políticas não tradicionais passaram a ser incorporadas de modo célere, o mesmo ocorreu com as políticas fiscais para combater os efeitos imediatos da crise. Conforme DUARTE et al. (2020), essas medidas não são genuínas, muitas delas foram usadas por bancos centrais em diferentes contextos a partir o século 21. Vale ressaltar que sequer eram consideradas extraordinárias, mas vistas como instrumentos regulares dos bancos centrais.

Em tese há fundamento para que essas políticas não sejam abandonadas devendo servir de aprendizado para ampliar e melhorar os instrumentos de política monetária dos bancos centrais. O período transpandêmico demanda rupturas, mudanças, especialmente no tocante à forma como foram utilizados os instrumentos de política macroeconômica no episódio das crises financeiras. Para esse fim, é essencial maior coordenação entre as políticas monetária e fiscal – não seja utilizada apenas como ferramenta emergencial, mas parte da retomada da atividade econômica.

Nessa perspectiva é interessante recordar o significado originário de "política fiscal" implicado com os atos de tributação em si. Sabe-se que a tributação é uma ferramenta de governança utilizada para atingir metas políticas de gestão de recursos a ser ajustada as preocupações sociais, políticas, econômicas e administrativas. CASASANTA (1962, p. 72) conceituou a "política fiscal" como: "A Política Tributária vem a ser a parte da Política Fiscal que utiliza os tributos como elementos capazes de influir na atividade econômica, ao mesmo tempo que permite arrecadar recursos para o financiamento dos gastos públicos.".

É por isso que controlar a pandemia e restaurar o crescimento econômico gerando empregos são objetivos importantes da política orçamentária e monetária na pandemia da Covid-19 e, especificamente o Brasil exposto a um desafio econômico que exige forte consolidação fiscal e adoção de reformas estruturais (THE WORLD BANK, 2021).

Para atingir esses objetivos, as estratégias fiscais dos governos nacionais foram flexibilizadas com a implementação de diferentes políticas de acordo com o curso da pandemia. Em todos os casos, os governos devem firmar o compromisso com as finanças públicas sustentáveis e equilibradas orientadas a uma política orçamentaria voltada ao crescimento qualitativo e gerador de empregos promovendo a transição digital, a inovação e a inclusão social.

Aqui existe uma oportunidade histórica de mudar, de fazer escolhas de políticas macroeconômicas e adotar políticas fiscais para os mais carentes que coloquem os direitos humanos no centro da recuperação. As medidas fiscais para a recuperação são uma oportunidade para tornar a economia mais inclusiva e sustentável que devem priorizar a igualdade de gênero e investir em serviços públicos e outras medidas que pausem a crescente desigualdade.

A OCDE explica as opções de política fiscal dos governos dividindo o curso da pandemia da Covid-19 em quatro fases. (ORGANIZATION FOR ECONOMIC COOPERATION AND DEVELOPMENT, 2021). A Figura 1 mostra quatro fases e as respostas da política fiscal dos governos com ênfase nas políticas fiscais. A primeira fase é o surto do vírus, a segunda fase é a contenção e mitigação em que a contenção e mitigação medidas são aplicadas, a terceira fase é a fase de transição e a quarta fase é a pós-pandêmica.

Quando os países se deparam com um surto de vírus (fase 1) tomaram medidas de contenção e mitigação (fase 2) objetivada a retardar a propagação do vírus. A fase de contenção e mitigação é seguida por uma fase de transição (fase 3) em que as políticas de mitigação são relaxadas, mas aumentada a consciência dos riscos. (ORGANIZATION FOR ECONOMIC COOPERATION AND DEVELOPMENT, 2021).

No início da pandemia (fase 1), a política fiscal concentra-se na liquidez e no apoio as políticas fiscais que desempenham um papel crucial na prestação de apoio financeiro às empresas e às famílias. Na segunda fase, o apoio à liquidez e ao rendimento torna-se progressivamente mais sustentado e o conjunto de políticas já implementadas deve ser alargado de forma a diminuir os efeitos negativos da pandemia. Na terceira fase, para apoiar o investimento e o consumo, podem ser necessários estímulos fiscais e sustentar a política fiscal expansionista e, finalmente, na quarta fase, os governos devem se concentrar na restauração das finanças públicas. (ORGANIZATION FOR ECONOMIC COOPERATION AND DEVELOPMENT, 2021).

Figura 1 – Fases da pandemia da Covid-19 e opções de política fiscal

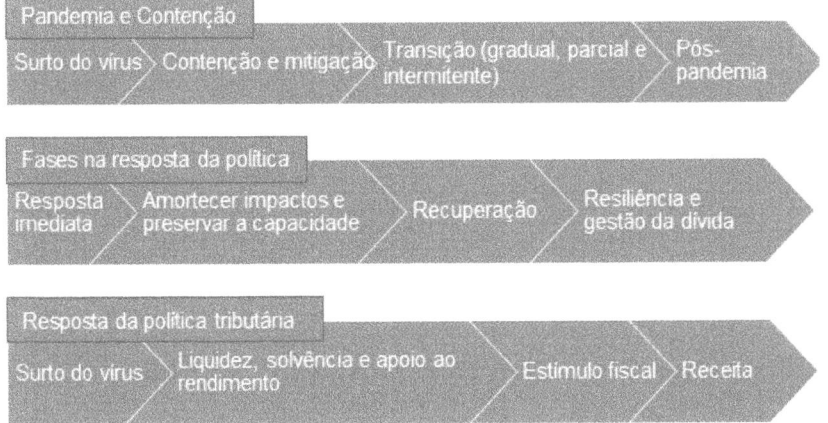

Fonte: ORGANIZATION FOR ECONOMIC COOPERATION AND DEVELOPMENT, 2021

À semelhança da OCDE, o Fundo Monetário Internacional – FMI explica as políticas orçamentais a serem implementadas em resposta aos efeitos econômicos negativos da Covid-19, tendo em conta as três fases da pandemia. (INTERNATIONAL MONETARY FUND, 2020): 1. *Lockdowns* e fechamentos de negócios generalizados; 2. Reabertura gradual; e 3. Recuperação pós-pandemia de Covid-19.

Tabela 1 – Medidas fiscais alternativas e sua aplicabilidade nas diferentes fases da pandemia

Medidas Fiscais	Medidas Fiscais	Reabertura gradual de atividades e protocolos	Recuperação social e econômica pós-Covid-19
Apoio à renda familiar			
Transferências de renda em espécie	Sim. Para as necessidades básicas	Transição e melhor direcionamento de quem precisa	Novo estímulo fiscal para melhorar o sistema de proteção social
Benefícios para os desempregados	Prolongamento da duração e expansão da cobertura de proteção social	Melhorar os benefícios para preservar os incentivos ao trabalho à medida que o desemprego volta aos níveis normais	Componentes-chave ao melhorar os sistemas de proteção social
Medidas trabalhistas para preservação do emprego e da renda			
Retenção do emprego de curto prazo	Sim. Podem ajudar a preservar empregos	Reduzir o uso desses programas para incentivar a mudança para novos empregos, se necessário	Diminuir o acesso para casos prolongados
Subsídios à contratação temporária	Sim	Planeje ou inicie se as interrupções no fornecimento tiverem diminuído amplamente	Transição para políticas ativas do mercado de trabalho como a reciclagem
Mercado de trabalho	Sim	Iniciar programas que melhorem as habilidades de trabalho	Sim, adaptado à transformação estrutural na economia pós-Covid-19
Investimento público			
Diferimento temporário de encargos fiscais e pagamentos previdenciários	Sim. Para proteger os fluxos de caixa para famílias e empresas	Diferimentos direcionados, dependendo dos contribuintes, da evolução da pandemia e da força da recuperação	Não, mas poderia envolver os contribuintes como parte da reestruturação da dívida
Redução no imposto de renda	Não, porque beneficiam amplamente aqueles que não precisam	Não, porque os beneficiados são menos propensos a gastar a renda adicional e porque os cortes favorecem as empresas com lucros	Considerar como parte do pacote de estímulo dependendo do espaço fiscal
Depreciação acelerada ou perda de retorno	Não	Sim. Para as empresas que retomam a atividade	Sim

			Sim. A escolha dos instrumentos deve estar de acordo com o bom desenho da legislação tributária; maior progressividade dos impostos e garantir que empresas altamente lucrativas paguem impostos apropriados
Impostos progressivos	Considere, especialmente se o financiamento for limitado	Considere, especialmente se o financiamento for limitado	
Outros suportes de liquidez			
Empréstimos e Linhas de suporte à liquidez	Sim. Pode ser parcialmente condicionada à preservação de empregos, com restrição sobre os dividendos	Ajuste fiscal	Gerenciamento dos riscos fiscais
Apoio à solvência (injeções de capital)	Sim. Com restrições de dividendos e impondo prejuízos aos acionistas	Intervenções em empresas estratégicas e restrições sobre os dividendos	Apontar para uma saída adequada
Reestruturação da dívida	Não. Possível moratória da dívida	Preparar uma estrutura de reestruturação simplificada e um mecanismo de mediação	Sim. Facilitar a realocação e saída oportuna de empresas que entraram com pedido de recuperação judicial e falência

Fonte: INTERNATIONAL MONETARY FUND, 2020.

Como se vê na tabela, os governos adotaram várias medidas fiscais e a aplicabilidade dessas medidas muda dependendo das fases da pandemia. As medidas fiscais foram agrupadas em cinco categorias principais e em cada categoria há uma série de medidas implementadas em diferentes fases.

Na primeira fase pandêmica (dos *lockdowns* e fechamentos de negócios generalizados), o principal objetivo da política fiscal foi acomodar serviços emergências de saúde e fornecer linhas de crédito às pessoas e empresas mais afetadas. Durante esta fase ocorreram subsídios salariais, benefícios ao desemprego, cobrança de impostos diferidos e empréstimos subsidiados utilizados para aliviar os efeitos econômicos negativos dos bloqueios generalizados. Nesta fase, os governos enfrentaram desafios de evitar que os hospitais ficassem sobrecarregados e implementar políticas abrangentes em conformidade com a natureza evolutiva da pandemia. (INTERNATIONAL MONETARY FUND, 2020).

Na segunda fase pandêmica (da reabertura gradual de atividades e protocolos), os governos começaram a remover as restrições de mobilidade e linhas de créditos foram postas para a garantir uma retomada segura da atividade para os agentes econômicos. Durante essa fase, a política fiscal concentrou na geração de um ambiente de trabalho seguro e ajudando os trabalhadores a encontrar novos empregos e a reabertura dos negócios. (INTERNATIONAL MONETARY FUND, 2020).

Na terceira fase pandêmica (da recuperação social e econômica pós-Covid-19), os principais objetivos das políticas fiscais foram apoiar uma recuperação inclusiva/sustentável e alcançar uma mudança estrutural da economia. Durante esta fase, os instrumentos fiscais utilizados determinaram o crescimento econômico e os níveis de emprego. (INTERNATIONAL MONETARY FUND, 2020).

As respostas políticas à pandemia da Covid-19 em 2020 nos países do G-7 e no Brasil dividem-se em quatro fases distintas: 1. O choque pandêmico da China (janeiro-março); 2. Rupturas setoriais (com início em fevereiro); 3. Ruptura geral aguda (começando em março); e 4. Recuperação pós-Covid-19 (começando em maio a junho).

Na primeira fase (O choque pandêmico da China), a necessidade de intervir na política fiscal foi pequena, uma vez que os efeitos setoriais e os impactos macroeconômicos foram desprezíveis. Na segunda fase (Rupturas Setoriais), os atrasos no pagamento dos tributos e o regime de trabalho a tempo parcial foram as respostas à emergência causada pela Covid-19 juntamente com a alocação extra de recursos governamentais para a saúde. Na terceira fase (Ruptura geral aguda), as medidas emergências de apoio financeiro às pequenas e médias empresas ocorreu na forma de desonerações fiscais e linhas de crédito concessionais e subvenções, apoio parcial e temporário ao desemprego, apoio direto às famílias através da desoneração de pagamentos e transferências diretas para trabalhadores autônomos. E na quarta fase (Recuperação pós-Covid-19) foi necessário um forte apoio à demanda fiscal com transferências diretas de renda para as famílias ou auxílios temporários no pagamento de salários. (BENMELECH; TZUR-ILAN, 2020).

Como se vê diferentes medidas foram usadas durante as quatro fases pandêmicas. Para o FMI (2020), os países experimentaram cada fase em momentos diferentes e as circunstâncias de cada país podem ser diferentes na mesma fase. Portanto, cada país deve levar em consideração suas condições específicas ao projetar e implementar políticas econômica-tributárias apropriadas ao cenário da pandemia.

3 Avaliação das políticas fiscais nos países do G-7 e no Brasil

Desde o início da pandemia, muitos países ao redor do mundo implementaram medidas para ampliar os sistemas de saúde pública e limitar a propagação do novo coronavírus. A pandemia afetou todos os setores, mas teve um impacto maior em algumas empresas e setores do que em outros. Os riscos de infecção nas diferentes atividades, a capacidade das empresas de operar remotamente e as políticas para conter a propagação do vírus desempenharam importante papel. Tudo isso afetou os negócios atuais e as expectativas sobre o futuro.

Essas medidas inevitavelmente levaram a fortes contrações econômicas. As economias avançadas e as economias em desenvolvimento tiveram simultaneamente em recessão pela primeira vez desde a Grande Depressão. (GOPINATH, 2020). Como resultado, os governos responderam às crises econômicas utilizando recursos orçamentários e monetários em larga escala. (SOUZA et al., 2020).

As políticas tributárias no enfrentamento dos efeitos econômicos da Covid-19 adotada nos países do G-7 (Canadá, França, Alemanha, Itália, Japão, Reino Unido e Estados Unidos) e no Brasil foram substanciais e necessárias. Os países do G7 tiveram crescentes déficits fiscais e dívidas governamentais que agravaram o problema da solvência fiscal de longo prazo. (HUTCHISON, 2020).

Preocupações quanto aos déficits orçamentários impuseram que os governos buscassem novas rodadas de estímulo fiscal à medida que a crise sanitária se aprofundava. Vejamos as principais medidas abrangentes de contenção e mitigação da crise adotadas pelos países do G-7 e pelo Brasil.

3.1 Política fiscal canadense

Por meio do *Canada's Covid-19 Economic Response Plan* (GOVERNMENT OF CANADA, 2020), o governo tomou medidas fortes, imediatas e eficazes para proteger os canadenses dos impactos da pandemia. O Canadá entrou na crise sanitária com um balanço forte, a menor relação dívida líquida/PIB no G7 e taxas de empréstimo historicamente baixas, dando ao governo a capacidade de responder imediatamente às necessidades primárias dos canadenses com ações de proteção da economia.

O Plano foca em três grandes áreas de apoio: sistema de saúde, apoio aos cidadãos e apoio as empresas. (GOVERNMENT OF CANADA, 2020). As medidas introduzidas no Plano garantirão que a economia canadense esteja bem-posicionada para se recuperar quando a crise sanitária passar.

As principais medidas fiscais (19,7% do PIB, US$ 435,2 bilhões) incluem: i) US$ 60,3 bilhões (2,7% do PIB) para o sistema de saúde no apoio do aumento de testes rápido antígeno, desenvolvimento de vacinas, suprimentos médicos, medidas de mitigação/prevenção e maior apoio as comunidades indígenas; ii) cerca de US$ 290 bilhões (13,2% do PIB) em ajuda direta as famílias e empresas, incluindo subsídios salariais, pagamentos a trabalhadores afastados pela doença, facilitação do acesso a seguro de emprego, aumento nos créditos fiscais, benefícios de assistência à infância e a criação de um novo Fundo de Apoio à Comunidade Indígena; e iii) cerca de US$ 85 bilhões (3,9% do PIB) como suporte de liquidez por meio de diferimentos dos impostos.

3.2 Política fiscal francesa

A França é um dos países mais atingidos pela pandemia da Covid-19. (ISTOÉ DINHEIRO, 2021). Além das garantias públicas de € 327 bilhões (aproximadamente 15% do PIB) consistente em € 315 bilhões em garantias para empréstimos bancários e seguros de crédito, as autoridades governamentais alteraram leis orçamentárias entre março e julho de 2020 e aumentaram o orçamento fiscal dedicado à crise sanitária para cerca de € 135 mil milhões (quase 6% do PIB, incluindo medidas de liquidez). (MINISTÈRE DE L'ÉCONOMIE DES FINANCES ET DE LA RELANCE, 2021).

As principais medidas fiscais aplicadas em dezembro de 2020 foram: i) disponibilidade facilitada ao seguro de saúde para os doentes; ii) aumento dos gastos com saúde; iii) apoio à liquidez por atraso na previdência social, isenção de impostos para empresas e reembolso de créditos fiscais; iv) apoio aos trabalhadores sob regime de jornada reduzida; v) apoio financeiro às microempresas endividadas, aos trabalhadores autônomos e famílias de baixa renda; vi) tolerância ao atraso de aluguel e de pagamentos de serviços públicos essenciais para micro, pequenas e médias empresas; vii) Alocação adicional para investimentos de capital ou nacionalização de empresas que enfrentam dificuldades; viii) Concessão simplificada de bônus excepcionais isentos de contribuições para a previdência social; ix) Prorrogação dos benefícios aos desempregados e x) Incentivos à compra de veículos mais ecológicos e apoio ao investimento sustentável para os setores automobilístico e aeroespacial. Além dessas medidas, o governo lançou em setembro de 2020 um novo pacote fiscal para ajudar na recuperação da economia francesa denominado *"plan France Relance"* com o objetivo de acelerar as transformações ecológicas, industriais e sociais. (MINISTÈRE DE L'ÉCONOMIE DES FINANCES ET DE LA RELANCE, 2021).

3.3 Política fiscal alemã

A Alemanha alocou uma enorme quantia financeira em resposta à crise sanitária como apoio a retomada econômica, e criou seu plano de ajuda de modo direcionado, oportuno, temporário e transformador. (GOODMAN, 2020). O governo federal dotou três orçamentos suplementares: € 156 bilhões (4,7% do PIB) em março de 2020, € 130 bilhões (3,9% do PIB) em junho de 2020 e € 60 bilhões (1,7% do PIB) em março de 2021. Além do pacote fiscal do governo federal, os governos dos estados anunciaram medidas próprias para apoiar suas economias, totalizando € 141 bilhões em apoio direto e cerca de € 70 bilhões em garantias de empréstimos estaduais. (INTERNATIONAL MONETARY FUND, 2022).

Diante de novas ondas de infecção e lockdowns, o governo introduziu medidas fiscais adicionais para apoiar famílias e jovens trabalhadores e aprimorou as medidas existentes para apoiar as empresas endividadas, incluindo a compensação, restituição, ressarcimento e reembolso de receita em novembro-dezembro de 2020 (de até 75%) – algumas dessas medidas foram estendidas até 2021 –, bem como ampliou o acesso aos subsídios, as garantias de empréstimos, a compensação de prejuízos financeiros e o apoio adicional para gastos com saúde. (INTERNATIONAL MONETARY FUND, 2022).

3.4 Política fiscal italiana

Semelhante à França, a Itália em março de 2020 representava o terceiro país do mundo em número total de casos e o primeiro em número total de mortes infecciosas. (RIBOLI; ARTHUR; MANTOVANI, 2020). As medidas fiscais adotadas pela Itália agrupam-se em três categorias principais: 1. Estímulo fiscal imediato (€ 61,3 bilhões); 2. Diferimentos de encargos fiscais (€ 235,3 bilhões) e 3. Outras medidas de liquidez e garantia (€ 571 bilhões). (GOVERNO ITALIANO, 2020).

Sob estímulo fiscal imediato, as medidas implementadas foram de € 35,4 bilhões para manter as pessoas empregadas e apoiar os desempregados, € 7,5 bilhões para gastos adicionais relacionados à saúde, subsídios de € 6,2 bilhões para empresas e trabalhadores independentes e detentores de impostos sobre valor agregado, € 4 bilhões em para cancelar o saldo e o pagamento antecipado do imposto comercial regional, € 2,4 bilhões em impostos e contribuições reduzidos para todas as empresas em setores atingidos e todas as empresas abaixo de € 2 milhões, € 3,5 bilhões em crédito fiscal, € 1,5 bilhão para apoiar o turismo , € 0,6 bilhão para diminuir as contas de serviços públicos de pequenas produções e atividades comerciais, € 0,25 bilhão para apoiar a educação e a cultura. (BRUEGEL, 2020).

Em maio de 2020, o governo adotou um pacote de medidas fiscais adicionais de € 55 bilhões (3,5% do PIB). Após a aprovação do Parlamento, em 8 de agosto (2020), o governo adotou um terceiro pacote de apoio a economia no importe de € 25 bilhões (1,6% do PIB). As medidas trabalhistas e sociais (€ 12 bilhões) incluem, entre outras coisas, apoio adicional à renda para famílias e algumas categorias de trabalhadores, extensão do programa de trabalho de curta duração e suspensão da contribuição previdenciária para novas contratações. Outras medidas importantes são o prolongamento da moratória sobre o reembolso da dívida das micro, pequenas e médias empresas e do prazo para reembolsar as obrigações fiscais.

Em outubro de 2020, o governo adotou um pacote de € 5,4 bilhões (0,3% do PIB) para fornecer alívio imediato aos setores afetados pela pandemia. As medidas incluíam subvenções a 460 mil micros, pequenas e médias empresas e trabalhadores autônomos, e apoio a renda familiar. O governo também estendeu as isenções de contribuição social para as empresas afetadas.

Em maio de 2021, o governo aprovou mais pacotes de apoio por cerca de € 72 bilhões com o objetivo de apoiar empresas e trabalhadores afetados pela pandemia, além de impulsionar a economia.

3.5 Política fiscal japonesa

O governo do Japão introduziu o pacote econômico emergencial de 117,1 trilhões de ienes (20,9% do PIB de 2019) em abril de 2020 com providências à pandemia da Covid-19. (THE JAPAN TIMES, 2020). As principais ações foram as doações pecuniárias os cidadãos e empresas endividadas; diferimento dos pagamentos de impostos, empréstimos concessionais e contribuições para a previdência social para atender às necessidades médicas da população envelhecida.

O governo do Japão colocou em vigor um segundo orçamento suplementar no valor de ¥ 117,1 (20,9% do PIB de 2019) trilhões em 12 de junho de 2020. Este pacote abrangia medidas relacionadas a saúde, apoio a empresas e famílias, transferências para os governos locais e aumento do teto do fundo de reserva da Covid-19, bem, como medidas específicas incluídas neste pacote como a expansão dos subsídios trabalhistas, a obtenção de empréstimos subsidiadas pelas instituições financeiras públicas às empresas endividadas. (MINISTRY OF FINANCE. JAPAN, 2021).

O governo japonês pôs em prática as medidas econômicas abrangentes para proteger a vida e os meios de subsistência em dezembro de 2020. Este pacote totalizou ¥ 73,6 trilhões (13,1% do PIB de 2019) consiste nas seguintes medidas (FMI, 2020c): i) conter a Covid-19; ii) promover mudanças estruturais e ciclos econômicos positivos pós-corona; iii) garantir segurança financeira quanto a gestão de desastres, juntamente com a alocação de um fundo de reserva. As medidas específicas deste pacote fomentam as empresas para investirem na digitalização e uso de tecnologias sustentáveis. (CABINET OFFICE, 2021).

3.6 Política fiscal britânica

O Reino Unido anunciou três pacotes desde o início da pandemia. (UNITED KINGDOM, 2020). Durante a emergência de saúde, o apoio fiscal consistiu em financiamento adicional para o National Health Service (NHS)[1], para as instituições de caridade (£ 48,5 bilhões), para o apoio às empresas (isenções fiscais sobre a propriedade, subsídios diretos para pequenas empresas e nos setores mais atingidos, licença de quarentena, licença remunerada por doença, proteção contra demissão sem justa causa (£ 29 bilhões) e fortalecer a rede de proteção social de trabalhadores vulneráveis (£ 8 bilhões). (THE HEALTH FOUNDATION, 2020).

Em julho de 2020, o governo colocou em vigor outro pacote para apoiar a recuperação econômica que incluiu: i) fornece às empresas £ 1.000 por trabalhador não dispensado; ii) recursos para melhorar as habilidades e facilitar a reentrada no mercado de trabalho; iii) reduzir temporariamente a alíquota do imposto sobre o valor agregado para hospedagem e do imposto sobre transações imobiliárias; e iv) aumento dos gastos públicos com infraestrutura. (UNITED KINGDOM, 2021a).

Outro pacote de medidas fiscais ocorreu em setembro de 2020 que incluiu: i) apoio ao emprego por seis meses; ii) apoio à renda mínima dos trabalhadores da economia informal e migrantes; iii) prorrogação temporária do corte de 15% do imposto os setores do turismo e hotelaria até ao final de março de 2021; iv) diferimento do pagamento dos impostos; v) prorrogação dos empréstimos ao abrigo do *The Coronavirus business interruption loan scheme* (CBILS) e da *The bounce back loan scheme* (BBLS)[2, 3]; vi) prorrogação do período de solicitação de empréstimos sob CBILS, CLBILS (*The Coronavirus large business interruption loan scheme*) e BBLS até o final de

---

[1] *National Health Service* (NHS) é o sistema de saúde financiado pelos impostos do Reino Unido. Guarda semelhança com SUS (Sistema único de Saúde) do Brasil. (NHS, 2022).
[2] CBILS foi projetado pelo governo britânico para fornecer apoio financeiro a pequenas empresas em todo o Reino Unido que estavam perdendo receita e vendo seu fluxo de caixa interrompido, como resultado do surto de Covid-19 (BRITISH BUSINESS BANK, 2021a).
[3] BBLS foi projetado pelo governo britânico para permitir que as empresas acessem o financiamento mais rapidamente durante o surto de coronavírus. (BRITISH BUSINESS BANK, 2021b).

novembro de 2020⁴; vii) dilação do seguro-desemprego durante pelo menos 13 semanas. (UNITED KINGDOM, 2021b).

No segundo *lockdown*, o governo lançou um novo pacote de medidas em novembro de 2020 abrangendo: i) estender o programa de retenção de emprego por coronavírus até o final de março de 2021; ii) aumentar a concessão do apoio de renda; e iii) prorrogação do prazo de solicitação de empréstimos garantidos pelo governo até o final de janeiro de 2021. Além disso, em dezembro de 2020, o governo declarou que prolongaria o regime de licença e o programa de apoio às empresas até abril de 2021. (UNITED KINGDOM, 2021b).

3.7 Política fiscal americana

Os Estados Unidos são um dos países mais afetados pela pandemia da Covid-19 sendo necessária a promulgação de quatro leis para reduzir os efeitos deletérios na economia em março e abril de 2020. (CONGRESSIONAL RESEARCH SERVICE, 2020). Essas leis são: 1. *Coronavirus preparedness and response supplemental appropriations Act*, 2020⁵; 2. Lei de resposta ao Coronavírus das famílias; 3. *Relief and economy security Act (Act Cares)*⁶; e, 4. *Paycheck protection program and health care hnhancement Act.*⁷

O valor total das duas leis foi de US$ 200,3 bilhões (cerca de 1% do PIB) utilizados para: i) teste de vírus, transferências para os estados para o financiamento do *Medicaid*⁸, desenvolvimento de vacinas, terapêutica e diagnóstico e apoio aos centros de controle e prevenção de doenças; ii) duas semanas de licença médica remunerada aos trabalhadores e até três meses de licença emergencial para pessoas infectadas, assistência alimentar, transferências para os estados para ampliar o seguro-desemprego; iii) expansão dos subsídios e empréstimos as micro e

---

⁴ CLBILS foi projetado pelo governo britânico para facilitar o acesso ao financiamento para empresas de médio e grande porte afetadas pelo surto de coronavírus. (BRITISH BUSINESS BANK, 2021c).
⁵ *Coronavirus preparedness and response supplemental appropriations Act*, 2020 é uma lei aprovada em 6 de março de 2020 com previsão de US$ 8,3 bilhões para o financiamento emergencial para agências federais para responder ao surto de coronavírus. (UNITED STATES, 2020a).
⁶ *Relief and economy security Act (Act Cares)* é uma lei de estímulo econômico de US$ 2 trilhões para atenuar o impacto de uma desaceleração econômica desencadeada pela pandemia global de coronavírus. (UNITED STATES, 2020b).
⁷ *Paycheck protection program and health care enhancement Act* é um programa governamental com várias disposições de saúde para lidar com o surto doméstico marcado como a quarta grande iniciativa legislativa para lidar com a pandemia. (UNITED STATES, 2020d).
⁸ *Medicaid* é um programa conjunto federal e estadual que oferta cobertura de saúde gratuita ou de baixo custo para milhões de americanos, incluindo algumas pessoas de baixa renda, famílias e crianças, mulheres grávidas, idosos e pessoas com deficiência. (UNITED STATES, 2022b).

pequenas empresas; e iv) US$ 1,25 bilhão em assistência internacional aos cuidados de saúde. (CONGRESSIONAL RESEARCH SERVICE, 2020).

Além disso, o pagamento de empréstimos estudantis foi adiado por 60 dias, houve o diferimento do recolhimento de impostos previdenciários dos empregados e ajuda aos locatários e proprietários a evitar despejos e execuções hipotecárias no importe aproximado de US$ 2,3 trilhões (11% do PIB). (CONGRESSIONAL RESEARCH SERVICE, 2020; UNITED STATES, 2022a).

3.8 Política fiscal brasileira

O primeiro caso da Covid-19 no Brasil confirmado foi relatado em 26 de fevereiro de 2020 com um primeiro pico pandêmico em meados de agosto e recuou até o início de novembro. (BRASIL, 2020a). Medidas de isolamento social levaram a arrecadação tributária a uma forte deterioração econômica (CORREIA NETO et al., 2020).

Uma segunda onda aguda levou o número de casos diários de infecções ao máximo em abril de 2021 com as vagas das Unidades de Terapia Intensiva (UTI) caíram abaixo de 20% em quase todos os estados durante março-abril, levando a novas medidas de *lockdowns*. (AMARAL; ALVES; DOURADO, 2021). Os números de casos permanecem próximos do pico, mas as mortes estão diminuindo constantemente à medida que a vacinação avança.

Para mitigar o impacto da Covid-19, as autoridades anunciaram uma série de medidas fiscais em 2020 que somam 12% do PIB, das quais o impacto direto no déficit primário foi de 7,2% do PIB. (BRASIL, 2020b). O Congresso declarou estado de calamidade pública no início da pandemia, suspendendo a obrigação do governo de cumprir a meta do saldo primário em 2020.

O governo também invocou a cláusula de escape do teto constitucional de gastos para acomodar necessidades excepcionais de gastos e as medidas emergenciais foram incluídas em um orçamento separado (orçamento de guerra) para 2020, não vinculado às disposições da Lei de Responsabilidade Fiscal do Brasil e à regra de ouro constitucional. (BRASIL, 2020c). Nessa perspectiva, o governo desempenhou um papel importante no estabelecimento e fomento do segmento da indústria por meio de várias concessões fiscais.

As medidas fiscais incluíram a ampliação dos gastos com saúde, apoio temporário à renda para famílias vulneráveis – transferência de renda para trabalhadores informais e de baixa renda (programa Auxílio Emergencial), antecipação do pagamento da 13ª pensão aos aposentados, ampliação do programa Bolsa Família com a inclusão de mais de 1 milhão de beneficiários e pagamentos antecipados de abonos salariais para trabalhadores de baixa renda –, apoio ao emprego (indenizações parciais aos trabalhadores demitidos e incentivos fiscais temporários), redução de impostos e taxas de importação de suprimentos médicos essenciais e novas transferências do federal aos governos estaduais para apoiar maiores gastos com saúde e como proteção contra a queda esperada nas receitas. (ORAIR, SOARES, 2021).

Os bancos públicos expandiram as linhas de crédito para empresas e famílias, com foco no apoio ao capital de giro (as linhas de crédito somam 4,5% do PIB), e o governo apoiou mais de 1% do PIB em linhas de crédito para pequenas, médias e microempresas para cobrir custos de folha de pagamento, capital de giro e investimento. (FUNDAÇÃO INSTITUTO DE PESQUISAS ECONÔMICAS, 2021). A maioria das medidas expirou no final de 2020, mas a Ajuda de Emergência, o programa de apoio ao emprego e o apoio ao crédito às pequenas, médias e microempresas foram renovados no segundo trimestre de 2021.

O Banco Central baixou a taxa básica de juros (SELIC) em meados de fevereiro a agosto de 2020, para a mínima histórica de 2% e implementadas medidas para aumentar a liquidez do sistema financeiro (redução de compulsórios e de reservas de capital, flexibilização temporária das regras de provisionamento, entre outras) (BRASIL, 2022; AGÊNCIA BRASIL, 2020). A maioria das medidas de suporte à liquidez foi retirada em 2021 e a taxa SELIC vem subindo para dois dígitos.

O Banco Central também abriu um mecanismo para conceder empréstimos a instituições financeiras garantidos por títulos corporativos privados como garantia, mudou os requisitos de capital para pequenas instituições financeiras e permitiu que os bancos reduzissem as provisões para passivos contingentes, desde que os fundos fossem emprestados a pequenas, médias e microempresas. (BRASIL, 2020d). A taxa de câmbio BRL/USD desvalorizou cerca de 40% entre meados de fevereiro e o final de 2020 e permaneceu volátil desde então.

4 Considerações finais

A pandemia da Covid-19 que começou em Wuhan, na China, se espalhou para quase todos os países e resultou em milhares de mortes. Semelhante a muitas outras nações, os países do G-7 e o Brasil tomaram medidas de contenção e mitigação desde o início levando inevitavelmente à contração econômica e ao desemprego.

As medidas sanitárias tencionavam responder a propagação pandêmica e salvar vidas. Embora a quantidade e a composição das medidas fiscais sejam distintas entre os países do G-7 e o Brasil se assemelham no apoio as famílias e as empresas sob as condições fiscais existentes. Os programas de apoio à renda, licenças remuneradas e políticas de quarentena, até o momento, tem sido necessária para preservar os meios de subsistência e sustentar os negócios.

Como resultado, os países do G-7 e o Brasil experimentaram uma efetividade na recuperação econômica ao longo de 2021/2022. No entanto, à medida que o número de casos e mortes volta a aumentar, os países começam a implementar medidas de contenção e mitigação para controle da propagação da doença. Enquanto a Covid-19 impactar na saúde pública, os países do G-7 e o Brasil precisarão aplicar novas medidas fiscais para combater os efeitos do novo coronavírus.

Como ainda não existe uma cura definitiva ou uma vacina que impeça novas infecções, não é fácil prever quando a pandemia terminará. Enquanto a pandemia continuar, os países serão obrigados a implementar medidas de contenção e mitigação e inevitavelmente sofrerão recessão econômica.

As ações discricionárias da política fiscal nos países do G-7 e no Brasil decorrem de fatores de economia política e demonstra que as regras fiscais são um instrumento importante para mitigar o viés deficitário e restaurar a solvência a longo prazo. Os países do G-7 em relação ao Brasil têm regras fiscais fortes com posições fiscais e de dívida muito melhores antes da Grande Recessão permitindo-lhes, por sua vez, buscar políticas fiscais muito mais estimulantes em resposta à crise.

A mesma situação enfrentada pelos formuladores de políticas no início da crise sanitária – aqueles com fortes regras fiscais estavam em uma posição muito melhor para fornecer grandes respostas fiscais para apoiar a economia sem pôr em risco a solvência da dívida nacional. Facilitar a solvência fiscal de longo prazo e permitir maiores ações fiscais discricionárias em situações de crise sanitária fornece um forte argumento para o fortalecimento e aplicação das regras fiscais.

As medidas fiscais e tributárias desempenham um papel fundamental para aliviar os efeitos negativos da pandemia nas economias. Embora essas medidas ajudem a recuperação econômica no curto prazo, os países não podem implementar políticas fiscais expansionistas por longo período devido possível agravamento de um desequilíbrio fiscal. Assim, a busca de uma cura definitiva ou uma vacina totalmente eficaz é de vital importância para alcançar uma completa recuperação econômica.

Referências

AGÊNCIA BRASIL. **BC anuncia redução de compulsório e empréstimo a instituições**. 2020. Disponível em: https://agenciabrasil.ebc.com.br/economia/noticia/2020-03/bc-anuncia-reducao-de-compulsorio-e-emprestimo-instituicoes. Acesso em: 21 fev. 2022.

AMARAL, Lins; ALVES Juliane Aparecida; DOURADO, Eliana. **Habilitação temporária de leitos de UTI no SUS**: uma medida estratégica no enfrentamento da pandemia de Covid-19 no Brasil. Planejamento e gestão. Organizadores: Alethele de Oliveira Santos, Luciana Tôledo Lopes. – Brasília, DF: Conselho Nacional de Secretários de Saúde, 2021. 342 p. – (Coleção Covid-19; v. 2). Disponível em: https://www.rets.epsjv.fiocruz.br/sites/default/files/arquivos/bibliotec a/Covid-19-volume2.pdf. Acesso em: 21 fev. 2022.

BENMELECH, Efraim; TZUR-ILAN, Nitzan. **The determinants of fiscal and monetary policies during the Covid-19 crisis**. National Bureau of Economic Research, 2020. Disponível em: https://doi.org/10.3386/ w27461. Acesso em: 18 fev. 2022.

BRASIL. Banco Central do Brasil. **Taxas de juros básicas**: histórico. 2022. Disponível em: https://www.bcb.gov.br/controleinflacao/ histórico taxasjuros. Acesso em: 21 fev. 2022.

BRASIL. Ministério da Saúde. **Primeiro caso de Covid-19 no Brasil permanece sendo o de 26 de fevereiro**. 2020a. Disponível em: https://www.gov.br/saude/acl_users/credentials_cookie_auth/require_ login?came_from=https%3A//www.gov.br/saude/pt-br/assuntos/noticias/2020/julho/primeiro-caso-de-Covid-19-no-brasil-permanece-sendo-o-de-26-de-fevereiro. Acesso em: 21 fev. 2022.

BRASIL. Ministério da Economia.**Impacto fiscal das medidas de combate à Covid-19 atinge R$ 615 bilhões em 2020**. 2020b. Disponível em: https://www.gov.br/economia/acl_users/credentials_cookie _auth/require_login?came_from=https%3A//www.gov.br/economia/ pt-br/assuntos/noticias/2020/outubro/impacto-fiscal-das-medidas-de-combate-a-Covid-19-atinge-r-615-bilhoes-em-2020. Acesso em: 21 fev. 2022.

BRASIL. Câmara dos Deputados. **Congresso promulga emenda constitucional do "orçamento de guerra"**. 2020c. Disponível em: https://www.camara.leg.br/noticias/659956-congresso-promulga-emenda-constitucional-do-orcamento-de-guerra. Acesso em: 21 fev. 2022.

BRASIL. Banco Central do Brasil. **Estudos especiais do Banco Central**: spread no mercado de câmbio. 2020d. Disponível em: https://www.bcb.gov.br/conteudo/relatorioinflacao/EstudosEspeciais/EE048_Sp read_no_mercado_de_cambio.pdf. Acesso em: 21 fev. 2022.

BRITISH BUSINESS BANK. **Coronavirus business interruption loan scheme (CBILS)**, 2021a. Disponível em: https://www.british-business-bank.co.uk/ourpartners/coronavirus-business-interruption-loan-scheme-cbils-2/. Acesso em: 21 fev. 2022.

BRITISH BUSINESS BANK. **Bounce back loan scheme (BBLS)**. 2021b. Disponível em: https://www.british-business-bank.co.uk/ourpartners /coronavirus-business-interruption-loan-schemes/bounce-back-loans/. Acesso em: 21 fev. 2022.

BRITISH BUSINESS BANK. **Coronavirus large business interruption loan scheme (CLBILS)**. 2021c. Disponível em: https://www.british-business-bank.co.uk/ourpartners/coronavirus-business-interruption-loan-schemes/bounce-back-loans/. Acesso em: 21 fev. 2022.

BRUEGEL. **The fiscal response to the economic fallout from the coronavírus**. 2020. Disponível em: https://www.bruegel.org/publica tions/datasets/covid-national-dataset/. Acesso em: 21 fev. 2022.

CABINET OFFICE. **Economic measures**, 2021. Disponível em: https://www5.cao.go.jp/keizai1/economic_measures-e.html. Acesso em: 21 fev. 2022.

CASASANTA, Simão Pedro. **Ação fiscal e desenvolvimento econômico**. Ed. do Autor: Belo Horizonte. 1962.

CONGRESSIONAL RESEARCH SERVICE. **Fiscal policy and recovery from the Covid-19 recession**. february 1, 2021. Disponível em: https://crsreports.congress.gov/product/pdf/R/R46460. Acesso em: 21 fev. 2022.

CORREIA NETO, Celso et al. **Tributação em tempos de pandemia**. Estudo Técnico. Consultoria Legislativa. Brasília: Câmara dos Deputados, 2020. Disponível em: https://bd.camara.leg.br/bd/bitstream/handle/bdcamara/ 40012/tributa%C3%A7%C3%A3o_pandemia_CorreiaNeto.pdf?sequence=4&isAllowed=y. Acesso em: 22 fev. 2022.

DUARTE, Cristiano Boaventura et al. Unconventional monetary policies: lessons from the past to current monetary policy frameworks. **Brazilian Keynesian Review**, v. 65, n. 1, p. 73-99, 2020.

FORTES, Pedro. A regulação global para combate à Covid-19: riscos de captura, ruptura e adaptação. Passagens: **Revista Internacional de História Política e Cultura Jurídica**, 12(2), 221-242, 2020.

FUNDAÇÃO INSTITUTO DE PESQUISAS ECONÔMICAS. **Saúde, economia e clima frente à Covid-19 no Brasil**: impactos socioeconômicos e o papel da mitigação de emissões de GEE na recuperação econômica. São Paulo: junho/2021. Disponível em: https://www.gov.br/mcti/pt-br/coronavirus/ informes-rede-clima-subrede-economia/arquivo/informe_5-5450-meta-7_1_sumario_med idas_enfrentamento_covid19_adotadas_brasil.pdf. Acesso em: 21 fev. 2022.

GOODMAN, Matthew P. Comparing U.S., **Japanese and german fiscal responses to Covid-19**. Centre for Strategic & International Studies, 2020. Disponível em:

https://www.csis.org/analysis/comparing-us-japanese-and-german-fiscal-responses-Covid-19. Acesso em: 17 fev. 2022.

GOPINATH, Gita. The great lockdown: worst economic downturn since the great depression. **The Daily Tribune News**, wednesday, april 15, 2020. Disponível em: https://www.newsofbahrain.com/epaper/15-04-2020/single/page-06.pdf. Acesso em: 17 fev. 2022.

GOVERNMENT OF CANADA. **Overview of Canada's Covid-19 economic response plan**. Chapter 1, 2021. Disponível em: https://www.canada.ca/en /department-finance/services/publications /economic-fiscal-snapshot/overvie w-economic-response-plan.html. Acesso em: 19 fev. 2022.

GOVERNO ITALIANO. Ministero dell'Economia e delle Finanze. **Le principali misure fiscali adottate dal governo**, 2020. Disponível em: https://www.imf.org/en/Publications/FM/Issues/2020/09/30/october-2020-fiscal-monitor. Acesso em: 21 fev. 2022.

INTERNATIONAL MONETARY FUND. **Fiscal monitor**: policies for the recovery. chapter 1, october 2020a. Disponível em: https://www.imf.org/en/Publications/FM/Issues/2020/09/30/october-2020-fiscal-monitor. Acesso em: 17 fev. 2022.

INTERNATIONAL MONETARY FUND. **Policy responses to Covid-19**: policy tracker. 2022. Disponível em: https://www.imf.org/en/Topics/imf-and-covid19/Policy-Responses-to-Covid-19. Acesso em: 19 fev. 2022.

ISTOÉ DINHEIRO. **França ultrapassa 100.000 mortes por Covid-19**. 2021. Disponível em: https://www.istoedinheiro.com.br/pandemia-franca-ultrapassa-100-mil-mortes-por-Covid-19/. Acesso em: 19 fev. 2022.

HUTCHISON, Michael M. The global pandemic, policy space and fiscal rules to achieve stronger stabilization policies. **Seoul Journal of Economics**, v. 33, n. 3, 2020.

JOHNS HOPKINS UNIVERSITY &MEDICINE. **Covid-19 data in motion**: thursday, february 17, 2022. Disponível em: https://coronavirus.jhu.edu /Covid-19-daily-video. Acesso em: 18 fev. 2022.

KHAN, Naushad et al. **Quarantine role in the control of Corona Virus in the world and its impact on the world economy**, SSRN 3556940, march 18, 2020. Disponível em: http://dx.doi.org/10.2139 /ssrn.3556940. Acesso em: 17 fev. 2022.

MINISTÈRE DE L'ÉCONOMIE DES FINANCES ET DE LA RELANCE. **Quelles sont les principales mesures fiscales pour 2020?** 2021. Disponível em: https://www.economie.gouv.fr/cedef/mesures-fiscales-2020. Acesso em: 17 fev. 2022.

MINISTRY OF FINANCE. JAPAN. **Japanese government bonds**, 2021. Disponível em: https://www.mof.go.jp/english/policy/jgbs/publication/newsletter/jgb2021_12e.pdf. Acesso em: 21 fev. 2022.

NHS. **Coronavirus (Covid-19)**, 2022. Disponível em: https://www.n hs.uk/. Acesso em: 23 fev. 2022.

ORAIR, Rodrigo; SOARES Fabio Veras. Política fiscal e proteção social na resposta à Covid-19: da resposta emergencial à recuperação econômica. **Revista Tempo do Mundo**, n. 26, ago. 2021. Disponível em: https://doi.org/10.38116/rtm26art2. Acesso em: 21 fev. 2022.

ORGANIZATION FOR ECONOMIC COOPERATION AND DEVELOPMENT. OECD **Policy responses to Coronavirus (Covid-19)**. The territorial impact of Covid-19: Managing the crisis across levels of government, updated 10 november 2020. Disponível em: https://read.oecd-ilibrary.org/view/?ref=128_128287-5agkkojaaa&title=The-territorial-impact-of-Covid-19-managing-the-crisis-across-levels-of-government. Acesso em: 17 fev. 2022.

ORGANIZATION FOR ECONOMIC COOPERATION AND DEVELOPMENT. **Tax policy reforms 2021**: special edition on tax policy during the Covid-19 pandemic, OECD Policy Reponses to Coronavirus (Covid-19). April 21, 2021. Disponível em: https://www.oecd.org/tax/tax-policy/tax-policy-reforms-26173433.htm. Acesso em: 18 fev. 2022.

ORGANIZATION FOR ECONOMIC COOPERATION AND DEVELOPMENT. **Tax and fiscal policy in response to the Coronavirus crisis**: strengthening confidence and resilience, 19 de maio de 2020, p.8. Disponível em: https:// www .oecd.org/coronavirus/policy-responses/tax-and-fiscal-policy-in-response-tothe-coronavirus-crisis-strengthening-confidence-and-resilience/. Acesso em: 8 mar. 2022.

RIBOLI, Elisabetta; ARTHUR, Juliana Perez; MANTOVANI, Maria de Fátima. No epicentro da epidemia: um olhar sobre a Covid-19 na Itália. **Revista Cogitare Enfermagem**, 25: e72955, 2020.

SOUZA, André Portela et al. **A resposta da proteção social à Covid-19 no Brasil**. Programa de Desenvolvimento das Nações Unidas, PNUD, LAC C19 PDS n°. 27, 2020. Disponível em: https://www.undp.org/rb/content/dam/rblac/Policy%20 Papers%20COVID%2019/undp-rblac-CD19-PDS-Number27-Brazil-PO.pdf. Acesso em: 18 fev. 2022.

SUMMERS, Lawrence. Covid-19 looks like a hinge in history. **Financial Times**, 14 de maio de 2020. Disponível em: https://www.ft.com/content/de643ae8-9527-11ea-899a-f62a20d54625. Acesso em: 09 mar. 2022.

THE HEALTH FOUNDATION. **Spending review 2020**: priorities for the NHS, social care and the nation's health, 2020. Disponível em:

https://www.health.org.uk/publications/long-reads/spending-review-2020. Acesso em: 21 fev. 2022.

THE JAPAN TIMES. **Japan's emergency stimulus reaches ¥117 trillion as virus crisis deepens,** 2020. Disponível em: https://www.japantimes.co.jp/news/2020/04/20/business/economy-business/japan-record-%C2%A5117-trillion-stimulus-coronavirus/. Acesso em: 21 fev. 2022.

THE WORLD BANK. **The World Bank in Brazil.** 2021. Disponível em: https://www.worldbank.org/en/country/brazil/overview#1. Acesso em: 18 fev. 2022.

UNITED KINGDOM. House of Commons. **Coronavirus**: economic impact. By Daniel Harari, Matthew Keep, 2021a. Disponível em: https://commonslibrar y.parliament.uk/research-briefings/cbp-8866/. Acesso em: 21 fev. 2022.

UNITED KINGDOM. UK Parliament. **Covid-19**: government support for individuals and businesses. 2021a. Disponível em: https://commonslibrary.parliament.uk/research-briefings/cbp-8866/. Acesso em: 21 fev. 2022.

UNITED KINGDOM. UK Parliament. **Coronavirus**: november lockdown for England. 2021b. Disponível em: https://lordslibrary.parliament.uk/coronavirus-november-lockdown-for-england/. Acesso em: 21 fev. 2022.

UNITED KINGDOM. Covid-19: **Update on tax policy documents**. 28 april 2020. Disponível em: https://www.gov.uk/government/news/Covid-19-update-on-tax-policy-documents. Acesso em: 21 fev. 2022.

UNITED STATES. Federal Student Aid. **Covid-19 emergency relief and federal student aid,** 2022a. Disponível em: https://www.medicaid.gov/medicaid/index.html. Acesso em: 21 fev. 2022.

UNITED STATES. Medicaid. Keeping America Healthy, 2022b. Disponível em: https://www.medicaid.gov/medicaid/index.html. Acesso em: 21 fev. 2022.

UNITED STATES. Congress. **S.3548 – Cares Act**, 2020. 2020a. Disponível em: https://www.congress.gov/bill/116th-congress/senate-bill/3548/text. Acesso em: 23 fev. 2022.

UNITED STATES. Congress. **H.R.6074 – Coronavirus preparedness and response supplemental appropriations Act,** 2020. 2020b. Disponível em: https://www.congress.gov/bill/116th-congress/house-bill/6074. Acesso em: 23 fev. 2022.

UNITED STATES. Congress. **H.R.266 – Paycheck protection program and health care enhancement Act.** 2020d. Disponível em: https://www.congress.gov/bill/116th-congress/house-bill/266. Acesso em: 23 fev. 2022.

Os desafios para a implantação da Zona Franca do Semiárido à luz do federalismo fiscal

FERNANDO JOSÉ VIANA
ARNALDO OLIVEIRA DA SILVA NETO
SEVERINO PEREIRA CAVALCANTI NETO

SUMÁRIO

1. Introdução. 2. Contextualização e conceituação. 3. Proposta de criação da Zona Franca do Semiárido. 4. Federalismo e os desafios fiscais para a implantação da Zona Franca do Semiárido. 5. Considerações finais. Referências.

1 Introdução

Este artigo objetiva apresentar um breve estudo sobre os desafios existentes para a implantação da Zona Franca do Semiárido, sob a ótica do federalismo fiscal. Inicialmente foi apresentada a contextualização histórica sobre a formação zona franca, enquanto instrumento de política tributária indutora voltada à promoção do desenvolvimento industrial e comercial, bem como, alguns conceitos desenvolvidos pelo direito tributário e pelas ciências econômicas. A partir da contextualização e exposição de conceitos foi realizada uma análise acerca da Zona Franca do Semiárido, tendo como ponto de partida a PEC 019/2011, levando em consideração o contexto de paralisia socioeconômica vivida pelo interior da Região Nordeste. Por fim, foram levantados os desafios fiscais impostos à implantação da ZFS, inerentes a repartição das competências tributárias, definidas pela Constituição e pelo Código Tributário Nacional aos entes da Federação.

Abordar o desenvolvimento do interior da Região Nordeste por meio de uma política extrafiscal comumente utilizada em todo mundo emergente, as chamadas zonas francas, é fundamental, pois o direito tributário dispõe dessa importante construção teórica para estimular e induzir a instalação de empreendimentos empresariais em regiões economicamente decadentes. Ademais, especificamente sobre a efetiva implantação da ZFS, existem resistências no Congresso Nacional e dificuldades na legislação tributária para conciliar uma política regional de desenvolvimento com a repartição das competências tributárias daqueles entes federados diretamente compreendidos pela zona franca. Deste modo, é possível implementar a Zona Franca do Semiárido respeitando a autonomia fiscal federativa dos Estados e Municípios geograficamente inseridos?

Em termos metodológicos, este artigo adota o método dedutivo em sua essência, pois parte de premissas gerais, postas na literatura do Direito e das Ciências Econômicas, bem como, nas experiências existentes de implantação de zonas francas, para atingir uma premissa particular, relacionada à implantação da ZFS. No tocante à classificação desta pesquisa, quanto à abordagem considera-se qualitativa, pois não há forma numérica para descrever o objeto estudado, apenas explicações e estudos teóricos; quanto à natureza, considera-se uma pesquisa básica, pois se restringe a uma análise teórica de um objeto ainda não implantado; quanto aos procedimentos, adotou-se o bibliográfico, documental e *Ex-Post-Facto*; quanto aos seus objetivos, classifica-se como descritiva, por buscar responder o questionamento principal contido no problema da pesquisa, com base nas teorias e experiências existentes.

2 Contextualização e conceituação

O processo de industrialização, também chamado de revolução industrial, iniciado a partir do século XVIII, não ocorreu de forma uniforme e semelhante ao redor do mundo. Foi na Inglaterra que a indústria moderna emergiu, dando início a mais profunda mudança socioeconômica vivida pela humanidade. A partir daquele país, a indústria expandiu-se para a Europa continental, e posteriormente para outras nações, como descreve HUNT (2013, s.p.):

> O modo de produção capitalista, após finalmente romper os grilhões do feudalismo e superar o período transitório do mercantilismo, atingiu seu clímax e revelou com mais clareza suas características socioeconômicas intrínsecas na Revolução Industrial, que ocorreu primeiro na Inglaterra e na Escócia, por volta das três últimas décadas do século XVIII e começo do século XIX, e difundiu-se por muitas partes da Europa Ocidental, no início do século XIX.

FURTADO (1974) defende que o processo clássico de industrialização, que culminou no desenvolvimento das nações centrais, termo utilizado para classificar os países desenvolvidos, se derivou de uma sequência de fases necessárias, que são estudadas por economistas clássicos, como Adam Smith, David Ricardo, Thomas Malthus, Say, dentre outros. Nas nações periféricas, o recente processo de industrialização se deu de maneiras distintas, considerando que este processo foi coordenado pelos países centrais. Por esta razão, os chamados países subdesenvolvidos desenvolveram instrumentos para induzir o desenvolvimento local, a industrialização nacional e a inserção do país no comércio internacional.

Dentre os instrumentos indutores supramencionados, destaca-se a configuração da tributação como política nacional de desenvolvimento, por meio de sua perspectiva extrafiscal. Por meio dessa funcionalidade da tributação, o Estado pode induzir o desenvolvimento e a industrialização por meio de alteração de alíquotas dos tributos e concessão de isenções fiscais, assim compreende OLIVEIRA (2021, p. 276):

> A extrafiscalidade é verificada a partir da ideia de que alguns tributos possuem função mais ampla do que a mera arrecadação, sendo importantes instrumentos de regulação de mercado e indução de condutas. Através da extrafiscalidade o Estado consegue induzir comportamentos, tornando-se assim importante elemento no contexto da regulação estatal, inclusive para a promoção do desenvolvimento.

Uma das principais demonstrações da utilização da extrafiscalidade tributária, como instrumento indutor do desenvolvimento e da industrialização, foi à criação das zonas francas, internacionalmente conhecidas como Zonas Econômicas Especiais (ZEEs). Zona franca pode ser conceituada como "área delimitada no interior de um país e beneficiada com incentivos fiscais e tarifas alfandegárias reduzidas ou ausentes." (SENADO FEDERAL, 2022). CELINO (2006, p. 21) a conceitua como "categoria genérica na qual podem ser incluídas denominações distintas, utilizadas por diferentes países para designar áreas especiais onde não se aplicam as regulamentações e os gravames aduaneiros normais da economia." A partir de sua conceituação, compreende-se que uma zona franca, ou ZEE, deve-se restringir a uma área territorial previamente delimitada, onde as empresas ali instaladas gozam de incentivos fiscais, nos quais as empresas situadas em outras regiões não são beneficiadas, por exclusão.

No tocante à motivação e justificativa legal, econômica e social, para a criação de uma zona franca, considera-se que "seu objetivo é estimular o comércio e, às vezes, acelerar o desenvolvimento industrial de uma região" (SENADO FEDERAL, 2022). Ressalta-se que os objetivos para a criação de uma ZEE são variáveis, de acordo com o país e a região delimitada. A maior parte das zonas francas no mundo está localizada em países emergentes, principalmente na América Latina e Sudeste Asiático, o que ilustra as diferentes estratégias para a promoção da industrialização e desenvolvimento, adotados pelos países periféricos, quando comparadas com as dos países centrais.

Na China, as ZEEs foram criadas a partir da década de 1980, em um contexto de transição da economia planificada para uma economia capitalista, com os objetivos de promover a abertura comercial do país e a aceleração da industrialização chinesa. Em território chinês, existem seis ZEEs, localizadas na região costeira do país e concentram os maiores complexos industriais da China. (CELINO, 2006).

No México, suas zonas francas situam-se, principalmente, nas cidades localizadas ao longo da fronteira do país com os Estados Unidos, deste modo, os governos mexicanos planejaram o desenvolvimento de indústrias direcionadas à exportação de mercadorias ao país vizinho, por meio da concessão de estímulos fiscais, para dar mais competitividade às mercadorias mexicanas no mercado norte-americano.

No Brasil destaca-se a Zona Franca de Manaus como a ZEE nacional, criada no ano de 1967, por meio do Decreto-Lei n° 288/1967 (BRASIL, 1967, Art. 1°), no qual estabelece como finalidades:

> A Zona Franca de Manaus é uma área de livre comércio de importação e exportação e de incentivos fiscais especiais, estabelecida com a finalidade de criar no interior da Amazônia um centro industrial, comercial e agropecuário dotado de condições econômicas que permitam seu desenvolvimento, em face dos fatôres locais e da grande distância, a que se encontram, os centros consumidores de seus produtos.

Para SERÁFICO (2005), existiram diversas justificativas para a criação da Zona Franca de Manaus, algumas apresentadas oficialmente pelo regime militar vigente à época, e outras não oficiais, deduzidas por cientistas políticos e economistas. Dentre as razões postas pelo governo militar, foram citadas à necessidade de ocupar uma região despovoada, dotar a região de infraestrutura e dinamizar as forças produtivas locais. Não se pode ignorar outras razões que moveram o governo brasileiro nesse sentido, como a ideia de reafirmar ao bloco econômico norte-americano de que o Brasil estava alinhado aos Estados Unidos, em oposição ao bloco soviético, bem como, a contratação de empréstimos no mercado internacional.

Ademais, no período da criação da Zona Franca de Manaus, existiam apenas três experiências semelhantes no mundo, em Kaoshiung (República da China), Shannon (Irlanda) e Kandla (Índia), além de planos de outros 30 países de instituírem suas zonas francas, o que demonstra que esta estratégia de propulsão econômica de uma região é recente, e a Zona Franca manauara esteve na vanguarda (SERÁFICO, 2005).

3 Proposta de criação da Zona Franca do Semiárido

A região denominada Semiárido Brasileiro abrange o total de 1.133 municípios, que se situam no território de nove estados federados brasileiros: Piauí, Ceará, Rio Grande do Norte, Paraíba, Pernambuco, Alagoas, Sergipe, Bahia e Minas Gerais. Abriga uma população estimada em 22 milhões de pessoas. É uma região caracterizada, principalmente, pelas características geográficas físicas, como condições climáticas tendentes à aridez, havendo média de precipitação anual máxima de 800 mm (chuvas irregulares em curto período de 3 a 4 meses anuais), e também um bioma próprio, único no planeta, que é a Caatinga, com biodiversidade adaptada às condições climáticas da região. (SILVA et al, 2010, p. 19-20)

Não é uma realidade recente a das dificuldades que as pessoas que residem nesta região enfrentam para produzir e criar comunidades que alcancem níveis adequados de desenvolvimento. Episódios dramáticos e trágicos como a Grande Seca de 1877, que moldou a história dos sertanejos, inspirando eventos históricos como Canudos, ou obras literárias como Vidas Secas, de Graciliano Ramos, Os Sertões, de Euclides da Cunha, repetem-se ciclicamente nesta região, que desenvolveu estratégias próprias de convívio com as situações externas, e subsiste ao tempo desta forma.

Essa realidade severa obviamente afetou o desempenho econômico da região, que desde o início de seu povoamento não engatou nenhum ciclo econômico de grande relevância para o cenário nacional, ficando o semiárido relegado a uma posição de dependência da economia litorânea, existindo por séculos ancorados na agricultura e pecuária de pequena produtividade, com pontuais episódios de extrativismo mineral e serviços muito dependentes do panorama econômico do litoral. Uma situação que ainda pode ser vista no presente século: no ano de 2006 a porcentagem de indivíduos ocupantes do setor agropecuário, em relação à população total do País, condizia a 8,9%, enquanto no Nordeste, essa participação alcançava 14,9% da população regional. A região detinha 46,5% das pessoas ocupantes do setor agropecuário, dessas, 83% encontram-se localizadas na região semiárida (SILVA et al, 2010, p.22).

É notório que a maior e mais vultosa parte da economia brasileira encontra-se concentrada na Região Sudeste. Este fato revela uma desigualdade latente, que pode ser observada em parâmetro com a proporção territorial das regiões, pois a região Sudeste ocupa apenas cerca de 11% do território nacional, mas concentra mais da metade do Produto Interno Bruto do país. Essa concentração ocasiona disparidade de desenvolvimento entre as regiões, e permite que haja grandes vazios de subdesenvolvimento, que configuram sério problema no desenvolvimento geral do Brasil. Não são poucos os mecanismos constitucionais criados para amenizar essas discrepâncias, à exemplo cita-se o Fundo Constitucional de

Financiamento do Nordeste, disciplinado pela Lei nº 7.827/89, além das regras que privilegiam, em outros fundos como o Fundo de Participação dos Estados, estados nordestinos em detrimento dos sul-sudestinos. As minúcias das regras de repartição das receitas trazem essa preocupação com a promoção da região através do direito financeiro.

Mesmo assim, mais de trinta anos após o advento da Constituição Federal e dessa política indutora de desenvolvimento na região, a região nordeste do Brasil, em especial a sua zona semiárida, ainda apresenta índices inferiores de desenvolvimento e atividade econômica se comparados aos das regiões sul e sudeste. Não se pretende questionar a eficácia dos métodos já adotados pelo constituinte, afinal, se a situação de negligência com a região nordeste demorou séculos na história do Brasil para, finalmente, iniciar um verdadeiro processo de reversão socioeconômica, seria injusto esperar que as medidas restaurativas resolvessem o problema em um tempo demasiadamente curto. Mas é neste cenário de promoção de oportunidades de desenvolvimento para a região que surge a proposta trazida por este trabalho para apreciação.

A PEC 19/2011 foi proposta pelo então deputado federal Wilson Filho, da bancada da Paraíba. Tem como objetivo acrescentar mais quatro parágrafos no artigo 40 do Ato das Disposições Constitucionais Transitória, que teria em seu caput ainda a previsão do que já está disposto acerca das regras de funcionamento da Zona Franca de Manaus. O que mudaria seria a inserção do § 2º que justamente é o que prevê a criação da Zona Franca do Semiárido Nordestino pelo prazo de 30 (trinta) anos, com mesmas características e garantias conferidas à Zona Franca de Manaus. (OLIVEIRA, 2021, p. 280)

Inicialmente, a cidade escolhida para sediar a zona foi Cajazeiras, situada no sertão paraibano, na divisa com o estado do Ceará e próxima também às divisas com o Rio Grande do Norte e Pernambuco. A partir dessa cidade, todos os municípios que estivessem a um raio de 100 km, mesmo que parcialmente, estariam incluídos na Zona Franca do Semiárido, e a localização estratégica da cidade permitiria que quatro estados federados pudessem ser contemplados com a sua implementação. O projeto teve como justificativa a redução de desigualdades regionais e promoção de distribuição das atividades econômicas em uma área estratégica do território brasileiro, e busca, preliminarmente, aplicar as mesmas regras de funcionamento da Zona Franca de Manaus na zona do semiárido.

Ao decorrer do processo legislativo, a PEC cresceu, a ideia tomou força e além da zona demarcada inicial foram incluídos mais pólos de desenvolvimento, através de substitutivo global, os polos adicionados foram: Juazeiro do Norte/CE, Mossoró/RN, Picos/PI, Salgueiro/PE, Arapiraca/AL,

Itabaiana/SE, Irecê/BA e Montes Claros/MG, assim, ampliando significativamente a instalação da Zona e garantindo uma maior adesão ao projeto por parte de parlamentares de mais estados, o que deveria fortalecer a proposta e superar obstáculos políticos. Ainda está indefinida quanto a seu formato, sua dinâmica logística e a articulação que os entes federados precisarão montar para que se concretizem os benefícios. Se realmente a Zona Franca do Semiárido se operacionalizar do mesmo modo que a amazônica, precisará ser pensada de modo a superar os problemas e repetir os acertos da zona franca já existente.

A PEC 19/2011 conseguiu ser aprovada pela Comissão Especial no ano de 2015, e contou com requerimento de inserção em pauta de votação pela Câmara dos Deputados no ano de 2017, por uma vez, e por outras duas em 2019, mas em nenhum dos casos obteve sucesso (OLIVEIRA, 2021, p. 280), o que possibilita a interpretação da existência de desinteresse político, falta de articulação das partes envolvidas, dificuldade de mobilização de parlamentares que não representam estados contemplados pela PEC, ou realmente prevalência da movimentação contrária a aprovação da zona do semiárido, cuja vanguarda na Câmara é representada pela bancada amazonense, que enxerga com maus olhos a implementação de outra zona franca no Brasil, o que poderia gerar um esvaziamento da Zona Franca de Manaus, afinal, logisticamente, a Zona Franca do Semiárido desfruta de melhor localização e teria melhor estrutura de escoamento dos produtos, pois conta com portos importantes como SUAPE, de Pernambuco, e ampla malha viária interconectando os interiores dos estados com suas capitais e, de modo mais barato, permitindo a comercialização com o restante do Brasil.

A Zona Franca de Manaus conta com alguns benefícios fiscais, por exemplo a isenção do Imposto sobre produtos industrializados, de acordo com o Art. 95 da Lei 7.212/10, também redução percentual do Imposto de Renda de Pessoa Jurídica, Imposto sobre Importação, e incentivos estaduais múltiplos no Imposto de Circulação de Mercadoria, e até municipais no Imposto predial urbano e facilidade na aquisição de terrenos para instalação dos empreendimentos. Uma estrutura que envolve esforços coordenados de três entes federativos. A zona é nitidamente focada no setor produtivo industrial, e conta com algumas peculiaridades que revelam situações vantajosas e desvantajosas.

> Várias críticas são resultantes da origem da concepção. A teoria de polos de desenvolvimento que conduziu a escolha da localização dos projetos na Amazônia pressupunha que o crescimento das atividades econômicas na capital amazonense iria viabilizar a irradiação para outras regiões, a exemplo do que se tentou com São Paulo, na concepção juscelinista. No caso da ZFM, a expansão

regional também não se efetivou, nem mesmo para os municípios mais próximos da capital, ao contrário, a concentração das atividades econômicas em Manaus implicou um vazio econômico e demográfico na maioria das regiões do Estado do Amazonas. (PONTES, 2015, p. 215).

A preocupação com o modelo de desenvolvimento a ser implantado com a Zona é primordial para que seus objetivos sejam alcançados. Afinal, o cenário socioeconômico do Semiárido é diverso e repleto de particularidades que não podem ser ignoradas numa perspectiva de desenvolvimento que transcenda o mero crescimento econômico ilhado e não promova uma extravasão para as localidades adjacentes e se integre aos corredores de desenvolvimento nacionais, sem esvaziar ou atrapalhar o progresso da Zona Franca de Manaus.

4 Federalismo e os desafios fiscais para a implantação da Zona Franca do Semiárido

A Federação, em sua concepção moderna, é uma forma de estado, composto por entidades territoriais, também chamados de entes federados, autônomos entre si, que compõe uma nação soberana. Este regime surgiu nos Estados Unidos da América, em 1787, após o término da Guerra Civil Americana, quando a Confederação, composta pelas antigas treze colônias britânicas, converteram-se em uma Federação (CAVALCANTI, 1900).

No Brasil, o modelo federativo foi introduzido com a Proclamação da República, em 1889, e adotado em todas as Constituições Federais a partir da primeira Constituição Republicana (1891). Na primeira metade do século XX, o Federalismo em solo brasileiro teve a sua essência descaracterizada, seja pelo domínio político local das oligarquias rurais, ora pela centralização política promovida pela Era Vargas, o que não garantia aos Estados-membro a sua prerrogativa de autonomia. A partir da Constituição Federal de 1946, os entes federados foram adquirindo maior margem de autonomia, inclusive, nas Constituições que a sucederam (NETTO, s.d.).

No atual regime constitucional, a Federação é formada pela união indissolúvel dos Estados e Municípios e do Distrito Federal, dotados de autonomia. Esta prerrogativa dos entes federados, por sua vez, é subdividida em autonomia política, administrativa e financeira. A garantia a fontes de receitas próprias aos entes federados é a principal forma de assegurar a autonomia financeira deles (MEIRELLES, 2008). Por esta razão, a Constituição Federal de 1988 delegou aos três entes que compõem a Federação, competências tributárias, exclusivas ou compartilhadas. O quadro a seguir sintetiza a delegação de competências tributárias estabelecida pela Constituição:

Quadro 1 – Delegação das competências tributárias no Brasil

Tributo	Competência
Imposto de Importação (II)	União
Imposto de Exportação (IE)	União
Imposto de Renda (IR)	União
Imposto sobre Produtos Industrializados (IPI)	União
Imposto sobre Operações Financeiras (IOF)	União
Imposto sobre a Propriedade Territorial Rural (ITR)	União
Imposto sobre Grandes Fortunas	União
Impostos Extraordinários	União
Taxas	União, Estados, Distrito Federal e Municípios
Contribuição de Melhoria	União, Estados, Distrito Federal e Municípios
Empréstimos Compulsórios	União
Contribuições Sociais	União
Imposto sobre Transmissão Causa Mortis e Doação (ITCMD)	Estados e Distrito Federal
Imposto sobre Circulação de Mercadorias e Serviços (ICMS)	Estados e Distrito Federal
Imposto sobre a Propriedade de Veículos Automotores (IPVA)	Estados e Distrito Federal
Contribuição para o custeio do regime previdenciário	Estados, Distrito Federal e Municípios
Imposto sobre a Propriedade Predial e Territorial Urbana (IPTU)	Municípios
Imposto sobre Transmissão de Bens Inter Vivos (ITBI)	Municípios
Imposto sobre Serviços (ISS)	Municípios
Contribuição para o custeio do serviço de iluminação pública	Municípios e Distrito Federal

Fonte: Elaboração própria a partir da Constituição Federal de 1988 (BRASIL, 1988, Arts. 145, 148, 149, 153, 154, 155 e 156).

Nota-se uma elevada concentração de tributos sob a competência da União, enquanto que aos Estados e Municípios foi delegada uma menor base tributária própria. Ademais, cada ente federado possui a competência de instituir os tributos constitucionalmente delegados. Nesse sentido, o Código Tributário Nacional (BRASIL, 1966, Art. 6º) define a competência tributária como "a competência legislativa plena, ressalvadas as limitações contidas na Constituição Federal, nas Constituições dos Estados e nas Leis Orgânicas do Distrito Federal e dos Municípios, e observado o disposto nesta Lei." O Art. 7º, do CTN, ainda define a indelegabilidade da competência tributária de um ente federado a outro, ressalvando a delegação de funções específicas, como a de arrecadar ou fiscalizar os tributos (BRASIL, 1966, Art. 7º).

Entretanto, o sistema federativo deve acomodar a competição e conciliar conflitos entre os entes federados. Neste sistema, o equilíbrio federal deve ser preponderante entre as esferas de poder, onde nenhum ente federado deve sobrepor-se a outro, pois detêm poderes únicos e concorrentes que governam sobre o mesmo território e as mesmas pessoas.

Uma importante característica do Federalismo moderno é seu antagonismo ao Estado unitário em relação a forma de Estado. Isso se explica por meio da confederação, que é uma forma de agregação de Estados nacionais e não de territórios que compõem esse Estado. Como, por exemplo, a União Europeia que representa uma confederação, pois une diversos países que se organizam internamente como federados ou unitários.

A Constituição delimita a atuação e os espaços de poder entre os entes federados no mesmo território, buscando eliminar a possibilidade de concorrência entre eles pela administração do mesmo território e evitar que os interesses locais ou regionais se sobreponham aos interesses nacionais. Prescreve as regras fundamentais e os limites estabelecidas no pacto federativo, que devem ser respeitados pelos entes federados e que não podem ser abolidas ou alteradas unilateralmente. Neste sentido:

> No âmbito tributário, a sustentar a autonomia política e administrativa do Estado-Membro, e do Município – que, no Brasil, como vimos, tem dignidade constitucional – impõe-se a preservação da autonomia financeira dos entes locais, sem a qual aqueloutras não existirão. Esta autonomia resguarda-se mediante a preservação da competência tributária das pessoas políticas que convivem na Federação e, também, pela equidosa discriminação constitucional das fontes de receita tributária, daí advindo a importância do tema referente à repartição das competências no Estado Federal, assunto inexistente, ou pouco relevante, nos Estados Unitários (Regiões e Comunas) (COELHO, 2009, p. 63).

A autonomia financeira dos entes federados é fundamental para o Sistema Federativo Fiscal. Está prevista na Constituição, que discrimina as receitas tributárias, a repartição das competências e a distribuição dos recursos para cada membro do Sistema. Ao estabelecer competências tributárias e dividi-las entre os entes da federação, a Constituição Federal descentraliza a atuação da Administração Pública para a arrecadação de receita. Portanto, a autonomia financeira está estreitamente relacionada às feições da federação e às relações intergovernamentais (ANTUNES; XAVIER G.; XAVIER C., 2014).

A Constituição da República Federativa do Brasil, consoante ressalta o art.

1°, caput, da Constituição da República de 1988 (CF/88), constitui-se em um Estado Democrático de Direito, formado pela união indissolúvel dos Estados, dos Municípios e do Distrito Federal, qualificando-se, portanto, como um Estado Federal. Representou a conclusão de um processo de abertura política que restabeleceu a democracia e a organização federativa no Brasil adotando o regime democrático, em prol de uma sociedade livre, justa e solidária, que o Estado se torna capaz de acolher e processar a pluralidade de interesses existentes na sociedade por meio da participação política (ANTUNES; XAVIER G.; XAVIER C., 2014).

A Constituição restabeleceu as condições políticas e econômicas de autonomia das unidades federadas definindo regras para repartição de receitas tributárias e fortalecendo a capacidade de tributação própria dos entes federados, em especial dos municípios, estes os mais beneficiados com aumento das porcentagens dos repasses de impostos federais que compõem o FPE (Fundo de Participação dos Estados) e o FPM (Fundo de Participação dos Municípios) aumentaram consideravelmente, o que representou certas distorções na repartição e distribuição de recursos, já que algumas regiões pouco habitadas, composta por micro municípios dispuseram de maior volume de receitas, enquanto grandes municípios passaram a receber recursos insuficientes para atender às suas demandas (ANTUNES; XAVIER G.; XAVIER C., 2014). A esse respeito, SOARES e MACHADO (2018, p. 91) fazem o seguinte acréscimo:

> A descentralização fiscal dos anos 1980 ocorreu por meio do aumento da capacidade de arrecadação subnacional, algo que beneficiou as unidades mais ricas, e das transferências intergovernamentais (tigs) com caráter redistributivo, que beneficiaram as unidades menos populosas, algumas mais pobres. Tem destaque entre essas últimas o Fundo de Participação dos Estados (FPE) e o Fundo de Participação dos Municípios (FPM), transferências obrigatórias e não condicionadas da União de 46% dos dois 87 principais tributos nacionais, o Imposto de Renda e o Imposto sobre Produtos Industrializados (CF/88, art. 159).

Portanto, a descentralização de recursos realizada na Federação, embora projetada para promover uma revitalização na repartição e distribuição das receitas, não surtiu efeitos esperados, pois não foi acompanhada por uma distribuição dos encargos entre os governos e de novos mecanismos de cooperação intergovernamentais, o que passou a condicionar a natureza de ajuste fiscal (ARRETCHE, 2002).

O aumento da porcentagem dos repasses aos entes subnacionais restringiu o orçamento federal, levando a União a utilizar outros mecanismos para expandir sua receita para poder cobrir seus gastos, como as contribuições sociais, cuja competência e receitas são de exclusividade da

União Federal. Tais contribuições, surgem como mecanismo de financiamento dos direitos sociais e são utilizadas pela União como meio para cumprir suas responsabilidades, representando a solução para o estrangulamento orçamentário da União provocado pela descentralização, que assim pode manter elevados os níveis de gastos públicos durante aquele período (REZENDE, 1995).

Posteriormente, novos mecanismos de tributação não compartilhada e exclusiva da União foram criados com intuito de prover o aumento de arrecadação do Governo Central. Alguns em caráter provisório como o Fundo Social de Emergência (FSE) e a CPMF (Contribuição Provisória sobre Movimentação Financeira) passando a concentrar a maior parte dos recursos tributários nos cofres da União e abandonando a política de descentralização orçamentária idealizada no Federalismo, situação que vigora aos dias atuais.

A concentração de recursos em poder da União, sem dúvida representa uma ameaça ao pacto federativo, vez que reduz a autonomia e a disponibilidade de recursos dos Estados e 88 Municípios (ANTUNES; XAVIER G.; XAVIER C., 2014). A esse respeito, HOFFE (2005, p. 162) apresenta o seguinte comentário:

> No Estado Federal as unidades subnacionais, representadas por Estados e municípios devem possuir autonomia suficiente para regular seus assuntos e, caso seja necessário, e não sejam capazes de proceder sozinhos a seguir com suas responsabilidades, aí sim, devem demandar a intervenção da União Federal.
> A eventual intervenção, no momento em que a autoajuda não bastar, justifica-se pela busca do desenvolvimento proporcional entre os entes federados e redução das desigualdades – Estado Distribuidor.

Do mesmo entendimento, corrobora ZORRILLA MARTINEZ (1994, p. 409 e ss.):

> Dentro das preocupações federativas, o Governo local deve assumir grande projeção, desde que sua efetivação, estrutura quadros políticos, administrativos e econômicos que se projetam na globalidade dos entes da Federação. No exercício de suas atribuições, o governo das entidades federativas poderá promover ações que devem, pelo menos, mitigar a desigualdade social, criar condições de desenvolvimento e de qualidade de vida. A Administração pública de qualidade, comprometida com as necessidades sociais e aberta à participação solidária da sociedade, pode melhorar as entidades federativas e os municípios. A partir desse nível, concretiza-se, necessariamente a efetivação dos direitos humanos. A descentralização, nesse nível, deverá ser estímulo às liberdades, à criatividade, às iniciativas e à vitalidade das diversas legalidades, impulsionando novo tipo de crescimento e melhorias sociais. As burocracias centrais, de tendências autoritárias, opõem-se, muitas vezes, às medidas descentralizadoras, contrariando as atribuições da sociedade e dos governos locais.

Dessa forma, consegue-se compreender o atual cenário econômico, em que certas ocasiões o Estado se retrai, mantendo-se neutro perante as ações agentes econômicos privados e em outras atua interferindo, induzindo a vontade daqueles mesmos agentes. Neste sentido, tomemos como exemplo, as privatizações de empresas estatais; concessões de serviços públicos aos particulares; redução do tamanho da máquina pública com extinção de setores e departamentos, bem como a redução do quadro dos servidores públicos.

Os sistemas federais constituem-se em métodos de organização político-administrativa orientados à distribuição de poderes públicos (de legislação, governo e administração) entre diferentes níveis territoriais de entidades públicas, atribuindo funções às autoridades conforme a hierarquia organizacional interna do Estado.

Nesse tipo de organização, pelo menos em suas formulações de paradigmas a ação subsidiária da organização pública superior é consentida apenas em face da incapacidade ou inadequação da instância originalmente investida de competência para seu exercício, ou seja, a interferência do ente superior somente será admitida em caso de incapacidade do ente inferior em exercer suas atividades conforme sua competência (GUTIÉRREZ, 2009).

Neste contexto federalista, a proposição de implantação da ZFS, encabeçada pela PEC 19/2011, estipula abranger uma área contínua, definida por um raio mínimo de 100 quilômetros, centralizado na cidade paraibana de Cajazeiras. A partir dessa definição da área abrangida pela ZFS, seriam beneficiados diretamente pela zona os Estados do Ceará, Paraíba, Pernambuco e Rio Grande do Norte, com importantes polos locais situados nos Municípios de Cajazeiras-PB, Sousa-PB, Patos-PB, Serra Talhada-PE, Juazeiro do Norte-CE e Pau dos Ferros-RN (CARNEIRO, 2018).

Apesar da similaridade climática e das condições socioeconômicas, a região beneficiada pela proposta de criação da Zona Franca do Semiárido é territorialmente diversa, abrangendo quatro Estados e centenas de Municípios, cada qual representando um ente federado, dotado de autonomia financeira, capaz de instituir os tributos de sua respectiva competência, de forma indelegável.

A partir deste regramento do sistema tributário nacional, compreende-se ser um enorme desafio legal, de conciliar as múltiplas legislações tributárias municipais e estaduais, de forma que tornem os benefícios fiscais da ZFS uniforme. Comparativamente, a Zona Franca de Manaus abrange apenas um Estado, o Amazonas, e um Município, a capital amazonense, Manaus.

Outro detalhe a ser levado em conta é a concepção de desenvolvimento que norteará os objetivos da nova zona franca serem racionalizados mediante esta realidade apresentada. Além de abranger muitos estados e municípios que tornarão complexa a unificação de interesses federativos, a Zona franca do Semiárido pode proporcionar desbalanceamentos nas regiões que forem inseridas. Nada impede que, após a implantação da Zona, empreendimentos já consolidados e sediados em cidades interioranas do semiárido que não forem beneficiadas migrem para as cidades contempladas em busca dos benefícios fiscais. Isso pode acarretar a já mencionada concentração de investimentos, do mesmo modo que ocorreu em Manaus, com a diferença que o povoamento da região semiárida é mais intenso que o da região amazônica. O que se quer dizer é que dezenas de cidades não contempladas que se situam nos interiores nordestinos podem perder seus poucos e até únicos empreendimentos geradores de renda e motores de atividade econômica para as cidades da zona.

Isso poderá levar a formação de "vazios" econômicos, uma criação colateral de anti-zonas de desenvolvimento, um limbo de atividade econômica em dezenas de pequenas cidades que tenderão a criar relação de dependência para com os municípios contemplados. Certamente, não é possível, nem faz parte do objetivo do presente trabalho, produzir dados capazes de explanar essa situação de modo mais objetivo, pelo simples fato de que a zona ainda não foi implantada, nem há ainda uma forma definida de proposta de implantação para que se possa realizar um detalhado estudo prospectivo, que considere todos os fatores e a realidade socioeconômica local.

Importa dizer que o Semiárido carece de investimentos que proporcionem, justamente, o desenvolvimento do setor industrial. As condições climáticas desfavoráveis à agropecuária de larga escala mostram que a região precisa ter diferentes fronteiras de ativação de crescimento econômico.

> Dados do IBGE de 2014 mostram que o Produto Interno Bruto - PIB - setorial agropecuário dos Estados integrantes da região do semiárido nordestino representa 16% do montante nacional, o PIB setorial de serviços 13% e o industrial apenas 11%, concluindo-se, deste modo, que em sendo aprovada a instalação da Zona Franca na região, tais índices se elevariam significativamente, em especial o do setor industrial, contribuindo à amenização das desigualdades já destacadas, promoção da cidadania tributária e prevalência da justiça fiscal a ser destacada. (OLIVEIRA, 2021, p. 279).

Essa ativação é, de todo modo, benéfica e tem potencial transformador inédito para a região, desde que seja pensada pela ótica de um desenvolvimento multifacetado, que tenha o crescimento econômico e a industrialização como parte, não como único fim. Todo esse processo necessitaria de forte intervenção estatal, e uma grande necessidade de uniformidade de interesses dos entes federados envolvidos, o que por si só pode se configurar como o maior desafio da implantação da nova zona. O modelo fiscal existente com seu alto nível de granulação e controvérsias de interesses, com excessivos mecanismos de compensação, repartição de receitas e transferências, em parte por esta divisão de competências apresentada neste tópico, torna tudo extremamente burocrático e demandante de alto capital político. A promessa de reforma tributária que venha a unificar a tributação, simplificar os processos de arrecadação e racionalizar as competências seria de grande estímulo para que a implantação da zona franca do semiárido fosse realmente um divisor de águas para esta região tão seca do Brasil, sem precisar drenar a "água" de locais tão abundantes como a Amazônia Ocidental, que já tem caminhado para um bom destino de desenvolvimento, mesmo que problemático em alguns sentidos.

5 Considerações finais

A pergunta inicial motivadora da pesquisa que gerou este trabalho foi: é possível implementar a Zona Franca do Semiárido respeitando a autonomia fiscal federativa dos Estados e Municípios geograficamente inseridos? Uma resposta preliminar, após tudo que foi explanado, é que sim, desde que o processo de implantação seja racionalizado e realizado em conjunto com outras ações que visem um desenvolvimento multifacetado, sistêmico e integrado, que considere as disparidades e múltiplas realidades inseridas dentro do próprio semiárido, que está longe de ser um todo homogêneo, e também que acompanhe uma verdadeira reforma tributária, que facilite a implementação de um modo tal que se possa observar quais benefícios fiscais poderiam ser concedidos, em que proporção, antevendo seus impactos positivos mas, principalmente, os negativos. Afinal, a instalação de uma Zona Franca consiste numa verdadeira dotação de despesa pública. A renúncia fiscal, de modo genérico, é um gasto. Ela precisa ser mantida e conectar seu objetivo de concessão aos meios que o estado terá de recuperar este investimento através de outras formas, outros tributos e a própria tributação dos resultados positivos das implantações industriais, que sem dúvida movimentaria os sertões nordestinos, ativando ciclos econômicos e projetando a região como um espaço de exploração econômica efetivo, melhorando a qualidade de vida dos moradores e da nação brasileira como um todo.

Referências

ANTUNES, Henrique Ribeiro da Glória; XAVIER G., Costa; XAVIER C., Costa. O princípio da subsidiariedade e as distorções do modelo federativo fiscal adotado no Brasil. **Revista Âmbito Jurídico**, n. 120, 2014.

ARRETCHE, Maria Tereza da Silva. Relações federativas nas políticas sociais. **Revista Educação & Sociedade**, Campinas, v. 23, n. 80, p. 25-48, set. 2002.

BRASIL. **Lei nº 5.172, de 25 de outubro de 1966**. Dispõe sobre o Sistema Tributário Nacional e institui normas gerais de direito tributário aplicáveis à União, Estados e Municípios. Disponível em: http://www.planalto. gov.br/ccivil_03/leis/l5172compilado.htm. Acesso em: 24 de abril de 2022.

BRASIL. **Lei nº 7.827, de 27 de setembro de 1989**. Dispõe sobre o Fundo Constitucional do Nordeste. Disponível em: http://www.planalto.gov. br/ccivil_03/leis/L7827compilado.htm. Acesso em: 28 de abril de 2022.

BRASIL. **Decreto nº 7.212, de 15 de junho de 2010**. Regulamenta cobrança, arrecadação e fiscalização do Imposto sobre produtos industrializados. Disponível em: http://www.planalto.gov.br/ccivil_03/_Ato2007-2010/2010/Decreto/D7212.htm#art94. Acesso em: 28 de abril de 2022.

BRASIL. Senado federal. **Zona franca**: manual de comunicação. Brasília, 2022. Disponível em: https://www12.senado.leg.br/manual decomuni cacao/guia-de-economia/zona-franca. Acesso em: 24 de abril de 2022.

CARNEIRO, Fabiana Pereira; BARACHO, Hertha Urquiza. **A Zona Franca do Semiárido do Nordeste do Brasil como política tributária indutora do desenvolvimento socioeconômico**. Base de Dados de TCCs do Unipê (BDTCC), 2018. Disponível em: https://bdtcc.unipe.edu.br/wp-content/uploads/2019/04/A-ZONA-FRANCA-DO-SEMI%C3%81RIDO-DO-NORDESTE-DO-BRASIL-COMO-POLITICA-TRIBUT%C3 %81RI A-INDUORA-DO-DESENVOLVIMENTO-SOCIOECONOMICO.pdf. Acesso em: 10 de março de 2022.

CAVALCANTI, Amaro. **Regimen Federativo**: A Republica Brazileira. Rio de Janeiro: Imprensa Nacional, 1900.

CELINO, Eduardo André de Brito. **As zonas de desenvolvimento econômico como instrumento de políticas públicas**: o caso da China. 2006. 56 p. Dissertação de Mestrado, Universidade de Brasília, Brasília, 2006.

COELHO, Sacha Calmon Navarro. **Curso de direito tributário brasileiro**. 10. ed. São Paulo: Forense, 2009.

FURTADO, Celso. **O mito do desenvolvimento econômico**. São Paulo: Círculo do Livro, 1974.

GUTIÉRREZ, Martín Loo. La disciplina constitucional del principio de subsidiariedad en Italia y Chile. **Revista de Derecho de la Pontificia Universidad Católica de Valparaíso**, Valparaíso, n. 33, p. 391-426, dez. 2009.

HOFFE, Otfried. **A democracia no mundo de hoje**. São Paulo: Martins Fontes, 2005.

HUNT, Emery Kay; LAUTZNHEISER, Mark. **História do pensamento econômico**. 3. ed. Amsterdã: Elsevier, 2013.

MEIRELLES, Hely Lopes. **Direito municipal brasileiro**. 16 ed. São Paulo: Malheiros Editores, 2008.

NETTO, Carlos Siqueira. Atualidade e perspectiva do estado federal. **Revista Justitia**, p.43-72, s.d.

OLIVEIRA, Bruno Bastos de; et. al. Tributação e desenvolvimento sob a perspectiva da criação da Zona Franca do Semiárido Nordestino. **Revista Jurídica Luso-Brasileira**, ano 7, n, 1, p. 267-293, 2021.

PONTES, R. O. de. **O modelo de desenvolvimento do polo industrial de Manaus e a discussão sobre a segurança jurídica**. Disponível em: https://repositorio.ufpb.br/jspui/handle/tede/4361. Acesso em: 25 de abril de 2022.

REZENDE, Fernando. AFONSO, José Roberto. **A federação brasileira**: fatos, desafios e perspectivas, 2002. Disponível em: https://www.researchgate.net/publication/267820480_A_Federacao_Brasileira_Fatos_desafio s_e_perspectivas. Acesso em: 29 mar. 2022.

SERÁFICO, J.; SERÁFICO, M.. A Zona Franca de Manaus e o capitalismo no Brasil. **Estudos Avançados**, Brasília, v. 19, n. 54, p. 99-113, 2005.

SILVA, P. C. G. da; MOURA, M. S. B. de; KIILL, L. H. P.; BRITO, L. T. de L.; EREIRA, L. A.; SA, I. B.; CORREIA, R. C.; TEIXEIRA, A. H. de C.; CUNHA, T. J.; GUIMARÃES FILHO, C. Caracterização do semiárido brasileiro: fatores naturais e humanos. In: SA, I. B.; SILVA, P. C. G. da. (Ed.). **Semiárido brasileiro**: pesquisa, desenvolvimento e inovação. Petrolina: Embrapa Semiárido, 2010.

ZORRILLA MARTINEZ. Pedro G. Descentralización política. In: **Problemas actuales del derecho constitucional**: estúdios en Homenaje a Jorge Carpizo. Instituto de Investigaciones Jurídicas. Universidad Nacional Autónoma de México, México, 1994.

Tributação com fins ambientais e energia solar fotovoltaica como vetor de desenvolvimento sustentável estratégico em Princesa Isabel/PB

ANDERSON DIEGO MARINHO DA SILVA
HECTOR RUSLAN RODRIGUES MOTA

SUMÁRIO

1. Introdução. 2. Institutos jurídico-econômicos de intervenção estatal sobre o meio ambiente. 3. A extrafiscalidade tributária e a indução de condutas. 4. Possibilidade de um modelo de tributação ambiental para energia solar fotovoltaica no Município de Princesa Isabel/PB. 5. Considerações finais. Referências.

1 Introdução

O desenvolvimento social, a internalização da crise ambiental e a assimilação da consciência socioambiental, conceitos comuns às ciências ambientais e à tributação, têm contribuído para a estabilização do discurso sociojurídico racional, até mesmo o ético-econômico, de proteção ao meio ambiente ecologicamente equilibrado, consagrado enquanto direito fundamental, reclamando a adoção de critérios, métodos e procedimentos sobre as técnicas empreendidas e o manejo agregado ao processo produtivo de bens e serviços através de medidas orientadoras sobre o meio ambiente. Como reflexo, surgem instrumentos econômicos com o fito de estimular atividades sustentáveis e, nesse sentido, desencorajar as inadequadas ao equilíbrio econômico e higidez ambiental.

Sobre essa premissa, ao analisar a política energética nacional, notadamente aquela concentrada em fonte solar fotovoltaica, constata-se que o contexto de consolidação voltada à cadeia produtiva em massa do serviço não verifica os riscos internalizados pela exploração dos recursos ambientais alçados a condição de insumos, notadamente pelo que chamamos de insumização[1].

---

[1] O contexto de dependência absoluta do meio ambiente reflete a hipótese de insumização que sinalizamos na expressão [mai (s + n)tc – csa = cxac], em que o meio ambiente inicial (mai) é sempre o vetor de partida, medido pela

A adoção de políticas públicas em prol da transição de um modelo tradicional e vocacionado para a geração de energia de fontes poluentes para as de perfil sustentável, diversificando a matriz energética nacional, apoiada pela tributação ambiental como ferramenta de indução de comportamentos sustentáveis por parte dos contribuintes, surge como alternativa para o desenvolvimento racional e eficaz das energias sustentáveis.

Advindo da Constituição Federal, a política urbano-ambiental brasileira deve ser, em tese, concretizada por ferramentas e institutos jurídicos diversos, através legislação de cada um dos entes federativos, como forma de garantir os direitos assegurados aos cidadãos. Dentre tais ferramentas, a tributação ambiental indutora de comportamentos ambientalmente desejáveis é uma das formas pelas quais os municípios brasileiros poderiam fomentar a geração de energia sustentável, mormente a energia solar em regiões geográficas propícias para tanto.

Este trabalho propõe verificar a possibilidade de inserção de normas tributárias eivadas de função indutora com fins ambientais, associadas ao desempenho das atividades energéticas de perfil limpo fotovoltaico no município paraibano de Princesa Isabel/PB.

Assim, o artigo pretende despertar atenção e fomentar o diálogo da essencialidade de se inserir na atividade tributária municipal um planejamento que instrumentaliza, em nível local, um projeto nacional de tributação com fins ambientais, racionalmente estruturados ao desenvolvimento sustentável estratégico e promovido mediante exploração do potencial energético fotovoltaico.

O texto segue, como orientação teórica, a admissão da possibilidade de intervenção municipal através de institutos jurídicos tributários nas atividades econômicas com vistas à dimensão de eficácia dos direitos socioambientais fundamentais, associando a atividade de prestação Estatal ao desenvolvimento sustentável, sem afastamento da utilização das políticas e instrumentos de âmbito econômico, financeiro ou administrativo.

Quanto aos aspectos metodológicos, optou-se pelo modelo de abordagem dogmático, sendo dedutiva a sua técnica de pesquisa. Seu método de procedimento é monográfico e o objetivo metodológico exploratório. O texto vale-se das técnicas de pesquisa bibliográfica e de legislação, para compreender as regras relativas à integração da tributação

---

integração entre necessidades e a conjuntura social, sofrendo qualificação potencial pelo tecnoconsumo (tc), o produto da soma das necessidades modernas, exigindo mais do e sobre o meio ambiente inicial (mai) à satisfação integral das necessidades qualificadas. Já a consciência social ambiental (csa) é o fator retira, não da produção do meio ambiente ao consumo, mas, a autonomia de conformidade social sobre as externalidades da produção merceológica do consumo. Assim, o produto a complexidade ambiental (cxa) instalada dimensionada, com fins ambientais à atividade tributária do município de Princesa Isabel/PB, considerando a proposição doutrinária e a legal da extrafiscalidade tributária preservacionista aos Direitos Socioambientais, sobre a compreensão das relações dos direitos fundamentais no Estado Socioambiental[2], e as restrições e propostas para maior amplitude e alcance da eficiência pelo desenvolvimento sustentável pela tributação racional com fins ambientais.

2 Institutos jurídico-econômicos de intervenção estatal sobre o meio ambiente.

Com a implosão e sedimentação do Estado Socioambiental, o direcionamento das atividades estatais demandaram maiores esforços no sentido de integrar proposições reformistas fiscais, políticas, econômicas e estruturais próprias, determinações da superação entre intervencionismo e da condição de Estado regulador.

A distinção de funções estatais é importante para sedimentar a forma de manifestação do poderio estatal em consenso necessário entre serviços públicos, iniciativa privada, e direcionamento da política econômica regulatória enquanto perspectiva fiscalizatória e repressiva de abusos.

É preciso considerar que pela própria característica e singularidade de determinados casos, seja em que a constituição, de per si, estabelece a situação ope legis de ser o próprio estado que preste determinado serviço, considerando a essencialidade e relevância prestacional enquanto interesse público, reafirma o compromisso de uma intervenção direta, cabendo aquele o monopólio prestacional e regulamentar.

Quando o discurso categoriza a compreensão da chamada intervenção direta, a margem reflexa interpretativa conduz o pensar antagônico, ou lógico-reflexivo, de um modelo que surge em contraprodução àquele: a materialização de uma intervenção indireta.

No contexto interventivo indireto, tem-se a incidência das normas de indução quando o Estado estimula a atividade econômica direcionada a formação da vontade e do convencimento integrativo dela direcionadas às condutas dos cidadãos, ou seja, o processo de tomada de decisões é influenciado pela atuação do legislador, que denota em Lei as políticas e

---

[2] Esse constitucionalismo socioambiental é flagrantemente um reflexo da contaminação, no espaço jurídico (e político), de valores ecológicos e de considerações de justiça ambiental. Esse, aliás é o grande desafio do Estado Socioambiental e Democrático de Direito: tornar-se um modelo de Estado onde a justiça ambiental se torne um referencial normativo permanente, em todas as esferas de atuação estatal (CALIENDO, 2014).

objetivos do Estado brasileiro.

Luis Eduardo SCHOUERI (2005, p. 84) informa que esse tipo de intervenção é comum no campo da tributação ambiental, onde a adoção de ordens ou proibições seria o emprego de instrumentos tributários, diretamente vinculados a atuações prejudiciais ao ambiente.

Sob esse viés é perceptível o impacto que as diversas atividades econômicas têm causado no meio ambiente, tanto é que essa condição exploratória tem repercutido para a internalização de uma crise socioambiental, reclamando a utilização dos métodos, meios e procedimentos das políticas econômicas direcionadas ao meio ambiente sob um critério de racionalidade ambiental.

Em breve resumo, percebe-se que o estado pode intervir, colaborar, nas atividades economias em duas características, direta ou indiretamente. Sob essa ideia as consequências de não integrar ao pensar econômico as responsabilidades e os impactos dos processos econômicos negativos ao meio ambiente acabam por limitar o problema a um simples extrato normativo.

A Organização para a Cooperação e o Desenvolvimento Econômico (OCDE) define os instrumentos econômicos como sendo aqueles que produzem modificações nas condutas dos agentes que incidem sobre o meio ambiente, através do equilíbrio entre (des)incentivos financeiros e de mercado (OECD, 2018).

No que diz respeito à experiência jurídica brasileira da contemporaneidade, é necessário destacar o papel fundamental da Constituição Federal, balizando a atuação planejadora do poder público, que se desenvolve através de instrumentos jurídico-econômicos que se encontram ao longo da legislação infraconstitucional, como a Política Nacional do Meio Ambiente (Lei nº 6.938 de 1981) e o Estatuto da Cidade (Lei nº 10.257 de 2001).

Ao tratar sobre os princípios que orientam a ordem econômica brasileira, a Carta marca explicitamente a autorização para que o poder público empregue tratamento diferenciado a determinados produtos e serviços conforme aferição de seus impactos ambientais. Assim, recai sob o binômio de um poder-dever da administração pública, através dos comandos e princípios insculpidos ao longo das esferas legislativas, promover o direito ao meio ambiente ecologicamente equilibrado através de ferramentas econômicas, dentre as quais tem-se a tributação ambiental.

Denise Lucena CAVALCANTE (2019, p. 1), contudo, traz um alerta quanto a uma ideia finalística da tributação, ao expor que a utilização dos tributos como instrumento de proteção ambiental não poderá descaracterizá-los e muito menos divergir do previsto na teoria geral da tributação. A utilização nestes casos seguirá as regras gerais e a sua influência no meio ambiente não alterará a sua essência arrecadatória. De mais a mais, são as palavras da autora:

> O que importa da tributação ambiental é que a sua instituição decorra de um conhecimento amadurecido da questão ambiental a ser alcançada e, paralelamente, que haja o acompanhamento direto dos resultados alcançados, pois do contrário, os resultados contraproducentes se perpetuarão e o objetivo não será alcançado, transformando a tributação ambiental numa mera fonte de arrecadação, como tem acontecido com os chamados "falsos tributos verdes". (CAVALCANTE, 2013, p. 1)

Assim, a defesa do meio ambiente ecologicamente equilibrado é uma das preocupações do Estado Socioambiental, em que objetiva internalizar e projetar ao modelo econômico contornos ecológicos e de preservação ambientais, na elaboração e produção dos serviços, estruturando sustentavelmente o desenvolvimento econômico.

Contudo, sob pena de uma distorção dos institutos em sua forma e em sua função, a criação (em âmbito legislativo) e a efetivação (em âmbito administrativo) dos tributos ambientais jamais poderá escapar a uma dupla camada de mecanismos de controle: a) princípios e regras atinentes à tributação em geral; b) princípios e regras atinentes à tributação ambiental propriamente dita.

Ademais, cumpre demarcar que o poder-dever da administração pública municipal, quando da instrumentalização de institutos jurídico-econômicos com vistas à proteção ambiental, encontra no Estatuto da Cidade um mandamento essencial. O Estatuto garante ao cidadão brasileiro o direito a cidades sustentáveis ao mesmo tempo que enumera (de maneira não taxativa) alguns instrumentos aptos à promoção das cidades sustentáveis e da política urbana nacional como um todo. Dentre os instrumentos listados pelo Estatuto, é possível encontrar no art. 4º, IV, a aplicação de institutos tributários e financeiros, como a utilização de impostos e a instituição de incentivos e benefícios fiscais.

Assim sendo, é possível verificar que a utilização da tributação ambiental, que, conforme veremos adiante, pode se apresentar de formas distintas, possui raízes constitucionais que se concretizam através de legislação que impõe aos entes federativos (mormente os municípios no que diz respeito ao Estatuto da Cidade) uma atuação com vistas à promoção da cidade sustentável através de instrumentos jurídico-econômicos, dentre os quais desponta a tributação ambientalmente orientada.

Verificada a autorização para a tributação como instrumento conciliatório entre desenvolvimento econômico e promoção e defesa ao meio ambiente ecologicamente equilibrado, busca-se analisar o poder de tributar no estado socioambiental através da extrafiscalidade e sua utilização com fins ambientais.

3 A extrafiscalidade tributária e a indução de condutas

A premissa elementar à categoria de uma eficiência socioambiental é pensar na forma em que o Estado, enquanto vis atrativa das responsabilidades prestacionais pelo próprio dever que o mantém, desenvolve-se sobre e para o meio ambiente, sem imiscuir-se das premissas finalísticas e econômicas que, historicamente, o fundamentaram.

Desse modo, é possível entender que toda garantia carrega um poder-dever, pois não há expressão automática e infalível toda vez que ocorrem os fatos descritos na norma producente. Existe uma relação conectiva entre sujeitos, fatos sociais, elementos de direito positivo, e uma ação, um movimento correlacional.

Quando reportada ao âmbito da proteção ambiental, a intervenção do Estado assume posição de instrumento de política regulatória e indutora, consumando o desfazimento do dogma da neutralidade da tributação, e, possibilitando uma tripla funcionalidade ao sistema de tributação racionalmente ambiental tanto nas funções financeiras, econômicas e sociais, seja pela diminuição das potencialidades lesivas ao meio ambiente, ou na preservação intergeracional com a utilização eficiente e racional das matrizes ambientais.

Outrossim, a própria Constituição dialoga com a utilização de outros fins, objetivos, inseridos dentro da ideia de tributar, e externalizados pelo tributo, que não unicamente arrecadatórios, vejamos as notas do art. 151 da CRFB/88[3].

Abre-se a possibilidade do imposto ter finalidade diversa da fiscal, buscando o atingimento da justiça social, em consonância com o Estado Socioambiental, e o desenvolvimento socioeconômico através dela, como é a materialidade do presente estudo, em que as energias renováveis podem ser instrumentos ativos na promoção do desenvolvimento sustentável com estímulo racional pela tributação.

É nesse sentido que surge a extrafiscalidade, ou seja, enquanto instrumento de fomento ou de (des)estímulo de condutas e/ou atividades sociais. Paulo de Barros CARVALHO (2018, p. 257), sobre o contexto em comento, expõe:

> A experiência jurídica nos mostra, porém, que vezes sem conta a compostura da legislação de um tributo vem pontilhada de inequívocas providências no sentido de prestigiar certas situações, tidas como social, política ou economicamente valiosas, às quais o legislador dispensa tratamento mais confortável ou menos gravoso. A essa

---

[3] Art. 151. É vedado à União: I – Instituir tributo que não seja uniforme em todo o território nacional ou que implique distinção ou preferência em relação à Estado, ao Distrito Federal ou a Município, em detrimento de outro, admitida a concessão de incentivos fiscais destinados a promover o equilíbrio e desenvolvimento socioeconômico [sic] entre diversas regiões do País [...] (BRASIL, 1988).

forma de manejar elementos jurídicos usados na configuração dos tributos, perseguindo objetivos alheios aos meramente arrecadatórios, dá-se o nome de "extrafiscalidade". Alguns exemplos esclarecerão bem o assunto. A lei do Imposto Territorial Rural (ITR), ao fazer incidir a exação de maneira mais onerosa, no caso dos imóveis inexplorados ou de baixa produtividade, busca atender, em primeiro plano, a finalidades de ordem social e econômica e não ao incremento de receita. A legislação do Imposto sobre a Renda e proventos de qualquer natureza (IR) permite o abatimento de verbas gastas em determinados investimentos, tidos como de interesse social ou econômico, tal o reflorestamento, justamente para incentivar a formação de reservas florestais no país.

Há tributos que se prestam, admiravelmente, para a introdução de expedientes extrafiscais. Outros, no entanto, inclinam-se mais ao setor da fiscalidade. Não existe, porém, entidade tributária que se possa dizer pura, no sentido de realizar tão só a fiscalidade, ou, unicamente, a extrafiscalidade. Os dois objetivos convivem, harmônicos, na mesma figura impositiva, sendo apenas lícito verificar que, por vezes, um predomina sobre o outro. (CARVALHO, 2018).

Assim, a ideia que surge é a de construção de um finalismo extrafiscal, onde, a decisão de atribuir a extrafiscalidade em todos os impostos ou em apenas alguns é a atribuição do próprio estado de planejar quanto ao modo de financiamento de sua atividade.

Entrementes é como dispõe o professor Paulo CALIENDO (2016, p. 16) quando insere o vocábulo sustentável a disposição em termos de definição à extrafiscalidade, expondo que extrafiscalidade sustentável não significa o insulamento da promoção ambiental tão somente a uma classe de tributos, ditos "ambientais", "verdes" ou "limpos". Todo o sistema tributário deverá ser sustentável. Essa função deverá ser percebida em todos os aspectos do sistema tributário, sem desconsiderar a função precípua dos tributos, que é a arrecadação para financiamento do Estado e das políticas públicas. (CALIENDO, 2016).

A estruturação da política urbana e ambiental do Brasil pelos contornos de proteção ao meio ambiente, derivando diretamente da Constituição, tem inserido à classificação de Estado a justaposição semântica Socioambiental para fins de remodelar o Estado através do balanço entre as atividades econômicas com o meio ambiente ecologicamente equilibrado, capaz de exprimir, planejar e gerenciar estratégias de defesa ao meio ambiente, conforme estabelece os artigos 170, VI e 225, ambos da Constituição Federal em desenvolvimento socioeconômico (SILVA, 2021)[4].

---

[4] Quando reportado ao âmbito da proteção ambiental a intervenção do Estado assume posição de instrumento de política regulatória e indutora, condicionando ao desfazimento do dogma da neutralidade da tributação, e, possibilitando uma tripla funcionalidade ao sistema de tributação racionalmente ambiental tanto nas funções financeira (incentivos fiscais, políticas fiscais comportamentais, selos de desempenho e estímulos ambientais em premiações/visibilidade negocial), econômica, quanto na social, seja pela diminuição das potencialidades lesivas ao

O Estado Socioambiental e Democrático de Direito é um modelo constitucional em que a preocupação socioambiental é um valor normativo permanente, em todas as esferas de atuação, e a proteção do meio ambiente é um dever fundamental. Nele identifica-se tanto a dignidade humana em suas dimensões social e ecológica quanto ao questionamento sobre a existência de um mínimo existencial ecológico. Insere-se nesse contexto a afirmação da sustentabilidade como um princípio estruturante do projeto jurídico-constitucional (CALIENDO, 2014).

Tradicionalmente, a figura do Estado Fiscal é marcada pelo objetivo exclusivo de financiamento arrecadatório direto pelos tributos como justificativa para desempenho de serviços públicos, de maneira geral. Nesse panorama o tributo assume apenas um caráter passivo de função reflexa, ou seja, o objetivo é unicamente o de gerência de moeda para exercício do poder político das atividades diretas.

O critério reflexo, instrumental ou margeado à funcionalidade por essência dos tributos é qualificada pelo afastamento direto e imediato de captação de recursos ao erário e assume o objetivo de redistribuição do poder, da obrigação tributária, para interferir e auxiliar o Estado em funções alternativas, corrigindo falhas de mercado, parametrizando a economia nacional produtiva estimulada, orientando e promovendo desenvolvimento setoriais ou reginais, e, sobretudo, atuando como critério de justiça fiscal ao ordenar e estimular relações sociais e econômicas para implementação de políticas públicas racionais e efetivas.

Assim, podemos inferir que a atividade financeira do Estado assume um viés intervencionista qualificado pelo desenvolvimento ao bem-estar social intergeracional, afastando o dogma da fiscalidade tributária, e aplicando o Direito Tributário e o poder de tributar à satisfação política, econômica e social.

Durante muito tempo desenvolveu-se, sob o ponto de vista teórico, embate com a intenção de se considerar ausente de constitucionalidade a definição de ordenança e estímulos intervencionistas do Estado sobre as atividades pela imprevisão de norma positiva na Constituição autorizadora da Extrafiscalidade[5]. É preciso considerar, no entanto, que a finalidade não deve

---

meio ambiente, ou na preservação intergeracional com a utilização eficiente e racional das matrizes ambientais (SILVA, 2021).

[5] Tem por finalidade principal ou dominante a consecução de determinados resultados económicos ou sociais através da utilização do instrumento fiscal e não a obtenção de receitas para fazer face às despesas públicas. Trata-se assim de normas (fiscais) que, ao preverem uma tributação, isto é, uma ablação ou amputação pecuniária (impostos), ou uma não tributação ou uma tributação menor à requerida pelo critério da capacidade contributiva, isto é, uma renúncia total ou parcial a essa ablação ou amputação (benefícios fiscais), estão dominadas pelo intuito de actuar directamente sobre os comportamentos

qualificar ou afastar a aplicação direta de um instituto tributário pela potencialidade arrecadatória que venha a possuir, como dimensão efetiva de geração de riqueza[6].

Sob essa perspectiva, enquanto valor nominal, a extrafiscalidade é melhor interpretada pelos efeitos que proporciona com diretivas junto à própria Constituição. Assim, exemplos como o tratamento diferenciado ao ato cooperativo do art. 146, III, "c", o próprio regramento diferenciado aplicável às micro e pequenas empresas e empresas de pequeno porte previsto no art. 146, III, "d", a redução do impacto do IPI sobre a aquisição de bens de capital pelo contribuinte, extraído do art. 153, §3º da Constituição, instrumentalizam a fragilidade do discurso de aparente inaplicabilidade sistêmica pela inconstitucionalidade.

Nessa perspectiva, é possível considerar que o contexto em que se assenta o instituto da Extrafiscalidade é balizado pela produção dos efeitos causados sobre determinada atividade, sobretudo no que se categoriza como efeitos colaterais sob a perspectiva de Pigou[7]: as externalidades negativas. Assim, uma marca da extrafiscalidade, no que diz respeito à tributação ambiental, é a possibilidade de transição entre uma política fiscal utilitarista à racionalidade desenvolvimentista com fins socioambientais.

Paulo de Barros CARVALHO (2018, p. 257) informa que não há entidade tributária, referindo-se aos tributos com suas regras matrizes de incidência já assentadas no sistema tributário nacional, que se possa dizer pura, no sentido de realizar tão só a fiscalidade, ou, unicamente, a extrafiscalidade[8]. Tem-se que as duas funções coexistem em cada tributo,

---

económicos e sociais dos seus destinatários, desincentivando-os, neutralizando-os, nos seus efeitos económicos e sociais ou fomentando-os, ou M seja, de normas que contêm medidas de política económica e social. (NABAIS, 2012).

[6] A finalidade que se persegue é a defesa do meio ambiente e é o que deve estar nos tributos com fins ambientais e não se restringir às funções arrecadatória ou não arrecadatória. Esta discussão pode até ter sido relevante no âmbito do Direito Tributário quando ressaltava-se o papel das contribuições sociais, mas não agora, no âmbito do Direito Tributário Ambiental, que tem como princípios tanto os expressos no Sistema Tributário Nacional como os previstos no Direito Ambiental. Devem prevalecer os princípios das duas áreas na adequação à fiscalidade ambiental. (CAVALCANTE, 2019).

[7] A primeira abrangente discussão no ambiente económico sobre as externalidades, denominada Teoria das Externalidades, abordava as preocupações com os efeitos da poluição e contemplava os custos e benefícios fiscais (taxas e subsídios) como forma de regulação. Tal abordagem é atribuída ao economista britânico Arthur Cecil PIGOU (1920). Posteriormente o economista Ronald COASE (1960) ganhou o Prêmio Nobel em economia, pela contribuição da abordagem "O problema do custo social". Ambas as literaturas fornecem estímulo para a compreensão dos problemas ambientais e das externalidades. (JOSKOW, 1992).

[8] Sob essa premissa, assenta que (...) A experiência jurídica nos mostra, porém, que vezes sem conta a compostura da legislação de um tributo vem pontilhada de inequívocas providências no sentido de prestigiar certas situações, tidas como social, política ou economicamente valiosas, às quais o legislador dispensa tratamento mais confortável ou menos gravoso. A essa forma de manejar elementos jurídicos usados na configuração dos tributos, perseguindo objetivos alheios aos meramente arrecadatórios, dá-se o nome de "extrafiscalidade". (CARVALHO, 2018, p. 257).

em maior ou menor grau.

Algumas vezes, o emprego terminológico empreendido pela doutrina ao tratar da extrafiscalidade ou da tributação ambiental revela divergências, categorizando o instituto a partir de diferentes premissas teóricas adotadas.

Nesse sentido, cumpre demarcar que a expressão tributação ambiental, conforme mencionada no presente artigo, é utilizada para demonstrar uma instrumentalização das normas tributárias, através da função indutora da norma, com objetivo de fomento ao atingimento de objetivos estatais de desenvolvimento sustentável.

Assim sendo, por tributação ambiental, compreende-se tanto a hipotética oneração de condutas poluentes do contribuinte através de tributos que desestimulam tal comportamento, quanto a concessão de incentivos ou benefícios fiscais que incentivem o comportamento ambientalmente saudável praticado por determinado contribuinte. Assim, os incentivos servem de estímulo fiscal à realização de empreendimentos e atividades, que podem dizer respeito a elementos culturais, esportivos, econômicos ou sociais (ALMEIDA, 2012).

O conceito de função indutora da norma tributária, consagrado na doutrina brasileira por SCHOUERI (2005, p. 32)[9], está contido na terminologia de "extrafiscalidade", uma vez que há uma relação de sistema em que a amplitude é do termo geral, e a indução reporta-se à espécie, qual seja, o comportamento induzido à concretização de determinado direito fundamental social etc.

Ou seja, a ideia de uma indução reporta-se a uma ação estimulada como consectário da premissa geral garantida pela extrafiscalidade. É a aplicação do empirismo e da teoricidade, pois indução é o que se faz de concreto, deduzindo uma ação de outra.

Desse modo, é possível assentar que os paradigmas apresentados pela ordem constitucional de 1988 caracterizam um modelo de Estado constitucionalmente comprometido com o desenvolvimento, promovendo o avanço da atividade econômica em conjunto com a resolução de problemas reflexos que incidem sobre o meio ambiente.

---

[9] Se a ideia de extrafiscalidade traz em seu bojo todo o conjunto de funções da norma diversas da mera fiscalidade, i.e., da simples busca da maior arrecadação, é imediato que ali se incluirá, por exemplo, a função de mera simplificação do sistema tributário. Tal raciocínio exige que se reconheça, além da função arrecadadora e da extrafiscal, a categoria simplificadora, i.e., uma função mais das normas tributárias regida pelo princípio da praticabilidade, autorizando o aplicador da lei a adotar medidas globais, generalizantes, com a finalidade de simplificar o sistema tributário [...] tomando a extrafiscalidade, deve-se notar que o termo pode referir-se a um gênero e a uma espécie. O gênero da "extrafiscalidade" inclui todos os casos não vinculados nem à distribuição equitativa da carga tributária, nem à simplificação do sistema tributário [...] Inclui, nesse sentido, além de normas com a função indutora (que seria a extrafiscalidade em sentido estrito, como se verá abaixo), outras que também se movem por razões não fiscais, mas desvinculadas da busca do impulsionamento econômico por parte do Estado. (SCHOUERI, 2005, p. 32)

Ademais, conforme visto anteriormente, os princípios e objetivos estatais insculpidos na Constituição vão se concretizando ao longo da legislação infraconstitucional dos três entes federativos (União, estados e municípios), de modo que sejam postos em prática pelo poder executivo em cada uma das etapas de concretização das políticas de Estado.

A descrição desse "percurso" de objetivos estatais se aplica tanto para a política ambiental quanto para a política urbana, que, conforme previamente mencionado, se interligam e dialogam diretamente através do Estatuto da Cidade e da Política Nacional do Meio Ambiente. Essa última, traz no seu art. 5º a noção de que as diretrizes são justamente destinadas a orientar as ações da União, dos Estados, do Distrito Federal, dos Territórios e dos Municípios no que toca à preservação do meio ambiente.

Ao passo que o Estatuto da Cidade, legislação que direciona e fornece aos municípios brasileiros as ferramentas competentes para a estruturação da política urbana presente na Constituição Federal, traz explicitamente a utilização da tributação como uma ferramenta de política urbana e política ambiental.

Assim, é possível afirmar que a utilização de tributos como uma ferramenta de política urbana e política ambiental é autorizada pelo ementário legislativo brasileiro e encontra guarida principiológica na Constituição Federal, fazendo parte do poder-dever de cada município brasileiro. Nesse espeque, trazendo para o presente artigo um viés jurídico-projetivo, cumpre investigar a aplicabilidade e viabilidade de instrumentos tributários com fins ambientais perante o ente federativo que se encontra mais próximo do contribuinte: os municípios.

A partir da competência tributária conferida aos entes municipais a partir da Constituição de 1988, e baseado nas premissas erigidas até o presente momento quanto à política urbano-ambiental do Brasil, é seguro afirmar que os municípios têm um papel fundamental na implementação de ferramentas fiscais com vistas à promoção do direito fundamental de um meio ambiente ecologicamente equilibrado.

Nesse diapasão, buscando analisar possíveis âmbitos de implementação de tais políticas em âmbito prático, o presente estudo se debruça sobre a possibilidade de implementação, a nível municipal, de tributação extrafiscal sobre a energia solar fotovoltaica no município de Princesa Isabel, na Paraíba, como se vê adiante.

4 Possibilidade de um modelo de tributação ambiental para energia solar fotovoltaíca no Município de Princesa Isabel/PB

A energia é um dos vetores básicos de infraestrutura necessária para o desenvolvimento humano, seja do ponto de vista global, regional ou mesmo de uma pequena comunidade isolada. (REIS, 2012, p. 29).

Definida com frequência como capacidade de realizar trabalho (FIORILLO, 2017, p. 199) a energia pode ser encontrada em muitas formas, como eólica, solar, geotérmica. As fontes de energia renováveis são caracterizadas pelo fato de que atendem as necessidades do presente sem, contudo, comprometer a capacidade de que as futuras gerações tenham suas necessidades atendidas. (KUTSCHER; MILFORD; KREITH, 2018, p. 5-6).

Há que se informar, desde logo, que não há menção ou tratamento expresso à locução nominal "energias renováveis" ou simulares no seio da Constituição Federal. De igual modo, informação alguma de tratamento diferenciado a elas.

Porém, a ideia que carrega o art. 170 da CRFB/88 é a dedução lógica da norma de aplicação de um regime constitucional diferenciado aos produtos e processos que tenham efeito positivo sobre o meio ambiente[10]. Ademais, a Carta também deixa evidente que é competência comum da União, estados e municípios o dever de proteção do meio ambiente e o combate à poluição em qualquer de suas formas.

CALIENDO (2016, p. 25), destaca o fato de que as energias renováveis geram as chamadas externalidades positivas, retornando efeitos favoráveis ao bem-estar e à saúde da sociedade, contudo, são maios caros no que diz respeito ao valor econômico de implementação, uma vez que ainda carecem de maior amplitude de geração e distribuição. O autor segue:

> Apesar de seus benefícios há uma falha de mercado na percepção das vantagens de sua adoção. Assim, não internalizam diretamente no preço os ganhos que fornecem e ainda são mais caros que produtos e processos distorsivos, ineficientes e insustentáveis.

Portanto, para que o Estado brasileiro possa continuar caminhando no sentido do cumprimento de seus objetivos constitucionalmente demarcados, surge como papel dos entes federativos o poder-dever de implementar as ferramentas financeiras, econômicas e tributárias necessárias para o fomento das energias renováveis. Dentre tais ferramentas, é válido mencionar a figura dos benefícios fiscais municipais incidentes sobre o setor da energia fotovoltaica, em razão da ampla capacidade geracional a ser potencialmente explorada na região do sertão paraibano (BRITO; CAMPOS; CAMPOS, 2021, p. 2).

Como estudo de caso para o presente artigo, foi escolhido o município paraibano de Princesa Isabel, localizada a 420 km de distância da capital João Pessoa e que compõe a Região Geográfica Imediata de Princesa Isabel e

---

[10] O regime diferenciado implica em um tratamento favorecido para os produtos e serviços de menor impacto ambiental, dado que eles produzem uma menor carga de externalidades negativas, ou seja, impõem um menor custo social. (CALIENDO, 2016, p. 14)

Intermediária de Patos.

De acordo com os dados do Painel Mapa de Empresas, o município de Princesa Isabel/PB não sedia nenhuma empresa com atividade econômica, principal ou secundária, de geração de energia. De igual modo, não apresenta empresa com atividade econômica classificada para energias de fontes renováveis. O estado da Paraíba, por sua vez, conta com 238 empresas ativas que desenvolvem atividade econômica de geração de energia elétrica. (BRASIL, 2022a).

O desempenho da atividade empresarial para desenvolvimento de energia produzida mediante fonte renovável é atribuído pela classificação nacional do IBGE o código de atividade econômica na Seção D: ELETRICIDADE E GÁS, Divisão 35: ELETRICIDADE, GÁS E OUTRAS UTILIDADES e Grupo: 35.1 Geração, transmissão e distribuição de energia elétrica. Especificamente quanto às fontes renováveis, a inserção à classificação geral é realizada mediante detalhamento dos 22 descritores do Grupo 35.1. (BRASIL, 2022b).

Contrastando os dados acima expostos com o já mencionado alto potencial de geração de energia solar fotovoltaica na região de Princesa Isabel, é possível concluir o que fora efetivamente apontado por CALIENDO (2016) acerca do quanto a exploração de fontes renováveis de energia ainda precisa caminhar para que possa atingir níveis ótimos de geração e distribuição, mesmo em localidades que podem ser consideradas geograficamente ótimas para a atividade, como é o caso do município de Princesa Isabel.

Reconhecendo que a necessidade de expansão da utilização de energias renováveis no Brasil é afetada por um sem-número de fatores advindos dos mais diversos âmbitos sociais, outrossim, a análise que o presente artigo propõe se debruça sobre a possibilidade de utilização do ementário jurídico da política urbano-ambiental brasileira com fins de proteção ao meio ambiente ecologicamente equilibrado. Portanto, premente a análise do status quo do município de Princesa Isabel em paralelo à menção de experiências jurídicas brasileiras que buscaram implementar tributos com finalidade ambiental.

A análise da legislação tributária do Município de Princesa Isabel (Lei Complementar n° 6 de 2017) registra que não há nenhum instrumento de política fiscal, notadamente, que não há norma jurídica com fins ambientais. Isto é, não há tratamento específico, ou instrumentos que alterem a indexação do consequente da regra matriz de incidência tributária dos tributos municipais com a finalidade ambiental.

Registra-se que na primeira página do código tributário de Princesa Isabel/PB é possível verificar ato normativo em matéria tributária, denominado de "Errata à lei complementar n.º 1.347/2017", dispondo que onde se lê "LEI MUNICIPAL n.º 1.347 de 08 de maio de 2017" deve se ler "LEI COMPLEMENTAR n.º 06 de 08 de maio de 2017".

O que ocorre é que o código tributário municipal de Princesa Isabel/PB, aprovado com o procedimento legislativo comum para as matérias não reservadas à atribuição de competência qualificada à lei complementar, foi, em seguida, alterado mediante errata, não só em nomenclatura, mas também em sua própria natureza.

Esse procedimento revela uma primeira conclusão: há completa ausência de planejamento legislativo qualificado em matéria tributária. Além da já mencionada ausência de tratamento para exploração extrafiscal do potencial ambiental do município, é possível denotar que o código tributário municipal de Princesa Isabel é um mero espelho que reproduz os standards de outros municípios e do próprio Código Tributário Nacional, análogo ao que COSTA e FAVARÃO (2016) afirmam sobre a experiência de planos diretores ao longo do Brasil que meramente se limitam a copiar termos e estrutura advindas do Estatuto da Cidade. Não há atividades empresariais sobre energia elétrica fotovoltaica instaladas em Princesa Isabel/PB, nem qualquer tipo de estímulo jurídico à atividade.

O município de Princesa Isabel sedia um campus do Instituto Federal da Paraíba (IFPB). Em pesquisa publicada pela revista científica Principia, gerida pela própria instituição, o próprio campus do IFPB seria beneficiado pela aplicação de painéis fotovoltaicos ao longo de sua área, operação que se demonstra através de cálculos matemáticos elencados pelos pesquisadores (BRITO; CAMPOS; CAMPOS, 2021). Contudo, o como mencionado, o município não sedia sequer uma empresa que opere no setor, nem fomenta a atração dos que operam em outras localidades através de ferramentas tributárias de indução de comportamentos.

Como forma de demonstrar a possibilidade de aplicação de elementos ambientais na tributação municipal a fim de torná-la uma ferramenta de indução de comportamentos ambientalmente desejáveis, é necessário destacar que os tributos aos quais a atividade de geração de energia elétrica fotovoltaica se submete em nível municipal são, primordialmente, o imposto sobre serviços (ISS), que incide sobre os serviços de instalação e manutenção das placas solares, bem como o imposto predial e territorial urbano (IPTU), que potencialmente incide sobre os locais onde são instaladas as placadas bem como na sede das empresas que prestam o serviço.

Nesse diapasão, é possível seguir a linha de CORREIA e FARIAS (2015) que advogam pela utilização de benefícios fiscais de ISS para fomento do uso de energia solar elétrica com fins de planejamento urbano sustentável. O poder legislativo municipal tem a competência tributária e legislativa para, hipoteticamente, desonerar o ISS sobre as instalações e manutenções de placas de energia solar fotovoltaica nos limites do município de Princesa Isabel.

Já no que diz respeito ao IPTU, é valioso citar as experiências do Programa Imposto Ecológico (Lei n° 4.417/2011 do município de Itatiba/SP), que institui desoneração do IPTU mediante comprovação de construção de imóvel com materiais sustentáveis. No agreste pernambucano, o município de Caruaru apresenta a Lei Complementar N°62/2018, que versa sobre o chamado IPTU Verde. O programa visa conceder aos contribuintes uma redução da alíquota do imposto quando comprovadamente aqueles praticam atividades listadas no Anexo I da Lei retromencionada, dentre elas, o uso de painéis solares fotovoltaicos.

Outrossim, com a noção de que determinadas atividades econômicas podem ser tributariamente desoneradas para fomentar posturas ambientalmente sustentáveis por parte dos contribuintes, não se olvida a ideia de que o Brasil é parte do que NABAIS (2015) descreve como um Estado Fiscal, tendo nos tributos uma fonte de sustento do próprio estado, e que a benefícios fiscais são, portanto, renúncia de receita.

A ideia dos malefícios advindos da renúncia de receita se sobressai principalmente em municípios pobres e pequenos, como é o caso de Princesa Isabel. Ainda assim, é necessário compreender que a tributação ambiental não é a única e nem mesmo a principal fonte de conformação das cidades em cidades sustentáveis, como apregoa o Estatuto da Cidade.

Os municípios brasileiros podem e devem lançar mão de ferramentas estruturadas e concatenadas entre si, advindas das searas do direito econômico, financeiro e tributário, sempre tendo em vista o mandamento de cumprir, a nível local, os objetivos da política urbano-ambiental que advém da Constituição Federal.

Desse modo, é possível concluir que a experiência do município de Princesa Isabel reflete uma realidade brasileira que marca a não concretização, a nível local, da política urbano-ambiental de matriz constitucional, apesar da caracterização do poder-dever dos municípios de implementá-la. Não há que se falar em incentivo ao desenvolvimento pela tributação, aprioristicamente, na cidade de Princesa Isabel/PB, quando não há elementos normativos, econômicos e financeiros eficazes para a promoção ao desenvolvimento sustentável.

Considerações finais

O Estado Socioambiental Democrático de Direito é modelo constitucional que internaliza a preocupação da questão ambiental e a urgência de medidas socioambientais promocionais a um valor normativo e diretor, independentemente da reserva de competência, ou seja, em todo o contexto de organização política gerencial do Estado, alçando a proteção ao meio ambiente como dever fundamental.

Emanando diretamente da Constituição Federal e se enraizando na legislação brasileira através de legislação federal e, de forma mais próxima do contribuinte e cidadão, na legislação municipal, a política urbano-ambiental do Brasil deve ser promovida pelos municípios através de um leque de ferramentas que derivam axiologicamente da Carta, normativamente da legislação que direciona tal política de igual forma para todos os municípios brasileiros e, por fim, pela própria legislação do município que deverá exercer diretamente aquele poder-dever.

Dentre tais ferramentas, a tributação ambiental surge como um meio pelo qual os objetivos e princípios do Estado podem ser direcionados ao contribuinte através da indução de comportamentos gerada pelos tributos, que têm o condão de incentivar condutas ambientalmente desejáveis e de desestimular condutas ambientalmente degradantes.

Como forma de contrapor a realidade prática dos municípios brasileiros com o ementário teórico e principiológico que se extrai da Constituição e das leis, a presente pesquisa buscou analisar a aptidão do município de Princesa Isabel, no sertão paraibano, para se tornar uma localidade que se beneficiaria do fomento à geração de energia elétrica advinda de fonte solar por painéis fotovoltaicos.

Foi possível verificar que o próprio código tributário municipal de Princesa Isabel é envolto por atecnia legislativa, além de não apresentar qualquer tipo de fomento fiscal à produção de energia renovável, à despeito do alto potencial para tanto.

Diferente do que ocorre em municípios brasileiros que possuem programas de tributação ambiental voltados para o ISS e o IPTU, o município de Princesa Isabel conta com uma legislação tributária que não reflete as necessidades e particularidades de sua experiência, restando como um corpo de normas que não cumprem o poder-dever constitucionalmente prescrito, qual seja, da utilização de ferramentas econômicas e fiscais para fins de concretização da política urbana-ambiental brasileira.

Não se pode desconsiderar o fato de que as políticas públicas, essencialmente as tributárias, que carregam valores de conduta, tenham expressão condicionada à realidade social, posto que as normas jurídicas tributárias são traduções positivas das realidades sociais que hipotética, geral e abstratamente, foram alçadas à condição de regulamentação jurídico-positiva.

A urgência de se proteger o meio ambiente em nível municipal, em razão de ser a esfera governamental mais próxima do contribuinte e com potencial para vislumbrar os problemas e necessidades locais, é sintetizada pela promoção dos princípios e garantias fundamentais da Ordem Econômica Constitucional, sendo competente a aplicação da função indutora das normas tributárias com finalidade ambiental no ordenamento jurídico positivo municipal.

A utilização de tal técnica fiscal junto ao setor das energias de fontes renováveis pode ser uma estratégia eficaz com vistas ao barateamento, atratividade e competitividade, integrando a justiça do acesso ao fomento de usuários e de fontes limpas, reduzindo danos ambientais, bem como pela difusão de fontes abundantes para redução da poluição e contribuição efetiva à crise ambiental, fomentando investimentos, e contribuindo à transição exponencial da captação tradicional para as fontes renováveis em nível municipal.

Referências

ALMEIDA, Saulo Nunes de Carvalho. Desafios ao desenvolvimento e eficácia da nova licença-maternidade: proposta para seu aprimoramento. **Revista de Direito Privado**, São Paulo, v. 13, n. 50, p. 429-445, abr. 2012.

BRITO, Tiago Henrique Azevedo de; CAMPOS, Karoline Fernandes Siqueira; CAMPOS, Vinícius Batista. Estudo da viabilidade econômica da instalação de energia solar fotovoltaica ligada à rede, no IFPB, campus Princesa Isabel. **Revista Principia**, João Pessoa, ago. 2021.

CALIENDO, Paulo. **Curso de direito tributário**. 3. ed. São Paulo: Saraiva, 2020.

CALIENDO, Paulo. Extrafiscalidade ambiental e o incentivo às energias renováveis. In: Paulo Caliendo; Denise Lucena. (Org.). **Tributação ambiental e energias renováveis**. Porto Alegre: Fi, 2016, v. 1, p. 11-33.

CALIENDO, Paulo; RAMMÊ, Rogério; MUNIZ, Veyzon. Tributação e sustentabilidade ambiental: a extrafiscalidade como instrumento de proteção do meio ambiente. **Revista de Direito Ambiental**, v. 76, 2014, p. 471.

CARVALHO, Paulo de Barros. **Direito tributário**: linguagem e método. 7. ed. São Paulo, Noeses. 2018

CAVALCANTE, Denise Lucena. Tributação ambiental e os aspectos da extrafiscalidade. In: Paulo de Barros Carvalho; Priscila de Souza. (Org.). **Sistema tributário brasileiro e as relações internacionais**. São Paulo: noeses, 2013, v. 1, p. 1123-1141.

CAVALCANTE, Denise Lucena. Tributação ambiental e energias renováveis. In: CALIENDO, Paulo; CAVALCANTE, Denise Lucena (Orgs.) **Tributação ambiental e energias renováveis**. Porto Alegre, RS: Editora Fi, 2016

CORREIA, Arícia Fernandes; FARIAS, Talden. Regularização fundiária sustentável, licenciamento urbanístico-ambiental e energia solar. **Revista de Direito da Cidade**, v. 7, n. 2, p. 863–901, 2015.

COSTA, Marco Aurélio; FAVARÃO, Cesar Bruno. Institucionalidade e governança na trajetória recente da política urbana brasileira: legislação e governança urbanas. In: **O estatuto da cidade e a habitat III**: um balanço de quinze anos da política urbana no Brasil e a nova agenda urbana. 1. ed. Brasília: Ipea, 2016. p. 111–131.

JOSKOW, P. L.. Weighing environmental externalities: let's do it right! **The Electricity Journal**, v. 5, n.4, p. 53-67, 1992.

NABAIS, José Casalta. **O dever fundamental de pagar impostos**. Coimbra: Almedina, 2015.

OECD WATCH. 2018. Disponível em: https://www.oecdwatch.org/. Acesso em: 28 maio 2022.

SCHOUERI, Luís Eduardo. **Normas tributárias indutoras e intervenção econômica**. Rio de Janeiro: Forense, 2005

SILVA, Anderson Diego Marinho da. **Tributação ambiental de energias renováveis e extrafiscalidade**: diálogos essenciais ao desenvolvimento socioeconômico. Monografia apresentada no Curso de Especialização em Direito Tributário do IBET. São Paulo, 2021.

Uma análise sobre o estado da arte envolvendo os jogos digitais

Gabriel Xavier Marino
Antônio Carlos Diniz Murta

Sumário

1. Introdução. 2. Da incidência do ICMS 3. Do Imposto Sobre Serviço de Qualquer Natureza (ISSQN) 4 Das relações comerciais envolvendo os jogos digitais e a possibilidade de incidência do ICMS ou ISSQN. 5. Dos problemas advindos da falta de regulamentação da indústria de jogos digitais. 6. Considerações finais. Referências.

1 Introdução

O trabalho versa sobre a possibilidade de incidência do imposto sobre operações relativas à circulação de mercadorias e sobre prestações de serviços de transporte interestadual e intermunicipal e de comunicação ou imposto sobre serviço de qualquer natureza sobre os jogos digitais e o *streaming*.

Ainda será analisado as características do imposto sobre operações relativas à circulação de mercadorias e sobre prestações de serviços de transporte interestadual e intermunicipal e de comunicação quanto do imposto sobre serviço de qualquer natureza.

Após a análise das características do imposto sobre operações relativas à circulação de mercadorias e sobre prestações de serviços de transporte interestadual e intermunicipal e de comunicação e do imposto sobre serviço de qualquer natureza será feita analisado sobre a incidência dos referidos impostos quanto aos jogos digitais e o *streaming*, sendo possível chegar à conclusão de que para cada relação comercial existente poderá incidir ou não o imposto sobre operações relativas à circulação de mercadorias e sobre prestações de serviços de transporte interestadual e intermunicipal e de comunicação, ou o imposto sobre serviço de qualquer natureza.

Nesta senda se tentará esclarecer um problema central da revolução tecnológica que estamos vivendo, problema esse sendo o crescimento da indústria de jogos digitais e o *streaming* e a falta da regulamentação sobre o assunto.

Sobre a incidência do imposto sobre operações relativas à circulação de mercadorias e sobre prestações de serviços de transporte interestadual e intermunicipal e de comunicação e do ISSQN quanto aos jogos digitais e o *streaming* de autores como: Roque Carraza, Leandro Paulsen, Luciano Garcia Miguel, entre outros, a jurisprudência do Supremo Tribunal Federal, do Superior Tribunal de Justiça.

A partir das informações coletadas, a partir de pesquisa bibliográfica e jurisprudencial, analisadas e trabalhadas, foi possível alcançar entendimento de que para cada relação comercial existente poderá incidir ou não o imposto sobre operações relativas à circulação de mercadorias e sobre prestações de serviços de transporte interestadual e intermunicipal e de comunicação, ou mesmo o imposto sobre serviço de qualquer natureza.

2 Da incidência do ICMS

No que concerne ao imposto sobre operações relativas à circulação de mercadorias, sobre prestações de serviços de transporte interestadual e intermunicipal e de comunicação. Para fins didáticos será utilizada a sigla ICMS para se referir ao imposto citado, sua regulamentação se dá pela Constituição da República e pela Lei Complementar nº 87/96, conhecida como Lei Kandir.

O imposto sobre operações relativas à circulação de mercadorias e sobre prestações de serviços de transporte interestadual e intermunicipal e de comunicação está previsto na Constituição da República como sendo de competência dos Estados e do Distrito Federal, conforme é previsto no art. 155, II da Constituição da República.

A Lei Complementar 87/96 no seu artigo 2.º estabelece cinco hipóteses de incidência, ou seja, a descrição atribuída por lei a determinado ato do contribuinte relevante para o direito tributário para fins de incidência do ICMS.[1]

2.1 Operação relativa à circulação de mercadoria

É importante estabelecer que para as definições quanto aos conceitos de operações, mercadoria e circulação de mercadoria, sua análise se fará à luz

---

[1] Art. 2º O imposto incide sobre: I - Operações relativas à circulação de mercadorias, inclusive o fornecimento de alimentação e bebidas em bares, restaurantes e estabelecimentos similares; II - Prestações de serviços de transporte interestadual e intermunicipal, por qualquer via, de pessoas, bens, mercadorias ou valores; III - prestações onerosas de serviços de comunicação, por qualquer meio, inclusive a geração, a emissão, a recepção, a transmissão, a retransmissão, a repetição e a ampliação de comunicação de qualquer natureza; IV - Fornecimento de mercadorias com prestação de serviços não compreendidos na competência tributária dos Municípios; V - Fornecimento de mercadorias com prestação de serviços sujeitos ao imposto sobre serviços, de competência dos Municípios, quando a lei complementar aplicável expressamente o sujeitar à incidência do imposto estadual. (BRASIL, 1996).

do direito privado, conforme estabelece o artigo 110 do CTN.[2]

Desse modo, os conceitos a seguir apresentados serão conceituados a partir da interpretação do direito privado; pois, não devemos desprezar a importância histórica das leis para a construção dos conceitos.

Para ocorrer à hipótese de incidência envolvendo operação relativa à circulação de mercadoria será necessário definir o conceito de operações ou atividade mercantil, mercadoria, circulação jurídica e circulação de mercadoria.

A atividade mercantil é realizada por pessoas físicas ou jurídicas habitualmente, todavia, esse conceito não é simples, haja vista que a atividade mercantil pressupõe que está compra seja feita não para integrar o patrimônio do comerciante e se estabelecer, visa circular a mercadoria, ou seja, transferir a propriedade do bem. (MARTINS, 2011, p. 60).

De maneira mais simples, podemos definir as operações da atividade mercantil um negócio jurídico, predominantemente compra e venda. Essa atividade que tem como característica a circulação de mercadoria entre os comerciantes, ou seja, relações comerciais em que existe mudança de titularidade do domínio.

Para entender o conceito de mercadoria devemos observar o conceito que a Constituição da República estabelece. Como a constituição não estabelece é utilizado o conceito entendimento estabelecido no art. 191 do Código Comercial brasileiro[3], pois, como foi recepcionado contemporaneamente a Constituição da República facilita na investigação, mercadoria, para fins de tributação do ICMS, é o que a lei comercial considera mercadoria. (CARRAZZA, 2006, p. 38).

Ora, se o conceito de mercadoria deve ser aquele estabelecido na época da promulgação da Constituição da República, nada mais correto que buscar nos estudiosos da época o que se considerava o conceito de mercadoria (AMARO, 2019, p.102).

Segundo os doutrinadores o conceito de mercadoria à luz da constituição é possível perceber que o conceito de mercadoria está intrinsecamente ligado ao de circulação jurídica, ou seja, quando ocorre a transferência de propriedade para o consumidor.

---

[2] Art. 110. A lei tributária não pode alterar a definição, o conteúdo e o alcance de institutos, conceitos e formas de direito privado, utilizados, expressa ou implicitamente, pela Constituição Federal, pelas Constituições dos Estados, ou pelas Leis Orgânicas do Distrito Federal ou dos Municípios, para definir ou limitar competências tributárias. (BRASIL, 1966).

[3] Art. 191 - O contrato de compra e venda mercantil é perfeito e acabado logo que o comprador e o vendedor se acordam na coisa, no preço e nas condições; e desde esse momento nenhuma das partes pode arrepender-se sem consentimento da outra, ainda que a coisa se não ache entregue nem o preço pago. Fica entendido que nas vendas condicionais não se reputa o contrato perfeito senão depois de verificada a condição (artigo nº. 127). (BRASIL, 1850).

Para que a relação comercial seja caracterizada pela circulação jurídica, deve-se enquadrar como hipótese de incidência do ICMS. Deste modo, deve haja a mudança de propriedade da mercadoria. (CARRAZA, 2010 p. 23).

Assim, pode-se dizer que somente ocorrerá a incidência do ICMS nos casos de transferência de propriedade quando houver a mudança na titularidade do bem e este novo proprietário puder usar, gozar, e dispor, vender e reaver o bem.

Para existir a circulação de mercadoria, deve tal relação comercial enquadrar nos conceitos de operação, circulação e mercadoria, ou seja, geralmente é necessária a transferência de propriedade. Tal entendimento se fundamenta no fato de esta interpretação ser aquela feita a época da constituinte de 1988, sendo, portanto, este o critério para a interpretação da circulação de mercadoria.

2.2 Prestação de serviço de transporte interestadual e intermunicipal

Em regra, a prestação de serviços é hipótese de incidência tributada pelos Municípios pelos impostos sobre serviço, mas com o advento da Constituição da República de 1988, dois serviços foram incluídos no âmbito de incidência do ICMS: transporte interestadual e intermunicipal e de comunicação. Para fins didáticos será analisado primeiramente o serviço de transporte interestadual e intermunicipal e posteriormente o de comunicação.

Para ocorrer à hipótese de incidência envolvendo prestação de serviços e transporte interestadual e intermunicipal é necessário entender o que é prestação de serviço, serviço de transporte, serviço de transporte interestadual e intermunicipal.

A característica central envolvendo prestação de serviço é a obrigações de fazer, ou seja, quando alguém está comprometido a realizar certa tarefa ou praticar algum ato que converterá em vantagem para aquele que contratou, ou para uma terceira pessoa.

Para entendermos o conceito de serviço de transporte é necessário observar o sentido empregado pelos doutrinadores civilistas sobre o assunto, vejamos. Serviço de transporte é uma espécie nos contratos de serviço e tem como característica principal o transporte de passageiro ou transporte de coisa mediante contraprestação; isto é, quando alguém está comprometido a realizar certa tarefa envolvendo transporte de passageiro ou transporte de coisa mediante contraprestação pelo.

Portanto, para fins de incidência do ICMS envolvendo serviço de transporte interestadual e intermunicipal o sentido de serviço de transporte é um contrato pactuado entre as partes em que ocorre um pagamento para que uma das partes transporte determinada coisa ou pessoa para determinado lugar.

2.3 Prestações onerosas de serviço de comunicação

Para ocorrer à hipótese de incidência envolvendo operação relativa à circulação de mercadoria é necessário entender o que é prestação onerosa de serviço de comunicação. Desse modo, será necessário observar o conceito de prestação onerosa, serviço e serviço de comunicação, esses conceitos retirados da doutrina e jurisprudência.

Para entendermos o conceito de prestações onerosas é necessário observar o sentido empregado pelos doutrinadores civilistas sobre o assunto. Prestações onerosas é um conceito utilizado quando um agente adquire algo ficando sujeito a um ônus ou encargo. Nesse sentido, prestação onerosa envolvendo serviço de comunicação é o pagamento feito pela utilização do serviço de comunicação.

O sentido de prestações onerosas é quando alguém adquire algo ficando sujeito a um ônus ou encargo. A prestação onerosa envolvendo serviço de comunicação seria o fato de alguém adquirir o serviço de comunicação em troca de pagamento.

Para entendermos o conceito de serviço é necessário observar o sentido empregado pelos doutrinadores civilistas sobre o assunto. A característica central envolvendo prestação de serviço é a obrigações de fazer, ou seja, quando alguém está comprometido a realizar certa tarefa ou praticar algum ato que converterá em vantagem para aquele que contratou, ou para uma terceira pessoa.

Assim, é possível perceber que além do fato do conceito de prestação de serviço ser caracterizado pelo conceito de obrigação de fazer, ou seja, quando alguém está comprometido a realizar certa tarefa ou praticar algum ato que converterá em vantagem para aquele que contratou, ou para uma terceira pessoa.

Sob outra perspectiva, o ICMS comunicação tem como hipótese de incidência o serviço de comunicação, todavia, esse conceito não é simples, haja vista a inexistência de lei definidora do que seria entendido como comunicação.

A Constituição da República adota o seguinte sentido de prestação de serviço e de comunicação como é possível perceber no artigo 155, II.[4]

Como a Constituição da República utiliza os três termos: prestação + serviço + comunicação, esses termos analisados em separado podem definir o que seria o serviço de comunicação. (AMARO, 2010).

Portanto, o objeto da incidência envolvendo o ICMS comunicação tem como hipótese de incidência o serviço de comunicação, esse conceito definido pelos doutrinadores citados como um serviço caracterizado pela interação, transmissão de dados ou comunicação entre a emissão e o receptor. Ademais, é caracterizado pelos três elementos: prestação, serviço e comunicação.

2.4 Fornecimento de mercadoria com prestação de serviço não compreendido na competência tributária dos municípios

A regra do ordenamento jurídico brasileiro é a incidência do imposto municipal de serviço sobre qualquer natureza em se tratando da cobrança de impostos sobre os serviços disponibilizados. Todavia, a Constituição da República traz duas exceções e uma delas é o fornecimento de mercadoria com prestação de serviço não compreendido na competência dos Municípios.

Sobre a incidência do ICMS envolvendo fornecimento de mercadoria com prestação de serviço, essa é possível observar no art. 155, §2º, IX, 'b' da Constituição da República.[5]

Em alternativa, a Constituição da República estabelece competência tributária aos Municípios quando envolver prestação de serviço, em geral, conforme é possível observar no artigo 156, III da Constituição da República de 1988.[6]

Ora, se a Constituição da República estabelece que os serviços podem ser cobrados ou pelo ICMS, ou pelo imposto sobre serviço, logo, tais impostos são excludentes.

Para descobrir quais fornecimentos de mercadoria com prestação de serviço são hipóteses de incidência do ICMS é necessário analisar a Lei Complementar 116 de 2003, essa que estabelece as hipóteses de incidência do

---

[4] Art. 155. Compete aos Estados e ao Distrito Federal instituir impostos sobre: [...] II - operações relativas à circulação de mercadorias e sobre prestações de serviços de transporte interestadual e intermunicipal e de comunicação, ainda que as operações e as prestações se iniciem no exterior. (BRASIL, 1988).
[5] Art. 155. Compete aos Estados e ao Distrito Federal instituir impostos sobre: [...] II - operações relativas à circulação de mercadorias e sobre prestações de serviços de transporte interestadual e intermunicipal e de comunicação, ainda que as operações e as prestações se iniciem no exterior; [...] § 2º O imposto previsto no inciso II atenderá ao seguinte: [...] IX - incidirá também: [...] b) sobre o valor total da operação, quando mercadorias forem fornecidas com serviços não compreendidos na competência tributária dos Municípios. (BRASIL, 1988).
[6] Art. 156. Compete aos Municípios instituir impostos sobre: [...] III - serviços de qualquer natureza, não compreendidos no art. 155, II, definidos em lei complementar. (BRASIL, 1988).

imposto Municipal sobre serviços; conforme leciona (Leandro, 2020) chegamos à conclusão de que as operações mistas onde o serviço envolvido não está arrolado no anexo da Lei Complementar n. 116/03 se sujeita ao ICMS.

2.5 Fornecimento de mercadorias com prestação de serviços sujeitos ao imposto sobre serviços, de competência dos municípios

A regra do ordenamento jurídico brasileiro é a incidência do imposto municipal de serviço sobre qualquer natureza em se tratando da cobrança de impostos sobre os serviços disponibilizados. Todavia, a Constituição da República traz duas exceções e uma delas é o fornecimento de mercadorias com prestação de serviços sujeitos ao imposto sobre serviços, de competência dos Municípios, quando a lei complementar aplicável expressamente o sujeitar à incidência do imposto estadual.

Sobre a incidência do ICMS envolvendo fornecimento de mercadoria com prestação de serviço, essa é possível observar no art. 155, §2º, IX, 'b' da Constituição da República.[7]

De outro modo, a Constituição da República estabelece competência tributária aos Municípios quando envolver prestação de serviço, em geral, conforme é possível observar no artigo 156, III da Constituição da República de 1988.[8]

Nesse sentido, a Lei Complementar 116/2003, essa que trata dos serviços de competência do imposto Municipal irá tratar as hipóteses nas quais incidirá o ICMS, conforme item 14.01 da Lei Complementar 116/03[9].

Ao estipular a cobrança de ICMS na situação, a Lei Complementar 116/03 está estipulando expressamente que incidirá o imposto sobre serviço no valor referente aos serviços prestados e incidirá o ICMS sobre a venda das mercadorias.

---

[7] Art. 155. Compete aos Estados e ao Distrito Federal instituir impostos sobre: [...] II - operações relativas à circulação de mercadorias e sobre prestações de serviços de transporte interestadual e intermunicipal e de comunicação, ainda que as operações e as prestações se iniciem no exterior; [...] § 2º O imposto previsto no inciso II atenderá ao seguinte: [...] IX - incidirá também: [...] b) sobre o valor total da operação, quando mercadorias forem fornecidas com serviços não compreendidos na competência tributária dos Municípios. (BRASIL, 1988).
[8] Art. 156. Compete aos Municípios instituir impostos sobre: [...] III - serviços de qualquer natureza, não compreendidos no art. 155, II, definidos em lei complementar. (BRASIL, 1988).
[9] 14.01 – Lubrificação, limpeza, lustração, revisão, carga e recarga, conserto, restauração, blindagem, manutenção e conservação de máquinas, veículos, aparelhos, equipamentos, motores, elevadores ou de qualquer objeto (exceto peças e partes empregadas, que ficam sujeitas ao ICMS). (BRASIL, 2003).

3 Do Imposto Sobre Serviço de Qualquer Natureza (ISSQN)

No que concerne ao imposto sobre serviço de qualquer natureza. Para fins didáticos será utilizada a sigla ISSQN para se referir ao imposto citado, sua regulamentação se dá pela Constituição da República e pela Lei Complementar 116/2003.

A Constituição da República outorga a competência do imposto sobre serviço de qualquer natureza aos Município e Distrito Federal, essa regra consta no artigo 156, III da Constituição da República.[10]

Para entender a hipótese de incidência do imposto sobre serviço de qualquer natureza é necessário entender o que é serviço e o que é serviço de qualquer natureza.

Para entendermos o conceito de serviço é necessário observar o sentido empregado pelos doutrinadores civilistas sobre o assunto. A característica central envolvendo prestação de serviço é a obrigações de fazer, ou seja, quando alguém está comprometido a realizar certa tarefa ou praticar algum ato que converterá em vantagem para aquele que contratou, ou para uma terceira pessoa.

Portanto, é possível perceber que além do fato do conceito de prestação de serviço ser caracterizado pelo conceito de obrigação de fazer, ou seja, quando alguém está comprometido a realizar certa tarefa ou praticar algum ato que converterá em vantagem para aquele que contratou, ou para uma terceira pessoa.

Para entendermos o conceito de serviço de qualquer natureza é necessário observar a jurisprudência do STF no julgamento do RE 651.703/PR[11].

Desse modo, após análise jurisprudencial do conceito de serviço de qualquer natureza analisado pelo Supremo Tribunal Federal não é mais possível utilizar o sentido civilista de obrigação de fazer para definir o que é serviço de qualquer natureza; o serviço de qualquer natureza deve ser do oferecimento de uma utilidade para outrem, prestada habitualmente com o intuito de lucro.

---

[10] Art. 156. Compete aos Municípios instituir impostos sobre: [...] III - serviços de qualquer natureza, não compreendidos no art. 155, II, definidos em lei complementar. (BRASIL, 1988).

[11] "[...] Sob este ângulo, o conceito de prestação de serviços não tem por premissa a configuração dada pelo Direito Civil, mas relacionado ao oferecimento de uma utilidade para outrem, a partir de um conjunto de atividades imateriais, prestado com habitualidade e intuito de lucro podendo estar conjugada ou não com a entrega de bens ao tomador". (RE 651.703/PR, Rel. Ministro LUIZ FUX, PLANÁRIO, julgado em 25.04.2017, DJ 26.04.2017 p. 33. Disponível em: https://jurisprudencia.stf.jus.br/pages/search/sjur366612/false. Acesso em: 18/05/2022).

4 Relações Comerciais Envolvendo os Jogos Digitais e a Possibilidade de Incidência do ICMS ou ISSQN

Com o surgimento dos jogos digitais ocorreu o crescimento exponencial da indústria de jogos digitais, pois, as empresas começaram a criar modelos de relações comerciais diferentes para atrair maior número de jogadores, sendo as seguintes relações comerciais: aquisição física dos jogos digitais, aquisição dos jogos digitais premium, cessão de direito nos jogos digitais premium, serviço de assinatura de cessão de direito nos jogos digitais premium, aquisição dos jogos digitais *freemium* ou *free-to play* e também surgiu o serviço de *streaming*.

Nesse tópico será feita uma análise das relações comerciais existentes e a possibilidade ou não de incidência do ICMS, ou ISSQN envolvendo os jogos digitais.

4.1 Aquisição física do jogo digital comercializado

Na relação comercial envolvendo compra dos jogos digitais fisicamente ocorre da seguinte maneira: um agente compra o jogo digital com a propriedade do produto; ocorrendo a transferência de propriedade, pois, aquele que adquiriu o jogo digital pode usar, gozar, vender e reaver o bem, caracterizando a transferência de propriedade. Além disso, estes jogos digitais são caracterizados por terem uma monetização fixa por unidade.

O jogo digital comercializado fisicamente se enquadra na hipótese de incidência do ICMS, pois, é caracterizada por envolver operação ou atividade mercantil, mercadoria, circulação jurídica e circulação de mercadoria, visto que ocorre a transferência da titularidade.

Ao que se refere a hipótese de incidência das prestações de serviços de transporte interestadual e intermunicipal não é possível de incidir o ICMS, pois, na relação comercial envolvendo a comercialização física dos jogos digitais é a compra e venda dos jogos digitais e não um serviço de transporte.

Sobre a hipótese de incidência serviço de comunicação não é possível incidir o ICMS, pois, na relação comercial envolvendo a comercialização física dos jogos digitais é a compra e venda dos jogos digitais e não um serviço de comunicação.

No que diz respeito a hipótese de incidência fornecimento de mercadorias com prestação de serviços não compreendidos na competência tributária dos Municípios não é possível incidir o ICMS, pois, a relação comercial envolvendo a comercialização física dos jogos digitais é a compra e venda dos jogos digitais.

No que tange a hipótese de incidência de fornecimento de mercadorias com prestação de serviços sujeitos ao imposto sobre serviços, de competência dos Municípios não é possível incidir o ICMS, pois, a relação comercial envolvendo a comercialização física dos jogos digitais é a compra e venda dos jogos digitais.

De outra maneira, não é possível incidir o imposto sobre serviço, pois, a relação comercial envolvendo a comercialização física dos jogos digitais é a compra e venda dos jogos digitais e não a prestação de um serviço.

4.2 Da aquisição dos jogos digitais premium

No que toca as operações relativas à circulação de mercadoria e a aquisição dos jogos digitais premium é possível de incidir o ICMS uma vez que tal relação comercial é caracterizada pela transferência da titularidade da mercadoria.

A respeito da hipótese de incidência serviço de comunicação não é possível incidir o ICMS já que na relação comercial envolvendo os jogos digitais o objeto da relação é a compra e venda dos jogos digitais e não serviço de comunicação.

Sobre a hipótese de incidência das prestações de serviços de transporte interestadual e intermunicipal não é possível incidir o ICMS, pois, na relação comercial envolvendo aquisição dos jogos digitais premium o objeto da relação é a compra e venda dos jogos digitais premium e não serviço de transporte.

Em referência a hipótese de incidência fornecimento de mercadorias com prestação de serviços não compreendidos na competência tributária dos Municípios não é possível incidi o ICMS, pois, o objeto da relação comercial envolvendo aquisição dos jogos digitais premium é a compra e venda, e não fornecimento de mercadoria com prestação de serviço.

Em relação à incidência de fornecimento de mercadorias com prestação de serviços sujeitos ao imposto sobre serviços, de competência dos Municípios não é possível de incidir o ICMS já que o objeto da relação comercial envolvendo aquisição dos jogos digitais premium é a compra e venda, e não fornecimento de mercadoria com prestação de serviço.

Diferentemente, no que concerne a hipótese de incidência do imposto sobre serviço não é possível incidir o imposto sobre serviço, pois, o objeto da relação comercial envolvendo aquisição dos jogos digitais premium é a compra e venda, e não fornecimento de um serviço.

4.3 Da cessão de direito nos jogos digitais premium

Sobre operações relativas à circulação de mercadoria não é possível de incidir o ICMS quando envolver cessão de direito dos jogos digitais premium, pois, não ocorre transferência de propriedade. Nesse contexto, o que ocorre é a possibilidade daquele que pagou pelo jogo digital de usar, gozar, dispor e reaver o bem e não transferência de propriedade.

Em referência ao serviço de comunicação não é possível incidir o ICMS quando envolver cessão de direito dos jogos digitais premium, pois, não ocorre serviço de comunicação. O que ocorre é a possibilidade daquele que pagou pelo jogo digital de usar, gozar, dispor e reaver o bem e não serviço de comunicação.

Com relação à prestação de serviço de transporte interestadual e intermunicipal não possível de incidir o ICMS quando envolver cessão de direito dos jogos digitais premium uma vez que não ocorre um serviço de transporte. O que ocorre é a possibilidade daquele que pagou pelo jogo digital de usar, gozar, dispor e reaver o bem e não serviço de comunicação.

No tocante ao fornecimento de mercadorias com prestação de serviços não compreendidos na competência tributária dos Municípios não é possível incidir o ICMS quando envolver cessão de direito dos jogos digitais premium, pois, o serviço de cessão de direito é estipulado na lista de serviços de competência do imposto sobre serviço.

Em relação ao fornecimento de mercadorias com prestação de serviços sujeitos ao imposto sobre serviços, de competência dos Municípios não é possível incidir o ICMS quando envolver cessão de direito dos jogos digitais premium, pois, a relação comercial é caracterizada somente por um serviço de cessão de direito de uso.

Por outro ângulo, é possível incidir o imposto sobre serviço quando envolver cessão de direito dos jogos digitais premium, pois, a relação comercial é caracterizada por um serviço de cessão de direito de uso. O referido serviço está previsto na Lei Complementar 116 de 2003 no seu item 1.05[12].

4.4 Da aquisição por assinatura da cessão de direito dos jogos digitais premium

Ademais, apesar da relação comercial envolvendo os jogos digitais premium cessão de direito por assinatura serem caracterizados por uma monetização mensal não existe a transferência de propriedade e sim o

---

[12] 1.05 – Licenciamento ou cessão de direito de uso de programas de computação. (BRASIL, 2003).

direito ao acesso aos diversos jogos disponíveis no catálogo: o jogo digital continua sendo da plataforma que comercializa o jogo digital e o consumidor tem direito ao uso dos jogos pelo período em que pagar a mensalidade. Nesse sentido, não caracteriza transferência de propriedade, pois, com o pagamento não ocorre a possibilidade daquele que pagou pelo jogo digital de usar, gozar, dispor e reaver o bem e sim a possibilidade de usar o jogo digital.

Sobre as operações relativas à circulação de mercadoria não é possível de incidir o ICMS quando envolver a aquisição da assinatura da cessão de direito dos jogos digitais premium, pois, o objeto da relação comercial não é a transferência de propriedade. O objeto da relação comercial envolve a assinatura de um serviço que possibilita a cessão de direito de uso dos jogos disponibilizados no catálogo de jogos.

Em relação ao serviço de comunicação não é possível incidir o ICMS quando envolver a aquisição da assinatura da cessão de direito dos jogos digitais premium, devido ao fato da relação comercial envolver a cessão de direito de uso dos jogos disponibilizados no catálogo de jogos e não serviço de comunicação.

No que diz respeito a prestações de serviços de transporte interestadual e intermunicipal não é possível de incidir o ICMS quando envolver a aquisição da assinatura da cessão de direito dos jogos digitais premium, pois, relação comercial envolve a cessão de direito de uso dos e não serviço de transporte.

Em relação ao fornecimento de mercadorias com prestação de serviços não compreendidos na competência tributária dos Municípios não é possível incidir o ICMS quando envolver a aquisição da assinatura da cessão de direito dos jogos digitais premium, pois, a relação comercial não envolve mercadoria com prestação de serviço. O objeto da relação comercial é apenas a cessão de direito de uso dos jogos.

Quanto ao fornecimento de mercadorias com prestação de serviços sujeitos ao imposto sobre serviços, de competência dos Municípios não é possível incidir o ICMS quando envolver a aquisição da assinatura da cessão de direito dos jogos digitais premium, pois, a relação comercial não envolve mercadoria com prestação de serviço. O objeto da relação comercial é apenas a cessão de direito de uso dos jogos.

Em alternativa, é possível incidir o imposto sobre serviço quando envolver a aquisição da assinatura da cessão de direito dos jogos digitais premium, pois, a relação comercial é caracterizada por um serviço de cessão de direito de uso. O referido serviço está previsto na Lei Complementar 116 de 2003 no seu item 1.05[13].

---

[13] 1.05 – Licenciamento ou cessão de direito de uso de programas de computação. (BRASIL, 2003).

4.5 Da aquisição dos jogos digitais *freemium* ou *free-to play*

Sobre as operações relativas à circulação de mercadoria não é possível de incidir o ICMS quando envolver a aquisição dos jogos digitais *freemium* ou *free-to play*, pois, ocorre transferência de propriedade. O objeto da relação comercial é a aquisição gratuita.

Tendo em consideração ao serviço de comunicação não é possível incidir o ICMS quando envolver a aquisição dos jogos digitais *freemium* ou *free-to play*, pois, o objeto da relação comercial é aquisição gratuita e não serviço de comunicação.

No tocante à prestação de serviços de transporte interestadual e intermunicipal não é possível de incidir o ICMS quando envolver a aquisição dos jogos digitais *freemium* ou *free-to play*, pois, o objeto da relação comercial é aquisição gratuita e não serviço de transporte.

Quanto ao fornecimento de mercadorias com prestação de serviços não compreendidos na competência tributária dos Municípios não é possível incidir o ICMS quando envolver a aquisição dos jogos digitais *freemium* ou *free-to play*, pois, não existe contraprestação pecuniária por um serviço de transporte.

Quanto ao fornecimento de mercadorias com prestação de serviços sujeitos ao imposto sobre serviços, de competência dos Municípios não é possível incidir o ICMS quando envolver a aquisição dos jogos digitais *freemium* ou *free-to play*, pois, o objeto não é o fornecimento de uma mercadoria com um serviço.

De outra maneira, não é possível incidir o imposto sobre serviço quando envolver a aquisição dos jogos digitais *freemium* ou *free-to play*, pois, não existe contraprestação pecuniária por um serviço. O objeto da relação comercial é a aquisição gratuita do jogo digital.

4.6 Do *Streaming*

O *streaming* é uma tecnologia de transmissão de dados pela internet, principalmente áudio e vídeo, sem a necessidade de baixar o conteúdo. O detentor do conteúdo transmite a música ou filme pela internet e esse material não é baixado, ou seja, a transmissão do áudio ou vídeo é armazenada nas nuvens, isto é, plataformas ou softwares que hospedam e disponibilizam aos usuários determinados serviços.

Semelhantemente, o Superior Tribunal de Justiça, se manifestou sobre a natureza jurídica do *streaming* no REsp 1559264/RJ[14]:

---

[14] "RECURSO ESPECIAL. DIREITO AUTORAL. INTERNET. DISPONIBILIZAÇÃO DE OBRAS MUSICAIS. TECNOLOGIA STREAMING. SIMULCASTING E WEBCASTING. EXECUÇÃO PÚBLICA. CONFIGURAÇÃO. COBRANÇA DE DIREITOS AUTORAIS. ECAD. POSSIBILIDADE.

Nesse sentido, o funcionamento do *streaming* de música se reflete também para as outras categorias de *streaming* como os de filme, essas nada mais são do que uma transmissão de dados ao vivo via internet ou rede de computadores.

De outro modo, apesar dos serviços de *streaming* conseguir abranger várias áreas como, por exemplo: música, filme, campeonatos de esporte, *eSport*, conteúdo sobre culinária, conversa e outras coisas, os serviços de *streaming* são mais atrativos paras as pessoas da geração Z e das próximas gerações que surgirem, pois, existe uma tendência global da diminuição da importância das emissoras e programas de televisão.

Nesse contexto, empresas de *streaming* de filmes como *Netflix, DisneyPlus, AmazonPrime, spotify, YouTube premium, twitch* e outras tendem a ultrapassar a televisão na questão de importância, influência e faturamento nos próximos anos, haja vista o comportamento da geração Z de não ter o costume de assistir televisão.

Lado outro, após análise sobre o que seria o *streaming* e a sua influência na geração Z e a futuras gerações denominadas como "geração digital" será elaborada uma análise se nos casos envolvendo *streaming* existentes e a possibilidade ou não de incidência do ICMS, ou ISSQN.

Quanto à circulação de mercadoria e a venda dos jogos digitais físicos não é possível de incidir o ICMS quanto ao *streaming*, pois, não caracteriza transferência de propriedade. O objeto da relação comercial é a prestação de um serviço, no caso de *streaming*.

Relativamente ao serviço de comunicação é possível incidir o ICMS quanto ao serviço de *streaming*, pois, entendendo que o *streaming* é uma evolução dos serviços de televisão a cabo ou assinara, pois, os dois serviços são caracterizados pela transmissão do sinal realizado pela empresa prestadora do serviço. Nesse sentido, conforme o REsp 418.594/PR[15] incide o ICMS sobre a transmissão do sinal realizado pela prestadora do serviço de televisão a cabo ou assinatura, pois, existe comunicação, interatividade, transmissão de dados entre a sede da empresa de tv a cabo e o moldem instalado na televisão do usuário.

Ainda sobre o *streaming* ser uma evolução do serviço de televisão a cabo

---

SIMULCASTING. MEIO AUTÔNOMO DE UTILIZAÇÃO DE OBRAS INTELECTUAIS. COBRANÇA DE DIREITOS AUTORAIS. NOVO FATO GERADOR. TABELA DE PREÇOS. FIXAÇÃO PELO ECAD.[...] 2. Streaming é a tecnologia que permite a transmissão de dados e informações, utilizando a rede de computadores, de modo contínuo. Esse mecanismo é caracterizado pelo envio de dados por meio de pacotes, sem a necessidade de que o usuário realize download dos arquivos a serem executados [...]". (REsp 1559264/RJ, Rel. Ministro RICARDO VILLAS BÔAS CUEVA, SEGUNDA SEÇÃO, julgado em 08/02/2017).

[15] REsp 418.594/PR, Rel. Ministro TEORI ALBINO ZAVASCKI, PRIMEIRA TURMA, julgado em 17.02.2005, DJ 21.03.2005 p. 218. Disponível em: https://processo.stj.jus.br/proc esso/pesquisa/?tipoPesquisa=tipoPe squi saNumer oRegistro&termo=200200216060&totalRegistrosPorPagina=40&aplicacao=processos.ea. Acesso em: 18/05/2022

ou assinatura, esse fato ocorre devido à transmissão do sinal, visto que no serviço de *streaming* também ocorre um ato ativo de interação entre a prestadora do serviço e o computador pessoal, telefone, *tablet* ou qualquer outro dispositivo.

No tocante à prestação de serviços de transporte interestadual e intermunicipal não é possível incidir o ICMS quanto ao *streaming*, pois, o objeto da relação comercial é a prestação de um serviço de comunicação, no caso de *streaming* e não serviço de transporte.

Sobre o fornecimento de mercadorias com prestação de serviços sujeitos ao imposto sobre serviços, de competência dos Municípios não é possível incidir o ICMS quanto ao *streaming*, pois, a relação comercial é caracterizada somente pela prestação do serviço de *streaming*.

No que diz respeito ao fornecimento de mercadorias com prestação de serviços não compreendidos na competência tributária dos Municípios não incide o ICMS quanto ao *streaming*, pois, o objeto da relação comercial é a prestação de um serviço de comunicação.

Sob outra perspectiva, não é possível incidir o imposto sobre serviço quanto ao *streaming*, pois, o objeto da relação comercial é a prestação de um serviço de comunicação de competência do ICMS.

5 Dos problemas advindos da ausência de regulamentação da indústria de jogos digitais

O Brasil está pouco desenvolvido em relação à economia digital. Nesse sentido, os impactos dessa revolução tecnológica não estão sendo suficientemente estudada. Ademais, as antigas definições não se ajustam a realidade, provocando distorções, prejuízos ao longo da cadeia produtiva e falta de receita do Estado, pois, como o comércio e as relações cada vez mais digitalizado mais dinheiro circula nos meios digitais.

Nesse contexto, podemos utilizar como exemplo a própria indústria de jogos digitais, essa que segundo a *Newzoo* faturou uma expectativa de dez bilhões de reais em 2018 e como não existe regulação o Estado acaba perdendo arrecadação de impostos, deixando de gerar riquezas e empregos.[16]

Portanto, com o Brasil absolutamente atrasado no entendimento das questões envolvendo a economia digital em jogos digitais, esse fato faz gerar insegurança jurídica, freia o desenvolvimento e estrangular a inovação.

---

[16] Disponível em: https://newzoo.com/insights/articles/newzoo-cuts-global-games-forecast-for-2018-to-134-9-billion/. Acesso em: 15 out. 2019.

Ademais, sobre falta de regulação frear o desenvolvimento é possível concretizar essa relação, pois, a regulação tem um papel de proteger, desenvolver e fomentar a indústria brasileira de jogos digitais. Caso ocorra a regulação e a proteção da indústria brasileira, o Estado brasileiro somente teria benefícios uma vez que só a atividade econômica teria incremento, com seu impacto positivo na geração de renda, empregos, etc., bem como aumentaria a arrecadação tributária no país num setor subdimensionado e em franco crescimento e notoriamente subtributado.

6 Considerações Finais

Por meio do arrazoado apresentado foi possível, mesmo que perfunctoriamente, compreender-se sobre a possível incidência, envolvendo os jogos digitais e o *streaming*, do ICMS ou do ISSQN.

Foi possível, assim, chegar à conclusão de que para cada relação comercial existente poderá incidir ou não o ICMS ou o ISSQN. Isto certamente só acarreta mais insegurança dada à zona cinzenta de tributação daqueles impostos.

Na eventual reforma tributária que se pretende fazer a unificação de impostos sobre o consumo sobre uma mesma referência impositiva poderia resolver esta dificuldade.

Buscou-se, também, esclarecer um problema central da revolução tecnológica que estamos vivendo, problema causado pela falta da regulamentação das relações advindas do crescimento da indústria de jogos digitais e o *streaming*, dificultando mais ainda sua tributação não importando sobre tal ou qual exação.

Neste sentido a falta de regulação desse mercado promissor / jogos digitais dificulta a atuação do próprio Estado, seja como sujeito ativo de tributos seja na limitação do uso deste mercado em detrimento dos seus usuários; contribuindo, assim, para a falta de maior geração de empregos, proteção da indústria interna de e arrecadação de impostos para o Estado brasileiro.

Referências

AMARO, Luciano. **Direito tributário brasileiro**. 23. ed. São Paulo: Saraiva, 2019.

ÁVILA, Humberto. Veiculação de material publicitário em páginas na internet. Exame da competência para instituição do imposto sobre serviços de comunicação. Ausência de prestação de serviço de comunicação. **Revista Dialética de Direito Tributário**, n. 173, São Paulo: Dialética, 2010.

BRASIL. **Constituição da República Federativa do Brasil de 1988**. Brasília, 1988. Disponível em: http://www.planalto.gov.br/ccivil_03/constituicao/constituicao.htm . Acesso em: 04 mar. 2020.

BRASIL. **Lei Complementar nº 87, de 13 de setembro de 1996**. Dispõe sobre o imposto dos Estados e do Distrito Federal sobre operações relativas à circulação de mercadorias e sobre prestações de serviços de transporte interestadual e intermunicipal e de comunicação, e dá outras providências. (LEI KANDIR). Brasília, 1996. Disponível em: http:// www.planalto.gov.br/ccivil_03/leis/lcp/lcp87.htm. Acesso em: 15 out. 2019.

BRASIL. **Lei Complementar nº 116, de 31 de julho de 2003**. Dispõe sobre o Imposto Sobre Serviços de Qualquer Natureza, de competência dos Municípios e do Distrito Federal, e dá outras providências. Brasília, 2003. Disponível em: http://www.planalto.gov.br/ccivil_03/leis/lcp/lcp116.htm. Acesso em: 15 out. 2019.

BRASIL. **Lei nº 556, de 25 de junho de 1850**. Código comercial. Rio de Janeiro, 1850. Disponível em: http://www.planalto.gov.br/ccivil_03/leis/lim/lim556.htm. Acesso em: 04 mar. 2020.

BRASIL. **Lei nº 5.172, de 25 de outubro de 1966**. Dispõe sobre o Sistema Tributário Nacional e institui normas gerais de direito tributário aplicáveis à União, Estados e Municípios. Brasília, 1966. Disponível em: http://www.planalto.gov.br/ccivil_03/leis/l5172.htm. Acesso em: 15 out. 2019.

CARRAZA, Roque Antônio. **Curso de direito constitucional tributário**. 9. ed. São Paulo: Malheiros, 1997.

CARRAZA, Roque Antônio. **ICMS**. 17. ed. São Paulo: Malheiros, 2015.

MARTINS, Fran. **Curso de direito comercial**. 35. ed. Rio de Janeiro: Forense, 2011.

MIGUEL, Luciano Garcia. **O ICMS e os conceitos de mercadoria e serviço de comunicação**. São Paulo: Noeses. 2019.

NEWZOO. **Indústria dos jogos digitais**. Disponível em: https://newzoo.com/insights/articles/newzoo-cuts-global-games-forecast-for-2018-to-134-9-billion/. Acesso em: 15 out. 2019.

PAULSEN, Leandro. **Curso de direito tributário completo**. 11. ed. São Paulo: Saraiva Educação, 2020.

STF. **Jurisprudências**. Disponível em: https://jurisprudencia.stf.jus.br/pages/search/sjur366612/false. Acesso em: 18/05/2022.

STF. **Pesquisa jurisprudencial**. Disponível em: https://portal.stf.jus.br/processos/detalhe.asp?incidente=5484103. Decisão em: 21 jun. 2018.

STJ. **Pesquisa jurisprudencial**. Disponível em: https://processo.stj.jus.br/processo/pesquisa/?src=1.1.3&aplicacao=processos.ea&tipoPesquisa=tipoPesquisaGenerica&num_registro=201602600472. Decisão em: 08/02/2017.

STF. **Pesquisa Jurisprudencial**. Disponível em: https://processo.stj.jus.br/processo/pesquisa/?tipoPesquisa=tipoPesquisaNumeroRegistro&termo=200200216060&totalRegistrosPorPagina=40&aplicacao=processos.ea. Decisão em: 21.03.2005.

Viabilidade da tributação do streaming pelo ICMS Comunicação

André Luna

Sumário

1. Introdução. 2. Histórico brasileiro da tributação da prestação de serviço de comunicação. 3. Competência tributária. 4. Conceitos e escolhas. 5. Prestação de serviço. 6. Comunicação. 7. ICMS Comunicação. 8. Prestação de serviço de Streaming. 9. Considerações finais. Referências.

1 Introdução

Recentemente, com o incremento da velocidade de conexão da Internet e com a diversificação dos dispositivos aptos à sua execução – computadores, *Smart* TVs, celulares, *tablets* – os aplicativos de *Streaming* tornaram-se parte do cotidiano de parcela considerável da população mundial.

O crescimento exponencial não foi apenas de popularidade, mas também do montante financeiro movimentado pelo inovador modelo de negócio, despertando o interesse das administrações fazendárias de todo o globo. No Brasil, em razão das competências tributárias atribuídas pela Constituição de 1988, Estados e Municípios têm buscado atrair a prestação de serviço para os campos de incidência de seus principais tributos, ICMS e ISSQN, respectivamente.

Este trabalho investiga a viabilidade da tributação da prestação de serviço de *Streaming* pelo ente estadual, mais especificamente, pelo ICMS Comunicação, um dos muitos tributos albergados sob a rubrica do ICMS.

A descrição do objeto de estudo já denuncia que o ICMS não está sendo tomado como um único e uniforme tributo, mas de maneira plural, como uma coleção deles. O entendimento é decorrente do emprego da Regra-Matriz de Incidência Tributária – RMIT, contribuição intelectual da Escola do Constructivismo Lógico-Semântico, cuja rigorosa metodologia será aproveitada no desenvolvimento da pesquisa.

RMIT é um esquema lógico-semântico que salienta cada um dos elementos que compõem a norma jurídica que trata da incidência do tributo, facilitando o exame detalhado de seu conteúdo e a produção da norma individual e concreta que dela será derivada. Equivale, na seara tributária, ao arquétipo penalista do tipo penal. Maiores informações podem ser obtidas na obra de Paulo de Barros Carvalho.

Muitas RMITs podem ser construídas a partir do desenho constitucional. Paulo de B. Carvalho e Marcelo Viana Salomão reconhecem três delas; André Felix Ricotta de Oliveira, quatro; Roque Antônio Carrazza, cinco; o autor deste ensaio, sete. Uma delas refere-se ao ICMS Comunicação, cuja hipótese de incidência é a prestação de serviço de comunicação. Esta RMIT é o alvo da investigação, procurando responder se, de alguma maneira, o serviço de *Streaming* pode ou não ser alcançado por ela.

Para compreender que fatos podem ou não estar ao alcance de sua incidência, será utilizado o método hermenêutico analítico das prescrições normativas, partindo do mais alto nível hierárquico, examinando as acepções de cada palavra para lhes atribuir o significado mais compatível com o respectivo contexto, e as integrando de forma sistemática.

2 Histórico brasileiro da tributação da prestação de serviço de Comunicação

O inciso II do artigo 14 da Emenda Constitucional nº 18/1965 atribuiu à União a competência para a tributação dos serviços de comunicações. O artigo 15 conferiu competência residual aos Municípios.

O artigo 68 da Lei nº 5.172/1966, CTN – Código Tributário Nacional, manteve a prescrição, mas adicionou o verbo "prestar" à expressão "serviço de comunicação" – acréscimo relevante, como se verá adiante. Dispôs como conceito de comunicação: "a transmissão e o recebimento, por qualquer processo, de mensagens escritas, faladas ou visuais". Saliente-se do enunciado a conjunção "e" que conecta os substantivos "transmissão" e "recebimento", aludindo a uma interação bidirecional. (ANJOS, 2008, p. 139).

A competência foi mantida nos artigos 22, VII, e 25, II, da Constituição de 1967, e nos artigos 21, VII, e 24, II, da redação modificada pela Emenda Constitucional nº 1/1969. A exigência constitucional de edição de Lei Complementar para exercício da competência municipal foi suprida pelo Decreto-Lei nº 406/1968, mas ela não tratou de prestação de serviço de comunicação em sua versão original, algo que só viria a ocorrer dezenove anos depois, quando a Lei Complementar nº 56/1987 incluiu na lista de serviços do citado Decreto-Lei o item 98: "Comunicações telefônicas de um para outro aparelho dentro do mesmo município".

De sua parte, a União instituiu o ISC - Imposto sobre Serviços de Comunicações por meio do Decreto-Lei nº 2.186/1984, prescrevendo no artigo 1º como hipótese de incidência a "prestação de serviços de telecomunicações destinados ao uso do público". O inciso II do parágrafo único do mencionado artigo isentou a prestação de serviços relativos à televisão e à radiodifusão sonora – interações unidirecionais.

A Assembleia Nacional Constituinte de 1987/1988, conforme revelam suas atas de audiências e reuniões, meticulosamente examinadas pelo autor do presente artigo, buscou alargar o campo de incidência do preexistente ICM – Imposto sobre Circulação de Mercadorias, visando ampliar a autonomia financeira estadual, nele incorporando as hipóteses de incidência de outros tributos, dentre as quais, sobre a prestação de serviços de comunicações, resultando no desenho do atual ICMS, cuja competência é atribuída aos Estados pelo inciso II do artigo 155 da CF/1988. (LUNA, 2021, p. 191-199).

Permitiu a Constituição de 1988, no parágrafo 8º do artigo 34 do ADCT – Ato das Disposições Constitucionais Transitórias que, enquanto não viesse a ser editada a Lei Complementar exigida pelo inciso XII do parágrafo 2º do artigo 155, fossem os tributos integrantes do ICMS regidos por um convênio firmado no âmbito do Confaz, o que veio a ser concretizado pelo Convênio ICMS nº 66/1988. O inciso X do artigo 2º do citado convênio prescreveu como hipótese de incidência a "geração, emissão, transmissão, retransmissão, repetição, ampliação ou recepção de comunicação de qualquer natureza".

Passados oito anos, finalmente, foi editada a Lei Complementar nº 87/1996, Lei Kandir, que segue em vigor, cujo inciso III do artigo 2º estabelece como hipótese de incidência as "prestações onerosas de serviços de comunicação, por qualquer meio, inclusive a geração, a emissão, a recepção, a transmissão, a retransmissão, a repetição e a ampliação de comunicação de qualquer natureza".

3 Competência tributária

A Constituição de 1988 atribui poder de tributar aos entes da federação através de regras de competência. (CARVALHO, 2005, p. 217-244; MOUSSALLEM, 2006, p. 84-88). Escolheu o legislador constituinte não delegar este encargo para o legislador infraconstitucional, bem como optou por fazê-lo por meio de regras que delimitam rigorosamente o âmbito de poder apto a ser exercido, visando conter eventuais excessos – ao invés de fazê-lo por meio de princípios que poderiam conferir a "textura aberta" ao direito da qual fala Herbert HART (2001, p. 137-149). Inexiste poder de tributar sobre fatos cujos conceitos não se enquadrem na "moldura" – mencionada por Hans KELSEN (1998, p. 247) – prevista pelas regras constitucionais de competência tributária (ÁVILA, 2007, p. 118).

Vem de longa data esta compreensão, consolidada na jurisprudência brasileira a partir de paradigmático posicionamento do plenário do Supremo Tribunal Federal no qual se pronunciou, nos seguintes termos, o Min. Oswaldo Trigueiro: "Concordo em que a lei pode, casuisticamente, dizer o que é ou o que não é [...]. Mas <u>não deve ir além dos limites semânticos, que são intransponíveis</u>" (STF, RE 71.758-GB, Rel. Min. Thompson Flores, Plenário, 14.6.1972, p. 307, grifo nosso).

O inciso III do artigo 146 da Constituição reserva à Lei Complementar a missão de estabelecer normas gerais em matéria de legislação tributária, especialmente sobre a definição de tributos e dos fatos geradores dos impostos nela discriminados. Em outras palavras, não pode a legislação do ente federado ir além do arcabouço conceitual delineado pela Constituição e complementado pela Lei Complementar. (CARVALHO, 2005, p. 197-216).

É neste sentido que Humberto ÁVILA (2007, p. 120) afirma que a Constituição ora põe conceitos, ora os pressupõe:

> [...] põe conceitos quando expressamente indica as propriedades conotadas pelos termos que emprega; pressupõe conceitos quando incorpora conceitos estabelecidos no direito infraconstitucional pré-constitucional, dentro do espaço permitido pelas regras de competência, tributárias e gerais, da nova ordem constitucional. Dos dois modos, pouco importa, a Constituição fixa – para usar a expressão utilizada pelo Supremo Tribunal Federal – "balizas constitucionais" que não podem ser ultrapassadas pelo legislador tributário.

A regra de competência que atribui o poder tributário aos Estados enunciada no inciso II do artigo 155 da Constituição emprega a expressão: "prestações de serviços de comunicação". Inicialmente, constata-se que ela resulta da composição de três termos: "prestação"; "serviço"; e, "comunicação". A ausência de qualquer um deles descaracteriza e invalida a competência tributária.

Diante da ausência de elementos adicionais, tem-se que a Constituição não pôs, mas pressupôs o conceito conotativo dos fatos que permite aos Estados tributar, desse modo, cabe ao hermeneuta reconstruí-lo a partir de outras fontes, sem, no entanto, jamais extrapolar os limites semânticos contidos no texto constitucional.

Segue-se uma breve discussão sobre o que são conceitos antes de tentar definir o sentido, conteúdo e alcance da expressão "prestação de serviço de comunicação".

4 Conceitos e escolhas

Todo conceito é – por definição – uma noção finita. Nesta linha, Roque

Antônio CARRAZZA (2009, p. 182) reproduz conhecida lição de Georg Jellinek, para quem "um conceito tem limites, do contrário, não seria um conceito".

Cada palavra ou expressão – dado o contexto na qual está imersa – é portadora de um conteúdo semântico central, incontroverso. Atribui a Celso Antônio Bandeira de Mello a autoria da reflexão: "inexistisse uma área de inquestionável certeza sobre o cabimento de um conceito e as palavras não passariam de ruídos, despidos de qualquer conteúdo" (CARRAZZA, 2013, p. 94).

Genaro CARRIÓ (1973, p. 31-32) ensina que há termos como "jovem", "calvo" ou "alto" que não despertam dúvidas quanto ao seu conteúdo, não obstante, podem provocar hesitação quanto à subsunção. A partir de qual idade o sujeito deixa de ser jovem? Qual o número mínimo de fios de cabelo necessários para que alguém não seja tido como calvo? Quanto é preciso medir para ser considerado de alta estatura?

Os extremos comportam os casos típicos, de fácil caracterização. Quanto mais se afasta deles, mais difícil vai se tornando a tarefa. Alguém com 18 anos de idade é, certamente, jovem; com 2m de altura, é alto; sem nenhum fio de cabelo, é calvo. De outra parte, com 80 anos, é velho; com 1,50m, é baixo; com vasta cabeleira, não é calvo. É na zona central que residem as situações onde proliferam as incertezas, nas quais é temerário dizer se alguém é ou não jovem, alto ou calvo. Leciona Carrió:

> Há um foco de luminosidade onde se agrupam os exemplos típicos, aqueles diante dos quais não se duvida que a palavra é aplicável. Há uma mediata zona de obscuridade circundante, que comporta todos os casos em que não se duvida que a mesma palavra não é aplicável. A passagem de uma zona para a outra é gradual; entre a total luminosidade e a total obscuridade há uma zona de penumbra sem limites precisos. Paradoxalmente, esta zona de penumbra não começa nem termina em nenhuma parte; no entanto, não se duvida que ela exista. As palavras que diariamente usamos para aludir ao mundo em que vivemos e a nós mesmos carregam consigo esta indefinida aura de imprecisão. (CARRIÓ, 1973, p. 33-34, tradução nossa).

Conceito é um produto da linguagem e é só por meio dela que ganha existência, conforme doutrina Ludwig Wittgenstein (1922, p. 74). Definir um conceito é delimitar, é formular sua melhor descrição conotativa, selecionando e conjugando as palavras que efetivamente o constituem, atribuindo significado ao signo. (VILANOVA, 1947, p. 29-29; MOUSSALLEM, 2006, p. 26).

Atribuir significado ao signo é um ato de decisão. Etimologicamente, a palavra "decidir" vem do latim "*decidere*", chegando até nosso português por intermédio do francês medieval "*decider*". "*Decidere*" é formado pela junção de "*dê*" (fora) com "*caedere*" (cortar), portanto, "decidir" refere-se a "cortar fora", a escolher uma dentre duas ou mais possibilidades, cortando ou eliminando as demais, inexoravelmente, implicando em renúncia, perda, *trade-off* (FERREIRA, 1988, p. 196; BEZERRA NETO, 2018, p. 17-18). Escolher um atributo como mais relevante para definição de um conceito é desconsiderar ou levar em menor conta seus concorrentes.

Nem sempre consegue o formulador delimitar o conceito de forma positiva, a partir das características intrínsecas das coisas que busca conotar; por vezes, é mais fácil delimitá-lo de forma negativa, a partir daquilo que certamente não pode estar presente. Neste sentido, manifestou-se Afonso Rodrigues QUEIRÓ (1940, p. 79): "no primeiro pode dizer-se o que ela é, no segundo apenas o que ela não é".

5 Prestação de serviço

Inicialmente, investiga-se qual o significado jurídico da expressão "prestação de serviço" que interessa para os fins da tributação, tomando como ponto de partida as acepções das palavras obtidas em três diferentes dicionários da língua portuguesa, destacando-se aquelas tidas como mais pertinentes ao contexto examinado.

O quadro abaixo contém a transcrição de todos os significados obtidos para a palavra "prestação", um expediente que torna a leitura um pouco cansativa, mas que demonstra para o leitor a existência de alternativas, facilitando o exercício da crítica:

Quadro 1 – acepções da palavra "prestação"

Dicionário	Acepções
Aurélio	S.f. 1. Ato ou efeito de prestar; prestamento. 2. Pagamento a prazo, para solver dívida ou encargo. 3. Cota. 4. Ato pelo qual alguém cumpre a obrigação que lhe cabe, na forma estipulada no contrato. (FERREIRA, 1988, p. 527, grifo nosso).
Michaelis	S.f. 1. Ato ou efeito de prestar; prestamento. 2. Pagamento a prazo para saldar uma dívida de algo que se adquiriu ou para quitar um encargo. 3. Cada parcela desse pagamento, a fim de saldar ou quitar dívida. 4. Contribuição a que alguém está obrigado; cota. 5. Ato pelo qual um indivíduo cumpre a obrigação que lhe cabe, conforme reza o contrato. (MICHAELIS, 2022, grifo nosso).
Houaiss	S.f. 1. ação de prestar (algo); fornecimento. 2. quitação parcelada e periódica de um débito; conta; cada parcela dessa quitação. 3. contribuição a que alguém está obrigado; cota. 4. nas sociedades de tradições mais arraigadas, a instituição que regula o tempo de serviço de um jovem casado na casa dos sogros, e tb. o conjunto de bens ou valores que ele ou seus parentes devem dar aos parentes da jovem esposa. 5. objeto de uma obrigação; o que cabe a um devedor, segundo critério estipulado em contrato. (HOUAISS; VILLAR, 2009, p. 1140, grifo nosso).

Fonte: Dicionários da língua portuguesa.

As acepções selecionadas remetem à noção de cumprimento de uma obrigação assumida junto a outrem pela via contratual, portanto, decorrente de manifestação livre de vontade pessoal.

Juridicamente, o termo "prestação" pressupõe uma obrigação, um dever jurídico, exigindo, necessariamente, um segundo sujeito no polo oposto da relação, o titular do direito subjetivo de exigir o cumprimento da prestação. (CORAZZA, 2006, p. 53). Em razão disso, não há e nem pode haver uma "autoprestação", representando esta expressão uma contradição lógica – proposição composta cujo resultado é sempre falso. (COPI, 1978, p. 252).

O quadro abaixo contém a transcrição dos significados da palavra "serviço":

Quadro 2 – acepções da palavra "serviço"

Dicionário	Acepções
Aurélio	S.m. 1. Ato ou efeito de servir. 2. Exercício de cargos ou funções obrigatórias. 3. Duração desse exercício. 4. Desempenho de qualquer trabalho, emprego ou comissão. 5. Duração desse desempenho. 6. Celebração de atos religiosos. 7. Estado de quem serve por salário. 8. Serventia. 9. Obséquio, favor. 10. Percentagem de uma conta de hotel, de restaurante, destinada à gratificação ao pessoal. 11. Modo de servir. 12. Conjunto de peças de louça, prata ou outro material, que servem para um jantar, um chá, etc.; aparelho. 13. As iguarias que se servem numa recepção ou reunião. 14. Passagem, passadiço; serventia. 15. O último parceiro no jogo de péla. 16. Em certos jogos, tais como tênis, pingue-pongue, etc, o saque. 17. Na fabricação de rendas, denominação que se dá ao lavor. 18. Vaso para excrementos. 19. Produto da atividade humana que, sem assumir a forma de um bem material, satisfaz uma necessidade. 20. Conjunto de pagamentos efetuados a título de juros e amortização de dívidas. 21. Feitiçaria por encomenda. (FERREIRA, 1988, p. 597, grifo nosso).
Michaelis	S.m. 1. Ato ou efeito de servir. 2. Estado, emprego ou ocupação de quem é criado ou doméstico. 3. Estado de quem trabalha por salário. 4. Exercício, função ou trabalho do que serve. 5. Desempenho de funções públicas, quer civis quer militares. 6. Execução de trabalho ou desempenho de função ordenados ou pagos por outrem. 7. Ato ou ação útil aos interesses de alguém; favor, obséquio. 8. Período em que o empregado está a serviço do empregador; disposição. 9. Lugar por onde se passa; passagem, serventia. 10. Local de trabalho; emprego. 11. Celebração de um ofício divino. 12. Fornecimento de comodidades como transporte de correspondência, telefone, telégrafo etc. 13. Conjunto de peças (pratos, travessas, xícaras etc.) usadas à mesa durante determinadas refeições; aparelho. 14. Nome que no fabrico de

	rendas se dá ao lavor. 15. Lugar onde são exploradas jazidas de ouro ou diamante. 16. Feitiçaria por encomenda; feitiço. 17. O último dos parceiros que serve a pela. 18. Vaso onde se despejam os excrementos. 19. Tributo pago pelo vassalo. 20. Ação ilícita como furtar, brigar, matar etc. 21. Aquilo que é servido numa reunião ou numa recepção, incluindo bebidas, canapés, pratos quentes etc. 22. Modo de servir os clientes em um restaurante, hotel, etc. 23. Percentual que se paga sobre a conta em restaurantes, hotéis etc., destinado à gratificação do pessoal. 24. Aquilo que, num restaurante, é servido antes da refeição principal. 25. Nome dado a certas repartições públicas. 26. Em alguns esportes, como tênis, tênis de mesa e voleibol, golpe que se dá na bola para iniciar o jogo ou na disputa de um ponto; saque. 27. Ação considerada de grande relevância. 28. Função oferecida por um dispositivo. 29. O trabalho que o garçom realiza em um restaurante. 30. Local em hospital público ou privado que se destina a diagnóstico e tratamento de doentes e que pode também ser usado em aulas de graduação e pós-graduação. (MICHAELIS, 2022, grifo nosso).
Houaiss	S.m. 1. ação ou efeito de servir, de dar de si algo em forma de trabalho. 2. exercício e desempenho de qualquer atividade. 3. o próprio trabalho a ser executado ou que se executou; a obra, o expediente, o mister, a tarefa, a ocupação ou a função. 4. estado de quem serve outrem. 5. celebração de cerimônias religiosas. 6. qualidade do que serve; utilidade, préstimo, serventia. 7. algo que se faz para alguém de graça; favor, obséquio. 8. percentagem de uma conta de hotel, de restaurante etc. que se destina a gratificar o pessoal e a cobrir certas despesas fixas. 9. maneira de servir. 10. conjunto de peças para a mesa; aparelho. 11. conjunto das iguarias servidas numa recepção ou reunião, segundo uma ordem estabelecida. 12. meio de acesso; passagem, circulação. 13. área reservada ao uso e circulação dos empregados, entregadores etc. nos edifícios, casas etc. 14. nome que se dá ao lavor no fabrico de rendas. 15. vaso sanitário. 16. organização de certas instituições públicas ou privadas, encarregadas de uma função particular. 17. o trabalho do garçom. 18. conjunto de alimentos servidos num restaurante, enquanto se espera a refeição propriamente dita. 19. lugar onde são exploradas as minas de ouro ou diamantes. 20. no jogo da pela, o último parceiro. 21. saque. 22. produto da atividade humana destinado à satisfação de necessidades, mas que não apresenta o aspecto de um bem material. 23. nome genérico dos pagamentos a uma dívida, tais como os juros e as amortizações do principal. 24. nos hospitais, local de trabalho que se destina a diagnóstico e tratamento de doentes e tb. a ensino médico de graduação e pós-graduação. 25. nome dado aos grandes corpos destinados a prover as necessidades de ordem geral, p. opos. às armas, encarregadas das operações de combate. 26. feitiçaria efetuada sob encomenda. (HOUAISS; VILLAR, 2009, p. 1287, grifo nosso).

Fonte: Dicionários da língua portuguesa.

As acepções remetem à noção de uma obrigação de fazer – não uma obrigação de dar ou de prestar coisa material – um esforço humano empreendido em favor de outrem. (CARRAZZA, 2009, p. 176-177). Com a união dos dois termos, "prestação" e "serviço", constrói-se a expressão composta "prestação de serviço".

Somente é significativo para a tributação o serviço prestado em favor de outrem, posto que eventual serviço prestado a si próprio nem caracteriza obrigação jurídica, nem tampouco apresenta conteúdo econômico-financeiro apto a exteriorizar riqueza, ou seja, capacidade contributiva, portanto, insuscetível de ser objeto de tributação. (CORAZZA, 2006, p. 53).

Para ingressar na categoria de fatos suscetíveis de tributação, além de se exigir uma segunda pessoa, o tomador do serviço, é imprescindível que a prestação seja onerosa, que seja portadora deste conteúdo econômico-financeiro – denominado de "signo presuntivo" de riqueza por Alfredo A. BECKER (1972, p. 453) – revelador de capacidade contributiva, conforme ensina Marçal JUSTEN FILHO (1985, p. 78):

> [...] a essência do Direito Tributário consiste na apropriação, pelo Estado, de parcelas das manifestações de riqueza que emanam das condutas (em sentido amplo) das pessoas. Tributam-se os fatos signo-presuntivos de riqueza. Essa é a única concepção coerente com o Estado de Direito e com a evolução jurídica em que vivemos.

Assim, tem-se como totalmente inviável a tributação do serviço prestado a título de favor, obséquio, gentileza, ato altruístico ou filantropia.

Retomando o ponto da obrigação de fazer, trata-se especificamente de negócio jurídico firmado entre particulares, sob o regime do Direito Privado[1] – no qual se pressupõe a plena liberdade para contratar – que tem por objeto a prestação de um serviço a título oneroso, compatível com as prescrições enunciadas nos artigos 593 e 594 da Lei n° 10.406/2002, CC – Código Civil. (CARRAZZA, 2009, p. 176-177).

Marçal JUSTEN FILHO (1985, p. 177) encerra seu raciocínio com a definição:

> [...] prestação de uma utilidade (material ou não) de qualquer natureza, efetuada sob o regime de Direito Privado, mas não sob o regime trabalhista, qualificável juridicamente como execução de obrigação de fazer, decorrente de um contrato bilateral.

Dito de maneira analítica, a tributação de qualquer prestação de serviço requer a existência de: (i) dois sujeitos, (i.1) o prestador – obrigado a fazer, e (i.2) o tomador – o titular do direito de exigir o cumprimento da obrigação; (ii)

---

[1] Exceção feita ao direito trabalhista, subconjunto do direito privado em que o trabalhador tem parcela de sua liberdade de contratar constrangida em virtude da subordinação ao empregador.

obrigação de fazer, esforço humano empreendido pelo prestador em favor do tomador; (iii) onerosidade, valor do serviço, que deverá ser pago quando ocorrer o adimplemento da obrigação; e, (iv) relação jurídica instaurada sob o regime do Direito Privado, negócio jurídico firmado entre particulares dotados de plena autonomia. (CARRAZZA, 2009, p. 174-177; MELO, 2005, p. 117; CORAZZA, 2006, p. 54).

6 Comunicação

Seguindo semelhante roteiro, passa-se ao exame da palavra "comunicação":

Quadro 3 – acepções da palavra "comunicação"

Dicionário	Acepções
Aurélio	S.f. 1. Ato ou efeito de comunicar(-se). 2. Ato ou efeito de emitir, transmitir e receber mensagens por meio de métodos e / ou processos convencionados, quer através da linguagem falada ou escrita, quer de outros sinais, signos ou símbolos, quer de aparelhamento técnico especializado, sonoro e/ou visual. 3. A ação de utilizar os meios necessários para realizar tal comunicação. 4. A mensagem recebida por esses meios. 5. O conjunto de conhecimentos relativos à comunicação, ou que tem implicações com ela, ministrado nas respectivas faculdades. 6. A capacidade de trocar ou discutir ideias, de dialogar, de conversar, com vista ao bom entendimento entre pessoas. 7. Exposição oral ou escrita sobre determinado assunto: "Temos comunicação mensal das ocorrências". 8. Participação ou aviso de fato ocorrido por ocorrer. 9. Convivência, trato, convívio. 10. Caminho de acesso ou de ligação; passagem; passadouro. 11. Transmissão de informação de um ponto a outro por meio de sinais em fios, ou de ondas eletromagnéticas. (FERREIRA, 1988, p. 165, grifo nosso).
Michaelis	S.f. 1. Ato ou efeito de comunicar(-se). 2. Ato que envolve a transmissão e a recepção de mensagens entre o transmissor e o receptor, através da linguagem oral, escrita ou gestual, por meio de sistemas convencionados de signos e símbolos. 3. O conteúdo da mensagem transmitida. 4. Transmissão de uma mensagem a outrem. 5. Exposição oral ou escrita sobre determinado assunto, geralmente de cunho científico, político, econômico etc. 6. Ato de conversar ou de trocar informações verbais. 7. Nota, carta ou qualquer outro tipo de comunicado através da linguagem escrita. 8. Comunicado oral ou escrito sobre algo; aviso. 9. Aquilo que permite acesso entre dois lugares; passagem. 10. União ou ligação entre duas ou mais coisas. 11. Transmissão de informações de um ponto para outro, usando-se sinais em fios ou ondas eletromagnéticas. 12. Transmissão de uma força de

		um local para outro, sem a ocorrência de transporte material. 13. Ligação entre dois vasos sanguíneos ou entre outras estruturas tubulares. 14. Sistema de rotas de acesso (aéreas, fluviais, marítimas ou terrestres) para o deslocamento de veículos, tropas e suprimentos, incluindo-se também a transmissão de ordens e comunicados. 15. Ligação por meio de diferentes meios (eletrônicos, telefônicos, telegráficos etc.). 16. Figura em que o orador (ou escritor) parece tomar o público como testemunha ou árbitro da causa em questão. 17. Figura em que o advogado, objetivando provar a improcedência de uma imputação ao seu cliente, mostra que, de acordo com os argumentos do acusador, diversas pessoas e até ele próprio estariam incursos nela. (MICHAELIS, 2022, grifo nosso).
s	Houais	S.f. 1. ato ou efeito de comunicar(-se). 2. ação de transmitir uma mensagem e, eventualmente, receber outra mensagem como resposta. 3. processo que envolve a transmissão e a recepção de mensagens entre uma fonte emissora e um destinatário receptor, no qual as informações, transmitidas por intermédio de recursos físicos (fala, audição, visão, etc.) ou de aparelhos e dispositivos técnicos, são codificadas na fonte e decodificadas no destino com o uso de sistemas convencionados de signos ou símbolos sonoros, escritos, iconográficos, gestuais, etc. 4. a informação transmitida; seu conteúdo. 5. atividade profissional relacionada ao estudo ou à aplicação desses conhecimentos, técnicas e procedimentos. 6. o conjunto de conhecimentos, técnicas e procedimentos relativos ao processo da comunicação e ministrado como disciplina em faculdades, cursos, etc. 7. comunicado esclarecedor; esclarecimento; exposição. 8. ato de conversar; conversação, colóquio. 9. carta, nota ou qualquer outra informação transmitida por escrito; comunicado. 10. exposição, oral ou escrita, sobre determinado tema de teor científico, administrativo, político, jornalístico, religioso, etc. 11. participação oral ou escrita; aviso. 12. habilidade de dialogar e se fazer entender; comunicabilidade. 13. proximidade, relação mais estreita; contato, trato, convívio. 14. acesso entre duas ou mais coisas distanciadas no espaço. 15. junção, união, cruzamento entre duas ou mais coisas. 16. prestação de serviços recíprocos. 17. transmissão de vícios, males ou doenças; contágio. 18. numa organização, função de transmitir ordens, ideias, políticas de ação, etc. 19. ciência e tecnologia por meio da qual a informação de uma fonte original é reunida, transformada em correntes ou campos elétricos, transmitida por meio de redes elétricas ou pelo espaço a determinado local, e reconvertida numa forma adequada à sua interpretação. 20. em mecânica, transmissão de uma força, de um lugar para outro, sem transporte de material; transmissão. 21. qualidade ou estado da coisa tornada ou considerada como comum a dois ou mais. 22. intercâmbio que se processa, por meio de um código linguístico, entre um emissor, que produz um enunciado, e o interlocutor ao qual esse enunciado é dirigido. 23. formação anormal, defeituosa ou anomalia cardíaca. 24. sistema de rotas viárias (fluviais, marítimas, aéreas, rodoviárias) que possibilitam o deslocamento de veículos, suprimentos e tropas em operação e a transmissão de ordens de um ponto a outro. 25. o grupo que

	trabalha nessa função. 26. forte dependência dinâmica entre duas regiões da personalidade, de modo que as alterações de uma provocam alterações proporcionais na outra, segundo Kurt Lewin. 27. ligação, por meio de dispositivos elétricos, eletrônicos, telegráficos, telefônicos, radioelétricos, pneumáticos, etc., de dois ou mais locais distanciados no espaço. 28. figura em que o orador (ou o autor) parece tomar o público como testemunha (por exemplo, em interrogações como "Que iríeis fazer em tal situação? Que poderia eu fazer?"). 29. figura em que o advogado generaliza a outras pessoas, inclusive a si próprio, a inculpação atribuída ao seu cliente. (HOUAISS; VILLAR, 2009, p. 257, grifo nosso).

Fonte: Dicionários da língua portuguesa.

Das acepções destacadas, constata-se que o termo alude ora a processo, ora a produto, ou ainda, ao ato e seu efeito, conhecida dicotomia epistemológica. De outra forma, comunicação refere-se tanto ao processo ou ato de comunicar, quanto ao seu resultado, o produto ou efeito da comunicação.

Observa-se, ainda, a necessidade de mensagem ou informação, bem como de pessoas distintas, o emissor e o receptor, tratando-se, portanto, de ato ou processo intersubjetivo. Verifica-se, também, que a compreensão da mensagem pelo receptor é essencial à perfeita caracterização do processo comunicacional, exigência que demanda a convenção de código de conhecimento comum aos participantes.

Por fim, a frequência com que os termos "transmitir" e "receber", "transmissão" e "recepção", são conectados nas proposições por meio de conjunções – ao invés de disjunções – parece apontar para uma interação bidirecional, recíproca.

Pelas perspectivas da Filosofia e da Sociologia, comunicação remete ao "caráter específico das relações humanas que são ou podem ser relações de participação recíproca ou de compreensão" (ABBAGNANO, 2007, p. 161, grifo nosso).

Pelos prismas da Linguística e da Teoria da Comunicação, Roman JAKOBSON (1976, p. 123), um de seus precursores, concebeu a interação comunicacional como um processo composto por seis elementos: (i) remetente; (ii) mensagem; (iii) destinatário; (iv) contexto; (v) código; e, (vi) contato. Explica didaticamente que:

> O remetente envia uma mensagem ao destinatário. Para ser eficaz, a mensagem requer um contexto a que se refere (ou "referente", em outra nomenclatura algo ambígua), apreensível pelo destinatário, e que seja verbal ou suscetível de verbalização; um código total ou parcialmente comum ao remetente e ao destinatário (ou, em outras palavras, ao codificador e ao decodificador da mensagem); e, finalmente, um contato, um canal físico e uma conexão psicológica entre o remetente e o destinatário, que os capacite a ambos a entrarem e permanecerem em comunicação. (grifo nosso).

Pelo viés da Filosofia Jurídica, Paulo de Barros CARVALHO (2005, p. 173) aproveita a concepção de Jakobson, bem como a de Umberto ECO (1991, p. 58-82), com a qual compartilha nítidos traços de semelhança, elaborando a sua própria nos seguintes termos:

> (1) emissor: é a fonte da mensagem, aquele que comporta as informações a serem transmitidas. (2) canal: é o suporte físico necessário à transmissão da mensagem, sendo o meio pelo qual os sinais são transmitidos (é o "ar", para os casos de comunicação oral, mas pode apresentar-se em formas diversas, como faixas de frequência de rádio, luzes, sistemas mecânicos ou eletrônicos, etc.); (3) mensagem: é a informação transmitida; (4) código ou repertório (comum a ambos): é o conjunto de signos e regras de combinações próprias a um sistema de sinais, conhecido e utilizado por um grupo de indivíduos ou, em outras palavras, é o quadro das regras de formação (morfologia) e de transformação (sintaxe) de signos; (5) receptor: a pessoa que recebe a mensagem, o destinatário da informação; (6) conexão psicológica: é a concentração subjetiva do emissor e receptor na expedição e recepção da mensagem; e (7) contexto: é o meio envolvente e a realidade que circunscrevem o fenômeno observado. (grifo nosso).

No âmbito da Matemática e da Teoria da Informação, Claude Elwood SHANNON e Warren WEAVER (1964, p. 33-35) desenvolveram célebre modelo representativo de sistema comunicacional, compreendendo: (i) fonte de informação; (ii) mensagem; (iii) transmissor / codificador da mensagem; (iv) canal de transmissão do sinal; (v) fonte de ruído; (vi) receptor / decodificador da mensagem; e, (vii) destinatário.

A fonte de informação produz a mensagem que será comunicada ao receptor destinatário. O transmissor codifica a mensagem de maneira a torná-la transmissível pelo canal, que nada mais é que a mídia usada para levar o sinal do transmissor ao receptor, podendo assumir a forma de: fios de cobre; cabo coaxial; luzes; frequência de rádio; sistemas mecânicos ou eletrônicos; etc. Eventualmente, ruídos podem ser incorporados, depreciando a qualidade do sinal. O receptor decodifica o sinal, reconstruindo a mensagem, tornando-a inteligível para o destinatário.

À luz da Semiótica, Lúcia SANTAELLA (1996, p. 31) ensina que a comunicação é um processo de transmissão de informações de um emissor para um receptor através de um canal, sendo as informações organizadas na forma de mensagens segundo um código compartilhado entre os participantes:

> De um modo geral, pode-se dizer que, onde quer que uma informação seja transmitida de um emissor para um receptor, tem-se aí um ato de comunicação. Não há, portanto, comunicação sem informação. Mas não há também transmissão de informação sem um canal ou veículo através do qual essa informação transite, assim como não há comunicação ou ligação entre um emissor e um receptor se estes não compartilharem, pelo menos parcialmente, do código através do qual a informação se organiza na forma de mensagem. (grifo nosso).

A agência da ONU especializada em tecnologia da informação e comunicação, ITU – *International Telecommunication Union* (1996, p. 6, tradução nossa), por sua vez, emprega enunciado conciso para o conceito de comunicação: a "transferência de informação de acordo com convenções preestabelecidas".

Neste ponto, parece desnecessário acrescentar mais definições ao rol, sendo já perceptível certa convergência conceitual. A imagem abaixo ilustra didaticamente o processo comunicacional na forma compreendida neste trabalho:

ILUSTRAÇÃO 1 – PROCESSO COMUNICACIONAL.

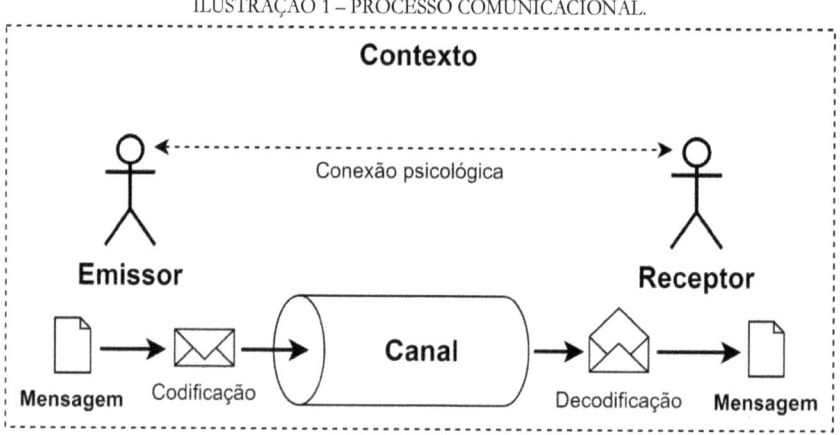

Fonte: Elaboração própria.

Na imagem, o emissor / remetente deseja fazer chegar ao receptor / destinatário uma determinada informação – a mensagem. Para tanto, ela é codificada segundo um código previamente convencionado, tornando-se apta a transitar pelo canal de transmissão. Na outra extremidade, o receptor / destinatário recebe a mensagem codificada e a decodifica, reconstruindo a informação. Dada a conexão psicológica que mantém com o emissor / remetente e considerando o contexto vigente, procura compreendê-la. Naturalmente, alguma perda pode vir a ser observada no processo.

Deve-se ressaltar que a imagem é reducionista, exibindo um fluxo unidirecional que não evidencia o conceito em sua integralidade. Para complementá-la, considere que o receptor pode responder a mensagem recebida, invertendo-se as posições, passando a ocupar o papel de emissor, caracterizando a interação bidirecional.

Por fim, antes de adentrar na análise da incidência do ICMS Comunicação sobre a "prestação de serviço de comunicação", convém enfrentar uma correlação que se estabeleceu erroneamente entre "difusão" e "comunicação" no senso comum, sendo suficiente a breve investigação léxica exibida no quadro abaixo:

Quadro 4 – acepções da palavra "difusão"

Dicionário	Acepções
Aurélio	S.f. 1. Derramamento de fluido. <u>2. Propagação, divulgação</u>. 3. Prolixidade, redundância. 4. Processo espontâneo de transporte de massa num sistema físico-químico, por efeito de gradientes de concentração. (FERREIRA, 1988, p. 221, grifo nosso).
Michaelis	S.f. 1. Ato ou efeito de difundir(-se). 2. Condição do que é difuso. 3. Falta de concisão; prolixidade. <u>4. Propagação de ideias</u>. 5. Reflexão da luz por uma superfície refletora áspera. 6. Transmissão da luz através de um material translúcido. 7. Processo pelo qual partículas, tais como moléculas ou íons, de líquidos, gases ou sólidos, se misturam, como resultado de seu movimento induzido por agitação térmica, e, em substâncias dissolvidas, migram de uma região de concentração mais alta a outra de concentração mais baixa. <u>8. Transmissão de uma estação de rádio</u>. 9. Derramamento ou distribuição de uma substância por todo o corpo por intermédio da circulação do sangue ou por assimilação. 10. Vespalhamento. 11. Processo de dispersar ligeiramente uma parte da luz formadora da imagem para dar uma suavidade artística agradável à fotografia. 12. Dispersão de elementos linguísticos ou culturais de uma área, tribo ou povo por outras, através de contato. (MICHAELIS, 2022, grifo nosso).
Houaiss	S.f. 1. ato ou efeito de difundir(-se); estado do que é difuso. <u>2. divulgação</u> (de ideias, de impressos); <u>propagação</u>, multiplicação. 3. falta de concisão e de precisão; prolixidade. <u>4. transmissão radiofônica</u>. 5. espalhamento. 6. passagem de partículas subatômicas através da matéria quando há maior probabilidade de ocorrer espalhamento ao invés de captura. 7. migração de átomos ou moléculas num sistema físico (sólido, líquido ou gás), em geral devido a sua própria agitação térmica, muitas vezes tb. causada pela influência de um gradiente de temperatura, pressão, ou por um potencial químico ou elétrico. 8. espalhamento de raios luminosos causado por um meio irregular como, p.ex., na reflexão sobre uma superfície rugosa ou na transmissão através de um material translúcido. 9. transmissão da luz através de um corpo translúcido. (HOUAISS; VILLAR, 2009, p. 331, grifo nosso).

Fonte: Dicionários da língua portuguesa.

É emblemático que nenhum dos dicionários traga sequer uma menção à palavra "comunicação". No sentido inverso, nenhuma menção à palavra "difusão" consta no rol de significados de "comunicação". Pela perspectiva da Teoria das Classes, não existe interseção, não se tratam de gênero e espécie, mas de classes efetivamente distintas. (CARVALHO, 2015, p. 123-128; MOUSSALLEM, 2007, p. 604-613).

Das acepções destacadas, depreende-se que difundir é propagar, divulgar, disseminar, espalhar informação, não sendo fundamental à sua caracterização: (i) conexão psicológica; (ii) compreensão da mensagem; (iii) entrega a receptor certo; (iv) possibilidade de resposta, reciprocidade, isto é, interação bidirecional.

Esta concepção negativa – delimitando aquilo que não é comunicação – é muito útil para afastar a incidência do ICMS sobre prestações de serviços de transmissão aberta de sinais radiofônicos ou televisivos. (ANJOS, 2008, p. 159-160; MOREIRA, 2016, p. 56-64; CARRAZZA, 2009, p. 176-180).

Estas prestações de serviços vinham constituindo alvo recorrente de tentativas legislativas de tributação (vide LC 87/1996, Art. 11, III, "a") e de demandas judiciais, de tal modo que se considerou conveniente, por meio da edição da EC n° 42/2003, incluir a alínea "d" no inciso X do parágrafo 2° do artigo 155 da CF, esclarecendo sua intributabilidade.

Não apenas os limites semânticos da palavra comunicação foram observados na delimitação – positiva e negativa – do conceito, mas também o contexto da redação constitucional e a integração normativa.

A Constituição, nos incisos II e III do artigo 146, delega à Lei Complementar o estabelecimento de: limitações ao poder de tributar; e, normas gerais de direito tributário. O CTN, recepcionado pela atual ordem constitucional com o status de lei complementar, estipula em seu artigo 110 que nenhuma legislação tributária pode "alterar a definição, o conteúdo e o alcance de [...] conceitos e formas de direito privado". Assim, não há muita margem para concluir algo de diferente.

7 ICMS Comunicação

Nos artigos 155, II, e 156, III, a Constituição de 1988 atribui competência para a tributação da "prestação de serviço" aos Estados e aos Municípios, respectivamente. O critério que determina o objeto e o destinatário da atribuição é a finalidade (*telos*) da prestação de serviço, indicada no texto que complementa a locução "prestação de serviço" na redação constitucional. (CARRAZZA, 2009, p. 174).

Cabem aos Estados a competência tributária sobre: a prestação de serviços de "comunicação", que dá origem ao ICMS Comunicação; e, a prestação de serviços de "transporte interestadual e intermunicipal", que dá origem ao ICMS Transporte. Por sua vez, cabem aos Municípios a competência tributária residual sobre a prestação de serviços de "qualquer natureza, não compreendidos no artigo 155, II, definidos em lei complementar", que dá origem ao ISSQN, também referido por ISS.

Das três possibilidades, interessa ao presente artigo tão somente a prestação de serviço de comunicação, expressão que delimita a hipótese de incidência do ICMS Comunicação. O acréscimo do termo "onerosa" à expressão, promovido pelo inciso III do artigo 2º da LC nº 87/1996 tem a função de mero "*precepto didactico*, como o qualificaria o eminente mestre espanhol Sainz de Bujanda" (ATALIBA, 1999, p. 31), nada agregando que já não estivesse subentendido na prescrição constitucional.

A aposição simultânea dos requisitos constitutivos da prestação de serviços e da comunicação é imprescindível à perfeita subsunção do fato à hipótese de incidência, necessária para seu reconhecimento como um fato imponível – o qual faz nascer a obrigação tributária. (ATALIBA, 1999, p. 59-64; CARVALHO, 2015, p. 688).

Ou seja, a comunicação só adquire relevância tributária quando constituir objeto de negócio jurídico oneroso, firmado entre tomador e prestador, concernente a uma obrigação de fazer, efetivamente cumprida. (CORAZZA, 2006, p. 79; MELO, 2005, p. 117). Roque A. CARRAZZA (2009, p. 176-177) ensina que o ICMS Comunicação:

> [...] só pode surgir da execução de uma obrigação de fazer (nunca de dar), isto é, do fato de uma pessoa, física ou jurídica, prestar, a título oneroso, serviços – no caso, de comunicação – a terceiros. Noutros falares, ele nasce quando, em razão de negócio jurídico firmado entre particulares, sob regime de Direito Privado (mas não trabalhista), serviços de comunicação forem efetivamente prestados [...]. Dito de outro modo, o ICMS depende, para nascer *in concreto*, da existência de um esforço humano realizado em favor de terceiros, com autonomia e fito de lucro.

Embora inexista unanimidade na doutrina, a corrente majoritária sustenta que a questão da efetividade diz respeito à prestação do serviço de disponibilização de um canal apto à realização da comunicação, não à sua concreta utilização – conclusão de Rubya Floriani dos ANJOS (2008, p. 161-164) após investigar a obra de Helena de Araújo Lopes Xavier, Roque Carrazza, Paulo de Barros Carvalho, Guilherme von Muller Lessa Vergueiro e Marcelo Viana Salomão.

Deve-se acrescentar que o ICMS Comunicação somente atinge a prestação de serviço que tenha a comunicação como atividade-fim, e não como atividade-meio. (CARRAZZA, 2009, p. 190). A ressalva é significativa. Em 1998, o Confaz editou o Convênio ICMS nº 69, numa tentativa dos Estados de avançarem sobre atividades-meio, tais como instalação, ativação, habilitação, assinatura, cadastro de usuário ou de equipamento, etc. Provocada a se manifestar, assim se posicionou a primeira turma do STJ em julgamento tido como paradigmático sobre o tema:

> TRIBUTÁRIO – ICMS – "SERVIÇOS DE COMUNICAÇÃO" – CONCEITO – INCIDÊNCIA [...]. 1. Há "serviço de comunicação" quando um terceiro, mediante prestação negocial-onerosa, mantém interlocutores (emissor/receptor) em contato "por qualquer meio, inclusive a geração, a emissão, a recepção, a transmissão, a retransmissão, a repetição e a ampliação de comunicação de qualquer natureza". Os meios necessários à consecução deste fim não estão ao alcance da incidência do ICMS-comunicação. 2. A hipótese de incidência do ICMS-comunicação (LC 87/96; art. 2º, III) não permite a exigência do tributo com relação a atividades meramente preparatórias ao "serviço de comunicação" propriamente dito, como são aquelas constantes na Cláusula Primeira do Convênio ICMS 69/98. 3. No Direito Tributário, em homenagem ao Princípio da Tipicidade Fechada, a interpretação sempre deve ser estrita, tanto para a concessão de benefícios fiscais, quanto para exigência de tributos. À míngua de Lei não é lícita a dilatação da base de cálculo do ICMS-comunicação implementada pelo Convênio ICMS 69/98. (STJ, REsp 402.047-MG, Rel. Min. Humberto Gomes de Barros, Primeira Turma, 4.11.2003, grifo nosso).

O plenário do STF proferiu semelhante entendimento:

> TRIBUTÁRIO. ICMS. [...]. 1. Os serviços preparatórios aos serviços de comunicação, tais como: habilitação, instalação, disponibilidade, assinatura, cadastro de usuário e equipamento, entre outros serviços, configuram atividades-meio ou serviços suplementares. O serviço de comunicação propriamente dito, consoante previsto no art. 60, § 1º, da Lei nº 9.472/97 (Lei Geral de Telecomunicações), para fins de incidência de ICMS, é aquele em que um terceiro, mediante prestação negocial-onerosa, mantém interlocutores (emissor/receptor) em contato por qualquer meio, inclusive a geração, a emissão, a recepção, a transmissão, a retransmissão, a repetição e a ampliação de comunicação de qualquer natureza [...]. 2. A interpretação conjunta dos arts. 2º, III, e 12, VI, da Lei Complementar 87/96 (Lei Kandir) leva ao entendimento de que o ICMS somente pode incidir sobre os serviços de comunicação propriamente ditos, no momento em que são prestados, ou seja, apenas pode incidir sobre a atividade-fim, que é o serviço de comunicação, e não sobre a atividade-meio ou intermediária como são aquelas constantes na Cláusula Primeira do Convênio ICMS nº 69/98. Tais serviços configuram, apenas, meios de viabilidade ou de acesso aos serviços de comunicação, *et por cause*, estão fora da incidência tributária do ICMS. 3. A Constituição autoriza sejam tributadas as prestações de serviços de comunicação, não sendo dado ao legislador, nem muito menos ao intérprete e ao aplicador, estender a incidência do ICMS às atividades que as antecedem e viabilizam. Não tipificando o fato gerador do ICMS-Comunicação, está, pois, fora de seu campo de incidência. (STF, RE 572.020-DF, Rel. Min. Marco Aurélio Mello, Plenário, 6.2.2014, grifo nosso).

De igual maneira, o ICMS Comunicação não atinge a prestação de outro serviço, que apenas se aproveita do uso da comunicação como suporte para sua realização, até mesmo porque, à parte, ela já foi objeto da mesma tributação. (MOREIRA, 2016, p. 192-193). É precisamente o que se verifica com o denominado SVA – Serviço de Valor Adicionado, cuja previsão legal encontra-se no artigo 61 da Lei nº 9.472/1997:

> Art. 61. Serviço de valor adicionado é a atividade que acrescenta, a um serviço de telecomunicações que lhe dá suporte e com o qual não se confunde, novas utilidades relacionadas ao acesso, armazenamento, apresentação, movimentação

ou recuperação de informações.
§1º Serviço de valor adicionado não constitui serviço de telecomunicações, classificando-se seu provedor como usuário do serviço de telecomunicações que lhe dá suporte, com os direitos e deveres inerentes a essa condição. (grifo nosso).

O artigo 60 da Lei nº 9.472/1997, marco regulatório do setor de comunicações brasileiro, procura definir o conceito do que é "serviço de telecomunicação", espécie do gênero "serviço de comunicação" – não sendo sua formulação[2] das mais felizes, incorrendo em notória tautologia:

Art. 60. Serviço de telecomunicações é o conjunto de atividades que possibilita a oferta de telecomunicação.
§1º Telecomunicação é a transmissão, emissão ou recepção, por fio, radioeletricidade, meios ópticos ou qualquer outro processo eletromagnético, de símbolos, caracteres, sinais, escritos, imagens, sons ou informações de qualquer natureza.

Tanto o STJ quanto o STF tem reiteradamente confirmado a intributabilidade do SVA pelo ICMS Comunicação. Julgado representativo do STJ:

TRIBUTÁRIO – ICMS [...]. 1. Os serviços prestados pelos provedores de acesso à INTERNET, embora considerados pelo CONFAZ como serviços de telecomunicações, pela definição dada no art. 60 da Lei 9.472/97, que dispôs sobre a organização dos serviços de telecomunicações, não podem ser assim classificados. 2. O serviço desenvolvido pelos provedores da INTERNET é serviço de valor adicionado (art. 61, Lei 9472/97), o qual exclui expressamente da classificação de serviços de telecomunicações (§1º, art. 61). 3. Se o ICMS só incide sobre serviços de telecomunicações, nos termos do art. 2º da LC 87/96, não sendo os serviços prestados pela INTERNET serviço de telecomunicações, e sim, SERVIÇO DE VALOR ADICIONADO (art. 61, § 1º da Lei 9.472/97), não há incidência da exação questionada. (STJ, REsp 456.650-PR, Rel. Min. Eliana Calmon, Segunda Turma, 24.6.2003, grifo nosso).

Julgado representativo do STF:

MEDIDA CAUTELAR. AÇÃO DIRETA DE INCONSTITUCIONALIDADE. [...]. III – O Serviço de Valor Adicionado – SVA, [...], não se identifica, em termos ontológicos, com o serviço de telecomunicações. O SVA é, na verdade, mera adição de valor a serviço de telecomunicações já existente. (STF, ADI 1491 MC-DF, Rel. Min. Carlos Velloso, Plenário, 8.5.2014, grifo nosso).

Convém observar que a decisão exarada pelo STJ, asseverando que o serviço de provimento de internet equivale a SVA tomou como modelo a conexão discada. A prestação do serviço de conexão – telecomunicação – é tributável; o provimento de Internet, que se aproveita da conexão como suporte, não. Sob este enfoque, editou-se a Súmula STJ nº 334: "O ICMS não incide no serviço dos provedores de acesso à Internet".

Posteriormente, surgiram as conexões de banda larga e de *link* dedicado, nas quais os dois serviços tornaram-se, na prática, indistinguíveis. Presentes todos os

---

[2] O enunciado do artigo 60 da Lei nº 9.472/1997 repetiu a redação do artigo 4º da Lei nº 4.117/1962.

elementos que caracterizam a prestação de serviço de comunicação, constituem fato imponível do ICMS Comunicação. Também estão presentes nos serviços de: telefonia fixa – STFC; telefonia móvel – SMP, SME, SMGS, SMA, SMM, SER; TV por assinatura[3] – MMDS, DTH, TVA, TV a Cabo; e, comunicação multimídia – SCM.

Por fim, anota-se que os enunciados dos artigos 60 e 61 da Lei nº 9.472/1997 reproduzem, em grande medida, as definições técnicas de órgãos de cooperação internacional. A ITU (2014, p. 1) concebe "telecomunicação" como:

> Qualquer transmissão, emissão ou recepção de signos, sinais, escrita, imagens e sons ou informação de qualquer natureza por fios, cabos, rádio, sistemas óticos ou outros sistemas eletromagnéticos. (tradução nossa).

A OMC – Organização Mundial do Comércio emprega a expressão "*value-added telecommunication service*" para se referir ao SVA, por ela definido como um serviço "que agrega valor às informações do usuário, melhorando sua forma ou conteúdo, ou prevendo seu armazenamento e recuperação" (WTO, tradução nossa).

Fecha-se neste ponto o "cerco inapelável da linguagem" (CARVALHO, 2015, p. 168) sobre quais são os fatos que se subsomem à hipótese de incidência do ICMS Comunicação: prestações de serviços de comunicação, excetuadas atividades-meio e serviços que se aproveitam da comunicação como suporte para sua realização.

Com este ferramental epistemológico, enfim, enfrenta-se a questão da tributação da prestação do serviço de *Streaming* de vídeo e áudio pelo ICMS Comunicação.

8 Prestação de Serviço de *Streaming*

O termo *Streaming* surgiu na década de 1990, referindo-se a uma tecnologia de transmissão contínua de conteúdos de vídeo ou de áudio, pela Internet, que permite aos usuários acessá-los durante o processo de recepção dos pacotes de dados, não tendo de aguardar a conclusão de *download*[4]. (HERBERT; LOTZ; MARSHALL, 2018, p. 351-355).

---

[3] TV por assinatura e comunicação multimídia suscitam mais controvérsias que telefonia fixa e móvel, sobretudo no tocante ao elemento de conexão psicológica. Dada a reduzida dimensão deste estudo, seu enfrentamento fica postergado para um próximo artigo.

[4] Esta definição conceitual é semelhante à adotada pela Segunda Seção do STJ: "Streaming é a tecnologia que permite a transmissão de dados e informações, utilizando a rede de computadores, de modo contínuo. Esse mecanismo é caracterizado pelo envio de dados por meio de pacotes, sem a necessidade de que o usuário realize *download* dos arquivos a serem executados". (STJ, REsp 1.559.264-RJ, Rel. Min. Ricardo Villas Bôas Cueva, Segunda Seção, 8.2.2017, p. 1). Disponível em: https://processo.stj.jus.br/ SCON/GetInteiroTeor DoAcordao?num_registro=201302654647&dt_publicacao=15/02/2017. Acesso em: 26 mai. 2022.

São duas modalidades: (i) *on demand streaming*, em que o conteúdo permanece armazenado num servidor, podendo ser acessado pelo usuário a qualquer momento, segundo sua conveniência; e, (ii) *live streaming*, em que a transmissão ocorre em tempo real, permanecendo disponível tão somente durante este ínterim.

Recentemente, com o incremento da velocidade de conexão e diversificação dos dispositivos aptos à sua execução – computadores, *tablets*, celulares, *Smart* TVs – os aplicativos de *Streaming* experimentaram imensa popularização. Alguns dos mais conhecidos são: Spotify; Netflix; Amazon Prime; Youtube; Deezer; Globoplay.

O modelo de negócio passou a movimentar grande volume financeiro. Somente a NETFLIX (2021), no ano de 2021, obteve receita total da ordem de 30 bilhões de dólares. Isto provocou inquietude na maior parte das administrações fazendárias de todo o globo, ciosas por trazê-lo ao alcance da tributação. No Brasil, é perceptível o esforço de Estados e Municípios para ocuparem este vácuo, buscando atrair para os campos de incidência de seus principais tributos, ICMS e ISSQN, respectivamente, a prestação do serviço de *Streaming*.

Despertou inquietude, também, na concorrência empresarial, sujeita à tributação que acomete seus custos de transação, mas não os dos prestadores de serviços de *Streaming*. Em março de 2020, a BRAVI – associação de produtores de televisão ajuizou a ADI 6334-DF, instrumento excêntrico para a finalidade almejada, pedindo ao STF que intercedesse junto à Anatel para obter com celeridade pronunciamento quanto à natureza do serviço prestado pelas empresas destes aplicativos.

A ADI foi distribuída para o Min. Ricardo Lewandowski, que requisitou à agência reguladora seu posicionamento[5]. A resposta veio em 1º de outubro do mesmo ano, informando a Anatel ter seu conselho diretor deliberado e decidido por unanimidade que o serviço de *Streaming* possui natureza de SVA[6]. Semelhante entendimento foi manifestado pela AGU[7] e pela PGR[8].

Difícil chegar numa conclusão diferente, posto que o *Streaming* aproveita-se da conexão Internet como suporte para sua realização, encaixando-se perfeitamente na definição de SVA. Por outro viés, provedores de *Streaming*, por si só, sem Internet, são incapazes de prestarem o serviço aos seus usuários, óbice intransponível ao seu enquadramento como prestadores de serviço de telecomunicação.

---

[5] Disponível em: https://redir.stf.jus.br/paginadorpub/paginador.jsp?docTP=TP&docID=752571433. Acesso em: 26 mai. 2022.
[6] Disponível em: https://redir.stf.jus.br/paginadorpub/paginador.jsp?docTP=TP&docID=753994885. Acesso em: 26 mai. 2022.
[7] Disponível em: https://redir.stf.jus.br/paginadorpub/paginador.jsp?docTP=TP&docID=752649082. Acesso em: 26 mai. 2022.
[8] Disponível em: https://redir.stf.jus.br/paginadorpub/paginador.jsp?docTP=TP&docID=754592101. Acesso em: 26 mai. 2022.

Merece severa crítica o caminho que vem sendo trilhado. Não será através da deformação do molde constitucional do ICMS Comunicação que se alcançará o objetivo pretendido.

Caso o *Streaming* passasse a ser considerado um serviço de telecomunicação, somente poderia ser explorado mediante autorização, concessão ou permissão do Poder Público, nos termos da CF, Art. 21, XI. (CORAZZA, 2006, p. 111).

> Art. 21. Compete à União: [...]
> XI – explorar, diretamente ou mediante autorização, concessão ou permissão, os serviços de telecomunicações, nos termos da lei, que disporá sobre a organização dos serviços, a criação de um órgão regulador e outros aspectos institucionais;

A aflição é tamanha que outro tributo estadual tem sofrido investida deformatória parecida. Reunidos no Confaz, os Estados editaram o Convênio ICMS nº 106/2017, procurando ressignificar os conceitos de vídeos e áudios transmitidos por *Streaming*, passando a considerá-los como "bens e mercadorias digitais", portanto, sujeitos à incidência do ICMS Mercantil[9]. A tentativa teve vida curta, como era de se esperar. No julgamento da ADI 5.958-DF[10], em decisão monocrática, a Ministra Cármen Lúcia declarou a ineficácia jurídica do convênio, retroativa ao acórdão da ADI 5.659-MG[11].

A solução passa por uma discussão mais ampla, a ser promovida no Congresso Nacional – não no Judiciário, no Confaz ou na Anatel – eventualmente, através de reformulação constitucional, modelando e atribuindo nova competência tributária aos entes federados escolhidos como destinatários.

O conceito de prestação de serviço de valor adicionado *"over-the-top"* – OTT (ITU, 2018, p. 92), ainda inexplorado na legislação brasileira, parece particularmente promissor para este desígnio. Abarca: serviços de *Streaming*; serviços de *VoIP*, como Skype, Viber, WhatsApp; serviços de mensagens, como WhatsApp, Telegram, Facebook Messenger, Line, Kakao Talk; serviços de nuvem, como Dropbox, Google Drive, Apple iCloud; serviços de bancos, de compras, de notícias, do clima, etc.

Não é apenas a tributação que requer reformulação, mas também a regulação e fiscalização desses serviços, conforme se depreende do noticiário diário. Sem um marco regulatório apropriado e uma agência dotada de autonomia e corpo funcional especializado, permanecerão à margem do controle social e político.

---

[9] A análise das tentativas de tributação do *Streaming* pelo ICMS Mercantil e pelo ISS excede os limites deste reduzido estudo, podendo vir a constituir objeto de um próximo artigo.
[10] Disponível em: https://redir.stf.jus.br/paginadorpub/paginador.jsp?docTP=TP&docID=755269372. Acesso em: 26 mai. 2022.
[11] Disponível em: https://redir.stf.jus.br/paginadorpub/paginador.jsp?docTP=TP&docID=755910810. Acesso em: 26 mai. 2022.

9 Considerações finais

Realizado o empreendimento de construção de sentido, conteúdo e alcance da expressão "prestação de serviço de comunicação", hipótese de incidência do ICMS Comunicação, com auxílio de método hermenêutico analítico, tem-se um panorama cristalino quanto aos fatos que podem ou não constituir objeto de sua tributação.

São necessários: (i) dois sujeitos, (i.1) o prestador – obrigado a fazer, e (i.2) o tomador – o titular do direito de exigir o cumprimento da obrigação; (ii) obrigação de fazer, esforço humano do prestador em favor do tomador; (iii) onerosidade, valor do serviço, que deverá ser pago quando ocorrer o adimplemento da obrigação; e, (iv) relação jurídica instaurada sob o regime do Direito Privado, negócio jurídico firmado entre particulares dotados de plena autonomia, tendo como objeto a comunicação como atividade-fim.

A caracterização da comunicação exige: (i) emissor; (ii) receptor; (iii) mensagem; (iv) código convencionado entre as partes; (v) canal de transmissão da mensagem, com possibilidade de tráfego bidirecional; (vi) conexão psicológica; e, (vii) contexto.

Encontram-se fora da área de abrangência do tributo investigado: (i) difusão; (ii) atividades-meio, meramente preparatórias da prestação do serviço de comunicação; (iii) serviços que se aproveitam da comunicação como suporte para sua realização. Nenhum dos três itens representa serviço de comunicação como atividade-fim. Este terceiro item tem no SVA – Serviço de Valor Adicionado, definido no artigo 61 da Lei nº 9.472/1997, sua principal expressão.

Sendo o *Streaming*, conforme exposto, um serviço que utiliza a conexão Internet como suporte para sua prestação, encaixa-se à perfeição na definição de SVA, motivo pelo qual se conclui de forma assertiva que, dentro das condições normativas atuais, é absolutamente inviável sua tributação pelo ICMS Comunicação. A solução passa por reformulação constitucional, modelando e atribuindo nova competência tributária aos entes federados escolhidos como destinatários

Referências

ABBAGNANO, Nicola. **Dicionário de filosofia**. Tradução de Alfredo Bosi e Ivone Castilho Benedetti. 5. ed. São Paulo: Martins Fontes, 2007.

ANJOS, Rubya Floriani dos. **Conceito de prestação de serviços de comunicação do ICMS e o processo comunicacional**. 2008. 269 f. Dissertação (Mestrado em Direito) – Programa de Pós-Graduação em Direito da Pontifícia Universidade Católica de São Paulo, São Paulo, 2008.

ATALIBA, Geraldo. **Hipótese de incidência tributária**. 5. ed. São Paulo: Malheiros, 1999.

ÁVILA, Humberto. Imposto sobre a prestação de serviços de comunicação: conceito de prestação de serviço de comunicação. Intributabilidade das atividades de veiculação de publicidade em painéis e placas. Inexigibilidade de multa. **Revista Dialética de Direito Tributário**, São Paulo, n. 143, p. 116-134, ago. 2007.

BECKER, Alfredo Augusto. **Teoria geral do direito tributário**. 2. ed. São Paulo: Saraiva, 1972.

BEZERRA NETO, Bianor Arruda. **O que define um julgamento e quais são os limites do juiz?** Valores, hermenêutica e argumentação: elementos para a construção de uma teoria da decisão judicial. São Paulo: Noeses, 2018.

CARRAZZA, Roque Antônio. **Curso de direito constitucional tributário**. 29. ed. São Paulo: Malheiros, 2013.

CARRAZZA, Roque Antônio. **ICMS**. 13. ed. São Paulo: Malheiros, 2009.

CARRIÓ, Genaro Ruben. **Notas sobre derecho y lenguaje**. Buenos Aires: Abeledo-Perrot, 1973.

CARVALHO, Paulo de Barros. **Curso de direito tributário**. 17. ed. São Paulo: Saraiva, 2005.

CARVALHO, Paulo de Barros. **Direito tributário**: linguagem e método. 6. ed. São Paulo: Noeses, 2015.

COPI, Irving Marmer. **Introdução à lógica**. Tradução de Álvaro Cabral. 2. ed. São Paulo: Mestre Jou, 1978.

CORAZZA, Edison Aurélio. **ICMS sobre prestações de serviços de comunicação**. São Paulo: Quartier Latin, 2006.

ECO, Umberto. **Semiótica e filosofia da linguagem**. Tradução de Maria Rosaria Fabris e José Luíz Fiorin. São Paulo: Ática, 1991.

FERREIRA, Aurélio Buarque de Holanda. **Dicionário Aurélio básico da língua portuguesa**. Rio de Janeiro: Nova Fronteira, 1988.

HART, Herbert Lionel Adolphus. **O conceito de direito**. Tradução de A. Ribeiro Mendes. 3. ed. Lisboa: Calouste Gulbenkian, 2001.

HERBERT, Daniel; LOTZ, Amanda D.; MARSHALL, Lee. Approaching media industries comparatively: a case study of streaming. **International Journal of Cultural Studies**, Madison, v. 22, n. 3, p. 349-366, nov. 2018..

HOUAISS, Antônio; VILLAR, Mauro de Salles. **Dicionário Houaiss de língua portuguesa**. Rio de Janeiro: Objetiva, 2009.

ITU. **Measuring the information society report**: volume 1. Geneva: International Telecommunication Union, 2018. Disponível em: https://www.itu.int/en/ITU-D/Statistics/Documents/publications/MISR-2018-Vol-1-E.pdf. Acesso em: 24 mai. 2022.

ITU. **Resolution 174**. Busan: International Telecommunication Union, 2014. Disponível em: https://www.itu.int/en/action/internet/ Documents/Resolution_174_pp14.pdf. Ace sso em : 24 mai. 2022.

ITU. **The blue book telecommunication policies for the Americas**. Geneva: International Telecommunication Union, 1996. Disponível em: https://itu.tind.io/record/2613/. Acesso em: 24 mai. 2022.

JAKOBSON, Roman Osipovich. **Linguística e comunicação**. Tradução de Izidoro Blikstein e José Paulo Paes. São Paulo: Cultrix, 1976.

JUSTEN FILHO, Marçal. **O imposto sobre serviços na constituição**. São Paulo: Revista dos Tribunais, 1985.

KELSEN, Hans. **Teoria pura do direito**. Tradução de João Baptista Machado. 6. ed. São Paulo: Martins Fontes, 1998.

LUNA, André. **Benefício fiscal**: teoria normativa geral e a prática das concessões do ICMS. Rio de Janeiro: Lumen Juris, 2021.

MELO, José Eduardo Soares de. **ICMS**: teoria e prática. 8. ed. São Paulo: Dialética, 2005.

MICHAELIS. **Michaelis on-line**: dicionário brasileiro da língua portuguesa. São Paulo: Melhoramentos, 2022. Disponível em: https://michaelis.uol.com.br/moderno-portugues/. Acesso em: 25 mai. 2022.

MOREIRA, André Mendes. **A tributação dos serviços de comunicação**. 2. ed. São Paulo: Noeses, 2016.

MOUSSALLEM, Tárek Moysés. Classificação dos tributos: uma visão analítica. In: BARRETO, Aires Fernandino et al. **Tributação e processo**, p. 601-637. São Paulo: Noeses, 2007.

MOUSSALLEM, Tárek Moysés. **Fontes do direito tributário**. 2. ed. São Paulo: Noeses, 2006.

NETFLIX. **Netflix 2021 financial statements**. 19 abr. 2022. Disponível em: https://ir.netflix.net/financials/financial-statements/default.aspx. Acesso em: 28 mai. 2022.

QUEIRÓ, Afonso Rodrigues. **Reflexões sobre a teoria do desvio de poder em direito administrativo**. Coimbra: Coimbra, 1940.

SANTAELLA, Lúcia. **Cultura das mídias**. São Paulo: Experimento, 1996.

SHANNON, Claude Elwood; WEAVER, Warren. **The mathematical theory of communication**. 2. ed. Urbana: University of Illinois Press, 1964.

VILANOVA, Lourival. **Sobre o conceito de direito**. Recife: Imprensa Oficial, 1947.

WITTGENSTEIN, Ludwig. **Tractatus logico-philosophicus**. Tradução de Charles Klay Ogden. London, Kegan Paul, 1922.

WTO. **Coverage of basic telecommunications and value-added services**. Geneva: World Trade Organization, s.d. Disponível em: https://www.wto.org/english/tratop_e/serv_e/telecom_e/telecom_coverage_e.htm. Acesso em: 24 mai. 2022.

La tributación laberíntica de las criptomonedas en España

Luis María Romero Flor

RESUMEN

1. Introducción. 2. Aspectos tecnológicos. 3. Naturaleza jurídica y económica. 4. Tipo de operaciones e implicaciones fiscales. 5. Consideraciones finales. Referentes.

1 Introducción

El escenario que se nos plantea en la actualidad para afrontar los retos derivados de la digitalización de la economía y su influencia sobre los sistemas tributarios deja latente que los instrumentos desarrollados para combatir los efectos anómalos derivados de dicho cambio de paradigma económico han sido difíciles de aplicar, ya que en muchos casos no se cuenta con el despliegue de herramientas tecnológicas necesarias para ello por parte de las Administraciones Tributarias, pero principalmente, porque se ha tornado imposible contar con el consenso necesario a nivel internacional que permita su concreción. Hoy en día, la presión política generada por la apresurada toma de medidas unilaterales de los Estados, ha llevado a que la OCDE-G20, como organismo que pretende agrupar la mayor parte de jurisdicciones entorno al consenso tributario internacional, reconsidere una serie de posturas que hasta ahora no han tenido los efectos pretendidos, ya que estaban orientadas más a la lucha contra la erosión de la bases imponibles y el traslado artificial de beneficios que a ajustar los sistemas tributarios al nuevo paradigma económico, y empiece a explorar medidas concretas para lograr el consenso necesario.

Ahora, mientras todo el debate está volcado en estudiar dichas medidas tendentes a enfrentar los retos derivados del cambio de paradigma económico y sus efectos sobre los sistemas tributarios, es necesario plantearnos las siguientes preguntas que se antojan fundamentales: ¿Deben las Administraciones Tributarias a nivel mundial esperar a que se tomen las medidas a nivel legislativo internacional para aclarar el panorama de la tributación de las criptomonedas?, o éstas ¿pueden y deben prepararse de manera interna para afrontar los retos que las criptomonedas nos ofrecen y con ello, su tributación?.

2 Aspectos tecnológicos

A estas alturas a casi nadie le resulta ajenas expresiones tales como *"moneda virtual"*, *"criptomoneda"* o *"token"*, y mucho menos *"bitcoin"*, *"ethereum"*, *"ripple"*, etc. Tecnológicamente hablando, las criptomonedas no son otra cosa que una cadena de algoritmos matemáticos que utilizan un sistema de encriptación de clave asimétrica, un software abierto de red "peer to peer" (punto a punto, directamente entre partes), y la tecnología *"blockchain"* (cadena de bloques).

Aún a pesar de lo complicado que puede parecer su lenguaje tecnológico, el poseer una criptomoneda en realidad no es tan complicado, pues cualquier persona puede adquirirla a través de las siguientes vías: minándolo con su propio ordenador; comprándolo a través de una *"trading platform"* (plataforma de negociación) o de un *"exchange"* (casa de cambio) pagando por ellos en euros u otra divisa; o recibiendo un ingreso de un tercero con motivo de una donación o de una transacción económica por la venta de un producto o realización de un servicio.

Y su funcionamiento también es igual de sencillo. En este sentido, si un determinado sujeto quiere realizar una determinada transacción electrónica con criptomonedas, lo primero que deberá realizar es abrir un *"wallet"* (o monedero virtual), esto es, una dirección o código en el que abonará o cargará la transacción y que permite enviar, recibir y almacenar criptomonedas, y en el que además almacenará una clave pública y otra privada de acceso asimétrica compuesta de una clave de acceso pública y otra privada.

Cada transacción electrónica que el sujeto realice ha de quedar registrada, por ello va a tener asignado un código alfanumérico, una combinación de números y signos, que se va a encriptar y empaquetar en un bloque, el cual incluye además el código de la última transacción realizada, permitiendo de esta manera formar una cadena de bloques permanentes e inmutables, imposibles de borrar o alterar, ya que cualquier mínimo intento de manipulación o de cambiar una anotación rompería la cadena; y donde cada bloque se cerrará mediante un sellado de firma criptográfica o huella (*"hash"*) que el siguiente bloque abre con la mencionada firma y con la propia, y así sucesivamente. La tecnología que permite estos registros y que es la base operativa de todo este sistema es el *"blockchain"*, consistente en una Tecnología de Registro Distribuido (*"Distributed Ledger Technology"* o DLT) que comporta la existencia de una comunidad de usuarios certificantes o validadores entre sí de que la información encriptada que circula en la cadena de bloques no se ha manipulado y permanece inmutable.

Además, el simple hecho de ser usuario de criptomonedas conlleva que su ordenador se convierta en un "nodo" de red, en un servidor de la cadena de bloques, de manera que toda la información va a estar distribuida por toda la red, es pública y descentralizada, no está en manos de un único propietario ni necesita de intermediarios ni está almacenada en una única máquina, por lo que al no tener nadie la exclusividad de su gestión ni custodia, unido a que su funcionamiento se basa en la confianza y consenso de los miembros o *"nodos"* de red que, voluntariamente, deciden operar con esta moneda, añade si cabe más seguridad al sistema, impidiendo además su uso indebido.

3 Naturaleza jurídica y económica

Más complicado resulta, si cabe, el determinar cuál es la verdadera naturaleza jurídica y económica de las criptomonedas, máxime si tenemos en cuenta que estas monedas virtuales se crearon con la idea de poder realizar con ellas inversiones y compras sin pasar por una institución financiera y, por ende, tampoco van a estar disciplinadas por ley ni bajo el control o manipulación de un gobierno o banco central. Por tanto, se trataría de un sistema de pago que no es, en principio, legal ni ilegal, sino más bien alegal, pues no hay una ley que ampare su uso de manera concreta, pero tampoco ninguna que la impida de manera estricta.

La ausencia de regulación existente al respecto llevó a la FINANCIAL ACTION TASK FORCE (FATF, 2014) a elaborar un informe sobre monedas virtuales, en el que ya se admitía la complejidad del concepto de moneda virtual y la necesidad de adoptar conceptos de comprensión común y de términos coherentes a nivel internacional, necesarios no ya sólo porque afectaba a la lucha contra el blanqueo de capitales o la financiación del terrorismo, sino porque también era necesario para la regulación de la protección de los consumidores, la reglamentación de las transacciones financieras y la fiscalidad de las operaciones. Pero a la par venía a reconocer que su uso puede estimular la mejora de los sistemas actuales de pago, reduciendo costes derivados de las tarjetas de crédito o de los pagos online de pequeña cuantía, así como el hecho de facilitar las remesas internacionales y la inclusión social de millones de personas que está excluidas de los sistemas bancarios tradicionales. Ahora bien, advierte que debe de estar sometida a una disciplina legal que limite sus riesgos potenciales respecto del tráfico ilícito de flujos de dinero, aprovechando el anonimato del mundo digital y estar fuera de toda jurisdicción.

De igual manera, el informe de la FINANCIAL STABILITY BOARD (FSB, 2019), centrado principalmente en analizar la protección de los inversores, la integridad del mercado, el blanqueo de dinero, las exposiciones bancarias y el monitoreo de la estabilidad financiera, señala que aunque las criptomonedas hayan sido diseñadas para funcionar fuera de los marcos regulatorios establecidos, es necesario elaborar recomendaciones y estándares internacionales frente a su proliferación; por lo que se recomienda el monitoreo de las criptomonedas, así como que se considere el enfoque regulatorio de los mismos a nivel internacional.

Por su parte, la Directiva UE 2018/843, del Parlamento Europeo y del Consejo, de 30 de mayo de 2018, viene a considerar que las monedas virtuales no deben confundirse con el dinero electrónico, sino que tienen que ser consideradas como una representación digital de valor que no es emitida o garantizada por un banco central o una autoridad pública, no está necesariamente vinculada a una moneda legalmente establecida, y no posee la consideración de moneda o dinero de curso legal, pero se acepta por personas o entidades, como medio de intercambio, y que puede ser transferida, almacenada y negociada electrónicamente.

En cuanto al informe elaborado por el Banco Central Europeo (BCE, 2019), aunque considera que el volumen de criptomonedas no es suficientemente significativo para que pueda afectar a la economía y su impacto en los mercados es ciertamente limitado, alerta sobre la volatilidad de las monedas virtuales y la ausencia de una institución pública específica que proteja el valor de los criptoactivos, lo que dificulta su uso como forma de dinero, como depósito de valor y como unidad de cuenta, concluyendo que las criptomonedas en realidad no son monedas sino activos, pero activos de alto riesgo dado su carácter eminentemente especulativo.

De manera similar, el Banco de España junto a la Comisión Nacional del Mercado de Valores (BE/CNMV, 2018) reconocen que aunque las criptomonedas se presenten en ocasiones como alternativa al dinero de curso legal, si bien tienen características muy diferentes, ya que no resulta obligatorio aceptarlas como medio de pago de deudas u otras obligaciones, su circulación es muy limitada y su valor oscila fuertemente, motivo por el cual no pueden considerarse un buen depósito de valor ni una unidad de cuenta estable; advirtiendo que quienes decidan comprar este tipo de activos digitales deben de considerar todos los riesgos asociados y valorar si disponen de toda la información suficiente, pues existe un alto riesgo de pérdida o fraude.

Por último, la Sentencia del Tribunal Supremo (STS) núm. 326/2019, de

20 de junio, con respecto a la naturaleza del *"bitcoin"*, consideró que no era sino un activo patrimonial inmaterial en forma de unidad de cuenta, definida mediante tecnología informática y criptográfica, cuyo valor es el que se alcanza en cada momento en función de la oferta y demanda de esta criptomoneda que se realiza a través de plataformas virtuales de compraventa; por lo que fijar su valor según el precio de intercambio, permite utilizarlo como un activo inmaterial de contraprestación o de intercambio en cualquier transacción bilateral, siempre y cuando las partes lo acepten.

De todo lo anteriormente expresado se colige que las criptomonedas y la tecnología *"blockchain"* que les da soporte, pueden ser elementos que dinamicen y modernicen el sistema financiero en los próximos años, pero actualmente para valorar su validez como alternativa de inversión o su uso como medio de pago es preciso también tener muy presente, en primer lugar, que desde el punto de vista legal no se consideran ni dinero electrónico ni dinero legal al no existir todavía un marco normativo que las regule y que proporcione garantías y protección similar a las aplicables a los productos financieros o mecanismos de protección al cliente como el Fondo de Garantía de Depósitos o el Fondo de Garantía de Inversiones.

Además, pese a que existen desde hace más de una década, la aceptación de las criptomonedas como medio de pago es aún muy limitada, no existiendo obligación de aceptarlas como medio de pago de deudas u otras obligaciones, quedando actualmente la responsabilidad de su distribución en manos de los usuarios que decidan utilizarlas como contraprestación en sus transacciones.

Y, finalmente, dada su elevada volatilidad, las criptomonedas no cumplen las funciones de unidad de cuenta con la que establecer precios y depósito de valor hacia el que canalizar inversiones a no ser que sean especulativas.

4 Tipo de operaciones e implicaciones fiscales

Aún a pesar de que, como veíamos con anterioridad, el uso de las criptomonedas aún no ha sido regulado expresamente ni en España ni en el resto de los Estados miembros de la Unión Europea, sí que es posible utilizarlas en el tráfico comercial; lo cual no ha impedido a las Administraciones Tributarias el interpretar y calificar jurídicamente las distintas actividades relacionadas con su uso de acuerdo con su propia naturaleza y, por consiguiente, determinar la tributación de la mismas en función de que se trate de su adquisición, tenencia y/o transmisión por empresarios y/o particulares.

4.1 Minado de criptomonedas

Como hemos tenido oportunidad de analizar con anterioridad, cuando un usuario realiza transacciones con criptomonedas, éstas tienen que incorporarse como nuevos bloques de información a la cadena ya existente, nuevos bloques que deben ser validadas y reconocidas por el conjunto de los usuarios o mineros, que a través de sus ordenadores, compiten entre ellos para encontrar la solución al algoritmo que permita enlazar o encadenar una transacción con la anterior de manera que la anotación quede registrada.

Por consiguiente, la minería, y con ella los mineros, al verificar las transacciones realizadas por los usuarios, son una parte primordial en el funcionamiento de las criptomonedas, manteniendo el *"blockchain"* estable y seguro. A cambio, por cada transacción registrada con éxito a través del producto del trabajo de encontrar el algoritmo, van a recibir una recompensa o compensación económica en criptomonedas, las cuales pueden almacenar y usar como medio de pago o intercambiar directamente por monedas de curso legal.

Como podemos observar, la labor de minar criptomonedas (*"bitcoin mining"*) va a tener ánimo lucrativo; pronunciándose al respecto la Dirección General de Tributos (DGT) en su Consulta vinculante V3625/2016, de 31 de agosto, que para que una actividad de tal tipo sea considerada como económica se va a requerir que dicha actividad se realice en territorio español, suponga la ordenación por cuenta propia de medios de producción y/o recursos humanos con un fin determinado, y que dicho fin sea, precisamente, la intervención en la producción o distribución de bienes y servicios; y de ser así va a tener la obligación de matricularse en el Impuesto sobre Actividades Económicas (IAE), aun no existiendo habitualidad en el ejercicio de la actividad económica pues bastaría con un solo acto de realización de una actividad económica para que se produzca el supuesto grabado.

Ahora bien, las Tarifas del IAE aún no recogen epígrafe alguno sobre cualquier actividad económica relacionada con criptomonedas, de manera que, atendiendo a lo dispuesto por la regla 8ª de las Instrucciones del Impuesto, la DGT ha declarado en sus Consultas vinculantes V3625/2016 y V2908/2917, de 31 de agosto y 13 de noviembre respectivamente, que la actividad de minería se trata de una actividad económica clasificada en el epígrafe 831.9 de la Sección Primera del IAE, bajo la denominación de *"otros servicios financieros no clasificadas en otras partes"*.

Si tenemos en cuenta la similitud de las actividades económicas que se desarrollan con monedas virtuales (divisas no reguladas) y se desarrollan con monedas de curso legal (divisas reguladas), consideramos que la interpretación administrativa de reconocer la actividad por la que se generan nuevas monedas como una actividad financiera, supone reconocer la prestación de un servicio de esa naturaleza, que resulta además compensado (o retribuido) con la entrega de una determinada cantidad de monedas.

Por consiguiente, el hecho de clasificar como actividad económica, en concreto como prestación de servicios financieros, a los trabajos de mantenimiento de la "*blockchain*" y de la generación de nuevas unidades de criptomonedas constituye una cuestión importante a efectos impositivos, pues sus titulares tendrán que tributar como autónomos, así como en el Impuesto sobre la Renta de las Personas Físicas (IRPF) o en el Impuesto sobre Sociedades (IS), en función de su personalidad jurídica.

A efectos del IRPF, hay que partir de la idea de que la obtención de criptomonedas a través de una actividad intelectual concretada en la resolución de un problema matemático, va a generar al minero persona física una renta susceptible de ser incluida dentro la amplia y laxa concepción de rentas que componen el hecho imponible del impuesto, pudiéndose subsumir o bien, dentro del concepto de rendimientos del trabajo (si realiza la actividad por cuenta ajena), o bien dentro del concepto de actividades económica (si realiza la actividad por cuenta propia sin relación de dependencia); disyuntiva que se disipa a favor de esta última opción desde el mismo momento en que se reconoce que no puede existir una relación de dependencia si se desconoce quién es esa hipotética personas o entidad que dirige el diseño y el funcionamiento del sistema. En consecuencia, se presume que, en la gran mayoría de los casos, la actividad de minado tendrá la consideración, en sede del minero, de rendimientos de actividades económicas, lo cual determinará, de acuerdo con el artículo 28.1 LIRPF que su rendimiento neto se determine en régimen de estimación directa normal, de acuerdo con las normas que regulan el IS; integrándose en la base general del IRPF.

Si por el contrario la actividad de minado de criptomonedas se realiza por un sujeto pasivo del IS, la renta obtenida por éste, cualquiera que sea su fuente u origen, tributará por este impuesto, cuya base imponible en el régimen de estimación directa se calculará corrigiendo el resultado contable de la entidad, básicamente de acuerdo con las normas previstas en el Código de Comercio (CCo) y en el Plan General de Contabilidad (PGC), dada la falta de disposición específica en la LIS sobre la eventual renta obtenida derivada de la consecución de criptomonedas por el minado.

En este sentido, y ciñéndonos a las definiciones que ofrece el PGC, dos serían las alternativas para registrar la adquisición de criptomonedas por medio del minado, dependiendo de la actividad económica principal realizada por el sujeto pasivo del IS: o bien contabilizarlo como existencia o como inmovilizado o activo intangible.

Por tanto, si el sujeto pasivo tiene por actividad principal obtener criptomonedas mediante el minado con la pretensión de venderlas a un tercero, es decir, transformar el mismo en disponibilidad financiera a través de la venta, se deberá de contabilizar como existencia; y si, por el contrario, el sujeto pasivo no tuviera como actividad económica principal la generación *ex novo* de criptomonedas de forma excepcional con la finalidad de integrar el patrimonio de la empresa, habrá de considerar la calificación contable de inmovilizado intangible o activo no corriente mantenido para la venta. Ahora bien, independientemente se trate de existencia o inmovilizado inmaterial, los elementos comprendidos en los mismos se valorarán por su coste, ya sea el precio de adquisición o el coste de producción; por lo que en el supuesto concreto de la minería las criptomonedas se deberán valorar por los costes asociados a su generación (coste de producción), que deberán ser debidamente activados en la empresa para no incurrir en ganancias injustificadas.

Por lo que respecta a la imposición indirecta, la DGT analizó, en la ya citada Consulta vinculante V3625/2016, de 31 de agosto, el régimen del Impuesto sobre el Valor Añadido (IVA) aplicable a la actividad de minado de criptomonedas, negándoles (a diferencia de lo que ocurre con la imposición directa) la consideración de actividad económica, pues aún a pesar de reconocer que en estos casos el minero tiene la consideración de empresario o profesional a efectos del IVA (en la medida en que ordena por cuenta propia los factores de producción necesarios con el fin de intervenir en el mercado), además entiende que, para que estas operaciones de minado estén sujetas al IVA, también es necesario que se trate de entregas de bienes o prestaciones de servicios que se realicen a título oneroso.

Para considerar si una operación se efectúa a título oneroso, el órgano directivo se basa en la Sentencia del Tribunal de Justicia de la Unión Europea (STJUE) de 5 de febrero de 1981, *Coöperative Aardappelendewaarplaats*, asunto C-154/80, la cual estimó que para que exista onerosidad de una operación *"debe existir una relación directa entre el servicio prestado y la contraprestación recibida para que una prestación de servicios sea gravable por el impuesto"*; así como en la STJUE de 3 de marzo de 1994, R. J. Tolsma, asunto C-16/1993, que en la misma línea viene a indicar que una prestación de servicios solo se realiza a título oneroso *"si existe entre quien efectúa la prestación y su destinatario una relación jurídica en cuyo marco se intercambian prestaciones recíprocas, y la retribución percibida por quien efectúa la prestación constituye el contravalor del servicio prestado al destinatario"*.

En base a lo anterior, la DGT va a considerar que las operaciones de minado de criptomonedas no son operaciones en las que exista una relación directa entre el proveedor del servicio y el destinatario de las mismas, y en los que la retribución abonada al prestado del servicio sea el contravalor del servicio prestado, ya que en la actividad de minado no puede identificarse un destinatario o cliente efectivo de la misma, en la medida que las nuevas unidades de criptomonedas son automáticamente generadas por la red. Por tanto, la DGT concluye afirmando que la falta de esa relación directa entre el servicio prestado y la contraprestación recibida determina la no sujeción al IVA de los servicios de minado de criptomonedas; algo que no concuerda demasiado con la realidad, en la que lejos queda ya esa actividad que realizaba un particular de manera individual en su domicilio, sino que en la actualidad más bien se requiere de un local con una red de ordenadores para lograr un mayor poder computacional ("*granjas*"), haciendo un uso intensivo de tecnología y consumo de energía, por lo que para prestar el servicio de minado se necesitaría algo parecido a una instalación industrial, una importante infraestructura técnica e inversión.

Como puede observarse, el problema principal en este caso radica en el modo de generación de las criptomonedas, o mejor dicho en la imposibilidad de identificar al destinatario concreto de las mismas, lo que conlleva que el sujeto pasivo no tenga un tercero sobre el que repercutir el IVA correspondiente a su servicio. Sin embargo, entendemos que la mencionada dificultad para identificar al tercero receptor del servicio no debe ser argumento suficiente para considerar la actividad como no sujeta, en la medida en que para minar criptomonedas se produce una verdadera ordenación de factores productivos con la finalidad de producir bienes con la finalidad de obtener una remuneración a cambio; o dicho en otros términos, si no se prestase el servicio de minado (validación de los bloques), no se recibirían como premio o recompensa las criptomonedas.

Además de esta minería tradicional de criptomonedas, en la que el minero, a través de su propio ordenador va a decidir qué software y hardware utiliza, qué criptomonedas va a minar, qué conexión a internet posee, etc., porque en función de todas esas decisiones tendrá un rendimiento u otro; también encontramos una minería en la nube o "*cloud mining*", que se da cuando un sujeto compra poder de minado de un "*pool*" de minería a cambio de recibir un porcentaje del beneficio que han obtenido los mineros, en proporción al poder de minado que ha comprado.

El principal problema que nos encontramos en este caso es que no hay ni legislación ni resoluciones sobre este tema, por lo que, a través de la legislación existente y la tecnología, vamos a intentar buscar brevemente cuál es la solución que consideramos más coherente.

Dado que lo que se está haciendo cuando se contrata un servicio de minería en la nube o *"cloud mining"* es pagar por una potencia de minado en cierta moneda en algún lugar del mundo y, por tanto, no se está decidiendo ni sobre el software, ni el hardware, ni el proveedor de internet o de electricidad, etc., no se puede considerar la misma como actividad económica, al no producirse el hecho fundamental de la misma, que recordemos, es la ordenación por cuenta propia de factores materiales y humanos; sino que más bien, es un rendimiento de capital mobiliario, y más concretamente como cesión de capitales propios, que se valorará por la diferencia entre el capital aportado y el capital recibido; y nos basamos para justificar nuestra opinión en las semejanzas que tiene con el contrato de cuenta en participación del artículo 239 CCo, en el que como sabemos, es aquel contrato por el cual una persona partícipe aporta una cantidad dineraria a otra persona que es la gestora para que ésta última realice una actividad económica, la cual, devolverá con posterioridad al aportante un beneficio de dicha actividad económica.

4.2 Compraventa, intercambio y contraprestación con criptomonedas

Además de la labor de minería descrita con anterioridad, se pueden adquirir criptomonedas a través de su compra o intercambio, o bien a través "casas de cambio" o *"exchange house"*, es decir, de empresas dedicadas a operaciones de compra, venta o cambio de divisas virtuales y tradicionales, o bien a través "plataformas de negociación" o *"trading platform"* ubicadas en internet, utilizando en ambos casos divisas de curso legal o virtuales; o incluso se puede utilizar como contraprestación o medio de pago por la entrega o adquisición de bienes o servicios.

A la vista de lo anterior, si lo percibido por la entrega de las criptomonedas se corresponde con divisa de curso legal, el negocio jurídico sería considerado como compraventa, en el sentido de que se estaría comprando o vendiendo esta moneda virtual en su consideración de *"eventual medio de pago"*; sin embargo, tal y como señala la DGT mediante Consulta vinculante V0999/2018, de 18 de abril, el intercambio de una moneda virtual por otra moneda virtual diferente constituye una permuta, conforme a la definición contenida en el artículo 1.538 del Código Civil (CC), calificación ésta igualmente trasladable a cuando se utiliza como pago por los bienes o servicios prestados.

Como puede observarse, ambos negocios jurídicos (compraventa y permuta) no son otra cosa que transacciones económicas con monedas virtuales que van a susceptibles de producir implicaciones tributarias tanto en la imposición directa como indirecta, en función del uso, destino, naturaleza, finalidad o pretensión.

Dentro del IAE, y como mencionábamos con anterioridad, siempre que se produzca el hecho imponible del Impuesto consistente en el *"mero ejercicio, en territorio nacional, de actividades empresariales, profesionales o artísticas, se ejerzan o no en local determinado y se hallen o no especificadas en las tarifas del impuesto"*, resultará de aplicación la regla 8ª de la Instrucción para la aplicación de las Tarifas, que recordemos, permite clasificar, provisionalmente, en el grupo o epígrafe dedicado a las actividades *"no clasificadas en otras partes"* a las que por su naturaleza se asemejen.

En consecuencia, la ya mencionada Consulta vinculante de la DGT V2908/2017, de 13 de noviembre, además de reconocer que las personas o empresas que se dediquen a la compraventa de criptomonedas por medio de una página web también tienen que tributar por este Impuesto, al tratarse de una operación que carece de clasificación específica en las Tarifas, debe clasificarse en el epígrafe 831.9 de la Sección Primera, dedicada a *"otros servicios financieros no clasificadas en otras partes"*. Y con respecto a la actividad de compraventa de monedas virtuales a través de cajeros y máquinas de *"vending"*, a cambio de una comisión, la Consulta vinculante V1028/2015, de 30 de marzo, reconoció que la misma constituye también hecho imponible del IAE, quedando la misma sujeta al Impuesto, debiendo tributar en el epígrafe 969.7 de la Sección Primera, *"otras máquinas automáticas"*.

A efectos del IRPF, por lo que respecta a la compra y venta de criptomonedas, debemos diferenciar entre si la operación constituye o no la realización de una actividad económica. En caso afirmativo, y al igual que sucedía con la actividad de minado, las rentas derivadas de la compraventa de criptomonedas tendrán la consideración de rendimientos de actividades económicas, lo cual determinará, de acuerdo con el artículo 28.1 LIRPF, que su rendimiento neto se determine en régimen de estimación directa normal, de acuerdo con las normas que regulan el IS; integrándose en la base general del IRPF.

Por el contrario, las operaciones de compraventa de criptomonedas que no impliquen la realización de una actividad económica a efectos del IRPF, así como los supuestos de permuta en los que el intercambio de criptomonedas no se realice con monedas de curso legal sino con otras criptomonedas, generarán ganancias o pérdidas patrimoniales, cuya cuantificación se determinarán por la diferencia entre los respectivos valores de transmisión y de adquisición de la criptomoneda, y se integrará y compensará en la base imponible del ahorro del IRPF.

Ahora bien, de conformidad con el artículo 49.1 LIRPF, si el resultado de la integración y compensación arrojase saldo negativo, su importe se compensará con las otras rentas del ahorro positivas obtenidas en el mismo periodo, con el límite del 25%; y si tras dicha compensación aún quedase saldo negativo, su importe se podrá compensar en los cuatro años siguientes.

Señalar que ante la falta de una regulación específica, si se adquieren criptomonedas, sea cual sea la forma de adquisición, en distintas fechas a lo largo del periodo impositivo y con diferentes precios de compra, para la determinación de su precio de adquisición se utilizará el sistema que tradicionalmente se emplea en las operaciones de compraventa de acciones o participaciones, es decir, se aplicará el método *"first in, first out"* (FIFO) por medio del cual las primeras monedas virtuales que se vendan o permuten se valorarán al precio de adquisición de las que se compraron en primer lugar.

En este mismo sentido se pronunció la Consulta Vinculante V1604/2018, de 11 de junio, de la DGT, en relación con ventas parciales de monedas virtuales adquiridas en diferentes casas de cambio y en distintas fechas, considerando que las criptomonedas, computables por unidades o fracciones, tienen su origen en un protocolo específico y poseen todos ellos las mismas características, siendo guales entre sí, lo que les confiere la naturaleza de bienes homogéneos.

Sobre la posibilidad de computar como pérdida patrimonial el robo o sustracción de criptomonedas, la DGT, a través de las Consultas Vinculantes V1979/2015, de 25 de junio, V2603/2015, de 8 de septiembre, y V0999/2018, de 18 de abril, señaló al respecto que efectivamente se considerará como tal, pero que, por un lado, al tratarse de una pérdida por un robo, la computación de la misma no se va a producir de forma automática *"al mantener el acreedor su derecho de crédito, y sólo cuando este derecho de crédito resulte judicialmente incobrable será cuando se produzca sus efectos en la renta"*, y para que sea reconocido judicialmente, se establecen dos opciones: que haya un concurso de acreedores, y si no hay tal concurso de acreedores, que se cumpla el plazo de un año desde el inicio del procedimiento judicial distinto del de concurso; y, por el otro, que al no haberse puesto de manifiesto en ocasión de la transmisión del elemento patrimonial, la pérdida formará parte de la renta general, debiendo de integrarse por tanto en la base imponible general del IRPF.

Si la actividad de compraventa o intercambio de criptomonedas se realiza por un sujeto pasivo del IS, la renta obtenida por éste, cualquiera que sea su fuente u origen, tributará por este impuesto; y al igual que sucedía con la actividad de minado, la base imponible en el régimen de estimación directa se calculará corrigiendo el resultado contable de la entidad, básicamente de acuerdo con las normas previstas en el CCo y en el PGC.

En este sentido, tres serían las alternativas para registrar la compraventa e intercambio de criptomonedas, dependiendo de la actividad económica principal realizada por el sujeto pasivo del IS: contabilizarlo como existencia, como inmovilizado o activo intangible, o como permuta.

Si el sujeto pasivo tiene por actividad principal vender y comprar criptomonedas, deberá contabilizar las mismas a través de la norma de registro y valoración 10.3 del PGC relativa a las existencias. A su vez, la venta posterior de las criptomonedas que aparezcan en la cuenta de existencias dentro de la contabilidad podría generar beneficios o pérdidas a computar en la cuenta de resultados de la sociedad que luego podrá dar lugar a renta gravable como parte de la base imponible del IS de conformidad con las normas previstas en el PGC para las existencias.

En el caso de que el sujeto pasivo no tuviera como actividad económica la compraventa de criptomonedas, habrá que considerar la calificación contable de éstas como *"activo no corriente mantenido para la venta"*; de forma que en la contabilización de su obtención y eventual transmisión posterior resultará de aplicación la norma de registro y valoración 7.3 así como el resto de las reglas aplicables del PGC.

De acuerdo con la normativa contable en vigor, tanto los elementos comprendidos en el inmovilizado inmaterial como en las existencias se valorarán por su coste, ya sea éste el precio de adquisición o el coste de producción. En cambio, si se adquieren en una casa de cambio, el valor será el precio de adquisición más los gastos de comisión asociados a dicha operación.

En cualquier caso, tanto si son existencias como intangibles, al cierre de ejercicio deberá valorarse si hay indicios de deterioro, pero el modo de cálculo será diferente: mientras que para las existencias se toma como valor de referencia para medir el posible deterioro el valor neto realizable, en el caso del inmovilizado se toma el valor recuperable (que es el menor entre el valor razonable y el valor en uso), valores diferentes que generarán cuantificaciones distintas de la posible pérdida, con el consecuente efecto en los resultados de la empresa y, lógicamente, en su tributación.

Pero tanto si la entidad realiza un intercambio de criptomonedas entre sí, o se reciben como pago por los bienes o servicios prestados, en tal caso no se trataría de una compraventa sino de una permuta, de modo que las criptomonedas recibidas se contabilizarán por el valor razonable del activo entregado. Sin embargo, a efectos fiscales, debería de computarse en la base imponible a precio de mercado; por lo que la entidad deberá realizar un ajuste fiscal sobre el resultado contable por la diferencia entre el valor de mercado y el valor contable.

Sobre la tributación en el IVA de las operaciones de compra y venta de criptomonedas en el IVA, la DGT había considerado en las Consultas Vinculantes V2228/2013, de 8 de julio, V1028/2015 y V1029/2015, de 30 de marzo, y V2846/2015, de 1 de octubre, con base en la STJUE de 12 de junio de 2014 (*Granton Advertising*, asunto C-461/12), que las monedas virtuales eran calificadas como medios de pago, por lo que según sus propias características, constituían un "efecto comercial" en el sentido del artículo 135.1.d) de la Directiva 2006/112/CE del Consejo, de 28 de noviembre de 2006, relativa al sistema común del impuesto sobre el valor añadido, al estar *"íntimamente ligado a instrumentos de pago que permiten la transferencia de dinero y que como tales operaciones financieras deben quedar exentas del Impuesto"*, optando por ende por ser operaciones sujetas, pero sobre las que se aplica la exención del mencionado artículo que excluye de gravamen *"las operaciones, incluida la negociación, relativas a depósitos de fondos, cuentas corrientes, pagos, giros, créditos, cheques y otros efectos comerciales"*.

Con posterioridad, la Sentencia del TJUE de 22 de octubre de 2015 (David Hedqvist, asunto C-264/14), analizó la naturaleza y función de las criptomonedas a efectos de la sujeción al IVA y de las operaciones de cambio de divisas tradicionales por divisas virtuales o viceversa. Estima, que los mencionados cambios de divisas son prestaciones de servicios realizadas a título oneroso, las cuales consisten en cambiar distintos medios de pago, existiendo una relación directa entre el servicio prestado de cambio de moneda y la contraprestación que se percibe a cambio, y por ello considera que, por una parte, dicha actividad estaría sujeta al IVA al tener la consideración de actividad empresarial, ya que procede a la ordenación por cuenta propia de factores de producción materiales y humanos o uno de ellos, con la finalidad de intervenir en la producción o distribución de bienes o servicios. En concreto, se dedica a la compra y venta de moneda virtual a través de un portal de internet a cambio de una comisión, lo cual parece corroborar el carácter empresarial de la actividad; mientras que, por otra parte, estima que tales operaciones están exentas del IVA, por constituir un medio de pago en los términos señalados en la letra e) del referido artículo 135.1, relativo a las divisas, los billetes de banco y las monedas que sean medios legales de pago.

La mencionada Sentencia obligó a la DGT a revisar su criterio, manifestando en sus Consultas vinculantes V1748/2018, de 18 de junio, y V2034/2018, de 9 de julio, que los "bitcoin", criptomonedas y demás monedas digitales son divisas por lo que los servicios financieros vinculados con las mismas están exentos del Impuesto sobre el Valor Añadido.

4.3 Tenencia de criptomonedas

De conformidad con las Consultas vinculantes de la DGT V0250/2018 y V0590/2018, de 1 febrero y 1 de marzo respectivamente, vienen a considerar, desde la perspectiva del Impuesto sobre el Patrimonio (IP), que las criptomonedas son monedas de tipo virtual que permiten comprar bienes y pagar servicios a través de Internet, además de cotizar en mercados financieros regulados, razón por la cual deberán de declararse en el mencionado impuesto junto con el resto de los bienes y derechos de contenido económico, de la misma forma que se haría con cualquier otro capital en divisas; por lo tanto, valorándose por su valor de mercado (por su valor equivalente en euros) en la fecha del devengo, es decir, a 31 de diciembre de cada año.

Diversas son las cuestiones que se suscitan al respecto. En primer lugar, con respecto a su valor de mercado a fecha de devengo, sería conveniente que el legislador determine con exactitud el momento en el que determinar la base imponible de las criptomonedas, dada la gran volatilidad, variabilidad y fluctuación que caracteriza su mercado.

Otra cuestión a plantear es la posibilidad de aplicar al empresario que se dedica al cambio de criptomonedas por divisas tradicionales, la exención de los bienes y derechos necesarios para el desarrollo de la actividad empresarial o profesional siempre que ésta se ejerza de forma habitual, personal y directa, y constituya su principal fuente de renta; sin embargo, la ausencia por el momento de pronunciamiento expreso en este sentido por parte de la DGT, la aplicación de esta exención conllevaría un riesgo elevado de comprobación por parte de la Administración Tributaria.

También, como sabemos, la obligación de tributar por el impuesto exige que el valor de los bienes y derechos exceda del mínimo exento que, con carácter general, se establece en 700.000 €; pero al ser un impuesto cedido a las Comunidades Autónomas, esta obligación dependerá, en última instancia, del importe que los territorios autonómicos hubieran establecido, por lo que la determinación y cuantificación del impuesto dependerá del lugar de residencia del sujeto pasivo. Cuestión ésta, por otro lado, de poca relevancia significativa, por lo menos temporalmente, como consecuencia de la bonificación general del 100% de la cuota íntegra para los sujetos pasivos por obligación personal y real.

Por último, al tratarse de un impuesto que grava el patrimonio mundial del que es titular una persona física residente en España, surgen la cuestión de localizar las criptomonedas, dado que al estar almacenadas en una red distribuida se consideran que no se encuentran en territorio español y, por tanto, la persona física residente en territorio español tendrá la obligación de informar anualmente a la Administración tributaria, sobre las monedas virtuales situadas en el extranjero de las que sea titular, o respecto de las cuales se tenga la condición de beneficiario o autorizado o de alguna forma se ostente poder de disposición, custodiadas por personas o entidades que proporcionan servicios para salvaguardar claves criptográficas privadas en nombre de terceros, para mantener, almacenar y transferir monedas virtuales. Y en el supuesto de incumplimiento de la mencionada obligación de información, la sanción constituirá en multa pecuniaria fija de 5.000 € por cada dato o conjunto de datos referidos a cada moneda virtual individualmente considerada según su clase que hubiera debido incluirse en la declaración o hubieran sido aportados de forma incompleta, inexacta o falsa, con un mínimo de 10.000 €.

Consideraciones finales

Tras más de una década de la aparición en el mercado de la primera moneda virtual no hay todavía una regulación legal sobre el régimen tributario de la generación, posesión y operaciones de adquisición y transmisión de monedas virtuales. Ha sido la doctrina administrativa la que ha ofrecido transitoriamente una línea argumental, más o menos evolucionada en algunos aspectos, aunque insuficientes en otros, sobre el régimen tributario de las transacciones con criptomonedas, integrando esta nueva realidad virtual en las categorías jurídicas clásicas previstas por nuestro ordenamiento tributario.

Para la imposición directa, las monedas virtuales son bienes muebles inmateriales diferentes entre sí. La transmisión de monedas virtuales por particulares devenga una ganancia o pérdida de patrimonio, ya se materialice a través de una compraventa o de una permuta, gravando según las reglas que establece el IRPF para esta fuente de renta en cuanto a la valoración, las reglas de integración, compensación y criterios de imputación temporal de rentas. La doctrina administrativa resulta copiosa en estas cuestiones, aunque no se pronuncia sobre otros aspectos esenciales del tributo, como es la incidencia que pudiera tener en las transacciones con monedas virtuales la norma anti-pérdidas que contempla el IRPF cuando se venden y compran elementos patrimoniales en un determinado plazo temporal.

Las transacciones con monedas virtuales en el ámbito de una actividad económica generan ingresos y gastos que deben ser objeto de declaración-liquidación en el IRPF o IS, según la naturaleza del sujeto perceptor. Ante la carencia de regulación normativa y los escasos pronunciamientos administrativos sobre esta fuente, para determinar la renta sometida a gravamen se deben aplicar las reglas generales previstas en los respectivos tributos. En el régimen de estimación directa, se requiere considerar las reglas contables. Sin embargo, también en este ámbito se carece de regulación legal. Tan solo se dispone de unos pocos pronunciamientos aislados que califican las monedas virtuales como elementos de inmovilizado intangible o existencias, según cuál sea su función o uso en la actividad económica habitual de la entidad.

A la espera de un marco normativo homogéneo que clarifique la naturaleza jurídica de la moneda virtual en ambos sectores normativos, el contribuyente deberá practicar, cuando corresponda, las correcciones valorativas necesarias cuando haya diferencias de calificación, valoración o imputación temporal.

En cuanto a la imposición indirecta, las monedas virtuales son medios de pago y divisas. A diferencia de la consideración como actividad económica y servicio financiero de la adquisición originaria de monedas virtuales en el IAE, el IVA la considera como tal actividad y califica las operaciones realizadas por estas entidades como no sujetas al impuesto, por las razones expuestas.

Referentes

BANCO CENTRAL EUROPEO. **BCE Report**: Crypto-assets: Implications for financial stability, monetary policy, and payments and market infrastructures. 2019. Disponible em: https://www.ecb.europa.eu/pub/pdf/scpops/ecb.op223~3ce14e986c.en.pdf. Accedido en: 24 abr. 2022.

BANCO ESPAÑOL Y COMISIÓN NACIONAL DEL MERCADO DE VALORES. **Criptomonedas**. 2018. Disponible em: https://www.cnmv.es/loultimo/NOTACONJUNTAriptoES%20final.pdf. Accedido en: 24 abr. 2022.

BANCO ESPAÑOL Y COMISIÓN NACIONAL DEL MERCADO DE VALORES. **Ofertas iniciadoras de criptomonedas**. 2018. Disponible em: https://www.cnmv.es/Portal/verDoc.axd?t=%7Be14ce903-5161-4316-a480-eb1916b85084%7D. Accedido en: 24 abr. 2022.

FINANCIAL ACTION TASK FORCE. **FATF Report**: Virtual currencies. Key definitions and Potential AML/CFT Risks. 2014. Disponible em: https://www.fatf-gafi.org/media/fatf/documents/reports/Virtual-currency-key-definitions-and-potential-aml-cft-risks.pdf. Accedido en: 24 abr. 2022.

FINANCIAL STABILITY BOARD. **FSB Report**: Crypto-assets. Work underway, regulatory approaches and potential gaps. 2019. Disponible em: https://www.fsb.org/wp-content/uploads/P310519.pdf. Accedido en: 24 abr. 2022.

Mercado de publicidade & seus novos magos: O que resta para o Estado poder acompanhar a atividade dos influenciadores digitais e tributá-la adequadamente

Harrison Alexandre Targino Júnior
Francisco de Assis Diego Santos de Souza

Sumário

1. Introdução. 2. Do crescimento exponencial da Internet. 3. Influenciadores digitais: os mestres da nova mídia. 4. A nova mídia e um novo jeito de fazer compras. 5. Influenciar como carreira profissional. 6. Pagamento in natura e recebidos. 7. ISS. 8. Informalidade. 9. Considerações finais. Referências.

1 Introdução

O mercado publicitário foi um dos mais atingidos pelo surgimento e expansão do mundo digital. Se as marcas antes necessitavam de comunicação de massa[1], tais quais televisão e rádio, que serviam de grandes vitrines para atingir públicos cada vez mais volumosos, a partir da internet diminuiu-se a necessidade de contratar os grandes veículos de comunicação a valores exorbitantes, pois, a partir dela, ganhou força uma publicidade com foco em um público segmentado que veio a se mostrar mais certeira e eficaz, efetiva. (BENAZZI; FARIA, 2017).

Ora, uma propaganda com público-alvo bem definido e estratégia de alcance direcionada consegue maior conversão de visualizações em consumo. O público hoje necessita de uma publicidade que dialogue com sua necessidade ou anseios, que gere identificação. (SEIFRIED, 2015).

Essa segmentação do público já vinha ocorrendo desde antes da internet. O desenvolvimento da tecnologia de televisão a cabo a partir da década de 90 permitiu a proliferação de emissoras de TV, muitas das quais

---

[1] Entende-se por comunicação de massa aquela que não sabe a quem se comunica, nem tampouco os interesses do seu espectador e sua pré-disposição à compra do produto, pois se direciona a uma audiência grande, anônima e heterogênea quanto a sua origem e classe social, porém homogêneos com relação ao anonimato e à impossibilidade de agir de forma separada. (SEIFRIED, 2015).

pertencentes às grandes redes que antes concentravam seu público em um único canal, mas perceberam que a audiência não mais ficava estática frente às telas esperando algo de seu interesse, mas passava a se alternar entre canais buscando conteúdo mais atrativo para si. (CASTELLS, 2000).

Conforme estabelece Françoise Sabbah, ainda em 1985, a nova mídia não é mais comunicação de massa no sentido tradicional de envio de uma quantidade limitada de mensagens a uma audiência homogênea de massa. A audiência àquela época já se mostrava diferente, não era mais maciça em termos de simultaneidade e uniformidade da mensagem recebida.

Tais mudanças são exortadas em números, já desde o final do século passado. Nos EUA, as três principais redes controlavam 90% da audiência do horário nobre em 1980, tal domínio caiu para 65% em 1990, 60% em 1995 e 55% em 1999. (CASTELLS, 2000).

Já em 2006, a palavra *"you"*, que significa "você", em inglês, foi apontada a "pessoa do ano" pela aclamada revista americana *Time*. A referência era aos próprios leitores da revista e o motivo era que os indivíduos haviam tomado as rédeas do mercado mundial de mídia, trabalhado voluntariamente e derrotando os profissionais no jogo que eles costumavam dominar. (CAMARGO; ESTEVANIM; SILVEIRA, 2017).

São várias as segmentações de mercado hoje apontadas. Por exemplo, segundo SHETH, MITTAL e NEWMAN (2001), a divisão é feita por três bases: "o quê?", "quem?" e "por quê?". Já KOTLER e ARMSTRONG (2007) dizem que não há uma única maneira de segmentar o mercado, mas afirmam que as principais variáveis são geográficas, demográficas, psicográficas e comportamentais.

Se tal fenômeno originou-se a partir da televisão a cabo, foi intensificado exponencialmente a partir da internet.

2 Do crescimento exponencial da internet

A pesquisa Digital 2021, desenvolvida pela *"We are social"* em parceria com a *"Hootsuite"*, demonstra as estatísticas globais mais recentes sobre o uso massivo da internet. Nela consta que, somente em janeiro de 2021, 4,66 bilhões de usuários se conectaram à rede mundial de computadores em todo o mundo, o que equivale a 59,5% da população total da Terra. (ISTOÉ DINHEIRO, 2021).

De acordo com a *RewardStyle Conference* de 2018, os usuários passam cerca de cinco horas em seus aparelhos celulares diariamente, sendo 90% deste tempo em redes sociais. (LOPES, 2018).

No Brasil, a Pesquisa Nacional por Amostra de Domicílios Contínua do

IBGE feita em 2016 estima que, naquele ano, havia 116 milhões de internautas, sendo que da população nacional acima de 10 anos de idade, 64,7% tinham acesso à internet. (IBGE, 2018).

O crescimento exponencial da internet fica claro quando comparado com outros meios de comunicação anteriores. Enquanto o rádio precisou de trinta e oito anos para chegar a 50 milhões de usuários, a televisão necessitou de treze anos para atingir tal patamar e a internet de apenas cinco. (CASTRO, 2000).

Assim como as grandes redes de televisão se adaptaram ao sinal a cabo lançando novos canais, também se adaptaram à internet lançando seus próprios sites. No Brasil, a rede Globo é o exemplo mais destacado, se adaptou à TV a cabo com o lançamento de canais de segmentos diferentes (ex.: SporTV, GloboNews e Multishow) e hoje está na internet com importantes sites (ex.: G1, GloboEsporte e GloboPlay).

Outro aspecto peculiar da internet, que faz da Era Digital atualmente vivida ainda mais revolucionária em relação ao passado próximo, é que ela não é somente um meio de comunicação, como o rádio e a TV, mas também um meio global de comércio. A Digital 2021 estima que 77% dos internautas usuais com idade entre 16 e 64 anos compram online todos os meses. (DATAREPORTAL, 2021).

Assim, pode-se dizer que um bom posicionamento publicitário na internet não somente permite a apresentação de um produto ao seu público como permite também o ato imediato de compra e, assim, o alcance instantâneo do objetivo final da publicidade. Segundo CAVALLINI (2008), o maior impacto da internet não foi ter surgido como uma nova mídia e sim ter mudado o comportamento do consumidor.

Para KOTLER e KELLER (2006), a maior parte do marketing de hoje está se mudando do mercado para o ciberespaço.

Nessa toada, as mudanças no mercado publicitário seguem os moldes da necessidade que os meios de comunicação de massa já haviam vislumbrado, de diversificar os canais de interação e apostar em uma mensagem segmentada para cada público. (SEIFRIED, 2015). Contudo, a internet permite uma diversificação e segmentação exponencialmente maior do que havia até o final do século XX. Esta nova estratégia é chamada segmentação de *target*. (JONES, 2004).

3 Influenciadores digitais: os mestres da nova mídia

Em meio a uma demanda por uma publicidade setorizada e, até certo ponto, individualizada, no mundo digital, surgem as figuras dos influenciadores digitais, também chamados pela denominação em inglês, *influencers*.

Os influenciadores trabalham criando conteúdo de publicidade para seus perfis nas redes ou, simplesmente, cedendo espaço neles para que empresas possam fazer seus anúncios. (SANTOS, 2020).

ALMEIDA e BEZERRA (2019) definem os influenciadores como indivíduos que ganham popularidade nas redes com conteúdos de temas variados e passam a exercer alto poder persuasivo em seus seguidores, passando a atuar como intermediadores entre marcas e consumidores.

Como dizem LOPES e BRANDT (2016), são usuários de mídias sociais que movimentam e influenciam grande quantidade de pessoas através de suas reputações visando alavancar produtos, serviços e eventos. Chegam a gozar de maior credibilidade e eficácia para cooptação de clientes do que as próprias marcas. (COELHO et al, 2017). Um exemplo típico deste fenômeno foi a campanha da Coca Cola para as olimpíadas de 2016 do Rio de Janeiro que veio a contratar diversos influenciadores digitais no país. (LOPES, 2018). Ora, uma das marcas mais reconhecidas mundialmente patrocinando o evento mais tradicional do mundo desportivo e, ainda assim, optou por usar influenciadores para promover-se junto ao público.

Essa influência nas redes sociais é conquistada a partir de sua produção de conteúdo para a internet e da relação que passam a cultivar com seus seguidores. (LOPES, 2018). Tal influência não se restringe a aspectos comerciais, os influenciadores são tidos como referência nos assuntos que tratam em suas redes, seja moda, beleza, estilo, games, alimentos, ou mesmo carreiras profissionais. (RUGA, 2017).

Em verdade, estes profissionais vendem todo um estilo de vida, um *lifestyle*, como se diz no mercado publicitário. Junto com o estilo de vida, o influenciador acaba muitas vezes por transmitir valores, opiniões, posições ideológicas, vocabulário, enfim, toda uma perspectiva de vida – transmitida, quando não pela recomendação, pela imitação. (ZANETTE, 2015). Os influenciadores trabalham, assim, como uma marca de si próprios. (SANTOS, 2020). Por isso, estes profissionais acabam criando um alto vínculo emocional com seus seguidores. (YOUPIX, 2016). Com a proximidade propiciada pelas mídias sociais, os *influencers* passam a ser vistos como amigos pelos consumidores, tornando a recomendação destes em uma compra efetiva. (BENAZZI; FARIA, 2017).

Essa relação costuma ser também marcada pela espontaneidade e interatividade que dão uma sensação de proximidade entre *influencer* e seguidor. Esta é a grande diferença da atual relação dos influenciadores com seus seguidores e das celebridades do passado com seus fãs. *Influencers* são mais acessíveis, costumam mostrar sua vida real e, assim, são vistos com mais autenticidade e credibilidade. (LOPES, 2018). Ademais, a interação com estes profissionais da mídia permite interação em que o consumidor pode também dar sua opinião, trocar informações e experiências sobre produtos e serviços. (CARDOSO, 2014).

É certo que as celebridades das mídias tradicionais não raro passam a ter também muitos seguidores nas redes sociais, passam a produzir conteúdo em seus perfis e são consideradas também influenciadoras digitais. Contudo, a maior parte destes são pessoas desconhecidas, comuns, que alcançam a fama pelo seu conteúdo na própria internet. (KARHAWI, 2016).

Antes da internet, amadores podiam até escrever histórias, compor músicas, gravar vídeos, mas não tinham um ponto de encontro onde podiam exibir seus trabalhos e adquirir reconhecimento além do ciclo familiar e de amizades. Agora, com as redes sociais, eles podem mostrar-se para o mundo. (CAMARGO; ESTEVANIM; SILVEIRA, 2017).

Os influenciadores digitais são formadores de opinião por excelência. (RUGA, 2017). Segundo LOPES e BRANDT (2016), formadores de opinião são pessoas que influenciam contingentes de pessoas, que levam as massas a concordarem com uma opinião ou consumirem um produto específico.

A figura do formador de opinião sempre existiu, mas antes era consequência de alguma outra atividade desenvolvida pelo indivíduo, geralmente no âmbito profissional. Já hoje o influenciador tem, em sua capacidade persuasiva, o núcleo de sua atividade profissional, torna o uso da sua capacidade de instigação em seu trabalho principal. (KARHAWI, 2016).

Esta capacidade de instigação é medida a partir do engajamento e influência que o influenciador tem em seus nichos e não apenas pela quantidade de seguidores em seus perfis. Isso é o que define se o *influencer* irá agregar valor à marca parceira e converter seu público em consumidor. (KARHAWI, 2016). Nestas parcerias, o influenciador leva alcance de público, proximidade, linguagem especializada para segmentos do público e influência de consumo. (YOUPIX, 2016).

O influenciador é peça-central do marketing de influência praticado por empresas como forma de adaptação ao mercado de consumo do século XXI. (SANTOS, 2020). Esta modalidade de marketing segue a lógica da influência, que se denota pela participação na rede, pela convergência midiática e pela proximidade que os profissionais criam com o público que se forma ao seu redor. (CAMARGO; ESTEVANIM; SILVEIRA, 2017).

4 A nova mídia e um novo jeito de fazer compras

De acordo com uma pesquisa da Iinterativa, 74% dos consumidores buscam nas redes sociais informações sobre os produtos que cogitam comprar. (GOMES, 2016). Neste novo mundo, os maiores influenciadores são tão, ou mais, importantes do que uma propaganda de trinta segundos em horário nobre das grandes emissoras de televisão. (MEIO&MENSAGEM, 2016). Não por acaso, as redes dominadas pelos influenciadores digitais no Brasil são o *YouTube* e o *Instagram*, e os números de visitação a essas plataformas são cada vez mais altos. (INFOGRAPHYA, 2021).

Já em 2017 o *YouTube* tinha 1,5 bilhão de pessoas acessando seu conteúdo mensalmente em todo o mundo e gastam mais de uma hora por dia assistindo seus vídeos, segundo dados do relatório *Think with Google* (GOOGLE, 2017). De acordo com o mesmo relatório, 95% da população online brasileira usa o *YouTube* todo mês, sendo maior até que as TVs a cabo junto ao público de 18 a 49 anos.

Quanto ao *Instagram*, os números são igualmente significativos. A rede com mais de 1 bilhão de usuários ativos tem especial presença no Brasil, onde está seu terceiro maior público mundial, com 114 milhões de usuários. (STATISTA, 2021). Não bastasse a quantidade de gente, impressiona também a assiduidade deste público, 84% dos usuários brasileiros entram ao menos uma vez por dia na plataforma, destes, metade entra várias vezes no dia e 11% afirmam deixar a plataforma aberta durante todo o dia. Na faixa etária entre 16 e 29 anos é a plataforma mais usada, com 84% deste público. (D'ANGELO, 2021).

5 Influenciar como carreira profissional

Se são o *Instagram* e o *YouTube* as redes prediletas dos brasileiros, não por acaso, são também as preferidas dos influenciadores digitais. (LOPES, 2018).

Nesta toada, em meio a números recordes de usuários das redes sociais, crescem também os influenciadores digitais. Segundo pesquisa do IBOPE INTELIGÊNCIA (2019), 52% dos brasileiros seguem algum digital *influencer*, sendo que esta porcentagem chega a 75% quando considerada a faixa etária de 16 a 24 anos. E não apenas acompanham o influenciador, como compram suas recomendações, pois, segundo a mesma pesquisa, 50% dos internautas brasileiros costumam comprar produtos e serviços indicados pelos *influencers* e 35% já visitaram algum local indicado por um destes.

Outra plataforma que vem crescendo vertiginosamente é o *TikTok*. De origem chinesa, começou a buscar o público do ocidente em 2017 e já em 2020 se tornou o aplicativo mais baixado do ano em todo o mundo.

(JOÃO, 2020). Em 2021 chegou a 1 bilhão de usuários ativos por mês, sendo que de julho de 2020 a setembro de 2021, o crescimento foi de 45%. (PODER360, 2021).

Os montantes alcançados pelos influenciadores desta rede social chamaram atenção de grandes publicações, como *Forbes* e *Wall Street Journal*.

As estrelas mais bem pagas do aplicativo ganharam coletivamente US$ 55,5 milhões em 2021, um aumento de 200% em relação 2020. (BROWN, 2022).

Estima-se que estrelas americanas do *TikTok* cobrem até meio milhão de dólares por uma única postagem. Diante desses altos valores, o WALL STREET JOURNAL (2022) promoveu uma comparação entre os salários de CEO's de grandes empresas e os maiores *tiktokers* – influenciadores desta rede específica.

Segundo o supracitado jornal, o salário médio dos executivos-chefes das grandes empresas americanas foi de US$ 13,4 milhões no ano de 2020. Charli D'Amelio é a *tiktoker* com mais seguidores na plataforma, chegando a 133 milhões de seguidores, e foi também a mais bem remunerada, recebendo 17,5 milhões de dólares em 2021. Seu faturamento foi maior do que o de CEOs de tradicionais empresas listadas na bolsa de valores, como a *Exxon Mobil*, a *Starbucks* e o *McDonald's*. (WALL STREET JOURNAL, 2022).

Ainda em 2016, a empresa Captiv8, companhia encarregada de fazer interlocução entre influenciadores e empresas, estimou a faixa de pagamento que influenciadores americanos recebiam por campanhas. De acordo com esse levantamento, um influenciador com três a sete milhões de seguidores pode receber US$ 187,5 mil por um vídeo no *YouTube*, US$ 75 mil por uma postagem no Instagram ou uma história no *Snapchat* e US$ 30 mil por tweet patrocinado. Já um *influencer* com 50 a 500 mil seguidores receberia em média US$ 2,5 mil por vídeo com propaganda no *YouTube*, US$ 1 mil por post patrocinado no Instagram e US$ 400 por *tweet*. (NY TIMES, 2016).

Segundo informações da *Snack Intelligence / Tubular Labs* (CAMARGO; ESTEVANIM; SILVEIRA, 2017), também de 2016, da lista dos cem canais mais influentes do mundo da internet, vinte e quatro eram de brasileiros. Destaque para o influenciador Carlinhos Maia que acumulou mais de dois bilhões de visualizações nos seus *stories* do *Instagram* (FOLHA DE SÃO PAULO, 2018), chegando a ser o segundo *influencer* mais acompanhado diariamente no Instagram em todo o mundo. (GUSTAVO, 2018).

Portanto, é evidente que o mercado de influenciadores no Brasil, assim como o americano, é muito aquecido e nele circula muito capital.

No mercado publicitário brasileiro, os influenciadores são divididos de acordo com o número de seguidores. O UOL fez um levantamento desta classificação e apontou a seguinte divisão: a) Megainfluenciadores: são aqueles com mais de um milhão de seguidores e têm ganho mensal em torno de R$ 500 mil; b) macroinfluenciadores: têm entre 200 mil e 1 milhão de seguidores e faturam em média R$ 100 mil; c) médios: têm entre 20 mil e 200 mil seguidores e faturam em média R$ 30 mil; d) microinfluenciadores têm menos de 20 mil seguidores, mas podem faturar até R$ 15 mil. (PEREIRA, 2019).

O cenário de pandemia somente causou crescimento nesse mercado digital. Conforme a *Akamai*, plataforma de armazenamento em nuvem, houve aumento de 112% no uso da internet somente no mês de abril de 2020, quando começou o *lockdown* em grande parte do mundo. (SILVA, 2020). Pesquisa aponta que 72% dos usuários de Instagram passaram a usar mais a rede durante a pandemia. (D'ANGELO, 2021).

Não por acaso, os ganhos projetados para o ano de 2021 eram altíssimos, segundo o *Influencer Marketing Hub*, o marketing de influência giraria em torno de 13,8 bilhões de dólares em 2021. (NOGUEIRA, 2021).

Como mostra Terra, a parceria entre influenciadores e marcas pode ser realizada por meio tanto de pagamentos pecuniários como de envio de "presentes" – muitas das vezes, os próprios produtos a serem divulgados pelo *influencer*. (TERRA, 2015).

6 Pagamento in *natura* e recebidos

Este é um dos pontos nevrálgicos no que diz respeito à atividade dos influenciadores digitais. Estes *influencers* recebem pagamento *in natura*, enriquecem-se e não pagam impostos.

O Grupo de Pesquisa em Tributação e Novas Tecnologias da FGV Direito SP buscou regulações específicas da atividade de influenciadores digitais, em especial, quanto a esses pagamentos in natura, uma vez que não existe essa regulação no Brasil. Encontrou-se então o caso de Cingapura, lá quem recebe mais de $ 6.000,00 (seis mil dólares da Cingapura) líquidos por ano em bens, serviços ou pecúnia oriundos de quaisquer atividades digitais sofrerá tributação (na pessoa física), sob alíquota progressiva que poderá chegar a 22%, sendo tratadas como "autônomas". Destaque para o fato de que os recebidos pelos amigos ou familiares da influenciadora, também são tributados. (CANEN; PISCITELLI, 2018).

Neste cenário, os influenciadores ainda se queixaram que não havia como ter controle de todos os "recebidos", então o governo decidiu que bens/serviços utilizáveis apenas uma vez, ou que sejam de valor abaixo de $ 100,00 (cem dólares da Cingapura), não seriam tributáveis. (CANEN; PISCITELLI, 2018).

Além do pagamento *in natura* por um serviço publicitário contratado, muitas vezes os recebidos são de fato presentes enviados pelas marcas como cortesias que não obrigam o influenciador a divulgar, mas somente se este quiser. Neste caso, não há acordo firmado de publicidade entres as partes.

O Conselho Nacional de Autorregulamentação Publicitária – CONAR vem denunciando, no entanto, que essa prática vem sendo usada para fugir tanto da regulação publicitária quanto das obrigações tributárias, pois os influenciadores vêm divulgando produtos pelos quais foram pagos para postar como se tivessem recebido o presente por acaso e o post fosse espontâneo. (RODRIGUES, 2021).

O Brasil é considerado um país com sistema de fiscalização tributária e cruzamento de informações muito avançado, contudo, ainda não regulamentou o ganho por bens ou serviços recebidos em troca do exercício profissional do *influencer*. (CANEN; PISCITELLI, 2018).

7 ISS

Além do problema do pagamento não realizado em pecúnia, existe uma ampla problemática acerca do Imposto Sobre Serviço (ISS).

Primeiramente pelo fato de que o ISS só deve ser cobrado de atividades listadas na Lei Complementar 116/2003 e esta, em momento algum, faz referência expressa ao serviço do influenciador digital.

A jurisprudência e a doutrina passaram a aceitar que esta lista é taxativa, mas admite interpretação extensiva, especialmente por conta da expressão "e congêneres", utilizada em diversos itens da lista. (CAVALCANTE, 2021).

A dúvida quanto à classificação do serviço hoje se divide em três itens da lista, pois como não há um específico de influenciadores, as funções destes são subdivididas em vários itens da lista.

O item 10.08 tem como foco principal da caracterização do serviço, o agenciamento de publicidade e propaganda. O item 17.6 trata de "propaganda e publicidade, inclusive promoção de vendas, planejamento de campanhas ou sistemas de publicidade, elaboração de desenhos, textos e demais materiais publicitários". Para muitos pesquisadores, esse é o tópico mais parecido com a atividade do influenciador digital. Por fim, o item 17.25 trata de inserção de textos, desenhos e outros materiais de propaganda e publicidade, em qualquer meio (exceto em livros, jornais, periódicos e nas modalidades de serviços de radiodifusão sonora e de sons e imagens de recepção livre e gratuita).

Ademais, ainda sobre o ISS, existe ainda confusão quanto ao aspecto espacial da obrigação tributária dos *influencers*.

Segundo a legislação atual, o ISS será de competência da cidade onde o influenciador tem fixado seu local de trabalho e não do município onde se realizou o serviço. A princípio o CTN previa que o ISS seria devido no local onde ocorreu o fato gerador, mas tal disposição foi modificada pelo Decreto Lei 406-68. (SOUZA, 2009).

Essa definição da competência do Imposto Sobre o Serviço é criticada por grandes tributaristas, como Geraldo Ataliba e Aires Ribeiro. (BAPTISTA, 2005). Ambos consideram que essa regra beneficia as grandes empresas e os municípios onde estão estabelecidas - geralmente cidades grandes – restando às pequenas cidades estabelecer alíquotas cada vez menores para atrair empresas, ainda que ali não fosse de fato seu local de funcionamento, originando, assim, espécies de paraísos fiscais municipais. (SANTOS, 2020).

8 Informalidade

Por fim, uma última problemática que diz respeito ao fisco e aos influenciadores digitais está na informalidade das atividades destes. Pesquisa aponta que somente 35% dos influenciadores digitais emitem nota fiscal de todos os trabalhos pagos, sendo que 49% dos profissionais optaram pele MEI enquanto 21% não têm empresa aberta. (YOUPIX, 2019). Para os pesquisadores, a informalidade seria consequência de um medo de abrir empresas e pagar impostos. (RODRIGUES, 2021).

Considerações finais

Ao fim desta breve pesquisa, fica claro que estamos diante de um novo segmento profissional que pode usufruir de altos rendimentos e, no entanto, não tem regulação tributária devida, sendo até hoje ignorado pela legislação.

Trata-se de mais um aspecto em que as leis não acompanham as inovações tecnológicas da Era Digital. Casos como estes podem deixar margem para que os influenciadores digitais não paguem seus tributos como deveriam, assim como podem deixá-los em uma zona de insegurança jurídica.

Faz-se mister que os juristas acompanhem essa situação e pressionem as autoridades para que esses novos profissionais não permaneçam sendo desconsiderados pelo sistema jurídico.

Referências

ALMEIDA, Brena Benício; BEZERRA, Clara Catharinne Huanna Costa. Influenciadores digitais: uma análise da sua atuação na sociedade de consumo frente ao direito do consumidor. **Revista Brasileira de Direito e Gestão Pública**, Pombal, v. 7, n. 5, out. 2019.

BAPTISTA, Marcelo Caron. **ISS**: do texto à norma. São Paulo: Quartier Latin, 2005.

BENAZZI, João Renato de Souza Coelho; FARIA, Maria Leticia Duvivier. Uma análise do modo de influência dos influenciadores digitais no comportamento do consumidor: potencialidades e limites. In: **VIII Congresso Nacional de Administração e Contabilidade – AdCont 2017**. 2017.

BROWN, Abram. Saiba quem são os TikTokers mais bem pagos do momento. **Forbes**. 8 jan. 2022. Disponível em: https://forbes.com.br/forbes-money/2022/01/saiba-quem-sao-os-tiktokers-mais-bem-pagos-do-momento/. Acesso em: 20 jan. 2022.

CAMARGO, Isadora; ESTEVANIM, Mayanna; SILVEIRA, Stefanie C. da. Cultura participativa e convergente: o cenário que favorece o nascimento dos influenciadores digitais. **Revista Communicare**, v. 17, p. 96-118, 2017.

CANEN, Doris; PISCITELLI, Tathiane. Digital Influencers, publicidade online e mudanças no âmbito tributário. **Jota**, 2021. Disponível em: https://www.jota.info/opiniao-e-analise/artigos/digital-influencers-tributario-21052018. Acesso em: 03 de fev. de 2022.

CARDOSO, Marcela Martins Cavalari. **Publicidade no Youtube**: como atrair os usuários nos cinco segundos de visualização obrigatória. 78p. Trabalho de Conclusão de Curso (Graduação em Publicidade e Propaganda). Universidade Federal de Juiz de Fora, Juiz de Fora. 2014.

CASTELLS, Manuel. **A sociedade em rede**. Tradução Roneide Venancio Majer. 21. ed. São Paulo: Paz e Terra, 2000.

CAVALCANTE, Márcio André Lopes. **Vade mecum de jurisprudência**: dizer o direito. 10. ed. Salvador. Juspodivm, 2021.

CAVALLINI, Ricardo. **O marketing depois de amanhã**. São Paulo: Ed. do autor, 2008.

COELHO, Ricardo Limongi França et al. O impacto dos influenciadores digitais espontâneos nas métricas de engajamento de uma rede social virtual. In: **CLAV 2017**. 2017.

DATAREPORTAL. **Digital 2021**: global overview report. Disponível em: https://datareportal.com/reports/digital-2021-global-overview-report. Acesso em: 28 jan. 2022.

D'ANGELO, Pedro. **Blog opinion box**. Belo Horizonte, 18 jan. 2021. Disponível em: https://blog.opinionbox.com/pesquisa-instagram/. Acesso em: 20 jan. de 2022.

FOLHA DE SÃO PAULO. Alagoano Carlinhos Maia é o brasileiro mais visto no Insta Stories; Neymar e Anitta estão no ranking. **Folha de São Paulo**. F5. São Paulo. 2 ago. 2018. Disponível em: https://f5.folha.uol.com.br/celebridades /2018/08/ alagoano-carlinhos-maia-e-o-brasileiro-mais-visto-no-insta-stories-neymar-e-anitta-estao-no-ranking.shtml. Acesso em: 15 jan. 2022.

GOMES, Lucas. Infográfico: por que investir em influenciadores digitais? In: **Interativa**. 2016. Disponível em: http://www.iinterativa.com.br /infografico-por-investir-em-influenciadores-digitais/. Acesso em: 11 jan. 2022.

GOOGLE. **Think with Google**. 2017. Disponível em: https://www.thinkwithgoogle.com/intl/pt-br/estrategias-de-marketing/video/introducao/. Acesso em: 15 jan. de 2022.

GUSTAVO, Derek. Alagoano Carlinhos Maia tem 2º maior nº de views no Instagram Stories no mundo em junho. **G1 Alagoas**. Maceió. 2 ago. 2018. Disponível em: https://g1.globo.com/al/alagoas/noticia/2018/08/02 /carlinhos-maia-tem-2o-maior-no-de-views-no-instagram-stories-no-mundo-em-junho.ghtml. Acesso em: 19 jan. 2022.

IBGE. **Pesquisa nacional por amostra de domicílios contínua**. 2018. Disponível em: https://agenciadenoticias.ibge.gov.br/media/com_medi aibge/ arquivos/c62c9d551093e4b8e9d9810a6d3bafff.pdf. Acesso em: 23 Jan. 2022.

IBOPE INTELIGÊNCIA. **O Brasil e os influenciadores digitais**. 2019. Disponível em: https://static.poder360.com.br/2019 /11/Influenciado res-digitais-ibope.pdf. Acesso em: 20 jan. 2022.

INFOGRAPHYA. Marketing de influência: estratégias com influenciadores digitais. **Infographya**, São Paulo. 25 jun. 2021. Disponível em: https://infographya.com.br/marketing-de-influencia/. Acesso em: 15 jan. 2022.

ISTOÉ DINHEIRO. Número de usuários de Internet no mundo chega aos 4,66 bilhões. **IstoÉ Dinheiro**. São Paulo, 3 fev. 2021. Disponível em: https://www.istoedinheiro.com.br/numero-de-usuarios-de-internet-no-mundo-chega-aos-466-bilhoes/. Acesso em: 3 fev. 2022

JOÃO, Fernanda Teles de Oliveira. O boom do TikTok: o que há na rede social que está conquistando o mundo? **Revista Babel**, dez. 2020. Disponível em: http://www.usp.br/cje/babel/?p=267. Acesso em: 21 jan. 2022.

JONES, John Philip. **A publicidade na construção de grandes marcas**. São Paulo: Nobel, 2004.

KARHAWI, I. Influenciadores digitais: o eu como mercadoria. In: CORRÊA, Elizabeth Nicolau Saad; SILVEIRA, Stefani Carlan da. **Tendências em comunicação digital**. São Paulo: ECA-USP, 2016.

KOTLER Philip; AMSTRONG, Gary. **Princípios de marketing**. 12 ed. São Paulo: Pearson Prince Hall, 2007.

KOTLER, Philip. KELLER, Kevin Lane. **Administração de marketing**. São Paulo: Pearson Hall, 2006.

LOPES, Poliana; BRANDT, Karine. We love fashion blogs: estratégias de aproximação da Petite Jolie com produtoras de conteúdo digitais. **Temática**, v. 12, n. 3, 2016.

LOPES, Tatiana Alves Chaves. **Influenciador digital**: uma análise do campo publicitário e do surgimento deste novo papel institucional. 2018. Disponível em: https://repositorio.ufsm.br/bitstream/handle/1/17808 /Lopes_Tatiana_Alvez_Chaves_2018_TCC.pdf?sequence=1. Acesso em: 15 jan. 2022

MEIO&MENSAGEM. Por que investir em influenciadores digitais?. **Meio&Mensagem**, 2016. Disponível em: https://www.meioemensagem.com.br/home/ultimas-noticias/2016/06/23/por-queinvestir-em-influenciadores-digitais.html. Acesso em: 3 fev. 2022.

NOGUEIRA, Maria. Marketing com influenciadores digitais pode movimentar US$ 13,8 bi em 2021. **Money Times**. São Paulo, 30 jul. 2021. Disponível em: https://www.moneytimes.com.br/conteudo-de-marca/marketing-com-influenciadores-digitais-pode-movimentar-us-138-bi-em-2021-saiba-como-pegar-uma-parte-brdmn012/. Acesso em: 4 fev. 2022

NY TIMES. Endorsed on Instagram by a Kardashian, but Is It love or just an ad? **New York Times**. New York. 30 ago. 2016. Disponível em: https://www.nytimes.com/2016/08/30/business/media/instagram-ads-marketing-kardashian.html. Acesso em: 15 jan. 2022.

PEREIRA, Vinicius. Sabe quanto pode ganhar um influenciador digital por mês? **UOL Economia**. São Paulo, 22 nov. 2019. Disponível em: https://economia.uol.com.br/noticias/redacao/2019/11/22/influenciadores-digitais-trabalho-faturamento-digital-influencer.htm. Acesso em: 15 jan. de 2022

PODER360. TikTok atinge marca de 1 bilhão de usuários ativos por mês, diz empresa. **Poder 360**. Brasília, 28 set. 2021. Disponível em: https://www.poder360.com.br/midia/tiktok-atinge-marca-de-1-bilhao-de-usuarios-ativos-por-mes-diz-empresa/. Acesso em: 20 jan. 2022.

RODRIGUES, L. de S. **Direito tributário e redes sociais**: estudo sobre a possibilidade de incidência do imposto sobre serviços nas atividades realizadas pelos influenciadores digitais no Instagram. 2021. Disponível em: https://monografias.ufop.br/bitstream/35400000/3063/6/MONOGRAFIA_DireitoTribut%C3%A1rioRedes.pdf. Acesso em: 2 fev. 2022.

RUGA, Carolina Brun. **A relação empresas X digital influencers**: os atributos que influenciam empresas de acessórios de moda na escolha de uma digital influencer.

2017. Disponível em: https://www.lume.ufrgs.br/bitstream/handle/10183/169971/001050815.pdf?sequence=1. Acesso em: 16 jan. 2022.

SANTOS, Carolina Gomes dos. **A atividade dos influenciadores digitais e o ISS**. 2020. Disponível em: https://repositorio.ufc.br/bitstream/riufc/55205/1/2020_tcc_cgsantos.pdf. Acesso em: 14 de Jan. 2022.

SEIFRIED, Tuane Maíra. **A importância da segmentação na publicidade**: a influência do Google como mídia na internet. 2015. Disponível em: https://bibliodigital.unijui.edu.br:8443/xmlui/bitstream/handle/123456789/2971/TCC%20-%20Tuane%20Seifried.pdf?sequence=1. Acesso em: 14 jan. 2022.

SHETH, Jagdish; MITTAL, Bruce; NEWMANN, Bruce. **Comportamento do cliente**: indo além do comportamento do consumidor. Editora Atlas. São Paulo, 2001.

SILVA, Victor Hugo. Exclusivo: Akamai vê uso de internet crescer 112% no Brasil durante pandemia. **Tecnoblog**, jun. 2020. São Paulo. Disponível em: https://comunidade.tecnoblog.net/t/exclusivo-akamai-ve-uso-de-internet-crescer-112-no-brasil-durante-pandemia/9709. Acesso em: 19 de Jan. de 2022.

SOUZA, Cristiano Silvestrin. de. O local do fato na hipótese de incidência do Imposto Sobre Serviços e sua conexão com a ordem jurídica municipal: entre a lei e a jurisprudência. **Revista de Estudos Tributários**, Porto Alegre, v. 10, n. 65, jan./fev. 2009.

STATISTA. Leading countries based on Instagram audience size as of october 2021. **Statista**, 2021. Disponível em: https://www.statista.com/statistics/578364/countries-with-most-instagram-users/. Acesso em: 29 jan. 2022.

TERRA, Carolina Frazon. Relacionamentos nas mídias sociais (ou relações públicas digitais): estamos falando da midiatização das relações públicas? **Organicom**, v. 12, n. 22, p. 103-117, 2015.

WALL STREET JOURNAL. These TikTok stars made more money than many of America's top CEOs. **Wall Street Journal**. New York. 13 jan. 2022. Disponível em: https://www.wsj.com/articles/these-tiktok-stars-made-more-money-than-many-of-americas-top-ceos-11642078170. Acesso em: 20 jan. 2022.

YOUPIX. 7 tipos de influenciadores e suas principais contribuições para as marcas. **YouPix**. 2016. Disponível em: https://medium.youpix.com.br/os-7-tipos-de-influenciadores-para-sua-campanha-digital-a6e927ebfdff. Acesso em 20 jan. 2022.

YOUPIX. Pesquisa creators & marcas. **YouPix**, São Paulo, 2019. Disponível em: https://tag.youpix.com.br/pesquisacriadoresdinheiro2019. Acesso em: 17 fev. 2022.

ZANETTE, Maria Carolina. **Influência digital**: o papel dos novos influentes no consumo. Curitiba: Appris, 2015.

The difficulties of taxing the digital economy facing the concept of permanent establishment

JOEDSON DE SOUZA DELGADO
ANNA KARLA DA SILVA BRISOLA

SUMMARY

1. Introduction. 2. A territorialized tax system in a deterritorializing economy. 3. The application of the permanent establishment concept for servers. 4. The difficulty of classifying revenues in digital transactions. 5. The application of withholding tax for payments arising from electronic commerce. 6. Final considerations. References

1 Introduction

The international taxation rules and the treaties signed with the purpose of avoiding double non-taxation between States are based on the permanent establishment concept. However, since the emergence of the internet, there has been a disruptive evolution of e-commerce in the global context, especially with the covid-19 pandemic, when people started buying more through e-commerce. Thus, this business model, which does not require a physical presence in a particular location, was one of the fastest growing segments in 2021.

As a rule, multinational companies that do business in foreign countries are usually subject to the domestic tax laws of the countries where they do business. Therefore, in order to establish connection elements for the taxation of multinational companies that operate in several countries, States started to adopt the concept of permanent establishment to create a minimum physical connection with the jurisdiction.

Permanent establishment is a concept developed within the scope of international conventions, with the objective of determining the place of taxation of an operational activity developed by a company in a State other than its headquarters. However, the permanent establishment criterion based on physical presence, i.e. fixed place of business, within the destination country has not been sufficient to tax companies that operate solely in digital form.

The Organization for Economic Cooperation and Development

(OECD), in principle, assigns the power to tax operating profits to the State in which the company is resident. This principle does not apply if the company has a permanent establishment in another State. In this case, profits are taxable in the State of origin (the place where the wealth is created).

In the Brazilian tax matrix, the rules of territoriality in the taxation of corporate profits result from the joint application of the provisions of domestic law and international conventions designed to prevent the risk of double taxation. The existence of international conventions, which in Brazil may take precedence over domestic law, has effects on the subjection of foreign companies to the Brazilian tax regime.

In conventional matters, they generally maintain the existence of a permanent establishment in the contracting States as a criterion for the application of domestic law. However, certain types of profits may be taxed in a country even if there is no permanent establishment there. This concerns in particular remuneration, which can include dividends, interest and royalties. Such remuneration is taxed in the State of the source of income on the gross amount of the payment and not on the profit element associated with it.

In addition, the emergence of e-commerce greatly reduces the need for a foreign company to have a physical presence in the country where its customer is located. This will further impair the ability of capital importing countries, such as Brazil, to collect their taxes on profits from activities that were previously performed by the permanent establishment. This situation threatens to shift the distribution of income decisively in favor of the country of residence.

The notion of permanent establishment is of considerable importance, since it allows States to tax income generated in their territory. However, the definition maintained in Brazilian law, as well as those provided for in international tax conventions, are becoming obsolete because they are inadequate for the digital economy. The research sought to answer the following problem: how have States been seeking to tax the digital economy in the face of the difficulty of fitting digital companies into the concept of permanent establishment?

The hypothesis was that in order to combat the tax planning of digital operators it is necessary to rethink the connecting elements of international taxation. From this perspective, the international tax system must be reevaluated. The United Nations (UN) recognizes that the challenges of taxation in the era of economic digitalization cannot be solved simply by changing the current definition of permanent establishment.

The general objective of this article is to analyze the difficulties of taxing the digital economy based on the concept of permanent establishment. Thus, the specific objectives are to present the principle of territoriality and its outdated concept in relation to e-commerce companies; to discuss the difficulties found out by the States to classify revenues in the digital economy transactions; and finally, to verify the application of withholding tax for payments resulting from e-commerce.

From the descriptive research and bibliographic review, it is available about the flaws and benefits associated to the set of digital tax policy proposals. Thus, the text is divided into two sections that analyze the challenges posed by international taxation in the era of economic digitalization and the work done to solve them. Therefore, discusses the proposal to adapt domestic legislation to the international context of electronic commerce. It concludes that an analysis of the options for taxing digital business is necessary to avoid creating new distorted tax policies driven by international agendas.

2 A territorialized tax system in a deterritorializing economy

The accelerate evolution of the new form of electronic commerce, virtual and fleeting, combined with its potential for confidentiality, blurs the boundaries that facilitate the transfer of benefits. It is therefore increasingly difficult to know which State taxes the income of a multinational corporation due to the lack of a permanent establishment by the corporations. (LACHAIZE, 2000).

It can be seen that a commercial electronic address - accessible to the entire world population - makes it difficult to determine the place of territoriality of the activity on which the concept of permanent establishment is based. Since bilateral tax treaties usually define a permanent establishment based on the company having a "fixed place of business" within the destination country, the question arises: Where does the transaction take place for tax purposes? Which jurisdiction has the right to tax the sale proceeds as the borders disappear and trade occurs through a website or server?

2.1 The application of the permanent establishment concept to electronic sites

A website may be considered a combination of software and electronic data used or stored on a server, however, it does not constitute a permanent establishment because it does not involve any tangible property. (ORGANIZATION FOR ECONOMIC COOPERATION AND DEVELOPMENT, 2000). On the other hand, the server necessarily has a physical location which, in turn, may constitute such a fixed establishment.

Thus, given the volatile and ephemeral nature of a site, it would be difficult to locate where it is stored, since it can be accessed from any web access point. On December 22, 2002, the OECD Model Tax Convention was modified in order to clarify the traditional criteria by emphasizing: a website cannot, by itself, constitute a permanent establishment; and an agreement to host on a website does not normally result in a fixed location for the company carrying on the activity through that website. (ORGANIZATION FOR ECONOMIC COOPERATION AND DEVELOPMENT, 2014).

In addition to this, the OECD has indicated that the interpretation generally given to the notion of permanent establishment includes the need for a physical space at the company's disposal. The model contract does not use the words "physical" and / or "place" but the conventional meaning of the expression suggests a physical space. This means that the simple and mere existence of a site is not sufficient to constitute a fixed place of business. Thus, States cannot claim profits from corporate websites because Article 7 of the OECD Model Tax Convention requires attribution of profits to a fixed place of business[1].

In fact, States should be entitled to revenues from their borders because it is a "place of income generating activity". Moreover, in other jurisdictions they have shown different approaches, such as in France, where the court reasoned according to the "complete business cycle" doctrine (AVIAT, 2021).

In general, the physical presence of a facility or a representative is no longer required, and any operation forming a business cycle can be considered a complete business cycle as long as it corresponds to the normal exercise of a separate activity.

Recall that a complete cycle of operations is the purchase, followed by the resale of goods that, in a repeated manner, form a whole that characterizes the exercise of a taxable activity. Deng and Zhang (2014) assert for the criterion of the complete business cycle to be applied in e-commerce it is necessary to distinguish between business-to-business (B2B) and business-to-consumer (B2C) commerce.

Regarding to B2C, the purchase of an intangible good from a website by an individual is generally not repetitive, so it is not likely to generate a complete business cycle. On the other hand, in B2B transactions, on the private intranet network, it is certainly possible to perform non-point transactions.

The server can be characterized as a machine distributor that performs a

---

[1] ARTICLE 7 BUSINESS PROFITS 1. Profits of an enterprise of a Contracting State shall be taxable only in that State unless the enterprise carries on business in the other Contracting State through a permanent establishment situated therein. If the enterprise carries on business as aforesaid, the profits that are attributable to the permanent establishment in accordance with the provisions of paragraph 2 may be taxed in that other State. (ORGANIZATION FOR ECONOMIC COOPERATION AND DEVELOPMEN, 2012)

complete cycle of operations in a transaction, including advertising, selling and collecting money, all in the same country. In addition, the operations performed by the company must be separated from the other activities performed in the host State to form a complete economic cycle. In contrast, the business conducted by the company through its website in a particular state is generally not distinguishable by its nature from the business conducted in the country of its headquarters.

It is a solution that allows considering that the activities developed in Brazil are located even if the company does not have a permanent establishment, the adoption of this approach by the jurisprudence would require the renegotiation of the tax conventions between the States. In fact, to date, the "complete business cycle" criterion does not apply to the case of foreign companies due to the operations performed in the Brazilian territory.

In order to seek a solution to the current international taxation problems, in 2004, the OECD Committee on Fiscal Affairs (CFA) proposed a fundamental change to the traditional establishment, adding a substitute link that applies to e-commerce operations to the virtual establishment. (ORGANIZATION FOR ECONOMIC COOPERATION AND DEVELOPMENT, 2001). It consists of the fact that permanent establishment is created when a company sets up a web site on the server of another company located in a jurisdiction and conducts business operations through that site. The virtual place of business is the website.

This alternative solution would effectively relieve the business of the need to possess, within the jurisdiction, tangible property or premises, however, it would retain all or some of the other characteristics of a traditional establishment, namely the need to have a "place" (physical or electronic) in a jurisdiction, exhibiting the required degree of permanence and through which a business continues to operate.

Thus, a business website, which the company uses professionally and which exists at a fixed location in a jurisdiction (i.e. on a server located in that jurisdiction), is considered a fixed place of business. The aim is to tax at source the trade of highly specialized services, such as the expertise of professionals, managers, and technicians.

For SPRAGUE and HERSEY (2003), the trade occurs where the customer is located, even if it is performed by employees located abroad. In many of these situations, there may not be a permanent establishment within the meaning of the current definition, even though the foreign company may engage in significant economic activity in the jurisdiction and earn very large profits from it.

The theory of virtual permanent establishment was the basis for a decision by the Spanish Tax Authority dated March 15, 2012 (MARTÍNEZ-MATOSAS; CUESTA, 2015). Indeed, Spain and Portugal do not consider physical presence to be a requirement for the existence of a permanent establishment in the e-commerce context.

In addition, France, the United Kingdom, Germany and Australia have taken the initiative to force Google to pay taxes that avoid physical location status. (MEADE, 2020). As of April 1, 2015, a "Google tax" is applied to all profits diverted to tax havens – a method of tax avoidance -, a 25% tax rate applied to any company that sells to customers in the UK (by a website) but whose legal entity is registered abroad.

3 The application of the permanent establishment concept for servers

Digital technologies have significantly changed the way business activities are carried out. Today, it is increasingly possible for employees, servers and customers of a company to be located in different countries, far from the jurisdiction where the market is located. The OECD (2012) has questioned the presumption of full or partial performance of the company's activities when equipment such as a server is at its disposal.

According to Article 5 of the OECD Model Convention (2012), fixed place of business may constitute fixed location with premises or machinery or equipment[2]. Attending to the precise meaning of the words, the term "fixed" suggests a geographical location. It is when referring to the commentary on the OECD tax convention that one realizes it is a spatial delimitation, in other words, the company's installation must be in a certain location.

But this does not mean that the tools that make up the installation of the business must be physically fixed to the ground, it is enough that the tools remain in a certain place. The movement of tools or equipment from one place to another, therefore, is not an obstacle to geographical fixation (in the case, e.g, of a server in the form of a laptop). However, a company established in country A, may decide to locate its server (which it controls) in country B, to host an online sales site that will be directed to the residents of country C.

---

[2] For the purposes of this Convention, the term "permanent establishment" means a fixed place of business through which the business of an enterprise is wholly or partly carried on.

If consider the server located in the territory of country B a permanent location, while all transactions are carried out with persons established in country C, the accomplishment of the enrichment is shared, in this case, between several territories.

According to the Brazilian conventional legislation, the extension of tax rights at source to profits not related to a permanent physical location is inappropriate, since only profits attributable to activities developed in Brazil through a permanent establishment are taxable. (BEZZ-BATTI, 2018).

Indeed, this regime for fixing taxation gives rise to further uncertainty and controversy due to differences among OECD CFA members on the economic principles that could underpin these linkage rules. In addition to this, although companies have a physical presence that would amount to a permanent establishment, the economic presence in the host country is still lacking.

3.1 The concept of significant digital presence

The existence of the so-called "digital goods" forces us to redefine the traditional nomenclatures and, in particular, the difference between goods and services that is at the basis of international trade negotiations in the context of liberalization. In this sense, BARBET (2003) to adapt the notion of permanent establishment to e-commerce proposed to replace it with another concept that would not be linked to the physical presence of the foreign company in a given State.

The concept of "digital permanent establishment" conceived to characterize any company that performs its digital economic activity totally dematerialized mainly by means of a virtual platform called "relevant digital presence". Indeed, even in the absence of material and human resources in this territory and earning income from the exploitation of the latter, it will consequently be subject to tax in this State.

This is one of the proposals analyzed by OECD think tanks (2019) regarding the creation of a new link to deal with situations in which certain economic activities developed are fully digital. If the "relevant digital presence" was sufficient to establish taxation in one country, advertising revenue could be taxed in that country, even if the transaction occurred between two participants who may be located in two other countries.

If the server, in addition to advertising activities, registers customer orders and accepts their payments, then Article 5, item 4 of the OECD Model Tax Convention does not apply, since in this case there is a fixed establishment due to a combination of business activities[3]. Furthermore, a digital company's permanent establishment server is irrelevant, as it opposes the principle of tax neutrality.

A digital company selling tangible goods, for example music CDs would not be considered a business operated through its transactional server while a company selling the same product in digital format that downloads music in MP3 format would be marketing its business through its transactional server. At this stage, it remains to be seen whether the server where the website is stored in Brazil constitutes a "relevant digital presence" of the foreign company.

Some human intervention is indeed necessary for the existence of a permanent establishment. By the Brazilian constitutional principle of the primacy of bilateral agreements and based on the concept in question, it presupposes the physical presence of the company in the national territory it must be verified that the foreign company has Information Technology equipment in Brazil and employs personnel to operate it. (CARDOSO, 2002).

It is obvious that the operation of a server generates taxable profits in the State where it is installed. It is equally obvious that computer equipment can only constitute a permanent establishment if it is fixed. However, because of the mobility and value of the server, the possibility of moving a server and separating the value from the geographic location is likely. Building on this idea that expands the debate of fair taxation of the digital economy in the next section.

4 The difficulty of classifying revenues in digital transactions

It should be remembered that taxation of goods and services has always been based on the physical movement of things or the provision of services. However, 3D printing has disrupted these assumptions, shifting manufacturing from factories to printing devices located closer to the

---

[3] Notwithstanding the preceding provisions of this Article, the term "permanent establishment" shall be deemed not to include: a) the use of facilities solely for the purpose of storage, display or delivery of goods or merchandise belonging to the enterprise; b) the maintenance of a stock of goods or merchandise belonging to the enterprise solely for the purpose of storage, display or delivery; c) the maintenance of a stock of goods or merchandise belonging to the enterprise solely for the purpose of processing by another enterprise; d) the maintenance of a fixed place of business solely for the purpose of purchasing goods or merchandise or of collecting information, for the enterprise; e) the maintenance of a fixed place of business solely for the purpose of carrying on, for the enterprise, any other activity of a preparatory or auxiliary character; f) the maintenance of a fixed place of business solely for any combination of activities mentioned in subparagraphs a) to e), provided that the overall activity of the fixed place of business resulting from this combination is of a preparatory or auxiliary character. (ORGANIZATION FOR ECONOMIC COOPERATION AND DEVELOPMEN, 2012).

consumer, potentially even in their homes.

International corporate tax rules are no longer adapted to the realities of the modern global economy and do not cover business models that can profit from digital services in a country without being physically present there. Thus, it has become increasingly difficult to determine where the profit base of a product is located and who has the right to tax it, clearing the way for double taxation.

Current tax regulations do not recognize new ways of making profits in the digital world, especially the role that users play in generating value for digital businesses. There is therefore a disconnect – or a "mismatch" – between where value is created and where it is taxed.

The main difficulty associated with the Internet concerns the linking of a transaction to a geographic location, as well as the need to distinguish them from royalties. (IAMIN, 2007). The difficulties that have arisen in classifying the object of the transaction (product or service) for the e-commerce application refers to revenue generated by royalties or corporate profits. Most companies are expected to classify the revenue generated from the e-commerce transaction that minimizes the taxes due.

4.1 The uncertain characterization of payments made in the context of new economic models

As developments in information and communication technologies have facilitated international trade in services such as legal, accounting, medical and consulting services, the pressure on international tax rules applicable to these services is increasing. Indeed, dematerialization is involved in enlargement the scope of services.

Services can be provided digitally rather than face-to-face. Goods can be turned into services, delivered online. As an example, in the early days' software had to be installed locally on a computer via a physical disk. Today many applications take the virtual form of a website, e.g. Dropbox, which provides a service accessible over the internet without the need for local distribution support.

In addition, 3D printing is becoming popular whose activity may raise qualification issues as direct-to-supply manufacturing may evolve into licensing of models designed to be printed remotely and directly by consumers. (YAMAMOTO, 2018). In addition, advances in 3D printing technologies have the potential to transform manufactured products, such as machines and parts into intangibles (designs and license specifications, e.g.), allowing customers to manufacture the physical items, whenever needed.

Technological development has necessitated a re-examination of the treatment of transaction fees involving digitized information, usually protected by copyright given the complexity of transmission making it difficult to apply the principle of neutrality. Net neutrality means that telecommunications operators (those that provide broadband access) cannot interfere in the speed of packets transmitted over the internet, prioritizing certain types of content over others. (BRASIL, 2014).

It is currently very difficult to distinguish between remuneration for the provision of services under Article 7 of the OECD Model Tax Convention on Income and Capital 2017 and license fees under Article 12 of this same Convention in the context of the digitization of many conventional business models[4, 5]. (ORGANIZATION FOR ECONOMIC COOPERATION AND DEVELOPMENT, 2017). The distinction between services and fees is subject to legal uncertainty, given the lack of a uniform definition of the terms "copyright use" and "copyright use right" in tax treaties. Therefore, the local tax laws of the contracting States refer mainly to the non-harmonized local copyright legislation.

Because the local copyright laws in the contracting States are different, there are qualification conflicts when companies wish to credit withholding taxes in their country of residence. Finally, the current operation of royalties as a category that divides and allocates taxing rights in a tax treaty is understood by reference to the distinction between business profits and royalties.

4.2 The change in tax law in electronic commerce

The change in tax legislation from the country of origin (importing country of goods and services, such as Brazil) to the country of residence of the supplier through e-commerce (exporting country of goods and services), stems from the variation in the taxable income charged to the permanent establishment. The line between profits and royalties sometimes holds only for income from activities carried out through the physical

---

[4] Article 7 BUSINESS PROFITS 1. Profits of an enterprise of a Contracting State shall be taxable only in that State unless the enterprise carries on business in the other Contracting State through a permanent establishment situated therein. If the enterprise carries on business as aforesaid, the profits that are attributable to the permanent establishment in accordance with the provisions of paragraph 2 may be taxed in that other State. (ORGANIZATION FOR ECONOMIC COOPERATION AND DEVELOPMEN, 2017).

[5] Article 12 ROYALTIES 1. Royalties arising in a Contracting State and beneficially owned by a resident of the other Contracting State shall be taxable only in that other State. (ORGANIZATION FOR ECONOMIC COOPERATION AND DEVELOPMEN, 2017).

location that are subject to tax in the source State. (FERNANDES, 2013).

Consequently, locally sourced income of the company, such as granted patents, are exempt from tax unless they actually concern the permanent establishment that end up evoking a change in the level of income qualification due to e-commerce. Although the concept of profits is not defined under the OECD Model Tax Convention, they are therefore taxed in the home State when they are attributable to the permanent establishment of the foreign company.

Given the infinite possibility of e-commerce transactions it is impossible to predict or describe the point at which dematerialization blurs the traditional distinction between goods and services. (FELIX, 2020). A traditional sale of tangible goods can be transformed into a license to download a digital file. The increasing use of 3D printing technology can convert even more goods (business profit) into intangibles (royalties or technical service fees) if direct manufacturing for delivery evolves into a design license for direct remote printing by buyers. This is because withholding tax on royalties is avoided when the payments are characterized as profit-generating services for the company.

The growth of the digital economy leads to the disappearance of the traditional withholding tax on royalties, eroding the tax base of middle-income countries, and the political concern is the right to collect taxes on services and fees. For MCCLASKEY (2021), the dematerialization of the digital economy highlights the importance of this issue.

The OECD position generally favors payments that characterize "services" based on Action 1 of the BEPS (Base Erosion and Profit Shifting) plan. The idea is to impose a new withholding tax on digital transactions as an alternative to address the lack of physical presence in the country of residence. BEPS aims to link taxation to the exercise of substantial business activity in the national territory and to prevent tax avoidance, as called for in Action 1 of the BEPS project: Addressing the tax challenges of the digital economy. (ORGANIZATION FOR ECONOMIC COOPERATION AND DEVELOPMENT, 2015).

The UN model has always allowed for withholding the taxes on royalties, cloud computing and data use, etc. In order to preserve the balance of the distribution of tax responsibilities between the exporting and importing countries of e-commerce, provision has been made, in this regard, for a withholding tax carried out either by the company buying or importing the product or by the service of its foreign supplier, mainly through banks or certifiers responsible for storing commercial transactions and providing details to the tax authorities.

5 The application of withholding tax for payments arising from electronic commerce

In order to regulate and supervise the economic agents that offer their services in Brazil by means of electronic communications and thus escape any control device, a law on e-commerce was enacted in 2015 to adapt the national legislation to international norms and standards.

By virtue of the enactment of Constitutional Amendment n° 87 of April 17, 2015[6] (BRASIL, 2015), internet or telepresence sales will have the transactions made through electronic communications subject to the rates and taxes provided for in the legislation and regulations in force. There was a rate differential for the Tax on the Circulation of Merchandise and Rendering of Interstate and Intercity Transport and Communication Services[7] (ICMS) to be collected for the State of origin and the State of destination of the merchandise.

5.1 A specific tax regime for commercial transactions conducted through digital platforms and direct network sales

A practical problem arises in network direct sales operations after Constitutional Amendment n° 87 of April 17, 2015 (BRAZIL, 2015) regarding the electronic commerce of goods and services that established the collection of ICMS on internet sales. It is specified that this type of operation does not go through traditional points of sale (stores, supermarkets, etc.). The sale is made directly to customers (final consumers) through intermediaries.

For the operations performed in digital platforms, the commercialized services are usually performed with the participation of the platform manager, the client and the intermediaries that provide the services and that intends to integrate the digital economy to the traditional fiscal rules. For NEGREIROS and VIALÔGO (2013), the company that owns the goods they will market with the customers and intermediaries responsible for marketing those goods.

With these provisions there are two tax regimes, the traditional regime

---

[6] Emenda Constitucional n° 87, de 17 de abril de 2015 (BRASIL, 2015), from its original.
[7] Imposto sobre Circulação de Mercadorias e Prestação de Serviços de Transporte Interestadual e Intermunicipal e de Comunicação (ICMS), from its original.

for physical commerce and a second, different from the first, for e-commerce. In effect, online sales transactions made directly between a seller of goods or services and a buyer are not governed by these provisions because they are subject to other provisions that have not yet been defined by the Brazilian tax authority.

In view of this, the amounts paid in commercial transactions carried out through electronic communications are made through dedicated payment platforms, constituted and managed exclusively by banks approved by the Central Bank of Brazil[8]. Withholding tax would be a desirable solution since all transactions carried out by electronic communications are subject to the duties and taxes foreseen by the Brazilian legislation in force.

Withholding tax to financial institutions on digital transactions is one possible option to protect the tax base of market countries. It could apply to payments made by residents of a country for online purchases of goods and services from non-resident companies. This withholding tax could be a final tax on a gross income or a collection mechanism to support a net tax on the profits of a permanent establishment in the market country. (BRAUNER; MORENO, 2015).

Considering that all B2B payments for online services (such as cloud computing) are technical fees, the advantages would first be the progressive adoption of withholding tax. This solution was adopted by the UN Committee of Experts on International Cooperation in Tax Matters which added a new provision on technical services in the OECD Model Tax Convention in its Art. 12[9].

Second, it complies with the neutrality principle since services provided online would be subject to the same rules instead all digital services can be considered "technical services" or royalty-generating services.

Third, it is feasible given that the existing retention mechanism can be used since it is difficult to characterize transactions in the digital economy and B2B transactions between related parties in particular.

For ARNOLD (2010), the general presumption rule allows for efficient collection of the broadest possible base, however, this option has its drawbacks in the source rule for services. Instead of the place of performance, the basic rules would be similar to those in residence of the payer or OECD Model Tax Convention.

---

[8] Banco Central do Brasil, from its original. https://www.bcb.gov.br/
[9] Article 12A Fees for technical services 1. Fees for technical services arising in a Contracting State and paid to a resident of the other Contracting State may be taxed in that other State. (ORGANIZATION FOR ECONOMIC COOPERATION AND DEVELOPMEN, 2017).

This would be a departure from the current OECD position that online payments should be treated as business benefits not subject to withholding tax. A withholding tax may not represent a net profit tax and the tax burden would be shifted to resident companies, which would increase the cost of their activities. If the tax of the source country is not recognized by the country of residence, there is a risk of double taxation.

In light of this, the global trend has been to implement a single global tax. On October 31, 2021, 136 of the 140 member countries of the OECD signed the political agreement to implement Action 1 of the BEPS Plan. Included on the agenda was the possibility for developing countries to tax interest and royalties, where these are not taxed at the minimum rate of 15%. (ORGANIZATION FOR ECONOMIC COOPERATION AND DEVELOPMENT, OECD, 2021).

5.2 The application of the royalty tax regime on computer software in electronic commerce

While the use of computers and software becomes increasingly widespread, many users of this technology are sometimes unaware of the legal obligations or rules governing their use. DUNCA (2019) correctly points out that software piracy is the responsibility of end users because it is a reprehensible activity that can lead to serious civil and criminal consequences.

When a company pays royalties in exchange for granting rights it must necessarily consider the tax treatment that should be reserved for the company itself. The tax administration is often tempted to contest its immediate tax deduction, considering that these royalties are not charges, but represent the cost of acquisition of an intangible asset that must therefore be capitalized.

This recurring debate with the tax authorities gave rise to extensive jurisprudence on royalties for the granting of patents or trademark licenses. GONTHIER (2003) considers that they should only be capitalized if they are remunerated for obtaining rights that at the same time constitute a regular source of profit and are based on the fact that the rights had been acquired in order to use the said software for his own needs for a long time.

In practice, software licenses in most cases include clauses that stipulated a use limited to personal, non-commercial purposes and in this case the acquisition costs prevailed. The withholding of royalties can be justified when the software owner grants rights other than simple use, namely commercialization rights. The stipulations of the contract are then decisive.

Final considerations

In this article was sought to analyze the fundamentals of international tax treaties, namely the objective connecting element of residence, notably the criterion of permanent establishment, which is currently weakened or even meaningless due to globalization and the digitalization of the economy. Thus, any adoption of a new tax in one country may jeopardize other countries and lead to an unfair distribution of the tax base.

In view of this, the OECD has been seeking to include a minimum tax on the digital economy, with a view to creating a global tax to implement Action 1 of the BEPS Project, including an agreement was signed on October 31, 2021, between 136 countries.

The implementation of the international tax system reveals that the limitation of withholding tax is a difficulty in applying conventional source-based rules to modern transactions involving intangible assets and an ephemeral presence in the territory of the home State.

The digital economy presents the same tax problems for developing and OECD countries. However, the negative impact of these problems is likely to be greater in middle-income countries, given their greater reliance on corporate taxes and because they are technology-importing countries.

To protect the tax base, middle-income countries have adopted some more immediate solutions, such as extending the withholding tax to digital transactions as the tax base of developing countries is tied to the growing global digital economy. As the digital economy is driving a fundamental change in the way business is done and value is created it turns out that the tax system is not designed to deal with digital. It is obsolete and inadequate for the new economy.

Nevertheless, question if whether the acceleration of technological development and the reach of e-commerce are creating pressure for globalization of taxation in a move towards greater international harmonization, it is possible to be done. The internationalization of the State under a globalized tax system, resulting from the coordination of national tax policies, deserves much further debate, as it will have potentially profound implications for the understanding of State sovereignty. Therefore, a major harmonization and coordination of national tax policies will likely be necessary in order to solve the problem of e-commerce taxation.

States have traditionally retained almost complete autonomy to design their own tax systems and policies due to the globalization of taxation. Nonetheless, international negotiations are underway at the OECD level to reform existing tax rules for fairer taxation of the digital economy.

With the possibility of a political agreement, States will be forced to extend the scope of these rules by regrouping their sovereign taxing powers in order to manage the tax challenges arising from transnationalization. First of all is because States will not allow an increasing volume of international e-commerce to escape taxation, and second, because States cannot effectively tax this new form of commerce without close cooperation with other States.

So far, States remain autonomous in formulating and administering their tax policies, yet contemporary changes in technology, mobility, and the accelerating progression of e-commerce make it increasingly difficult for a territorially demarcated political form such as the modern state to collect taxes on its territory and its borders.

The globalization of taxation would represent a historic change in international relations and in the preservation of the balance between modern States entities. The countries of the major economic leaders in managing international tax policy bring a reliable long-term solution by taxing the digital activities of all multinationals from where they generate their revenues.

References

ARNOLD, Brian J. The taxation of income from services under tax treaties: cleaning up the pess – expanded version. **Bulletin for International Taxation**, 2010, v. 65, n. 2. Available at: https://edisciplinas.usp.br/pluginfile.php/5503644/mod_resource/content/0/Services%20under%20Tax%20Treaties%20-%20Brian%20Arnold.pdf. Accessed: 2021, October 26.

AVIAT, Antonin et al. Dating business cycles in France: a reference chronology. **Sciences Po OFCE, Working Paper, n° 18/2021**. Available at: https://www.ofce.sciences-po.fr/pdf/dtravail/OFCEWP2021-18.pdf. Accessed: 2021, October 26.

BARBET, Philippe. Commerce électronique et régulation des échanges internacionalaux. **Annales des Télécommunications**, v. 58, p. 251-265, 2003. Available at: https://doi.org/10.1007/BF03001013. Accessed: 2021, October 26.

BEZ-BATTI, Gabriel. O conceito de estabelecimento permanente no direito brasileiro e os novos paradigmas trazidos pela ação 7 do Projeto BEPS OCDE/G20. **Revista Direito Tributário Internacional Atual**, n. 4, p. 81-101, 2018. Available at: https://www.ibdt.org.br/RDTIA/wp-content/uploads/2018/12/gabriel-bez-batti.pdf. Accessed: 2021, October 17.

BRAUNER, Yariv; MORENO, Andre Baez. Withholding taxes in the service of BEPS action 1: address the tax challenges of the digital economy (February 2, 2015). **WU International Taxation Research Paper Series No. 2015-14**. Available at: http://dx.doi.org/10.2139/ssrn.2591830. Accessed: 2021, October 26.

BRASIL. **Emenda Constitucional nº 87, de 16 de abril de 2015**. Altera o § 2º do art. 155 da Constituição Federal e inclui o art. 99 no Ato das Disposições Constitucionais Transitórias, para tratar da sistemática de cobrança do imposto sobre operações relativas à circulação de mercadorias e sobre prestações de serviços de transporte interestadual e intermunicipal e de comunicação incidente sobre as operações e prestações que destinem bens e serviços a consumidor final, contribuinte ou não do imposto, localizado em outro Estado. Available at: http://www.planalto.gov.br/ccivil_03/constituicao/emendas/emc/emc87.htm. Accessed: 2021, October 26.

BRASIL. **Lei n. 12.965, de 23 de abril de 2014**. Civil framework of the Internet [recurso eletrônico]: Law nº. 12.965, of April 23, 2014, which establishes the principles, guarantees, rights and duties for use of the Internet in Brazil. Brasília: Chamber of Deputies, Edições Câmara, 2016. – (Série legislação; n. 204). Available at: https://bd.camara.leg.br/bd/bitstream/handle/bdcamara/26819/bazilian_framework_%20internet.pdf?sequence=1&isAllowed=y. Accessed: 2021, October 26.

CARDOSO, Frederico Padre. **Dupla tributação internacional sobre a renda das pessoas jurídicas**: os elementos de conexão adotados na convenção modelo da Organização para a Cooperação e Desenvolvimento Econômico (OCDE) contra a dupla tributação internacional sobre a renda. Dissertação (Mestrado em Direito), Universidade Federal de Santa Catarina: Florianópolis: 2002. Available at: https://repositorio.ufsc.br/xmlui/bitstream/handle/123456789/83298/194165.pdf?sequence=1&isAllowed=y. Accessed: 2021, October 19.

DENG, Xuefei (Nancy); ZHANG, Jian. Differentiating the effects of internet usage and wireless usage on business-to-business and business-to-consumer e-commerce, **Journal of Internet Commerce**, 13:2, 138-157, 2014.

DUNCA, Rebeca. Technologie du blockchain (ou de la chaîne de blocs) en tant que technologie de réglementation: du code est la loi à la loi est le code. **Curentul Juridic**. Editura Universității Petru Maior. Paris, France: 2019.

FELIX, Bruno Galoppini. **Estados privados**: o real papel das empresas multinacionais no mundo atual. Londrina: Thoth, 2020.

FERNANDES, Tarsila Ribeiro Marques. Convenções contra dupla tributação X transparência fiscal internacional. **Revista de Direito Brasileira**, ano 3, v. 5, maio-ago. 2013. -1352/2013.v5i3.2728. Accessed: 2021, October 23.

GONTHIER, Pierre. Les déclinaisons de la notion de redevance selon l'impôt de la partie XIII: Redevance et concept élargi de redevance. **Canadian Tax Journal**, v. LI, n,. 5, p. 1829, 2003. Available at: http://dx.doi.org/10.26668/IndexLawJournals/2358-1352/2013.v5i3.2728. Accessed: 2021, October 22.

IAMIN, Gustavo C. Paiva. **A micro e pequena empresa brasileira exportadora e a formação de vantagens competitivas sustentáveis**: estudo de casos. Dissertação (Mestrado em Administração). Universidade Federal do Rio Grande do Sul, Porto Alegre: 2007. Available at: https://www.lume.ufrgs.br/handle/10183/11791. Accessed: 2021, October 26.

LACHAIZE, Hervé. **La notion fiscale d'etablissement stable a l'epreuve du commerce electronique**. Universite de Strasbourg III Robert Schuman, Annee Universitaire 1999-2000. Available at: http://www-cde.u-strasbg.fr/da/da/AnnexesMemoires/Promo2000/Lachaize.pdf. Accessed: 2021, October 25.

MARTÍNEZ-MATOSAS, Eduardo; CUESTA, Luis. The Dell case: spanish subsidiary considered a permanent establishment. **Spanish Tax Alert**, nov. 2015. Available at: https://www.ga-p.com/wp-content/uploads/2018/07/the-dell-case-spanish-subsidiary-considered-a-permanent-establishment.pdf. Accessed: 2021, October 26.

MCCLASKEY, Layla Salles. **A regulação tributária da economia digital**: uma análise à luz do caso da tributação do serviço de transporte por aplicativo. Dissertação (mestrado em Direito da Regulação) – Escola de Direito do Rio de Janeiro da Fundação Getúlio Vargas, 2021. Available at: https://bibliotecadigital.fgv.br/dspace/handle/10438/30647. Accessed: 2021, October 6.

MEADE, Amanda. Backers of Australia's mandatory news code welcome French ruling on Google. **The Guardian**, fri 9 oct. 2020. Available at: https://www.theguardian.com/media/2020/oct/10/backers-of-australiasmandatory-news-code-welcome-french-ruling-on-google. Accessed: 2021, October 9.

NEGREIROS, Guilherme Enei Vidal de; VIALÔGO, Tales Manoel Lima. Responsabilidade civil das empresas de comércio on-line. **Revista JurisFIB**, v. IV, ano IV, dez. 2013, Bauru. Available at: https://revistas.fibbauru.br/jurisfib/article/view/177. Accessed: 2021, October 3.

ORGANISATION DE COOPÉRATION ET DE DÉVELOPPEMENT ÉCONOMIQUES. **Programme de travail visant à élaborer une solution fondée sur un consensus pour relever les défis fiscaux soulevés par la numérisation de l'économie**, Cadre inclusif sur le BEPS de l'OCDE et du G20, OCDE, Paris, 2019. Available at: https://www.oecd.org/fr/ctp/beps/programme-de-travail-visant-a-elaborer-une-solution-fondee-sur-un-consensus-pour-relever-les-defis-fiscaux-souleves-par-la-numerisation-de-l-economie.pdf. Accessed: 2021, October 2.

ORGANIZATION FOR ECONOMIC COOPERATION AND DEVELOPMENT. OECD **Secretary-general tax report to G20 Leaders**, Italy, October 2021, OECD, Paris. Available at: https://www.oecd.org/tax/oecdsecretary-general-tax-report-g20-leaders-italy-october-2021.pdf. Accessed: 2021, November 6.

ORGANIZATION FOR ECONOMIC COOPERATION AND DEVELOPMENT. **Addressing the tax challenges of the digital economy**, action 1 - 2015 final report, OECD/G20 Base Erosion and Profit Shifting Project, OECD Publishing, Paris. Available at: http://dx.doi.org/10.1787/9789264241046-en. Accessed: 2021, October 6.

ORGANIZATION FOR ECONOMIC COOPERATION AND DEVELOPMENT. **Are the current treaty rules for taxing business profits appropriate for e-commerce?** final report, 2001. Available at: https://www.oecd.org/tax/treaties/35869032.pdf. Accessed: 2021, October 11.

ORGANIZATION FOR ECONOMIC COOPERATION AND DEVELOPMENT. **Commentary on article 5 concerning the definition of permanent establishment**. Model tax convention (condensed version) OECD, 2014. Available at: https://www.oecd-ilibrary.org/taxation/model-tax-convention-on-income-and-on-capital-condensed-version-2014/commentary-on-article-5-concerning-the-definition-of-permanent-establishment_mtc_cond-2014-39-en;jsessionid=ppV_b2d4ZxriAVMlvJrpQrd0NAcEEi2Y0I8pnADy.ip-10-240-5-117. Accessed: 2021, October 9.

ORGANIZATION FOR ECONOMIC COOPERATION AND DEVELOPMENT. **Interpretation and application of article 5 (permanent establishment) of the OECD** model tax convention, 12 October 2011 to 10 February 2012. Available at: https://www.oecd.org/tax/treaties/48836726.pdf. Accessed: 2021, October 16.

ORGANIZATION FOR ECONOMIC COOPERATION AND DEVELOPMENT. **Model tax convention on income and on capital**, 2017 (full version). Available at: https://www.oecd.org/ctp/model-tax-convention-on-income-and-on-capital-full-version-9a5b369e-en.htm. Accessed: 2021, October 5.

ORGANIZATION FOR ECONOMIC COOPERATION AND DEVELOPMENT. **OECD model tax convention**: revised proposals concerning the interpretation and application of article 5 (permanent establishment). 2012, October 19 to 2013, January 31. Available at: https://www.oecd.org/ctp/treaties/PermanentEstablishment.pdf. Accessed: 2021, October 18.

ORGANIZATION FOR ECONOMIC COOPERATION AND DEVELOPMENT. **Clarification on the application of the permanent establishment definition in e-commerce**: changes to the commentary on the model tax convention on article 5. 22 December 2000 OECD Committee on Fiscal Affairs. Available at: https://www.oecd.org/tax/treaties/1923380.pdf. Accessed: 2021, October 15.

SPRAGUE, Gary D.; HERSEY, Rachel. Permanent establishments and internet-enabled enterprises: the physical presence and contract concluding dependent agent tests. **Georgia Law Review**, n. 299, 2003. Available at: https://heinonline.org/HOL/LandingPage?handle=hein.journals/geolr38&div=15&id=&page=. Accessed: 2021, October 13.

YAMAMOTO, Eduardo Takemi. **Realidade virtual interativa**: representação de espaços arquitetônicos para novos perfis de público. Dissertação (Mestre em Arquitetura e Urbanismo). Universidade São Judas Tadeu, São Paulo: 2018. Available at: https://www.usjt.br/biblioteca/mono_disser/mono_diss/2019/473.pdf. Accessed: 2021, October 16.

A TRIBUTAÇÃO INTERNACIONAL EM TEMPOS DE ECONOMIA DIGITAL

Joedson de Souza Delgado
Antônio de Moura Borges

Sumário

1. Introdução. 2. O problema da tributação do comércio eletrônico. 3 Iniciativas inovadoras para taxar transações digitais. 4. Considerações finais. Referências.

1 Introdução

O ambiente econômico hoje é muito diferente do que costumava ser há 5 ou 10 anos atrás. É possível sentir os efeitos da economia digital decorrente da Internet das Coisas (*Internet of Things*, ou IoT) em praticamente todos os setores da economia, em especial, no comércio eletrônico, ao melhorar a eficiência e ao promover o rápido crescimento de empresas em um novo modelo de negócio.

O poder de arrecadar impostos é um atributo do soberano. No entanto, o poder soberano transferiu competências para outros órgãos, subnacionais ou supranacionais, nomeadamente em matéria financeira e monetária. A teoria constitucional da soberania deve enfrentar esta contradição: a soberania não é compartilhada, mas uma parte dela é transferida.

O comércio eletrônico pode aumentar significativamente a eficiência das economias, aumentar sua competitividade, melhorar alocação de recursos e acelerar o crescimento de longo prazo. Entretanto, o comércio eletrônico está quase à margem do direito tributário, principalmente para bens intangíveis que podem circular sem a possibilidade de apreensão do poder público. As perdas potenciais para os estados são enormes, por outro lado.

A virtualidade dos sites e a natureza intangível das transações do comércio eletrônico abalam as regras em que se baseia a tributação do comércio tradicional. Neste sentido, a pesquisa buscou responder ao seguinte problema: por que a tributação da economia digital se tornou problemática nos últimos anos?

O princípio fundamental da tributação é que as atividades geram receitas e que essas receitas devem ser tributáveis na jurisdição em que as atividades são realizadas. No entanto, o processo de digitalização envolve a automação de atividades e funções, o uso de softwares e sistemas, meios alternativos para complementar as transações comerciais que tradicionalmente eram realizadas fisicamente.

A novidade é tanta que se pode questionar se essa nova atividade deveria ser tributada. De certa forma, a tributação nunca deixou escapar a atividade lucrativa, mas os argumentos apresentados neste texto interessam os rumos que podem ser tomados no futuro e a forma como, a longo prazo, as atividades do comércio eletrônico podem ser tributadas.

Nessa perspectiva, duas questões principais estão no centro do sistema tributário internacional: qual imposto deve ser cobrado sobre a renda gerada por transações transnacionais (o que tributar?). E qual governo deve coletar esse imposto (onde tributar?). A temática do comércio eletrônico ainda é jovem e questiona-se se a tributação tradicional não corre o risco de obstruir seu desenvolvimento quando se espera uma grande riqueza.

Justifica-se este estudo em razão da importância dos debates, doutrinários e práticos, ao fornecer um panorama tributário específico desta nova atividade. A abordagem do problema utiliza a pesquisa qualitativa, o método é o hipotético-dedutivo com objetivos explicativos e descritos sobre a tributação da economia digital.

A hipótese levantada é de integrar a economia digital com uma tributação internacional geral para as empresas. Entretanto tem sido difícil chegar a acordo sobre soluções em nível global. Acredita-se que a norma internacional é que o país de origem tem jurisdição tributária primária sobre uma transação econômica, ao invés do país de residência, enquanto o ideal seria encontrar soluções internacionais multilaterais para impor a economia digital, dado o caráter global deste desafio.

Na seção 2, o texto aborda o problema da tributação do comércio eletrônico. Na subseção 1, trata as estratégias de planejamento tributário que desafiam as fronteiras do estado territorial soberano e, na subseção 2, analisa as regras em vigor que não estão mais em linha com as mudanças na economia global. Na seção 3, discute as iniciativas inovadoras para taxar transações digitais. Na subseção 1, relata as ações unilaterais para a resolução alternativa de curto prazo e, na subseção 2, trata da necessidade de um compromisso multilateral abrangente de longo prazo. Conclui-se que é necessário ter um debate sobre a criação de uma nova arquitetura fiscal desenhada sobre a aplicação tributária de "imposto sobre serviços digitais", e isso precisa ser organizado internacionalmente.

2 O problema da tributação do comércio eletrônico

O problema da tributação internacional é sistêmico. O sistema internacional de impostos corporativos tem duas fraquezas principais. O primeiro ponto fraco é a necessidade de alocar domicílios putativos para empresas devido ao registro oficial e/ou local de gestão. Não importa como os países definem a residência corporativa, a determinação permanece arbitrária. Na verdade, as empresas multinacionais podem transferir sua residência para países com regimes fiscais preferenciais sem atividade comercial significativa nesses países.

A segunda fraqueza do sistema internacional de tributação das empresas é a falta de um conceito consistente para determinar a fonte de receita. Na verdade, a fonte de renda pode ser determinada referindo-se a qualquer determinação geográfica das atividades de negócios, isto é, ao local onde o pagamento foi feito, o local de residência do devedor ou o estabelecimento permanente (EP), de acordo com os modelos da Cooperação e Desenvolvimento Econômico (OCDE) e da Organização das Nações Unidas (ONU).

2.1 As estratégias de planejamento tributário desafiam as fronteiras do Estado territorial soberano

Otimização tributária é a capacidade do contribuinte de gerenciar suas questões fiscais em seus melhores interesses e de acordo com a lei. Nesse sentido, as empresas estão cada vez mais aptas a escolher o local ideal para suas atividades produtivas e ativos, mesmo que esse local seja distante dos clientes ou de outras etapas da produção.

De fato, as multinacionais estruturam cada vez mais suas atividades, de acordo com as condições fiscais oferecidas pelos diferentes territórios. Algumas atividades econômicas, em particular as de ativos intangíveis, como o depósito de marcas ou patentes, seguros, compras de serviços ou serviços financeiros, foram centralizadas em paraísos fiscais ou áreas com tributação muito vantajosa.

Então, o que diferencia os negócios digitais dos negócios tradicionais? Uma empresa digital poderia potencialmente localizar seus principais fatores de produção em qualquer lugar e reduzir sua exposição fiscal nos países de origem. A ausência da necessidade de presença física, bem como o aumento da mobilidade do mercado digital, tem um impacto negativo nas receitas públicas em comparação com os modos tradicionais de operação. Portanto, uma empresa pode realocar mais facilmente as marcas e não as máquinas e/ou fábricas para um país onde a tributação é favorável à marca.

O que confirma que as empresas da economia digital não pagam sua parte justa dos impostos? Na economia global pré-integrada, o principal problema tributário que afetava o comércio mundial era a dupla tributação em que os lucros corporativos eram tributados no país onde as operações ocorriam e os ganhos eram repatriados após a tributação na empresa matriz.

Esta questão é abordada principalmente por meio da negociação de tratados fiscais bilaterais onde os dois países concordam sobre onde o imposto será cobrado. Diante de um problema de dupla não tributação – em que esses mesmos tratados fiscais são usados para evitar o pagamento de impostos em qualquer lugar, esta situação mina a justiça e a integridade dos regimes tributários das empresas – permite que as empresas multinacionais tenham uma vantagem competitiva sobre seus concorrentes domésticos. As consequências desse comportamento das multinacionais afetam quase todos os países, mas têm um efeito maior nos países de renda média.

2.2 As regras em vigor não estão alinhadas com as mudanças na economia global

Na conferência de Ottawa em 1998, a OCDE acreditou que os princípios nos quais se baseiam os padrões internacionais que desenvolveu em seu Modelo de Convenção Tributária são aplicáveis ao comércio eletrônico, mas seria aconselhável esclarecer as modalidades de aplicação de certas disposições dos aspectos da economia digital. (ORGANIZATION FOR ECONOMIC COOPERATION AND DEVELOPMENT, 1999). Na verdade, os ministros dos países da OCDE acreditavam que os princípios fiscais que orientam os governos no contexto do comércio comum também deveriam ser aplicados ao comércio eletrônico.

No entanto, a escala do desafio do e-commerce, mundial, sem fronteiras, virtual e anônimo, apresenta enormes desafios para o regime tributário internacional de base estatal, com foco nas fronteiras territoriais e na presença física. (AZAM, 2007). Esses desafios práticos tornam-se evidentes ao aplicar os conceitos tradicionais de origem e residência para a tributação dos rendimentos dessas transações.

Embora o trabalho de interpretação e esclarecimento de conceitos realizado em 2001 pelo Comitê de Assuntos Fiscais (CAF) da OCDE seja de grande importância, o rápido desenvolvimento da internet e do comércio eletrônico exigiu uma tarefa de mudança, não de esclarecimento. (ORGANIZATION FOR ECONOMIC COOPERATION AND DEVELOPMENT, 2001).

Desde o início da crise financeira em 2008, um debate essencial se abriu para o nível internacional sobre as regras internacionais para a tributação de lucros ainda atenderem ao seu propósito. (ÁVILA, 2011). Desde 2008, a tributação do comércio mundial passou a ser prioridade, em detrimento do combate à dupla tributação.

A pedido do G20 para a sua reunião em fevereiro de 2013, a OCDE apresentou seu relatório que visava determinar as questões levantadas pelo Plano BEPS – *Base Erosion and Profit Shifting*, em português: Erosão da Base Tributária e Transferência de Lucros (G20, 2020). Este relatório mostrou que os atuais padrões tributários internacionais não acompanharam as práticas corporativas em todo o mundo, especialmente na área de intangíveis e economia digital.

O plano adotado em setembro de 2013 se concentra nos setores de alta tecnologia e nos mercados de bens de consumo digitais e visa principalmente às empresas digitais: Facebook, Amazon, Apple, Google, e deve ser concluído em dois anos. (KIM et al., 2020). De fato, há um ponto de ação específica (Ação 1), e um grupo de trabalho sobre a economia digital dentro do processo BEPS.

De acordo com a OCDE, os governos dos países da OCDE e do G20 embarcaram na mais profunda revisão das regras tributárias internacionais. (CARVALHO JÚNIOR, 2020). O objetivo era ambicioso: rever as regras em vigor de forma a que estejam em consonância com a evolução da economia global e garantir a tributação dos lucros no local onde se desenvolvem as atividades econômicas e onde se cria valor.

Em termos de BEPS, existe uma linha divisória entre os países membros da OCDE, na qual os países da OCDE desejam tributar na residência, enquanto os países emergentes – como o Brasil, África do Sul, Arábia Saudita, Argentina, Rússia, Índia, Indonésia –, importadores de capital, preferem tributar na fonte. (ORGANIZATION FOR ECONOMIC COOPERATION AND DEVELOPMENT, 2021).

O relatório final sobre a Ação 1 do Plano BEPS, publicado em 5 de outubro de 2015, continua a reconhecer que regras específicas concebidas exclusivamente para a economia digital se revelariam impraticáveis, afirmando amplamente que a economia digital não pode ser demarcada porque é cada vez mais a própria economia. (THORSTENSEN; NOGUEIRA, 2020). O relatório afirma que um outro documento adicional refletindo os resultados do trabalho sobre a tributação geral da economia digital deverá ser publicado até 2020, no entanto, alguns países instituíram suas próprias políticas fiscais nacionais para a economia digital. (UNITED NATIONS CONFERENCE ON TRADE AND DEVELOPMENT, 2019).

3 Iniciativas inovadoras para taxar transações digitais

A decisão da OCDE de ter um novo relatório até 2018 delineando as possíveis soluções para taxar a economia digital internacionalmente e um relatório final em 2020 poderiam efetivamente encorajar os países a tomarem a iniciativa unilateral do que esperar pelos resultados deste trabalho. No relatório final de 2015 sobre a Ação 1 do Plano BEPS, a OCDE não recomendou quaisquer medidas específicas – deixando aos Estados a decisão de implementar ações nacionais para tributar as empresas digitais – todavia, tem conduzido negociações sobre uma taxa mínima por uma década.

Entretanto, a maioria das nações do mundo assinou um acordo histórico para garantir que as grandes empresas paguem uma parcela mais justa dos impostos. Cento e trinta e seis países concordaram em aplicar uma alíquota de imposto sobre as empresas de pelo menos 15% e um sistema mais justo de tributação dos lucros onde eles são obtidos. Segue-se a preocupação de que as empresas multinacionais estão redirecionando seus lucros por meio de jurisdições de baixa tributação.

3.1 Ações unilaterais: resolução alternativa de curto prazo

Dada à falta de um consenso global de como responder aos desafios da tributação direta associada à digitalização da economia, antes de outubro de 2021, vários países começaram a tomar medidas concretas para a implementação de medidas nacionais unilaterais e descoordenadas destinadas a tributar as atividades digitalizadas. É aplicado o imposto relativo às vendas quando os royalties forem pagos a uma jurisdição de baixa tributação.

No Reino Unido, o imposto sobre a transferência de lucros para o exterior ficou conhecido como o "imposto do Google". É um imposto que entrou em vigor em 1 de abril de 2015, no meio do plano de ação BEPS, e incluiu uma taxa de imposto mais elevada sobre esses lucros, 25% em comparação com a taxa de imposto sobre as sociedades geral que é de 20%. (ASHWORTH; FERNANDES; BOUVIER, 2016). SMITH (2017) pontua que esta medida unilateral está sendo imitada na Austrália e na Nova Zelândia.

A Índia, país com muitos consumidores, introduziu um imposto digital, ou taxa de equalização, introduzido em abril de 2020, para vendedores estrangeiros de comércio eletrônico de bens e serviços para nivelar o campo de jogo com as empresas locais que pagam impostos na Índia. (CYRILL, 2021). É considerado uma alternativa radical ao imposto de renda que inclui uma sobretaxa de 6% sobre os pagamentos a empresas estrangeiras por serviços de publicidade online na ausência de um EP na Índia. (NAGAPPAN; VARANASI, 2016).

A Hungria adotou uma nova legislação, que não visa especificamente à economia digital, mas influencia fortemente o funcionamento do mercado digital. Uma taxa de publicidade é cobrada ao setor de mídia, incluindo provedores não residentes, para atividades de publicação, bem como atividades de publicidade, incluindo portais de internet, a uma taxa fixa de 5,3% sobre impostos acima de 100 milhões de dólares. (RIGÓ; TÓTH, 2020).

Por iniciativa da França, Alemanha, Itália e Espanha, os Ministros das Finanças e da Economia dos Estados-Membros da União Europeia discutiram a atualização das regras fiscais internacionais e a necessidade de desenvolver novas regras que tenham em conta os modelos econômicos da economia digital para garantir a igualdade de tributação das empresas, onde quer que se localizem as suas sedes ou atividades. (PALMA, 2018). Os Ministros discutiram medidas mais imediatas, complementares e de curto prazo que devem ser consideradas para proteger as bases tributárias diretas e indiretas dos Estados membros, incluindo: um imposto de equalização sobre o faturamento das empresas digitais.

Um imposto de equalização digital é como o EP virtual ou opções de retenção na fonte destinadas a estabelecer um vínculo na jurisdição do mercado. É uma forma de imposto sobre o volume de negócios no destino, semelhante ao imposto retido na fonte. (PAES, 2020). No entanto, muitos pontos, precisam ser examinados na Comissão Europeia, especialmente no que diz respeito ao âmbito e à base de tal imposto. Por enquanto, permanece incerto o escopo da proposta com questionamentos em aberto: como um negócio digital deve ser definido? O que significa volume de negócios? E como funciona os diferentes modelos de negócios? Quais devem ser os métodos de cobrança de tal imposto?

O Manual das Nações Unidas sobre questões específicas relacionadas à proteção da base tributária dos países em desenvolvimento[51] apontou que o país de origem tem a opção de definir as transações como gerando royalties, em vez de lucros corporativos, de modo que o Artigo 12 pode ser aplicado (AULT; ARNOLD, 2013). Além disso, a introdução, em 2017, do Artigo 12A no modelo de convenção fiscal das Nações Unidas que autoriza um imposto retido na fonte sobre pagamentos por serviços técnicos à taxa acordada bilateralmente. (ORGANIZATION FOR ECONOMIC COOPERATION AND DEVELOPMENT, 2013).

O Comitê Tributário da ONU assevera que os países de renda média têm mais a ganhar com a introdução de políticas destinadas a responder à economia digital. (NAÇÕES UNIDAS, 2021). Em primeiro lugar, as ações unilaterais impulsionadas pela economia digital enfatizam as estruturas baseadas no IVA (Imposto sobre Valor Agregado), nas receitas ou no lucro, permitindo aos países aumentar a sua capacidade de cobrança de receitas. Em segundo lugar, essas iniciativas podem levar os países a quererem reinterpretar ou tornar menos relevante o conceito de EP, ou a acrescentar ao conceito existente o conceito "IO digital" (Internet das Coisas). Isso é relevante para países com grandes mercados consumidores, ou porque concedem ao país de origem o direito de tributar sem a necessidade de uma presença física nos mercados.

Embora o escopo de um novo débito direto seja geralmente limitado durante os primeiros anos, seu escopo é invariavelmente ampliado à medida que evolui. Os países ignoraram a abordagem, aguardam o relatório BEPS. O BEPS de convergência fiscal global se distanciou em tal eventualidade. Alguns pesquisadores apontaram que essas iniciativas unilaterais podem prejudicar o desenvolvimento da economia digital, embora seus respectivos efeitos sobre as decisões de negócios e receitas fiscais não sejam claros.

3.2 A necessidade de um compromisso multilateral abrangente de longo prazo

Os maiores desafios que as empresas enfrentam na época atual são a recepção de todos diferentes abordagens unilaterais e descoordenadas. A linha entre tributação direta e indireta é tênue. É mais provável que resulte em dupla tributação. Em vez disso, um padrão global foi adotado em 21 de outubro de 2021, por meio da Declaração Conjunta entre Áustria, França, Itália, Espanha, Reino Unido e Estados Unidos, descrevendo um compromisso a ser alcançado pelos países sobre uma abordagem transitória para o tratamento dos serviços digitais. (U.S. DEPARTMENT OF THE TREASURY, 2021).

O Comitê de Especialistas das Nações Unidas em Cooperação Internacional em Matéria Tributária disse, em seu relatório de 2017, que as regras antigas e o conceito de EP em particular não fazem justiça à nova economia (UNITED NATIONS, 2017). Na verdade, tais regras são manipuladas por certas multinacionais e se mostraram, pelo menos, inadequadas para enfrentar seus desafios. Não há obrigação de seguir o tratamento tradicional quando os princípios estabelecidos são insatisfatórios.

A abordagem de EP foi aceita como uma medida temporária quando a Liga das Nações em 1928 apresentou seu primeiro projeto. Os redatores não chegaram a um acordo sobre uma fórmula precisa para a distribuição dos lucros entre os estados. Devido à falta de consenso, o compromisso levou à sugestão de um EP como medida provisória. O pressuposto inicial do EP sugeria que deveria haver um limite mínimo antes de uma empresa ter um estabelecimento tributável em um país.

A principal função do conceito de EP era permitir que as empresas testassem se o investimento era economicamente viável no outro país, antes de começar a ser tributado nesse país. O Relatório de 1923 é a base intelectual a partir da qual os tratados tributários modernos se desenvolveram. (KYSAR, 2020).

Para racionalizar a proposição é necessário um entendimento da empresa neste ponto. No início da década de 1930, a tecnologia e a comunicação encontravam-se em uma fase preliminar, período impossível de comparar com os avanços da comunicação que se vivenciam na sociedade atual. Quase cem anos depois, ainda não há alternativa satisfatória aprovada pela comunidade internacional. Além disso, mudanças na sociedade e na economia exigem uma proposta de EP mais interessante. (PRZEPIORKA, 2017).

O Painel de Especialistas da ONU apontou que é possível que o sistema tributário internacional tenha se tornado arcaico pela expansão internacional da economia digital e pela expansão das atividades digitais internacionais de grandes empresas multinacionais. Os modelos foram alterados, mas a noção de EP não, e agora é o momento certo para uma mudança por parte da comunidade internacional. (OSTWAL, 2016). A razão pela qual essas regras são irrelevantes hoje em dia é o elemento da presença física. Para SUMPER e ESTEBANEZ (2017), o modelo de negócios online também deve mudar com o tempo e se tornar mais sofisticado.

Além disso, o modelo de negócios online também deve evoluir com o tempo e se tornar mais sofisticado. Em um mundo cada vez mais dominado pela nova tecnologia de impressão 3D e sua promessa de inovação nos negócios, as empresas globais já começaram a planejar o 3D mais cedo, aproximando a produção dos mercados. Uma mudança fundamental nos negócios que certamente terá repercussões nas estratégias tributárias. (ORGANIZATION FOR ECONOMIC COOPERATION AND DEVELOPMENT, 2017).

O Comitê Tributário da ONU pontuou que deve mudar as regras, porque não são mais adequados para o uso. As novas regras devem ser voltadas para o futuro e prever algumas das mudanças que podem ser introduzidas na economia digital nos próximos anos.

Uma vez que muitas estruturas digitais hoje extraem renda dos países de origem sem qualquer presença física, o Comitê de Impostos da ONU observou que o atual modelo de EP é relativamente fácil de explicar, difícil de administrar e pode ser considerado impossível de oferecer como uma solução de longo prazo. O próximo passo é a redefinição de um EP virtual com ênfase à tributação na fonte. (CORREIA NETO; AFONSO; FUCK, 2019).

A compartimentação da economia digital pode criar problemas, como a coexistência de um novo EP virtual com a noção antiga, incluindo a tarefa cada vez mais difícil de definir e os limites entre os tipos de atividades cobertos por cada um, com possíveis oportunidades de arbitragem. A única maneira de não criar um problema entre a interação do teste de conexão atual e o novo teste de conexão é se o novo teste se concentrar apenas em características únicas de comércio digital que possam ser distinguidas do modelo antigo.

É possível que dois testes resultem em mais opções para a evasão fiscal. Será um grande desafio definir um EP virtual para fins convencionais e criar uma definição concebida para a economia digital a ser aplicada de forma universal, uma vez que está estruturado para abordar um setor específico onde o atual EP já não funciona. Uma nova abordagem tem problemas práticos, no entanto, discutir uma proposta relativa à tributação internacional é um passo na direção certa à realidade econômica.

O relatório final da OCDE sobre a Ação 1 não forneceu uma resposta clara e unânime sobre a questão de como enfrentar os desafios fiscais da economia digital. Para os futuros trabalhos sobre tributação e digitalização, deve concentrar em encontrar uma solução com base em uma estratégia de longo prazo que poderia proteger as bases tributárias dos estados.

A estrutura tributária internacional deve ser reformada para incorporar efetivamente o valor criado pelos novos modelos de negócios. Outros fatores deveriam ser levados em consideração para determinar se esses novos tipos de modelos de negócios têm uma presença econômica significativa em um determinado país. Esses fatores podem estar relacionados ao nível de receita gerada pelas operações digitais, ao número de usuários de uma plataforma digital, ao volume de dados coletados dos usuários por meio de uma plataforma digital ou nome de domínio local. (LIMA, 2021).

Elementos resultantes da digitalização cada vez maior da economia não foram concluídos durante o projeto BEPS, e a Ação 1 mesmo abordando uma estrutura inclusiva ainda preocupam os países. Temem com o fato de suas bases tributárias estarem sendo corroídas por fluxos financeiros ilícitos, devido às multinacionais que transferem artificialmente os lucros para jurisdições onde são tributados pouco ou nada fazem.

Considerações finais

A evolução das tecnologias da informação e comunicação (TIC) e da globalização criaram um ambiente aberto internacional em que os modelos de negócios mudam a estrutura de empresas tradicionais localizadas em um determinado estado para modelos globais, bem como empresas multinacionais que negociam além das fronteiras, enquanto as administrações fiscais permanecem confinadas no seu território nacional. Esta situação exige cooperação entre os países para garantir que os contribuintes paguem o valor exato do imposto devido ao Estado a que pertencem, se quiserem evitar a não tributação ou a dupla tributação.

Há tempos que os líderes do G20, sob a égide da OCDE, defendiam uma globalização mais justa com a implementação de uma nova tributação internacional, mas que conseguiu fazer apenas pequenas alterações necessárias para acomodar o e-commerce. A Comissão Europeia observou que o e-commerce é, por sua natureza, um verdadeiro processo global e nenhuma jurisdição tributária, atuando isoladamente, pode resolver todos os problemas colocados.

O resultado é que, início de outubro de 2021, os líderes do G20 reunidos em Roma aprovaram um acordo histórico sobre uma reforma da tributação internacional, que visa acabar com os paraísos fiscais estabelecendo um imposto global mínimo sobre os lucros das empresas multinacionais. Assim, 136 países haviam se comprometido a tributar as multinacionais de forma mais equitativa e a estabelecer uma alíquota tributária global mínima de 15% a partir de 2023. A solução assenta em dois pilares que visam garantir que as grandes empresas multinacionais paguem impostos onde operam e gerem lucros, ao mesmo tempo que reforçam a segurança jurídica e a estabilidade do sistema fiscal internacional.

Esta taxa mínima de imposto de 15% é, no entanto, muito mais baixa do que a recomendada pelo Grupo de Monitoramento BEPS. Os países signatários terão que transcrever este acordo em sua legislação nacional para torná-lo juridicamente vinculativo. Devem também assinar uma convenção multilateral no decorrer do próximo ano para permitir a entrada em vigor do novo sistema tributário global em 2023.

Não deve haver tratamento específico para a economia digital. Um conceito que estabelece uma linha entre a economia tradicional e a economia digital não é realista, uma vez que todos os modelos de negócios modernos dependem das tecnologias digitais. Além disso, os principais conceitos desenvolvidos no contexto da tributação internacional deixaram de funcionar na economia digital.

Como as mudanças tributárias unilaterais causam confusão e aumentam as despesas comerciais, os contribuintes devem aprender com cada sistema e como cumpri-lo. Se a OCDE decidir mudar os padrões de longa data, recomendando medidas especiais para a economia digital, como a introdução do conceito de uma "presença econômica significativa", "Internet das Coisas (Internet of Things, ou IoT)" ou pela cobrança do imposto de renda de acordo com o local de consumo, esta política deve ser aplicada de forma universal.

A digitalização da economia é um processo em constante mudança. No futuro, a inovação tecnológica garante a economia digital com o advento de novos problemas como a impressão 3D e sua redefinição digital da distribuição da manufatura, e continuará a suscitar uma reflexão profunda sobre o sistema tributário do novo milênio.

Referências

ASHWORTH, Elisabeth; FERNANDES, Raquel; BOUVIER, Stéphane. BEPS action 1 and the digital economy: an unsolvable issue? In: **Business implications of BEPS**: a CMS tax analysis. Arlington: Bloomberg, 2016.

AULT, Hugh J.; ARNOLD, Brian J. **Protecting the tax base of developing countries**: an overview. Papers on selected topics in protecting the tax base of developing countries. Draft paper n. 1, mai. 2013. Disponível em: https://www.un.org/esa/ffd/wpcontent/uploads/2014/10/20140604_Paper1_Ault.pdf. Acesso em: 30 nov. 2021.

ÁVILA, Márcio Ladeira. As convenções brasileiras contra a dupla tributação firmadas com países desenvolvidos e o direito ao desenvolvimento. **RFD – Revista da Faculdade de Direito da UERJ**, [S.l.], n. 18, abr. 2011.

AZAM, Rifat, E-commerce taxation and cyberspace law: the integrative adaptation model. **Virginia Journal of Law and Technology**, v. 12, n. 5, 2007.

CARVALHO JÚNIOR, Pedro Humberto Bruno de. **Análise das propostas do plano BEPS da OCDE/G20 sobre tributação dos serviços digitais e a atual situação internacional**. Nota Técnica DINTE. Brasília: Instituto de Pesquisa Econômica Aplicada (Ipea), 2020. Disponível em: https://www.ipea.gov.br/portal/images/stories/PDFs/pubpreliminar/210621_nota_tecnica_preliminar_tributacao_de_servicos_digitais.pdf. Acesso em: 29 nov. 2021.

CORREIA NETO, Celso de Barros; RODRIGUES AFONSO, José Roberto; FUCK, Luciano Felício. A tributação na era digital e os desafios do sistema tributário no Brasil. **Revista Brasileira de Direito**, Passo Fundo, v. 15, n. 1, p. 145-167, set. 2019.

CYRIL, Melissa. India's digital tax: rules where levy is applicable, US response. **India Briefing**, 3 jun. 2021. Disponível em: https://www.india-briefing.com/news/indias-digital-tax-2-percent-not-applicable-foreign-e-commerce-companies-indian-arm-21956.html/. Acesso em: 30 nov. 2021.

G20. Communiqué: G20 finance ministers & central bank governors meeting. **G20**, 2020. Disponível em: https://www.g20.org/. Acesso em: 29 nov. 2021.

KIM, Aimee et al. What makes Asia – Pacific's Generation Z different? **McKinsey & Company's Retail and Consumer Goods practices**, n. 8, ago. 2020. Disponível em: https://mck.co/3ocwcTn. Acesso em: 27 nov. 2021.

KYSAR, Rebecca M. Unraveling the tax treaty. **Minnesota Law Review**, v. 104, n. 4, p. 1755-1837, 2020.

LIMA, Juciléia de Souza. Estabelecimento permanente na era pós BEPS: da presença fixa à digital. **Revista de Direito Internacional Econômico e Tributário – RDIET**, Brasília, v.16, n. 1, p. 62-110, jan. / jun. 2021.

NAÇÕES UNIDAS. Secretário-geral nomeia especialistas para comitê tributário da ONU. Notícias. **Nações Unidas Brasil**, 22 jul. 2021. Disponível em: https://brasil.un.org/pt-br/137078-secretario-geral-nomeia-especialistas-para-comite-tributario-da-onu. Acesso em: 30 nov. 2021.

NAGAPPAN, Meyyappan; VARANASI, Samira. Financial budget for 2016-2017: has India put its BEPS foot forward? **Intertax**, v. 44, n. 6, p. 550-558, 2016.

ORGANIZATION FOR ECONOMIC COOPERATION AND DEVELOPMENT. **Are the current treaty rules for taxing business profits appropriate for e-commerce?** Final report, 2001. Disponível em: https://www.oecd.org/tax/treaties/35869032.pdf. Acesso em: 26 out. 2021.

ORGANIZATION FOR ECONOMIC COOPERATION AND DEVELOPMENT. **OECD forum on electronic commerce**. Paris, 12-13 out. 1999. Disponível em: https://www.oecd.org/sti/ieconomy/oecdforumonelectroniccommerce.htm. Acesso em: 26 nov. 2021.

ORGANIZATION FOR ECONOMIC COOPERATION AND DEVELOPMENT. **OECD model tax convention: revised proposals concerning the interpretation and application of article 5 (permanent establishment)**. 19 out. 2012. Disponível em: https://www.oecd.org/ctp/treaties/PermanentEstablishment.pdf. Acesso em: 30 nov. 2021.

ORGANIZATION FOR ECONOMIC COOPERATION AND DEVELOPMENT. **OECD secretary-general tax report to G20 finance ministers and central bank governors**. Italy, out. 2021. Disponível em: https://www.oecd.org/tax/oecd-secretary-general-tax-report-g20-finance-ministers-october-2021.pdf. Acesso em: 27 out. 2021.

ORGANIZATION FOR ECONOMIC COOPERATION AND DEVELOPMENT. **Tax challenges of digitalisation**. 25 out 2017. Disponível em: https://www.oecd.org/tax/beps/tax-challenges-digitalisation-part-1-comments-on-request-for-input-2017.pdf. Acesso em: 30 nov. 2021.

OSTWAL, T. P. The internet: achilles heel of the current international taxation regime? **Revista Direito Tributário Internacional Atual**, [S.l.], n.1, p. 48-69, 2016.

PAES, Rafael Soares de Macedo. **Digital service tax e a realidade brasileira**. 2020. 100 p. Dissertação (Mestrado em Direito Fiscal). Faculdade de Direito, Universidade de Lisboa, Portugal, 2020.

PALMA, Clotilde C. A tributação da economia digital e a evolução recente da União Europeia. In: PISCITELLI, Tathiane (Coord.). **Tributação da Economia Digital**. São Paulo: Thompson Reuters Brasil, 2018.

PRZEPIORKA, Michell. Estabelecimento permanente à brasileira. **Revista Direito Tributário Internacional Atual**, [S.l.], n. 2, p. 141-166, 2017.

RIGÓ, Csaba Balázs; TÓTH, András. The symbolic significance of digital services tax and its practical consequences. **Public Finance Quarterly**, p. 515-530, out. / dez. 2020.

SMITH, Andrew M. C. **Will BEPS allow New Zealand to finally tax Google?** 24 dez. 2017. Disponível em: http://dx.doi.org/10.2139/ssrn.3092781. Acesso em: 26 nov. 2021.

SUMPER, Martin; ESTEBANEZ, Claire. **Digitization and new business models**: the concept of the permanent establishment today and tomorrow. 1 jul. 2017. Disponível em: http://dx.doi.org/10.2139/ssrn.3799852. Acesso em: 26 nov. 2021.

THORSTENSEN, Vera; Thiago, NOGUEIRA. **Tributação e BEPS**: a avaliação da OCDE sobre matéria tributária e a implementação do projeto BEPS pelo Brasil. Working Paper 534, CCGI n. 29, set. 2020.

UNITED NATIONS. Digital economy report 2019. **Value creation and capture**: implications for developing countries. UNCTAD 4, ste. 2019. Disponível em: https://unctad.org/system/files/official-document/der2019_en.pdf. Acesso em: 26 nov. 2021.

UNITED NATIONS. Committee of experts on international. **Tax challenges in the digitalized economy**: selected issues for possible committee consideration. Geneva, 17-20 October 2017. Disponível em: https://www.un.org/esa/ffd/wp-content/uploads/2017/10/15STM_CRP22_-Digital-Economy.pdf. Acesso em: 30 nov. 2021.

U.S. DEPARTMENT OF THE TREASURY. Press releases: joint statement from the United States, Austria, France, Italy, Spain, and the United Kingdom, regarding a compromise on a transitional approach to existing unilateral measures during the interim period before pillar 1 is in effect. **U.S. department of the treasury**, 21 out. 2021. Disponível em: https://home.treasury.gov/news/press-releases/jy0419. Acesso em: 30 nov. 2021.

A POSTULAÇÃO DE APLICAÇÃO DA LINDB NO DIREITO TRIBUTÁRIO EM CONTRASTE COM A RESERVA DE LEI COMPLEMENTAR: UMA PROBLEMÁTICA DE DIFÍCIL SOLUÇÃO

Waldemar de Albuquerque Aranha Neto

SUMÁRIO

1. Introdução. 2. Apresentação da controvérsia. 3. As teses em confronto. 4. Uma alternativa de encaminhamento. 5. Considerações finais. Referências.

1 Introdução

O presente artigo aborda a possibilidade de aplicação da Lei de Introdução às Normas do Direito Brasileiro (LINDB) ao Direito Tributário. Mais especificamente, trata da possibilidade de incidência do artigo 24 da mencionada lei, que fora inserido juntamente com um conjunto de vários outros dispositivos, por meio da Lei Ordinária n. 13.655, de 25 de abril de 2018.

A problemática vem se desenvolvendo desde quando o Conselho Administrativo de Recursos Fiscais (CARF) foi instado a pronunciar-se no âmbito de vários recursos que estavam sob julgamento. As primeiras decisões foram tomadas no segundo semestre de 2018 – e se seguiram no ano posterior –, onde aquele tribunal administrativo, de forma geral, rejeitou a aplicação com base em alegações muito diversificadas entre si. Dentre tais, havia a tese de que a LINDB, por ter sido veiculada por meio de Lei Ordinária, não estaria apta para regular as relações que estavam sob exame, pois tal matéria estaria reservada à Lei Complementar. Ou seja, o argumento fundamenta-se na leitura do artigo 146 da Constituição Federal, que identifica aquele instrumento como o único válido para introduzir normas gerais de Direito Tributário.

Como será melhor descrito ao longo deste trabalho, a polêmica ainda persiste, o que induz à necessidade de continuidade dos estudos acerca do tema. Várias fontes doutrinárias abordam a questão e, em regra, posicionam-se de forma contrária à opinião defendida no CARF. A presente pesquisa visa à descrição e análise dos argumentos em confronto, a fim de comentar suas contradições e limites, para, em sequência, poder propor uma alternativa de condução da problemática.

Para tal desiderato, o desenvolvimento deste artigo foi dividido em três capítulos, a seguir descritos.

O capítulo segundo consistirá numa apresentação da controvérsia, a fim de contextualizar melhor a discussão. Tem conteúdo predominantemente descritivo, a partir de levantamento bibliográfico, sem a intenção de esgotar as minúcias dos eventos, pois os contornos desse debate já foram suficientemente detalhados na doutrina.

O terceiro capítulo, intitulado de "As teses em confronto", terá duas finalidades principais: descrever os discursos das duas correntes que se formaram acerca do tema e analisar contradições e limites nas argumentações de ambas. Sendo assim, esta parte do trabalho também foi precedida de levantamento bibliográfico de fontes, mas contou, ainda, com o manuseio de acórdãos do CARF pertinentes à matéria. A identificação das contradições e limites decorreu, em grande medida, da aplicação do método dialético, sendo que essa abordagem, não apenas serviu para trabalhar o material já disponível em circulação, mas termina por servir de peça introdutória para os apontamentos que viriam a ser declinados no capítulo seguinte.

No quarto capítulo, é proposta uma alternativa de encaminhamento para o caso sob exame, a partir do reconhecimento de que se trata de um *hard case*. A construção dessa via caracteriza-se por tarefa fundamentalmente argumentativa, também sob a perspectiva dialética, mas admitindo a dificuldade de formação de consenso, dada a magnitude do desafio posto.

2 Apresentação da controvérsia

Desde 2018, quando o CARF analisou pela primeira vez a aplicabilidade do artigo 24 da LINDB no âmbito do Direito Tributário, esse tema vem despertando debates entre os operadores jurídicos[1]. A polêmica ainda persiste, dividindo opiniões. O referido tribunal administrativo, de forma geral, negou a aplicabilidade ao mencionado dispositivo, em descompasso com a tese pugnada pelos contribuintes, e, para tanto, foram invocados argumentos de diversos matizes.

O Ex-conselheiro do CARF, Carlos Augusto DANIEL NETO (2019), listou os principais argumentos utilizados para negar a incidência:

a) argumento genético: a exposição de motivos determina que a aplicação da lei

---

[1] Como exemplos de fonte que constatam e noticiam essa controvérsia, é possível citar: APET, 2018; BURGOS, 2018; e, MENDES, 2018.

seja restrita a órgãos de controle de atos administrativos, como TCU, CGU etc.;
b) argumento consequencialista: a aplicação geraria um engessamento da jurisprudência administrativa e poderia caracterizar um cerceamento do direito de defesa, nos casos em que a estabilização fosse contrária ao contribuinte;
c) argumento institucional: aduz a existência de instrumentos próprios para tornar vinculante a jurisprudência do CARF;
d) argumento literal: o artigo 24 não se aplicaria aos casos de lançamento por homologação, pelo fato de que a constituição do crédito tributário se dá por ato do contribuinte, estando fora do alcance do caput do artigo;
e) argumento de fonte: as normas gerais sobre a aplicação de regras tributárias devem ser veiculadas apenas por lei complementar;
f) argumento temporal: o referido artigo não seria interpretativo, só podendo ser aplicado aos fatos geradores posteriores à sua introdução;
g) argumento da completude do ato: o ato administrativo não estaria "plenamente constituído", em razão da possibilidade de revisão pelo CARF;
h) argumento ontológico: é ínsita ao lançamento por homologação a possibilidade de sua revisão no prazo estabelecido pela lei;
i) argumento da redundância: a tutela da confiança que se pretende extrair do artigo 24 da LINDB já é estabelecida nos artigos 100 e 146 do CTN, com critérios próprios de aplicação.

No presente estudo, será objeto de análise o argumento da fonte, ou seja, a polêmica sobre a invasão ou não de matéria reservada à Lei Complementar. Considero que os argumentos da completude, o ontológico e o da redundância são merecedores de maiores discussões, mas, por razões de espaço, não seria possível abordá-los neste artigo. No que tange aos demais, entendo que oferecem menores dificuldades quanto à sua refutação, sendo esse mister muito bem realizado em vários trabalhos, a exemplo de: QUINTELA, 2020; LOURENÇO, 2018; OLIVEIRA, 2019 e 2010; e, RICCIOTTI, 2020.

Antes de avançar, é preciso realizar algumas observações:

a) tenho como pressuposta a compreensão de texto e norma jurídica como realidades distintas, filiando-me ao construtivismo lógico-semântico, que, na esteira da Filosofia da Linguagem, considera a norma como produto da atividade hermenêutica do intérprete-aplicador. (CARVALHO, 2013; DERZI, 2009);

b) trabalho, também, com a compreensão prévia de que a ordem constitucional brasileira, inclusive no que se refere ao âmbito tributário, tutela a segurança jurídica como um valor relevante a ser protegido, o qual assume expressões várias, a exemplo dos princípios tributários da irretroatividade e da anterioridade. (DERZI, 2009; LOBATO, 2012; LOURENÇO, 2018; RIBEIRO, 2007). Tal constatação implica, inclusive, na necessidade de leitura dos textos infraconstitucionais a partir deste paradigma, o que inclui a LINDB;

c) não analisarei cada caso concreto posto para julgamento no âmbito do CARF, de modo que, neste artigo, o tema será abordado apenas sob o aspecto da possibilidade de aplicação do artigo 24 da LINDB ao Direito Tributário, em contraste com a possível afronta às regras contidas no artigo 146 da Constituição Federal;

d) adianto, de plano, que admito como correta a visualização da LINDB na função de metanorma ou sobredireito, isto é, como lei destinada a regular a maneira pela qual outros textos jurídicos devam ser compreendidos e aplicados. Logo, o Direito Tributário não estaria infenso a essa realidade. Todas as fontes que foram citadas acima, como exemplos de escritos nos quais se refutam os argumentos expressos nos acórdãos do CARF, partilham dessa mesma opinião, trazendo larga margem de arrazoados nesse sentido. Como se verá, isso aponta para a aplicabilidade do artigo 24 da LINDB na relação jurídico-tributária, mas há necessidade de discutir os argumentos que sustentam essa proposição: esse é justamente o foco do presente estudo; e

e) por fim, não abordarei neste trabalho o alcance e limite da aplicação do artigo 24 da LINDB no Direito Tributário em cotejo com os dispositivos do Código Tributário Nacional que também tutelam a segurança jurídica, porque isso demanda estudo à parte.

3 As teses em confronto

Em algumas oportunidades no ano de 2018, a exemplo dos acórdãos de n. 1401-003.017, 1401-002.992 e 1402-003.605, o CARF negou a possibilidade de aplicação do artigo 24 da LINDB sob o argumento da fonte, ou seja, estar-se-ia diante de matéria reservada à Lei Complementar, logo, faleceria o fundamento da tese levantada pelos contribuintes, visto que o veículo utilizado era uma Lei Ordinária. Seguem os trechos pertinentes dos julgamentos:

> UTILIZAÇÃO DA LINDB COMO FORMA DE INTERPRETAÇÃO NOS JULGAMENTOS ADMINISTRATIVOS. IMPOSSIBILIDADE. Sendo atribuída pela Constituição Federal à Lei Complementar o estabelecimento de normas gerais em matéria de legislação tributária, a Sistemática de interpretação admitida pela LINDB, instituída por Lei Ordinária, não pode invadir a esfera de competência de Lei Complementar.
> [...]
> Mais ainda, e conforme já decidido em outras ocasiões por esta mesma Turma Julgadora, fato impeditivo à utilização da LINDB como meio de interpretação em sede de juízo tributário é a norma do art. 146, III, da Constituição Federal de 1988 que atribui à Lei Complementar a tarefa de estabelecer normas gerais

em matéria de legislação tributária. Assim, não sendo a LINDB Lei Complementar não poderia invadir a esfera de competência reservada pela Constituição. (CARF, 2018b).
PRELIMINAR. ART. 24 DA LINDB. INAPLICABILIDADE. NORMAS GERAIS DE DIREITO TRIBUTÁRIO. MATÉRIA RESERVADA À LEI COMPLEMENTAR. O artigo 146 da Constituição Federal estabelece que a edição de normas gerais em matéria tributária é matéria reservada à lei complementar. E tem uma razão de ser em função da repartição de competências tributárias entre diversos entes federativos. É esse o status do Código Tributário Nacional e de qualquer norma que pretenda veicular norma geral em matéria tributária. Assim, já causa estranheza que o legislador tenha pretendido o alcance que defende a Recorrente por meio da edição de uma lei ordinária federal. (CARF, 2018a).
ART. 24 DA LINDB. INAPLICABILIDADE. A Constituição Federal Reserva à lei complementar a definição de normas gerais em matéria de Legislação tributária e, nesta seara, o Código Tributário Nacional estipula as regras para homologação da atividade de apuração de tributos pelo sujeito passivo, bem como define as normas complementares no âmbito tributário e os critérios de aplicação, interpretação e integração da legislação tributária.
[...]
Esta incompatibilidade, aliás, revela que o alcance atribuído à norma pela requerente conflita com a Constituição Federal que, em seu art. 146, inciso III, alínea "b", atribui à lei complementar a disciplina acerca da atividade administrativa de lançamento. (CARF, 2018c).

Há dois argumentos nos trechos acima. O primeiro deles é no sentido de afirmar que o tema tratado na LINDB, se aplicado em matéria tributária, estaria alcançando o âmbito reservado às normas gerais. O segundo afirma que a Constituição Federal atribui à Lei Complementar a tarefa de disciplinar a repartição de competências tributárias entre os entes federados.

O primeiro argumento coloca a tese, mas não detalha os desdobramentos pertinentes. Há um pressuposto de que a sua simples enunciação seria suficiente, tendo em vista a possível evidência de que a matéria tratada no artigo 24 da LINDB, se aplicada em âmbito tributário, invadiria o tema das normas gerais. Creio que seja correta essa assertiva, todavia, deixarei para abordá-la em maiores detalhes somente adiante, depois de descrever as fontes doutrinárias que se colocam de forma contrária a essa proposição.

O segundo argumento também não me parece bem detalhado no acórdão transcrito, provavelmente pela mesma razão do item anterior: o julgador considera clara a ideia de que as repartições de competência tributária tenham de ser veiculadas por Lei Complementar, todavia, não se desincumbiu de apresentar as razões de como o artigo 24 da LINDB encaixar-se-ia nesse contexto, ou seja: por que considera que o referido dispositivo estaria tratando de conflitos de competência tributária? Também aqui, creio, ficará mais clara a exposição de meus comentários, após a abordagem dos posicionamentos doutrinários que rejeitam a tese firmada no CARF.

Como dito, algumas fontes tratam do tema, defendendo a posição contrária à do tribunal administrativo. Passarei a analisá-las.

Guilherme Camargos QUINTELA (2020, p. 19-20) assim se expressa:

> Quanto ao argumento que versa sobre a natureza da fonte, ressalta-se que as normas incluídas na LINDB têm natureza claramente interpretativa, possuindo aplicabilidade quanto a todas as esferas do Direito, não possuindo o condão de interferir diretamente na relação tributária. Dessa forma, não se submetem à obrigatoriedade de Lei Complementar. Nesse sentido destaca-se a decisão proferida na Medida Cautelar na ADI n° 2.21440, oportunidade na qual o Supremo Tribunal Federal sustentou que a exigência de lei complementar não se estende às regras gerais que não interferem diretamente na natureza dos tributos. Por outro lado, é de se ressaltar que a finalidade principal do art. 146, III, da Constituição Federal é justamente assegurar a proteção da confiança do contribuinte, razão pela qual negar aplicação à LINDB, que possui a mesma finalidade, constitui incongruência.

É perceptível dois argumentos neste trecho: o primeiro vem no sentido de que a LINDB, por ter caráter interpretativo, não teria o condão de interferir diretamente na relação tributária (cita, inclusive, decisão do Supremo Tribunal Federal para ilustrar a tese[2]); o segundo denuncia uma incongruência com a finalidade protetiva do artigo 146 da Constituição Federal.

No que tange ao primeiro item, penso que a decisão sobre a aplicação ou não do artigo 24 da LINDB interfere sobremaneira na relação jurídico-tributária. Não é tão difícil chegar nessa conclusão, pois a incidência ou não daquela norma implicaria na anulação ou validação dos lançamentos que estavam sob exame no âmbito do CARF, ou seja, interfere de tal modo que representa a diferença entre ser ou não condenado a recolher vultosa importância de tributos aos cofres públicos. Na verdade, é justamente por causa dessa significativa interferência que se está diante de tamanha controvérsia sobre a aplicação ou não.

O artigo 24 da LINDB, em minha opinião, não trata apenas de um mandamento puramente procedimental, no sentido de definir um mero fluxo de atos processuais; mais que isso, ele indica a forma como a qual o

---

[2] Interessante notar que o precedente citado, em minha opinião, não se aplica ao caso sob exame (*distinguishing*), porque o tema discutido naquela Ação Direta de Inconstitucionalidade referia-se à matéria de Direito Financeiro. Tratava-se de decidir sobre a possibilidade de Lei ordinária tratar de destinação de verbas depositadas em conta bancária que, por força daquela norma, viriam a ser transferidas para conta do tesouro estadual. Por isso, o tribunal apontou que, no caso concreto, não se estaria diante de Lei ordinária que disciplinava uma relação jurídico-tributária.

aplicador deve decidir a relação material que está sob seu exame, equivale a dizer: se viesse a ser aplicado, comandaria a maneira pela qual o CARF deveria decidir a relação jurídico-tributária que estava sob julgamento.

O segundo argumento é consequencialista[3], no sentido de validar o uso da Lei Ordinária no caso sob análise, não porque ela não tenha invadido área reservada à Lei Complementar, mas porque considera positiva a proteção advinda de seu conteúdo. Esse argumento implica na contradição implícita de identificar que a LINDB tratou de norma geral tributária e, mesmo assim, assumi-la como válida para essa função, sob a justificativa de ter caráter protetivo. Penso que essa alternativa de pensamento pode ser útil como elemento adicional dentro de um contexto maior de argumentação, mas sozinha seria insuficiente. Como o argumento anterior me parece insubsistente, este segundo, por si só, também não formaria base sólida para confirmação da tese.

Lívia Accessor RICCIOTTI (2020, p. 106) também defende a tese de que o artigo 24 da LINDB não invadiu seara reservada à Lei Complementar, *in verbis*:

> Não há óbices de ordem constitucional, na medida em que a Lei de Introdução dispõe sobre regras gerais de interpretação, sendo irrelevante, portanto, para fins do artigo 146 da CF, sua natureza de lei ordinária.

Trata-se do mesmo argumento utilizado por Guilherme Camargos QUINTELA (2020). A autora afirma que a LINDB, por veicular normas gerais de interpretação do Direito, não estaria infringindo o artigo 146 da Constituição Federal. No fundamento dessa posição está a premissa de que o "mero" caráter interpretativo não afetaria a relação jurídico-tributária. Penso que a exposição acima já é suficiente para constatar que existe essa interferência.

Nas pesquisas realizadas para elaboração deste estudo, a fonte que tratou do tema com maior profundidade foi Bruno Santos Lins de OLIVEIRA (2020). O autor parte da distinção entre as correntes teóricas que propõem interpretações distintas ao artigo 146 da Constituição Federal. Descreve a vertente tricotômica, que defende a existência de três matérias reservadas à Lei Complementar, quais sejam: a regulação dos conflitos de competência entre os entes federados; a regulamentação das limitações constitucionais ao poder de tributar; e a veiculação de normas gerais de Direito Tributário. Em seguida, aborda a dicotômica, que sustenta apenas dois temas como

---

[3] O fato de eu ter identificado o argumento como consequencialista não deve ser interpretado como a atribuição de um desvalor. Partilho do entendimento de que os argumentos consequencialistas desempenham um papel no dever de argumentação. Apenas me manifesto no sentido de que, no contexto descrito acima, percebo ele como insuficiente, por si só, para definir a questão.

destinados àquele veículo: os conflitos de competência entre os entes federados e a regulamentação das limitações constitucionais ao poder de tributar; sendo que, em ambos os casos, a União teria o dever de restringir-se em editar apenas normas gerais.

Com base em algumas fontes, o referido autor opta pela corrente dicotômica, alegando que ela se encontra mais alinhada a uma visão sistêmica da Constituição Federal, enquanto a outra estaria limitada por uma concepção muito literal do texto. Diante disso, postula:

> Fica definido, portanto, que as normas gerais de direito tributário, que prescindem de lei complementar para serem introduzidas no sistema jurídico, são apenas aquelas que abordam conflitos de competência e as limitações ao poder de tributar. Isto posto, para fins do artigo 24, do Decreto-lei nº 4.657/42, que trata da interpretação e aplicação realizada pelos órgãos julgadores, cabe identificar se os seus comandos legislativos se identificam com alguma dessas espécies de normas gerais. (Idem, p. 195).

Na sequência de seu texto, descarta de imediato, a possibilidade de interpretar o artigo 24 da LINDB como um dispositivo que tenha por objetivo tratar de conflitos de competência tributária. Penso que tem razão nessa assertiva. Dificilmente, alguém sustentaria com sucesso a tese de que o mencionado dispositivo tenha sido cunhado ou se preste a essa função, isso por conta dos enunciados de seu texto: a moldura de possibilidades de sentidos em nada favorece a essa pretensão. Um dos argumentos utilizados pelo CARF toca neste mesmo tema, dando a entender que o dispositivo citado trataria de conflitos de competência tributária. Deixarei para o final os comentários acerca de uma leitura possível para essa alegação do tribunal.

Por outro lado, no que tange à regulamentação das limitações constitucionais ao poder de tributar, o autor afirma que o artigo 24 da LINDB não trata dessa questão, pelo fato de que tais limitações seriam apenas aquelas já existentes na Constituição Federal. Como a Lei Maior não teria tratado do tema, a LINDB não poderia estar regulamentando-a nesse ponto:

> Deveras, o artigo 24, do Decreto-lei nº 4.657/42, também não dispõe sobre limitações constitucionais ao poder de tributar e nem poderia. As normas gerais de direito tributário sobre limitações constitucionais ao poder de tributar têm como papel regulamentar as limitações que já preexistem na Constituição Federal, não cabe à lei complementar inovar no ordenamento, especialmente em matéria constitucional, por patente inadequação hierárquica, ou seja, não se cuida do veículo introdutor de normas adequado. (Idem, p. 195-196).

Não partilho desse entendimento. A primeira dificuldade que se coloca é a amplitude de possibilidades de sentido para a expressão: "limitações constitucionais ao poder de tributar". O poder de tributar vem sendo historicamente exercido há milênios, contudo, o surgimento do Estado de

Direito e do Constitucionalismo marcam, na jornada cultural, o nascimento do Direito Tributário como uma ferramenta para limitar o poder de tributar, ou seja, esse ramo da árvore jurídica, na medida em que delimita as ações estatais, pode ser integralmente compreendido como um conjunto de limitações ao poder de tributar, na medida em que contribui para formatar a esfera protetiva do direito fundamental de propriedade privada. Por essa ótica, qualquer comando aplicável na área tributária estaria inserto nessa função: o das limitações ao poder de tributar, e isso teria de incluir as normas da LINDB, caso viessem a incidir na relação jurídico-tributária.

Porém, mesmo que não se dê à expressão mencionada a amplitude indicada no parágrafo anterior, há de se perguntar: na Constituição Federal de 1988, existe uma limitação ao poder de tributar relacionada à matéria tratada no artigo 24 da LINDB? Se existir, faleceria o argumento sustentado pelo autor, pois o fundamento de sua objeção é justamente a constatação dessa ausência. Para trabalhar essa questão, necessário se faz perguntar: qual o valor protegido no artigo 24 da LINDB? Depois de identificá-lo, passar-se-ia a procurá-lo na Lei Maior.

O valor protegido naquele dispositivo é a segurança jurídica, circunstância sobre a qual parece haver consenso. De forma mais específica, trata-se de proteção à irretroatividade da norma contemporaneamente formulada, em contraste com aquela construída ao tempo do fato que esteja sob exame, ou seja, houve mudança na norma jurídica, mesmo que os textos tenham permanecidos inalterados.

De outro lado, parece consensual o fato de que a ordem tributária delineada na Constituição Federal também alberga o valor segurança jurídica e, explicitamente, dá vazão a uma de suas expressões: o princípio da irretroatividade tributária[4].

Por causa disso, creio que esse argumento não se sustenta, pois, para defendê-lo, ter-se-ia de concordar com ao menos uma dessas três proposições: ou o artigo 24 da LINDB não trata da irretroatividade ou a Constituição Federal não trata da irretroatividade ou ambos os veículos não tratam desse tema.

---

[4] Uma observação importante: a alínea "a" do inciso III do artigo 150 da Constituição Federal afirma que não é possível cobrar tributo para fato gerador ocorrido antes da vigência da lei que o instituiu ou aumentou. Se entendido de forma literal, não estaria tratando do mesmo tema que está disciplinado no artigo 24 da LINDB. Contudo, tal como exposto no início desse artigo, está-se trabalhando com a compreensão de norma jurídica como sendo produto da atividade do intérprete-aplicador, sendo assim, por essa visão, o conteúdo da irretroatividade abarcaria a norma jurídica e não apenas incidência retroativa um texto recém inserido no ordenamento.

4 Uma alternativa de encaminhamento

Enfim, qual o posicionamento adotado neste estudo?

Lembre-se de que, como já foi mencionado, visualizo a LINDB como uma metanorma ou sobredireito, ou seja, como lei destinada a regular a maneira pela qual outros textos jurídicos devam ser compreendidos e aplicados. Sendo assim, a mesma deve ter incidência no Direito Tributário, mas a indagação que resta seria a seguinte: como compatibilizá-la com a imposição decorrente do artigo 146 da Constituição Federal, que reserva à Lei Complementar o papel de veicular normas gerais em matéria tributária?

Uma primeira saída seria considerar o texto mais antigo da LINDB como recepcionado pela atual Constituição Federal com o *status* de Lei Complementar, para fins de aplicação na relação jurídico-tributária, e rejeitar os dispositivos mais recentes para esse mister. É uma forma possível de resolução, mas apenas a cito de passagem, porque desejo avançar mais sobre a problemática, avaliando a possibilidade de incidência das regras inseridas em 2018.

Há dois "nós" a desatar.

O primeiro é a contradição implícita no discurso doutrinário de afirmar que a LINDB é uma metanorma e, ao mesmo tempo, pugnar que ela não deva ser considerada uma norma geral. Como é possível sustentar concomitantemente ambas as ideias? Por acaso, se vier a ser aplicada no âmbito tributário, a LINDB estaria estipulando regras particulares dessa relação jurídica? Obviamente que não. Se é aceita sua aplicabilidade, a mesma passa a comandar a forma pela qual o Direito Tributário é interpretado e aplicado. Na verdade, mais que atuar como uma norma geral nesse ramo específico, a mencionada lei atua no plano de norma geral para todo o conjunto infraconstitucional, daí, em minha opinião, duas constatações são claras: a) não é possível sustentar que a LINDB, se aplicada ao Direito Tributário, não esteja tratando de normas gerais; e b) por isso ser evidente, o CARF não desdobrou esse argumento, simplesmente o afirmou, porque o vê como algo transparente nos próprios enunciados da sua proposição.

O segundo decorre do outro argumento citado pelo CARF, no sentido de que a regulação dos conflitos em matéria tributária constitui matéria reservada à Lei Complementar. Esse caso merece explicações prévias[5], antes que eu possa passar a abordar as alternativas de encaminhamento para os dois "nós".

---

[5] A leitura que fiz deste argumento nas disposições declinadas pelo CARF constitui-se numa interpretação dentre outras possíveis. Isso porque, como menciono acima, o voto não é detalhado nem didático, quanto a este ponto. A leitura que utilizei para compor o argumento trabalhado neste artigo, se não for a que estava nas intenções dos julgadores, ao menos, constitui-se numa preocupação relevante, relacionada à preservação do equilíbrio no pacto federativo.

Apesar de os trechos transcritos dos acórdãos não serem muito didáticos quanto a essa parte, creio que a intenção seria proteger o equilíbrio do pacto federativo. O artigo 24 da LINDB não trata de delimitação de competência tributária entre entes federados, logo, não tem por foco imediato prevenir ou solucionar conflitos nessa seara. Então, por que o CARF faria essa menção? Imagino que a resposta passa pelo seguinte.

Quando tratei dos argumentos presentes no pensamento de Bruno Santos Lins de OLIVEIRA (2020), mencionei que este autor se filiou à teoria de que o artigo 146 da Constituição Federal teve por propósito destinar à Lei Complementar apenas dois temas: os conflitos de competência e as limitações constitucionais ao poder de tributar, sendo que, para ambos os casos, a União apenas poderia editar normas gerais.

Discordo da proposição de que a União, no campo da delimitação das competências, deveria entabular apenas normas gerais. Se assim fosse, poder-se-ia detalhar as especificações e desdobramentos de tais competências em Lei Ordinária e, no meu entender, essa não corresponderia à melhor exegese do texto constitucional: a literalidade do inciso I do artigo 146 afirma explicitamente que tais regulações devam ser veiculadas por Lei Complementar, sem fazer a restrição de que apenas normas gerais teriam de ser editadas por este instrumento.

Contudo, não apenas o elemento literal indica esse raciocínio, há também uma razão de fundo. A União, para detalhar as delimitações de competência tributária, apenas poderá fazê-lo por meio Lei Complementar, porque a Constituição Federal tinha por finalidade atribuir maior garantia de estabilidade às relações entre os entes federados. Entendido esse contexto e justamente por essa mesma razão de ser, posso afirmar que partilho da seguinte visão: em matéria tributária, por ser tema muito sensível para a preservação do equilíbrio do pacto federativo, a Constituição Federal determina que a União, se desejar editar norma que venha a vincular os demais entes federados, apenas o poderá fazer por meio de Lei Complementar. Dito de outro modo: a União exercita aqui duas competências distintas, a federal e a nacional, sendo que, para aquela, o instrumento constitucionalmente adequado é a Lei Ordinária[6] e, para esta, a Lei Complementar.

Enfim, o risco que penso estar sendo visualizado pelo CARF seria o seguinte: se se entender que a LINDB não afronta o artigo 146, a União estaria autorizada a definir, por meio de Lei Ordinária, outras questões

---

[6] Salvo, é claro, se a Lei Maior estipular que, numa matéria tipicamente de interesse federal, como o imposto sobre grandes fortunas, haja a obrigação de utilizar a Lei Complementar. Todavia, aqui não se estaria diante de uma motivação relacionada ao pacto federativo.

vinculantes aos entes federados em matéria tributária? Trata-se, no meu entender, de preocupação relevante.

Resumindo, esses são os dois "nós": a contradição implícita e o possível flanco aberto à União. Tais pontos tornam a presente questão de difícil solução, sendo imprescindível ponderar os valores em disputa.

Para defender a aplicação da LINDB no Direito Tributário, penso que é necessário dar respostas plausíveis aos dois tópicos indicados acima. Nesse sentido, posso afirmar que as linhas a seguir escritas apenas representam uma opinião pessoal e que, em face das dificuldades da questão posta, não guardam pretensões muito auspiciosas quanto à formação de consenso.

Primeiramente, afirmo que posso admitir a contradição de reconhecer a LINDB como uma norma geral aplicável ao ramo tributário, ainda que seja Lei Ordinária, e, concomitantemente, afirmar que continuaria a subsistir o dever constitucional de tais matérias permanecerem reservadas à Lei Complementar. Noutras palavras: admito um casuísmo[7].

Quero dizer que a convivência com a contradição lógica é algo que me parece mais frequente do que gostaríamos na vida e, por decorrência, também no âmbito jurídico. Partilho da vertente de que a visualização do Direito como sistema dotado de completude, coesão e coerência traduz um arquétipo ideal, mas não algo historicamente realizável na trajetória humana. Tal pretensão é válida como um horizonte e, por essa razão, deve ser perseguida, mas daí não se extrai que seja empiricamente verificável. Assim, é possível, desde que não se generalize a permissão de convivência com certo nível de contradição. Além disso - e também por causa disso -, em nosso ordenamento, há uma crescente influência contemporânea de institutos da *Common Law,* sendo que este sistema não trabalha com a mesma compreensão para aquelas categorias citadas: a completude, a coesão e a coerência. Na *Common Law*, há destaque para operacionalizar o Direito por meio da lógica de resolução de casos concretos, no lugar regulá-los através de planificação geral e abstrata. Em certa medida, a "importação" de algumas concepções daquele sistema decorre da necessidade de encontrar saídas razoáveis para *hard cases*, dando ênfase ao caráter tópico-retórico do Direito.

---

[7] Em verdade, como deverá ficar explicitado adiante, a utilização da expressão "casuísmo" tem o efeito retórico de chamar a atenção para uma decisão que, pelos moldes tradicionais da lógica subsuntiva, não poderia resistir ao teste de validade sistêmica. Entretanto, para quem defende a inserção da Tópica no nosso sistema ou, de alguma outra forma, para quem admite a aproximação do nosso sistema ao da *Common Law*, o caso sob exame estaria sendo explicado e justificado, segundo os pressupostos de validade deste outro tipo de raciocínio jurídico, isto é, para estes não haveria que se falar de casuísmo, no sentido de decisão inválida.

Em face disso, admito um casuísmo como possível, desde que haja controlabilidade razoável, sendo este um dos problemas jurídicos contemporâneos de maior destaque. Não seria possível, nem cabível, expor aqui esses desdobramentos, apenas afirmo que partilho dessa compreensão: por reconhecer a insuficiência do sistema meramente subsuntivo, principalmente por causa dos *hard cases*, cada vez mais frequentes na hipercomplexidade social, considero útil o raciocínio da Tópica, admitindo a possibilidade de casuísmo, mas sabendo que a legitimação depende da controlabilidade, que passa a ser pautada pela notória preocupação com a definição das regras do procedimento na tomada de decisão.

Explicada teoricamente a possibilidade de convivência com o casuísmo, pergunta-se: nesse caso do artigo 24 da LINDB, dever-se-ia abrir tal flanco? Trata-se de pensar sobre aquele risco acerca da possibilidade de a União passar a adotar Leis Ordinárias de forma vinculante aos demais entes federados.

Creio que a especial posição da LINDB permitiria a abertura dessa exceção, vez que seria muito difícil encontrar outra situação semelhante a servir de justificação para edição de Lei Ordinária em matéria de normas gerais tributárias (e, é claro, se vier a existir outra situação tão singular que se justifique, o mesmo resultado poderia ser adotado). O contexto é tão peculiar que permite essa defesa, com uma razoável dose de segurança.

Vários dos autores citados neste trabalho tiveram enorme zelo em apresentar a LINDB como norma que ocupa um status singular no nosso sistema, em vista de sua função de metanorma e, como já mencionei, partilho desse entendimento. As características de sua funcionalidade e finalidade - que estão consolidadas pela forma como ela vem sendo interpretada e aplicada - confirmam todas essas proposições doutrinárias, colocando-a nesse patamar diferenciado, não pelo veículo utilizado, mas por inferência lógica e pela tradição.

Esse conjunto traduz-se na ideia de controlabilidade razoável, desfavorecendo a possibilidade de utilização deste resultado decisório noutros contextos, ainda que por esforço argumentativo intenso. Não que isso não pudesse ser tentado, é evidente que é possível, mas creio que em tal discurso não haveria muita aptidão para formar convencimento. Ou seja: a situação da LINDB é tão peculiar que, um julgador, dentro dos padrões habituais de imparcialidade, tenderia a entender que a extensão dessa decisão a casos outros configuraria um abuso retórico e não uma zona de dissenso razoável.

Por fim, como argumento adicional, é possível citar o de cunho consequencialista, tal indicado acima, ou seja, o relativo ao conteúdo protetivo do artigo 24 da LINBD como justificativa de seu uso na relação jurídico-tributária em favor do sujeito passivo.

Ressalte-se que, em minha opinião, o uso desse argumento, se sozinho, não autorizaria o resultado pretendido. Na verdade, não é porque seja "este" argumento em específico, mas porque, seja qual for a tese defendida, uma decisão em *hard case* precisa de um maior esforço argumentativo para fins de justificação, logo, utilizar um único argumento e, ainda, de cunho puramente consequencialista, redundaria em força persuasiva insuficiente. Todavia, no quadro mais amplo dos demais argumentos utilizados acima, entendo que ele contribui para formação de conjunto mais favorável, atuando como expressão do valor segurança jurídica.

Antes de encerrar essa parte, é importante relembrar o que foi exposto no final do segundo capítulo: a análise aqui empreendida refere-se à aplicabilidade, em tese, do artigo 24 da LINDB ao Direito Tributário, de modo que não foi abordada a questão do alcance e limite dessa incidência, quando cotejada com outros dispositivos do Código Tributário Nacional que tutelam a segurança jurídica, a exemplo dos artigos 100, 143, 144 e 146. Para essa tarefa, seria necessário um estudo à parte, pois há, no meu entender, várias nuances que precisariam ser analisadas nessa interação de textos legais.

Considerações finais

O presente artigo abordou a questão relacionada à possibilidade de aplicação do artigo 24 da LINDB ao Direito Tributário e a objeção relacionada à reserva de Lei Complementar, fixada pelo artigo 146 da Constituição Federal.

No capítulo segundo, após noticiar a controvérsia e dar seus contornos, foram apresentadas algumas observações prévias para enfrentamento do tema, sendo que, em sua maior parte, têm a missão de declinar premissas pelas quais a problemática foi abordada.

O capítulo terceiro descreveu as teses em confronto, seja aquela advogada no âmbito do CARF, negando a aplicabilidade da LINDB; seja a que é sustentada por parte da doutrina, pugnando em sentido contrário. Nesse ponto, foram tecidos comentários às proposições das fontes trabalhadas, a fim de expor a existência de limites e contradições no discurso e, concomitantemente, servir de arrazoado introdutório à compreensão que veio a ser defendida adiante.

No capítulo quarto, a opinião é descrita para, mediante argumentação, posicionar-se pela aplicabilidade do artigo 24 da LINDB ao Direito Tributário, adotando-se as seguintes proposições:

a) Entender a LINDB como sendo aplicável ao Direito Tributário e, ao mesmo tempo, não a visualizar como articuladora de normas gerais parece-me uma contradição com sua funcionalidade e finalidade;

b) Essa contradição parece-me ser a maior dificuldade implícita no discurso da doutrina que defende sua incidência. A transparência dessa constatação parece-me ser a razão de o CARF não tecer maiores detalhes quando enuncia a tese contrária;

c) A situação, na visão deste estudo, configura um *hard case*, inclusive porque a proposta apresentada para seu encaminhamento passa pelo reconhecimento de um casuísmo: o de aceitar a compatibilidade constitucional de uma Lei Ordinária passar a comandar normas gerais de Direito Tributário;

e) A conjuntura torna-se ainda mais delicada, por causa de um efeito adverso decorrente da possibilidade aberta pelo item anterior: o risco de se consolidar a compreensão de que é compatível com a Constituição Federal a edição de Lei Ordinária pela União para introduzir normas tributárias de caráter vinculante aos demais entes federados;

f) A posição singular da LINDB, sustentada por vários pronunciamentos doutrinários, que constatam a consolidação de uma tradição na forma como a mesma é interpretada e aplicada, forma um conjunto contextual que, na visão aqui defendida, oferece o padrão aceitável de controlabilidade para a decisão que acata sua aplicabilidade, conciliando, de maneira razoável, os valores em conflito.

Por fim, uma observação de cunho político-jurídico (não-dogmática). Em face dessa notória singularidade da LINDB, seria bastante recomendável que a Constituição Federal viesse a ser alterada para indicar essa matéria como reservada à Lei Complementar. Veja que o parágrafo único do artigo 59 da Lei Maior já observa essa estratégia para uma metanorma de cunho simplesmente formal. Ora, com mais razão, portanto, essa mesma via deveria ser adotada para o objeto aqui abordado.

Referências

ASSOCIAÇÃO PAULISTA DE ESTUDOS TRIBUTÁRIOS (APET). **CARF decidirá se mudanças da LINDB se aplicam a disputas tributárias**. Reportagem de Jamile Racanicci, de 21 de julho de 2018.

Disponível em: http://www.apet.org.br/noticias/ver.asp?not_id=26510. Acesso em 22 set. 2021.

BURGOS, Rodrigo de Macedo e. **O art. 24 da LINDB e o CARF**. Notícia originalmente publicada no Jornal Valor Econômico em 27 de setembro de 2018 e repercutida pelo Instituto Brasileiro de Estudos Tributários. Disponível em: https://www.ibet.com.br/o-artigo-24-da-lindb-e-o-carf/. Acesso em 22 set. 2021.

CARVALHO, Paulo de **Barros. Direito tributário**: linguagem e método. 5 ed. São Paulo: Noeses, 2013.

CONSELHO ADMINISTRATIVO DE RECURSOS FISCAIS (CARF). **Acórdão n. 1401-002.992**. Proferido nos autos de nº 16561.720065/2013-82. Relator(a) Cons. Daniel Ribeiro Silva. Data de Julgamento: 20/11/2018a. Disponível em: https://carf.fazenda.gov.br/sincon/public/pages/ConsultarJurisprudencia/listaJurisprudencia.jsf?idAcordao=7561967. Acesso em: 22 set. 2021.

CONSELHO ADMINISTRATIVO DE RECURSOS FISCAIS (CARF). **Acórdão n. 1401-003.017**. Proferido nos autos nº 19515.004164/2007-19. Relator(a) Abel Nunes de Oliveira Neto. Data da Sessão 22/11/2018b. Disponível em: https://carf.fazenda.gov.br/sincon/public/pages/ConsultarJurisprudencia/listaJurisprudencia.jsf?idAcordao=7570284. Acesso em: 22 set. 2021.

CONSELHO ADMINISTRATIVO DE RECURSOS FISCAIS (CARF). **Acórdão n. 1402-003.605**. Proferido nos autos de nº 16561.720242/2016-73. Relator(a) Edeli Pereira Bessa. Data da Sessão 11/12/2018c. Disponível em: https://carf.fazenda.gov.br/sincon/public/pages/ConsultarJurisprudencia/listaJurisprudencia.jsf?idAcordao=7557982. Acesso em: 22 set. 2021.

DANIEL NETO. Carlos Augusto. CARF rejeita aplicação do art. 24 da LINDB aos processos tributários. **ConJur**, 6 de fevereiro de 2019. Disponível em: https://www.conjur.com.br/2019-fev-06/direto-carf-carf-rejeita-aplicacao-artigo-24-lindb-aos-processos-tributarios. Acesso em: 22 set. 2021.

DERZI, Misabel Abreu Machado. Mutações jurisprudenciais, em face da proteção da confiança e do interesse público no planejamento da receita e da despesa do Estado. In: FERRAZ, Roberto (Org.). **Princípios e limites da tributação**. São Paulo: Quartier Latin do Brasil, v. II, 2009.

LOBATO, Valter Souza. O princípio da confiança retratado no Código Tributário Nacional. A aplicação dos artigos 100 e 146 do CTN. A análise de casos concretos. **Revista Brasileira de Direito Tributário e Finanças Públicas**, v. 6, p. 42-70, 2012.

LOURENÇO, Erik Guedes Franklin Dantas. Segurança jurídica tributária e as inovações decorrentes da promulgação da lei federal nº 13.655, de 2018. **Revista Eletrônica da Procuradoria Geral do Estado do Rio de Janeiro**, v. 4, n. 1, 2021.

MENDES, Guilherme. **CARF deve aplicar art. 24 da LINDB, afirma autor da nova redação da norma**. Notícia originalmente publicada na Revista Eletrônica JOTA, em 6 de agosto de 2018 e repercutida pelo Instituto Brasileiro de Estudos Tributários. Disponível em: https://www.ibet.com.br/carf-deve aplicar-artigo-24-da-lindb-afirma-autor-da-nova-redacao-da-norma/. Acesso em 22 set. 2021.

OLIVEIRA, Bruno Santos Lins de. **A LINDB e o direito tributário**: um estudo acerca da aplicação do artigo 24 em matéria tributária. Dissertação de Mestrado em Direito do Estado. Pontifícia Universidade Católica de São Paulo. Orientação Profa. Dra. Clarice von Oertzen de Araújo. São Paulo, 2020. Disponível em: https://tede2.pucsp.br/handle/handle/23317. Acesso em 20 set. 2021.

OLIVEIRA, Bruno Santos Lins de. Segurança jurídica e modificação da jurisprudência em matéria tributária: a dispensa de penalidade pecuniária e as alterações da LINDB. **Revista Tributária e de Finanças Pública**, v. 141, p. 11-36, 2019.

QUINTELA, Guilherme Camargos. Segurança jurídica e proteção da confiança: as recentes alterações na LINDB pela lei nº 13.655/2018 e seus impactos no processo administrativo tributário In: MOREIRA, André Mendes; BATISTA JÚNIOR, Onofre Alves; SILVA, Paulo Roberto Coimbra e LOBATO, Valter de Souza (Orgs.). **Direito tributário**: uma visão da escola mineira – em homenagem à professora Misabel Abreu Machado Derzi. Belo Horizonte: Editora Letramento, 2020. Disponível em: https://sachacalmon.com.br/wp-content/uploads/2021/02/as-recentes-alteracoes-na-lindb-e-seus-impactos.pdf. Acesso em: 27 set. 2021.

RIBEIRO, Ricardo Lodi. A proteção da confiança legítima do contribuinte. **Revista Dialética de Direito Tributário**, n. 145, p. 99-115, 2007.

RICCIOTTI, Lívia Accessor. **O direito tributário e as alterações na Lei de Introdução às Normas de Direito Brasileiro**: a controversa aplicação do artigo 24 da LINDB pelo CARF. Orientação Prof. Dr. Estevão Horvath. Dissertação de Mestrado em Direito (versão parcial). Universidade de São Paulo, 2020..

A SOLIDARIEDADE EM MATÉRIA DE RESPONSABILIDADE TRIBUTÁRIA: O ALCANCE DA EXPRESSÃO "INTERESSE COMUM" PARA FINS DO ART. 124, I DO CTN NA JURISPRUDÊNCIA DO STJ

DIANA DE MELO COSTA LIMA
ANDRÉ BORGES COELHO DE MIRANDA FREIRE

SUMÁRIO

1. Introdução. 2. Limites constitucionais para a definição da sujeição passiva tributária. 3. O Art. 124, I do CTN e as posições da doutrina tributarista. 4. A interpretação da expressão "interesse comum na situação que constitua o fato gerador" pela Fazenda Nacional. 5. Precedentes do Superior Tribunal de Justiça sobre a caracterização da responsabilidade solidária tributária por "interesse comum". 6. Considerações finais. Referências.

1 Introdução

O presente artigo objetiva investigar o alcance da expressão "interesse comum" apto a autorizar a responsabilização solidária de pessoas, jurídicas ou físicas, nos termos do art. 124, I do Código Tributário Nacional, identificando os elementos que o Superior Tribunal de Justiça entende como necessários para a atribuição dessa responsabilidade.

A análise iniciar-se-á pelo princípio da legalidade tributária como limite para a definição do sujeito passivo previsto na regra matriz de incidência tributária, bem como para a atribuição de responsabilidade pelo pagamento de tributo a pessoa – jurídica ou física – que não tenha praticado a materialidade descrita na hipótese de incidência ou com ela não tenha relação direta.

A partir das premissas lançadas no primeiro tópico, delinear-se-á o que se entende por responsabilidade tributária solidaria e, mais especificamente, aquela prevista no art. 124, I do Código Tributário Nacional, trazendo as discussões da doutrina especializada sobre o alcance da expressão "interesse comum na situação que constitua fato gerador da obrigação principal".

Referida problemática, embora objeto de inúmeros estudos, não se encontra ainda pacificada, nem no campo acadêmico nem no campo da aplicabilidade prática do direito tributário dada a subjetividade que a expressão carrega.

Em seguida, passa-se a investigar, a partir do Parecer COSIT nº 04/2018, a posição do Fisco Federal acerca dos elementos necessários para a caracterização da responsabilidade solidária prevista no artigo do Código Tributário Nacional aqui debatido.

Depois, passa-se a analisar precedentes recentes do Superior Tribunal de Justiça, enquanto intérprete da legislação federal e nacional, com a finalidade de delinear a interpretação que esse Tribunal confere à expressão "interesse comum" trazida pelo art. 124, I do CTN, e, assim, concluir pelos requisitos que entendemos necessários para a configuração da responsabilidade solidária fundamentada no referido dispositivo legal.

Por fim, analisa-se criticamente o cenário traçado e aponta-se a interpretação mais consentânea com a Constituição Federal.

2 Limites constitucionais para a definição da sujeição passiva tributária

A legalidade é regra que perpassa todo o ordenamento jurídico brasileiro, por força do art. 5º, II da Constituição Federal, sendo garantido que ninguém será obrigado a fazer ou deixar de fazer alguma coisa senão em virtude de lei.

No campo tributário, o art. 150, I da Constituição Federal estabelece ser vedado aos entes políticos – União, Estados, Distrito Federal e Municípios – exigir ou aumentar tributo "sem lei que o estabeleça". Como se nota, portanto, trata-se de garantia mais contundente que aquela mais geral prevista no art. 5º (ÁVILA, 2019, p. 261-262), já que, no âmbito da tributação, não é suficiente uma tributação que decorra, ainda que indiretamente, de lei. Não, deve haver lei que estabeleça em todos os seus termos a obrigação tributária.

O breve estudo proposto no presente artigo, portanto, não poderia prescindir da análise, ao menos em linhas gerais, do princípio da regra da legalidade tributária e dos limites postos pela Constituição Federal para a definição dos sujeitos passivos dos tributos previstos no ordenamento jurídico pátrio. Não se pode falar de sujeição passiva tributária, especialmente acerca da responsabilidade tributária de terceiros, sem investigar a abrangência do termo contribuinte inserido no art. 146, III da Constituição Federal.

A regra matriz de incidência tributária, nas lições de Paulo de Barros Carvalho, compreende a hipótese normativa (antecedente da regra-matriz) que equivale "a consignar o critério material (verbo + complemento), o critério espacial e o critério temporal, isto é, o núcleo do acontecimento fático e seus condicionantes de espaço e tempo" (CARVALHO, 2018, p. 155).

Para completar a regra-matriz de incidência tributária, faz-se necessária a previsão de seu consequente ("prescritor") cujos critérios são "o pessoal (sujeito ativo e passivo) e o quantitativo (base de cálculo e alíquota)" (CARVALHO, 2018, p. 157). O presente artigo voltar-se-á justamente para o critério pessoal do consequente da hipótese de incidência tributária, em especial para o sujeito passivo da obrigação tributária.

Dessa forma, sendo a sujeição passiva um dos elementos do consequente da regra-matriz de incidência tributária, resta evidente que a definição de quem será obrigada a pagar o tributo (sujeito passivo), seja ele contribuinte ou responsável, deve ser atribuída pela lei em sentido estrito. Não por atos infralegais, não por decretos, somente por lei será possível caracterizar o sujeito passivo da obrigação tributária. E é na Constituição Federal que o legislador infraconstitucional deverá buscar os elementos necessários para tal configuração.

O critério pessoal aparece no consequente normativo, eis que é nesse momento que irrompem os direitos subjetivos e deveres jurídicos correlatos da relação tributária. É no consequente normativo e não no antecedente (descrição hipotética) que surge a necessidade de definir o conjunto de elementos colhidos no prescritor que apontam os sujeitos da relação jurídica, ou seja, quem deve pagar/devedor – sujeito passivo – e a quem se deve pagar/credor – sujeito ativo. No entanto, é no critério material da hipótese que se extraem os dados para a determinação do critério pessoal do consequente normativo.

Com efeito, não é possível que se eleja como sujeito passivo pessoa dissociada da materialidade sem fraude à Constituição, pois se previu certa materialidade na Carta Maior, cobrar a exação de pessoa que não tenha ingerência sobre a realização da materialidade constitucional ou sobre o respectivo pagamento equivaleria, em verdade, a cobrar tributo sobre materialidade diversa.

Sirvo-me, por oportunas, das lições de Paulo de Barros Carvalho:

> Se no suposto há a descrição de um fato, obviamente que lá apenas encontraremos critérios para o reconhecimento desse evento. Debalde procuraremos informações estranhas, porque o suposto não as conterá. Quais critérios poderão servir para identificar um fato lícito, que não acordo de vontades considerado em si mesmo? O critério material – descrição objetiva do fato – que é o próprio núcleo da hipótese; o critério espacial – condições de lugar onde poderá acontecer o evento; e o critério temporal – marcos de tempo que nos permitirão saber em que momento se considera ocorrido o fato. Esses são os dados que a análise dos supostos das normas primárias de deveres fiscais – tanto aquela que se refere à obrigação quanto as dos deveres instrumentais – possibilitará construir. Não havendo mais que a descrição hipotética de um fato, tais critérios prestar-se-ão a identificá-lo, perfeitamente. (CARVALHO, 2018, p. 633).

A sujeição passiva pode ser conceituada como o vínculo decorrente da relação obrigacional tributária daquele que tem o dever de adimplir a prestação em favor do sujeito ativo. Também decorre a sujeição passiva da relação decorrente do dever de satisfazer os deveres instrumentais. A sujeição passiva, seja ela da obrigação principal ou dos deveres instrumentais ou da responsabilidade tributária, sempre decorrerá da lei (princípio da legalidade estrita).

Nas precisas palavras de FERRAGUT (2013, p. 46), sujeição passiva é a circunstância de "um sujeito figurar no polo passivo de uma relação jurídica, e não a aptidão para suportar o ônus fiscal. O sujeito passivo pode ser qualquer pessoa eleita pela lei, desde que o tributo que estiver sendo pago seja subtraído da parcela de riqueza manifestada no fato jurídico".

Segundo o art. 121, parágrafo único, inc. I do CTN, contribuinte é o sujeito passivo que tem relação direta e pessoal com a situação que constitua o fato gerador, em outras palavras, é aquele que realiza o fato jurídico tributário, aquele que pratica a ação descrita no critério material da hipótese de incidência tributária. E, segundo o mesmo dispositivo, no inciso II, responsável é a pessoa que, não sendo contribuinte, ou seja, não havendo diretamente praticado o evento tributário, por força de lei, sujeita-se a adimplir a obrigação tributária. Tal distinção encontra-se bem delimitada legalmente e no mesmo sentido é o posicionamento da doutrina tributária:

> Assim, tempo a distinção, no nível da legislação complementar, de contribuinte e responsável. O primeiro realiza o fato imponível (fato gerador concreto), enquanto o segundo é indicado pela lei sem que tenha realizado o acontecimento no mundo físico ou no mundo jurídico que faz nascer à obrigação tributária. (BECHO, 2014, p. 133).
>
> Os incisos I e II do parágrafo único do art. 121 do CTN elegem duas espécies de sujeitos passivos para a relação jurídica tributária: o contribuinte, identificado como sendo a pessoa que tem relação direta e pessoal com o fato jurídico, e o responsável, como sendo a pessoa que, embora não tendo relação direta e pessoal com o fato, é eleita pela lei para satisfazer a obrigação tributária. (FERRAGUT, 2013, p. 33/34). O responsável diferencia-se do contribuinte por ser necessariamente um sujeito qualquer (i) que não tenha praticado o evento descrito no fato jurídico tributário; e (II) que disponha de meios para ressarcir-se do tributo pago por conta de fato praticado por outrem. (FERRAGUT, 2013, p. 39).

O responsável tributário, segundo as lições de Paulo de Barros Carvalho, é sujeito passivo de relação jurídica sancionadora. Para ele, "as relações jurídicas integradas por sujeitos passivos alheios ao fato tributário apresentam a natureza de sanções administrativas" (CARVALHO, 2005, p. 324). E, após analisar os artigos 130, 131, 132, 133, 134 conclui que:

> Cremos haver demonstrado a natureza do vínculo que se instala, sempre que pessoa externa ao acontecimento do fato jurídico tributário é transportada para o tópico de sujeito passivo. Teremos uma relação jurídica, de cunho

obrigacional, mas de índole sancionatória – sanção administrativa. (CARVALHO, 2005, 327).

É também o que defende, em sua obra Derivação e Positivação no Direito Tributário, quando analisa a questão da responsabilidade tributária por grupo econômico:

> Rigorosamente analisada a relação que envolve o responsável tributário, porém, é forçoso concluir que não se trata de verdadeira 'obrigação tributária', mas de vínculo jurídico com natureza de sanção administrativa. Não é demasia repetir que obrigação tributária só se instaura com sujeito passivo que integre a ocorrência típica, motivo pelo qual o liame da responsabilidade apresenta caráter sancionatório, estando limitada às hipóteses estipuladas em lei complementar, conforme prescrito pelo art. 146, III, do Texto Magno. (CARVALHO, 2016, p. 25).

Todavia, Maria Rita FERRAGUT (2013, p. 59) não compartilha integralmente deste entendimento, expressa-se ela da seguinte forma:

> Não classificamos as normas primárias de sub-rogação total ou parcial acima analisadas como sancionatórias, porque consideramos que a sanção é consequência necessária de um antecedente ilícito, fato não observado nas hipóteses mencionadas. Não deixam, também, de ser tributárias.
> Para nós, a natureza jurídica da norma de responsabilidade é sempre tributária, nas modalidades de norma primária dispositiva ou sancionadora.

Por sua vez, Andréa M. DARZÉ (2010) também não compreende todas as normas de responsabilidade tributária como sancionatórias, para ela a norma instituidora da responsabilidade pode apresentar um dos seguintes objetivos punir o responsável (sanção), viabilizar a arrecadação (necessidade) ou simplificar a arrecadação (interesse).

Dessa forma, para as autoras acima citadas, a responsabilidade somente poderá ser norma sancionatória se decorrente de ato ilícito cometido pelo responsável tributário, nas chamadas responsabilidades por infrações. Nos outros casos, a responsabilidade se instaurará por interesse ou necessidade da arrecadação, como instrumento de política fiscal (DARZÉ, 2010).

Penso estarem mais consentâneas com o atual estágio de nosso ordenamento jurídico, as posições dessas duas últimas autoras, a responsabilidade tributária não será necessariamente uma sanção, mas, desde que prevista em lei, isto é, respeitando-se o princípio da legalidade e, obviamente, havendo substrato constitucional para a eleição de determinado responsável tributário pelo legislador, pode-se atribuir a determinada pessoa a condição de responsável tributário.

No estrangeiro, há quem vislumbre além dos caracteres sancionatório e garantidor do crédito tributário uma terceira atribuição das hipóteses de responsabilidade tributária: a ressarcitória. Nesses casos, o terceiro não é mero garante do Fisco nem cometeu qualquer ato ilícito; causa, contudo, sem necessariamente cometer ato ilícito, um prejuízo ao Fisco e pode, nas hipóteses legais, ser chamado a responder por isso (Sentença do Tribunal Constitucional Espanhol n. 181, de 27 de março de 2000).

Embora não seja este o artigo o espaço adequado para reescrever a teoria geral da responsabilidade tributária, parece-nos que o espaço por excelência da responsabilidade tributária é este último, o do prejuízo causado ao Fisco, hipóteses em que a lei pode permitir a cobrança do terceiro que o causou.

A simples atribuição de responsabilidade a um terceiro como garante do Fisco no interesse da arrecadação não legitima, à luz da capacidade contributiva constitucionalmente prevista (Art. 145, 1º, da CF) a transferência da responsabilidade ou a cobrança solidária, a menos que esse terceiro tenha concorrido de maneira concreta para causar prejuízo ao Fisco.

Daí que, como a legalidade constitucional, ou melhor, a necessária aderência às materialidades constitucionais impõe requisitos à cobrança de tributos de pessoas não vinculadas a elas, não é livre o legislador infraconstitucional, menos ainda o intérprete do CTN, para ampliar injustificadamente disposições que prevejam responsabilidade tributária.

Isso não significa, contudo, que haja necessariamente um único sujeito passivo previsto na Constituição para cada tributo. Exemplifica-se.

No imposto de renda, por exemplo, vislumbram-se muitas possibilidades. Lembre-se que o Brasil, por exemplo, já pretendeu tributar o grupo econômico de maneira consolidada, na breve redação original do DL 1.598/77 (BRASIL, 1977) e já tributou os lucros das sociedades de pessoas diretamente nos sócios (POLIZELLI, 2018).

Ocorre que, por dever de coerência e proporcionalidade, essas escolhas legítimas do legislador devem espraiar seus efeitos, ao mesmo tempo, por antecedente e consequente. Portanto, embora seja legítimo, em princípio, tributar toda a renda do grupo econômico, isso só é possível porque a própria renda de todo o grupo econômico é considerada (ou seja, prejuízos de sociedades do grupo econômico são considerados no cálculo da renda do grupo, e.g.). Não se poderia, por outro lado, simplesmente cobrar de sociedade do grupo o IRPJ de outra sociedade do grupo, sem que essa sociedade chamada a pagar não tenha podido compor esse lucro, inclusive, sendo o caso, reduzindo o lucro auferido pelas suas despesas e eventuais prejuízos.

3 O art. 124, I do CTN e as posições da doutrina tributarista

Firmada a premissa acima, segundo a qual, sendo a sujeição passiva um dos elementos do consequente da regra matriz de incidência tributária, somente por lei em sentido estrito e de modo aderente à materialidade constitucional, será possível admitir a atribuição de responsabilidade tributária a uma pessoa que não esteja diretamente ligada ao evento tributável.

Na esteira dessa premissa, o Código Tributário Nacional, recepcionado como Lei Complementar, apto a trazer as regras gerais de direito tributário, estabelece, em seu art. 124 as hipóteses de responsabilidade solidária. No que tange ao objeto do presente breve trabalho, interessa o inciso I do qual se extrai a regra de serem solidariamente obrigadas às pessoas que tenham interesse comum na situação que constitua o fato gerador da obrigação principal.

A primeira discussão que se vê surgir com grande intensidade é se o art. 124, I do CTN traz consigo uma espécie de responsabilidade tributária autônoma ou se se trata de uma "graduação da responsabilidade daqueles sujeitos (devedores) que já constam no polo passivo da relação jurídica" (TAKANO, 2019, p. 6).

Marcos Vinícius NEDER (2010, p. 1001) afirma que a "solidariedade é uma característica da obrigação entre devedor e credor, que está livre para exigir o débito inteiro de qualquer co-devedor". Não se trata, pois, de um tipo de responsabilidade, isto é, para ser considerado solidário, primeiramente determinado sujeito deve ser considerado responsável, segundo as normas legais.

Esclarecedoras as palavras da Professora Mizabel Derzi sobre o assunto:

> A solidariedade não é espécie de sujeição passiva por responsabilidade indireta, como querem alguns. O Código Tributário Nacional, corretamente, disciplina a matéria em seção própria, estranha ao Capítulo V, referente à responsabilidade. É que a solidariedade é simples forma de garantia, a mais ampla das fidejussórias. Quando houver mais de um obrigado no polo passivo da obrigação tributária (mais de um contribuinte, ou contribuinte e responsável, ou apenas uma pluralidade de responsáveis), o legislador terá de definir as relações entre os coobrigados. Se são eles solidariamente obrigados, ou subsidiariamente, com benefício de ordem ou não etc. A solidariedade não é, assim, forma de inclusão de um terceiro no polo passivo da obrigação tributária, apenas maneira de graduar a responsabilidade daqueles sujeitos que já compõem o polo passivo. (DERZI, in BALEEIRO, 2018, p. 1595).

Na mesma linha de raciocínio, caminha TAKANO (2019, p. 3), ao afirmar de forma esclarecedora que (tal) "como seu homônimo no Direito Privado, a solidariedade tem como finalidade assegurar a solvência do crédito, ao reforçar o vínculo existente entre credor (no caso, o Fisco) e os devedores (no caso, os sujeitos passivos da relação tributária)".

Dessas breves linhas, é possível assentar que o art. 124, I do CTN não traz em si a previsão de uma regra de responsabilidade autônoma, mas sim dos efeitos (PAULSEN, 2017, p. 222) de uma regra hipotética de responsabilidade já estabelecida pela lei. Melhor explicitando, estando presente a responsabilidade tributária regrada por lei em outro dispositivo, havendo interesse comum na situação que constitua o fato gerado da obrigação principal, o efeito será da solidariedade, de forma que o Fisco poderá acionar executar tanto o contribuinte como o responsável tributário, sem benefício de ordem.

Mas o que vem a ser esse dito "interesse comum"? Como bem se percebe da breve leitura do dispositivo, a expressão "interesse comum na situação que constitua o fato gerador da obrigação principal" é daquelas que se denominam em direito de "abertas". Trata-se de expressão que carrega com ela forte carga subjetiva a permitir interpretações das mais diversas e, muitas vezes, abusivas por parte do Fisco.

Adverte NEDER (2010, p. 1005):

> A leitura isolada dos enunciados do artigo 124 pode levar à interpretação de que a solidariedade aplica-se em todos os casos em que houver interesse meramente de fato na situação (v.g., interesse econômico, moral, social), ampliando em demasia a possibilidade de as autoridades fiscais atribuírem a pessoas alheias ao fato jurídico tributário a condição de devedor solidário.

É certo, como assevera Leandro PAULSEN (2017, p. 131), que "não há impedimento à utilização de tipos abertos ou conceitos abertos e de conceitos jurídicos indeterminados" para a instituição de tributos, mas será preciso que a utilização de tais conceitos abertos ou indeterminados não afrontem a possibilidade de determinação "quanto ao surgimento, sujeitos e conteúdo da relação jurídico-tributária" (PAULSEN, 2017, p. 131).

E é exatamente por isso, isto é, por carregar uma expressão de conteúdo tão aberto, que o art. 124, I do CTN dá margem a muitas interpretações, especialmente do Fisco, na atribuição de responsabilidade solidária a outrem que não o contribuinte em si e que, muitas vezes, desbordam da garantia da estrita legalidade exigida pelo art. 150, I da Constituição Federal.

A doutrina tributarista mais abalizada, no entanto, converge no sentido de admitir que somente as pessoas expressamente designadas por lei (ou seja, que já são consideradas responsáveis) e que tenham participação direta no não recolhimento do tributo devido em razão do "fato gerador", poderão ser solidariamente responsáveis pelo pagamento da obrigação principal tributária.

Para Bruno Câmara CARRÁ e Leonardo Cavalcante CARVALHO (2020, p. 73),

> [...] é fundamental reaviar: não há diferenças substanciais entre as hipóteses dos incisos I e II do art. 124 do CTN. Em ambas, por mais que no caso do inciso II se esteja diante de uma hipótese específica de responsabilidade solidária, não pode o legislador se afastar dos limites ditados pela própria Constituição pelo que, também aqui, só para aqueles que têm participação no fato gerador é que se pode falar em

corresponsabilidade.

Inexiste, para a majoritária doutrina, autorização para que o legislador e, com ainda mais razão, muito menos o Fisco, criarem novos casos de responsabilidade a partir do que está previsto no art. 124, I do CTN. Ou seja, não será possível atribuir responsabilidade solidária a um terceiro que não é efetivamente contemplado no próprio antecedente da regra matriz tributária, como se sustentou no tópico anterior.

Por sua vez, o interesse não há de ser meramente econômico, mas sim jurídico entre pessoas que se encontram no mesmo lado de uma relação jurídica e que praticam condutas ou omitem-se de outras que tenham influência na caracterização do fato jurídico tributável. Há de haver, portanto, comunhão de interesses entre essas pessoas na realização do fato jurídico tributário. Como bem anota TAKANO (2019, p.11), "a hipótese legal do art. 124, inc. I, do CTN pressupõe que todos os sujeitos passivos da obrigação tributária tenham concorrido para a realização do fato jurídico tributário".

Suas conclusões estão trilhadas na mais abalizada doutrina sobre o tema, a qual não pode deixar de ser referida neste artigo:

> Vê-se, portanto, que o fato jurídico suficiente à constituição da solidariedade não é o mero interesse de fato, mas sim o interesse jurídico que surge a partir da existência de direitos e deveres comuns entre pessoas situadas do mesmo pólo de uma relação jurídica privada que constitua o fato jurídico tributário. Para fundamentar a solidariedade com fulcro no art, 124 do CTN, a autoridade administrativa deve demonstrar que os responsáveis pertencem ao mesmo pólo da relação jurídica subjacente que serve de substrato fático à ocorrência do fato gerador do tributo. (NEDER, p. 1015).

E essa responsabilidade pode vir da condição de contribuintes que são, como no exemplo clássico dos coproprietários de um mesmo imóvel em relação ao IPTU, como em relação a contribuintes e responsáveis legalmente previstos, desde que ocupem o mesmo lado da relação jurídica que deu ensejo ao pagamento do tributo.

4 A interpretação da expressão "interesse comum na situação que constitua o fato gerador" pela Fazenda Nacional

O Fisco, em especial a Fazenda Nacional, sujeito ativo das obrigações tributárias, objetivando garantir a máxima arrecadação de tributos tende a interpretar de forma mais ampliativa o conceito de "interesse comum" previsto no art. 124, I do CTN para a caracterização da responsabilidade tributária solidária.

Na verdade, muitas vezes, interpreta-se tal dispositivo legal como sendo uma regra de responsabilidade, isto é, uma regra de atribuição de responsabilidade a um terceiro que não o contribuinte estritamente dito, quando como visto acima, o referido dispositivo apenas determina um dos efeitos – a solidariedade – de uma responsabilidade previamente estabelecida por lei.

É o que se vê da análise do Parecer COSIT/RFB nº 04, de 10 de dezembro de 2018 no qual se aduz que "o disposto no inciso I do art. 124 do CTN é forma de responsabilização tributária autônoma desde que haja interesse comum na situação que constitua o fato gerador da obrigação principal" (RECEITA FEDERAL DO BRASIL, 2018, p. 5).

Nesse parecer, a Receita Federal do Brasil expressamente entende que o art. 124, I do CTN é regra autônoma criadora de responsabilidade tributária, ao contrário do que se concluiu. Aí reside um grave problema, porque é a partir desse dispositivo legal que autoridades responsáveis pelo lançamento (Auditores) ou mesmo pela execução dos débitos tributários (Procuradores) atribuem uma responsabilidade a quem a lei não atribui.

Note-se que o referido Parecer, ao afirmar como uma de suas premissas ser o art. 124, I do CTN norma de responsabilidade tributária autônoma, passa a se contradizer, pois, ao interpretar a expressão "interesse comum", afirma que:

> Não é qualquer interesse comum que pode ensejar a aplicação do disposto no inciso I do art. 124 do CTN. O interesse deve ser no fato ou na relação jurídica relacionada ao fato jurídico tributário, como visto acima. Assim, o mero interesse econômico, sem comprovação do vínculo com o fato jurídico tributário (incluídos os atos ilícitos a ele vinculados) não pode caracterizar a responsabilização solidária, não obstante ser indício da concorrência do interesse comum daquela pessoa no cometimento do ilícito. (RECEITA FEDERAL DO BRASIL, 2018, p. 9)

Ora, ao assim desenvolver sua linha de raciocínio, a Receita Federal está a dizer que a responsabilidade do terceiro está assentada num fato ilícito, ou seja, é a partir de outro dispositivo da legislação tributária que nasce a responsabilidade, qual seja o art. 135 do CTN.

A responsabilidade de terceiro pela prática de ilício decorre não do art. 124, I do CTN, mas do art. 135. E se, além do ilícito, restar caracterizado o "interesse comum na situação que constitua o fato gerador da obrigação principal", a responsabilidade será solidária que significa, ao fim e ao cabo, que o Fisco poderá acionar indistintamente o responsável ou o contribuinte. Infelizmente, a Receita Federal não afirma explicitamente que a responsabilidade em si advirá de outro dispositivo previsto no CTN ou em lei ordinária e a solidariedade em si será apenas um efeito, digamos mais grave, de um determinado comportamento de quem já estava qualificado como responsável.

Veja-se que o Parecer aduz que para ensejar a responsabilidade solidária, além do cometimento em conjunto do fato jurídico tributário, será necessário também à prática de ilícitos englobando o abuso da personalidade jurídica; a evasão e simulação fiscal e demais atos deles decorrentes; a utilização abusiva da personalidade jurídica com o fim de suprimir ou reduzir tributos mediante a manipulação artificial do fato gerador. Veja-se:

> Destarte, além do cometimento em conjunto do fato jurídico tributário, pode ensejar a responsabilização solidária a prática de atos ilícitos que englobam: (i) abuso da personalidade jurídica em que se desrespeita a autonomia patrimonial e operacional das pessoas jurídicas mediante direção única ("grupo econômico irregular"); (ii) evasão e simulação fiscal e demais atos deles decorrentes, notadamente quando se configuram crimes; (iii) abuso de personalidade jurídica pela sua utilização para operações realizadas com o intuito de acarretar a supressão ou a redução de tributos mediante manipulação artificial do fato gerador (planejamento tributário abusivo). (RECEITA FEDERAL DO BRASIL, 2018, p. 10).

Na verdade, o Parecer diz, embora de forma implícita, que o fato ensejador da responsabilidade não é o interesse comum na prática do evento tributável, mas sim o ilícito configurado na utilização abusiva da personalidade jurídica. Mas em momento algum, esclarece-se expressamente que a responsabilidade, na verdade, não advém do art. 124, I do CTN, mas de outros dispositivos. Além disso, consoante aponta TAKANO (2019, p. 21),

> [...] o "novo conceito" de interesse comum proposto pelo Parecer Normativo COSIT/RFB n. 04/2018 parece incorrer na mesma "falha" de se valer de conceitos indeterminados, sem defini-los. Igualmente parece conferir uma abertura ao inc. I do art. 124 do CTN que ele verdadeiramente não possui, ao permitir a inclusão de terceiros no polo passivo da obrigação tributária, em solidariedade, a partir da constatação pela autoridade fiscal da ocorrência de ilícitos tributários que visem à "ocultação" ou "manipulação" do fato jurídico tributário, sem a necessidade de se observar a rígida disciplina da responsabilidade tributária existente no Código Tributário Nacional.

É que, como visto no tópico anterior, não se pode jamais partir apenas do art. 124, I do CTN para se atribuir uma responsabilidade tributária a um terceiro. Não se trata de regra hipotética de responsabilidade tributária, mas de regra que estabelece um efeito de uma hipótese de responsabilidade previamente existente, a solidariedade.

E não se olvide que, como já apontado no segundo tópico deste artigo, a mera ocorrência de um ilícito, conquanto possa ensejar sanção, pode não legitimar a atribuição de responsabilidade a um terceiro, se o ilícito não tiver gerado prejuízo ao Fisco (e prejuízo na monta do tributo cobrado).

No mesmo sentido defendido neste artigo parece caminhar o escólio de

OLIVEIRA (2020, p. 167) quando nos ensina que o terceiro, na verdade, a que se refere o dispositivo é, na verdade, contribuinte e não responsável, e continua:

> Igualmente, esse terceiro não é um novo responsável incluído por solidariedade no polo passivo da obrigação tributária; pois, conforme ensina à teoria, o instituto da solidariedade de maneira alguma é forma de inclusão de terceiro no polo passivo da obrigação tributária, mas sim grau de responsabilidade dos coobrigados. Esse terceiro sempre ocupou espaço naquele polo passivo, portanto, sempre foi um genuíno contribuinte coobrigado. Não foi um novo eleito por responsabilidade. Apenas, repetimos, não era conhecido, pois estava camuflado sob véu da ilicitude. Lembremos a solidariedade não cria responsabilidade.

No entanto, o Parecer da Receita Federal, ignorando essa premissa – de que solidariedade não cria responsabilidade – constrói todo a sua lógica para atribuição da responsabilidade de empresas pertencentes a grupos econômicos no art. 124, I do CTN. Ao fim e ao cabo, a orientação parece não esclarecer que a solidariedade trata apenas da possibilidade de se acionar diversos responsáveis tributários a um só tempo e sem benefício de ordem, mas não cria uma regra hipotética de responsabilidade tributária.

5 Precedentes do Superior Tribunal de Justiça sobre a caracterização da responsabilidade solidária tributária por "interesse comum"

Por fim, ao realizar a pesquisa, ainda que de forma bastante superficial, no Superior Tribunal de Justiça, acerca do tema proposto, percebe-se que este Tribunal poucas vezes o enfrentou, eis que, por demandar o exame da situação fática e do acervo probatório, eventuais recursos terminam por esbarrar na sua Súmula 7, ficando a questão decidida nas instâncias ordinárias.

Todavia, mesmo não sendo muito farto o número de julgados, é possível extrair como o Superior Tribunal de Justiça enfrenta o tema e interpreta o termo "interesse comum" para fins de atribuição da solidariedade em matéria tributária. Para o objetivo deste trabalho, a pesquisa foi realizada diretamente no sítio eletrônico do referido Tribunal a partir das seguintes palavras-chaves: interesse e comum e responsabilidade e tributária e solidariedade.

Retornaram vinte e dois acórdãos proferidos cujas palavras-chaves acima apareceram. Dentro desse universo, apenas quatro acórdãos trataram da questão de forma mais aprofundada, a saber: REsp 1273396/DF, AgInt no AREsp 1035029/SP, REsp 884.845/SC e REsp 834.044/RS, e foram estudados para a elaboração do presente artigo.

O primeiro caso[1] tratou de responsabilidade de um dos cônjuges pelo pagamento de Imposto de Renda Pessoa Física sobre os rendimentos auferidos pelo outro cônjuge. Originariamente, a Receita Federal autuou um deles pelo não pagamento de Imposto de Renda pessoa Física por parte do outro, por entender que a entrega de declaração conjunta seria caso de responsabilidade solidária entre cônjuges. O auto de infração foi considerado legítimo pelo Tribunal Regional Federal de origem (Primeira Região), ao argumento de que se as deduções e restituições na declaração conjunta aproveitam a ambos, também a responsabilidade no pagamento do tributo também é de ambos, solidariamente considerados.

O Superior Tribunal de Justiça, decidiu, diga-se de forma bastante técnica, pelo afastamento da responsabilidade atribuída pela Receita Federal, ao argumento de que somente à lei cabe criar as hipóteses de sujeição passiva tributária, seja em sua clássica acepção forma do contribuinte, seja na sujeição passiva, por assim dizer "atípica", da responsabilidade tributária.

Nesse caso, embora, pela lógica defendida acima neste artigo, os cônjuges somem suas rendas e deduções para cálculo do imposto sobre a renda, o que legitimaria a cobrança de ambos, não se encontra previsão legal expressa no ordenamento federal para a exigência, de modo que não se atendeu à reserva de lei constitucionalmente exigida.

Por fim, reafirmou-se o entendimento segundo o qual "somente se estabelece o nexo entre os devedores da prestação tributária originária, quando todos os partícipes contribuem para a realização de uma situação que constitui fato gerador da exação, ou seja, que a hajam praticado conjuntamente" (SUPERIOR TRIBUNAL DE JUSTIÇA, 2019). Além disso, mais precisamente sobre a caracterização do interesse comum, o acórdão expressamente asseverou:

> [...] interesse comum, como requisito da corresponsabilidade tributária, envolve, necessariamente, a atuação de mais de uma pessoa na situação de conformação do fato gerador do tributo. Não se trata, portanto, da ulterior fruição comum ou igualitária por mais de uma pessoa dos resultados ou dos proveitos da atividade produtora do aumento de renda dela decorrente. Trata-se, na verdade, de atuação simultânea e conjunta de mais de uma pessoa na anterior situação configuradora do próprio fato gerador. Se assim não fosse, qualquer indivíduo, que auferisse alguma benesse do percebente da renda, poderia ser designado corresponsável tributário. (SUPERIOR TRIBUNAL DE JUSTIÇA, 2019).

Como adiantado acima, apesar do óbice da legalidade, parece que

---

[1] Percorrendo dos mais recentes para os mais antigos, visando demonstrar a posição assente do Superior Tribunal de Justiça na interpretação da expressão "interesse comum".

materialmente havia nesse caso contribuição para a realização do fato gerador, visto que, na declaração conjunta, as rendas e deduções de ambos os cônjuges são consideradas, de modo a constituir um fato gerador único, composto pelos rendimentos e deduções de ambos.

No segundo acórdão analisado, proferido no AgInt no AREsp 1035029/SP, deparou-se o Superior Tribunal de Justiça com situação mais frequentemente submetida ao crivo do Judiciário, a do redirecionamento de execução fiscal a pessoa jurídica diversa do devedor contribuinte, no caso de pertencerem a um mesmo grupo econômico. Aqui, o Tribunal afastou a responsabilidade, ao argumento de que o simples fato de pertencerem às empresas a um mesmo grupo econômico não é suficiente para atribuir a solidariedade entre elas, asseverando-se que:

> [...] por isso se diz que a participação na formação do fato gerador é o elemento axial da definição da responsabilidade; não se desconhece que seria mais cômodo para o Fisco se lhe fosse possível, em caso de grupo econômico, cobrar o seu crédito da empresa dele integrante que mais lhe aprouvesse; contudo, o sistema tributário e os institutos garantísticos de Direito Tributário não dariam respaldo a esse tipo de pretensão, mesmo que se reconheça que ela (a pretensão) ostenta em seu favor a inegável vantagem da facilitação da cobrança. (SUPERIOR TRIBUNAL DE JUSTIÇA, 2019).

Esses dois primeiros acórdãos acima expostos reafirmam o posicionamento de longa data já firmado naquele Tribunal, por meio de julgamentos ocorridos cerca de dez anos antes, os quais passam-se a comentar a seguir.

O REsp 884.845/SC também tratou da responsabilização por tributos (no caso o ISS) de empresas pertencentes a um mesmo grupo econômico e, na interpretação da expressão "interesse comum" decidiu-se que:

> [...] o interesse comum na situação que constitua o fato gerador da obrigação principal implica que as pessoas solidariamente obrigadas sejam sujeitos da relação jurídica que deu azo à ocorrência do fato imponível. "Isto porque feriria a lógica jurídico-tributária a integração, no pólo passivo da relação jurídica, de alguém que não tenha tido qualquer participação na ocorrência do fato gerador da obrigação". (SUPERIOR TRIBUNAL DE JUSTIÇA, 2009).

E mais, adiante, afirma "o interesse qualificado pela lei não há de ser o interesse econômico no resultado ou no proveito da situação que constitui o fato gerador da obrigação principal, mas o interesse jurídico, vinculado à atuação comum ou conjunta da situação que constitui o fato imponível". (SUPERIOR TRIBUNAL DE JUSTIÇA, 2009).

Finalmente, o último caso que, no contexto deste artigo, revela-se o mais emblemático por ter sido, talvez, a primeira vez em que o Superior Tribunal de Justiça teve que interpretar, ao menos colegiadamente, o sentido da expressão interesse comum do art. 124, I do CTN, é o REsp 834.044/RS que também trata da responsabilidade de empresas integrantes de um mesmo grupo econômico.

Por ocasião do julgamento ficou decidido que:

> Para se caracterizar responsabilidade solidária em matéria tributária entre duas empresas pertencentes ao mesmo conglomerado financeiro, é imprescindível que ambas realizem conjuntamente a situação configuradora do fato gerador, sendo irrelevante a mera participação no resultado dos eventuais lucros auferidos pela outra empresa coligada ou do mesmo grupo econômico. (SUPERIOR TRIBUNAL DE JUSTIÇA, 2008).

Como se percebe, o Superior Tribunal de Justiça entende o interesse comum na situação que constitua o fato gerador da obrigação principal como sendo um interesse jurídico na prática do evento tributável, sem a participação na realização do evento tributável, inexistirá solidariedade entre responsáveis.

Importante ressalvar, contudo que, embora esteja assente na sua jurisprudência o entendimento acima, é possível inferir-se que, diferentemente da posição adotada no início do artigo, o Superior Tribunal de Justiça entende o art. 124, I do CTN como hipótese autônoma de responsabilidade tributária e não como qualificadora de uma responsabilidade antes prevista legalmente.

Todavia, para os objetivos traçados no presente trabalho, é possível concluir-se que o Superior Tribunal de Justiça tem firme jurisprudência no sentido de que a responsabilidade solidária, somente se caracteriza quando houver a participação conjunta de pessoas na prática do evento tributável, revelando-se um interesse jurídico comum entre elas, não bastando o mero interesse econômico.

6 Considerações finais

O sentido da expressão "interesse comum" referida no art. 124, I, do Código Tributário Nacional está longe de ser pacífico, mormente porque se trata de conceito jurídico aberto e que dá margem a várias interpretações.

Não obstante, a doutrina tributarista parece convergir no sentido de que o referido dispositivo não cria regra matriz de responsabilidade tributária, isto é, referido dispositivo não outorga autorização para que se criem novos casos de responsabilidade. Ou seja, não será possível atribuir responsabilidade solidária a um terceiro que não é considerado pela lei expressamente como responsável e que não tinha vinculação com a materialidade constitucional, ou, tendo-a, não tenha sido considerado no antecedente da regra-matriz de incidência.

Na verdade, a solidariedade prevista no art. 124, I do CTN é o efeito decorrente do fato de que, havendo interesse comum na situação que constitua o fato gerado da obrigação principal, os responsáveis (em sentido lato) – já previamente definidos por lei - poderão ser acionados indistintamente, sem qualquer benefício de ordem.

Assim, o interesse comum não há de ser meramente econômico, mas sim jurídico entre pessoas que se encontram no mesmo lado de uma relação jurídica e que praticam condutas ou omitem-se de outras que tenham influência na caracterização do fato jurídico tributável. Há de haver, portanto, comunhão de interesses entre essas pessoas na realização do fato jurídico tributário, para atribuir-se a solidariedade prevista em lei.

Todavia, a Receita Federal do Brasil, através do Parecer COSIT/RFB nº 04/2018 assentou entendimento de que o referido dispositivo traz em si regra de responsabilidade autônoma, de forma que a partir dele, entende o Fisco que é possível atribuir responsabilidade tributária a pessoa que não seja contribuinte, desde que configurado o interesse comum na realização do fato gerador. Infelizmente, apesar dos esforços, o pronunciamento administrativo não traz maiores esclarecimentos do que venha a ser o interesse comum, o que dá margem à interpretação da autoridade fiscal no momento da autuação.

Assim, considerado esse cenário de incerteza interpretativa do art. 124, I do CTN, buscou-se, no presente artigo, demonstrar como o Superior Tribunal de Justiça, a quem está incumbida à tarefa de interpretar, em última análise a legislação federal, no ordenamento jurídico pátrio, entende o alcance da referida expressão.

Pois bem, viu-se que o Superior Tribunal de Justiça entende a expressão como sendo, necessariamente, um interesse jurídico na prática do evento tributável, de forma que, sem a participação na realização do evento tributável, inexistirá solidariedade entre responsáveis.

Importante ressalvar, contudo que, embora esteja assente na sua jurisprudência o entendimento acima, é possível inferir-se que, diferentemente da posição adotada no início do artigo, o Superior Tribunal de Justiça entende o art. 124, I do CTN como hipótese autônoma de responsabilidade tributária e não como qualificadora de uma responsabilidade antes prevista legalmente, o que contraria a estrita reserva de lei em matéria tributária.

Referências

ÁVILA, Humberto Bergmann. **Teoria da segurança jurídica**. 5. Ed. São Paulo: Malheiros, 2019.

BECHO, Renato Lopes. A responsabilização tributária de grupo econômico. **Revista Dialética de Direito Tributário**, n. 221, p. 129-138, fev. 2014.

BRASIL. **Decreto-Lei nº 1.598, de 26 de dezembro de 1977**. Altera a legislação do imposto sobre a renda. Brasília, 1977. Disponível em: http://www.planalto.gov.br/ccivil_03/decreto-lei/del1598.htm. Acesso em: 10 mai. 2022.

CARRÁ, Bruno Leonardo Câmara; CARVALHO, Leonardo Henrique de Cavalcante. Grupos econômicos de fato e responsabilidade tributária: uma análise Conglobante do art. 124 do CTN. In. SILVA, Thiago Moreira da (coord.) **Créditos tributários e grupos econômicos de fato**. Rio de Janeiro: Lumen Juris, 2020. P. 53-76.

CARVALHO, Paulo de Barros. **Curso de direito tributário**. 17. ed., São Paulo: Saraiva, 2005.

CARVALHO, Paulo de Barros. **Derivação e positivação no direito tributário**. Vol. III. São Paulo: Noeses, 2016.

CARVALHO, Paulo de Barros. **Direito tributário**: linguagem e método. 7. ed. São Paulo: Noeses, 2018.

DARZÉ, Andréa M. **Responsabilidade tributária**: solidariedade e subsidiariedade. São Paulo: Noeses, 2010.

DERZI, Misabel Abreu Machado. Notas. In: BALEEIRO, Aliomar. **Direito tributário brasileiro**. 14. ed. Rio de Janeiro: Forense, 2018.

FERRAGUT, Maria Rita. **Responsabilidade tributária e o Código Civil de 2002**. São Paulo: Noeses. 2013.

NEDER, Marcos Vinícius. Responsabilidade solidária e o lançamento fiscal. In: **VII Congresso Nacional de Estudos Tributários do IBET**. São Paulo: Noeses, 2010.

OLIVEIRA, José André Wanderley Dantas. O art. 124, I, do CTN, à luz do Parecer Normativo COSIT/RFB nº 04/2008: análise e reflexões. In. SILVA, Thiago Moreira da (coord.) **Créditos tributários e grupos econômicos de fato**. Rio de Janeiro: Lumen Juris, 2020. p. 149-187.

PAULSEN, Leandro. **Curso de direito tributário completo**. 8.ed. São Paulo: Saraiva, 2017.

POLIZELLI, Victor. Tributação de dividendos no Brasil: propostas e questões para sua implementação In: BUISSA, Leonardo; RIEMANN, Simon; MARTINS, Rafael Lara (Org.). **Direito e finanças públicas nos 30 anos da constituição**: experiências e desafios nos campos do direito tributário e financeiro. Florianópolis: Tirant Blanch, 2018. p. 413-439.

RECEITA FEDERAL DO BRASIL. **Parecer normativo COSIT nº 4, de 10 de dezembro de 2018**. Brasília, 2018. Disponível em: http://normas.receita.fazenda.gov.br/sijut2consulta/anexoOutros.action?idArquivoBinario=50534. Acesso em: 20 jan. 2022.

SUPERIOR TRIBUNAL DE JUSTIÇA. **AgInt no AREsp nº 1035029-SP**, Rel. Min. Napoleão Nunes Maia Filho, Primeira Turma, Julg. 27.5.2019, DJe 30.5.2019. Disponível em: https://scon.stj.jus.br/SCON/GetInteiroTeorDoAcordao?num_registro=201603321600. Acesso em: 20 jan. 2022.

SUPERIOR TRIBUNAL DE JUSTIÇA. **REsp 1273396-DF**, Rel. Min. Napoleão Nunes Maia Filho, Primeira Turma, Julg. 5.12.2019, DJe 12.12.2019. Disponível em: https://scon.stj.jus.br/SCON/GetInteiroTeorDoAcordao?num_registro=201102009897. Acesso em: 20 jan. 2022.

SUPERIOR TRIBUNAL DE JUSTIÇA. **REsp 834044-RS**, Rel. Min. Denise Arruda, Primeira Turma, Julg. 11.11.2008, DJe 15.12.2008. Disponível em: https://scon.stj.jus.br/SCON/GetInteiroTeorDoAcordao?num_registro=200600654491. Acesso em: 20 jan. 2022.

SUPERIOR TRIBUNAL DE JUSTIÇA. **REsp 884845-SC**, Rel. Min. Luiz Fux, Primeira Turma, Julg. 5.2.2009, DJe 18.2.2009. Disponível em: https://scon.stj.jus.br/SCON/GetInteiroTeorDoAcordao?num_registro=200602065654. Acesso em: 20 jan. 2022.

TAKANO, Caio Augusto. Em busca de um interesse comum: considerações acerca dos limites da solidariedade tributária do art 124, inc. I, do CTN. Instituto Brasileiro de Direito Tributário, **Revista de Direito Tributário Atual**, n. 41, p. 85-118, 2019.

MAJORAÇÃO DO IMPOSTO DE RENDA COMO SANÇÃO: A TRIBUTAÇÃO EXCLUSIVA NA FONTE NOS CASOS DE "BENEFICIÁRIO NÃO IDENTIFICADO" E "PAGAMENTO SEM CAUSA" NO CARF

FERNANDO GOMES FAVACHO
ANDREW DOS SANTOS FILGUEIRA

SUMÁRIO

1. Introdução. 2. Análise da legislação pela Regra-Matriz de Incidência 3. Cumulação do IRPJ (glosas de custos e despesas) com o IR Fonte (pagamento sem causa e/ou a beneficiário não identificado). 4. Imposição de multa isolada e qualificada. 5. Considerações finais. Referências.

1 Introdução

Este texto trata da aplicação do art. 61 da Lei 8.981, de 20 de janeiro de 1995, que traz como hipótese tributária do Imposto de Renda, à alíquota de trinta e cinco por cento de forma exclusiva na fonte, todo pagamento efetuado pelas pessoas jurídicas a beneficiário não identificado, e a terceiros ou sócios, contabilizados ou não, quando não for comprovada a operação ou a sua causa.

A relevância do tema se apresenta através de duas razões. Primeiramente, a Receita Federal tem lavrado autos de infração glosando despesas contabilizadas na escrituração fiscal das empresas que efetuaram pagamentos a beneficiários através de propina, e, concomitantemente, exigido o pagamento de IR-Fonte à alíquota de 35%. A segunda é que, em agosto de 2021, a proposta de súmula no Conselho Administrativo de Recursos Fiscais – CARF, visando à pacificação da cobrança concomitante, foi rejeitada em apertada votação.

Para tanto, se utiliza o método da análise normativa – a regra-matriz de incidência.

O estudo utiliza o método da análise normativa – a regra-matriz de incidência, e assim expõe o que é o beneficiário "não identificado" e o pagamento "sem causa", mas também busca saber se a hipótese e sua prestação respectiva (em especial a alíquota elevada) representam multa e, com isso, consta no sistema jurídico tributário uma norma que poderia ser invalidada pelo Judiciário. Traz, ainda, questões atinentes à cumulação do IRPJ com o IR Fonte e à qualificação da multa.

2 Análise da legislação pela regra-matriz de incidência

Como conversão da Medida Provisória nº 812/1994, em 1º de janeiro de 1995 é publicada a Lei 8.981/1995, que traz o seguinte texto em seu art. 61:

> Art. 61. Fica sujeito à incidência do Imposto de Renda exclusivamente na fonte, à alíquota de trinta e cinco por cento, todo pagamento efetuado pelas pessoas jurídicas a beneficiário não identificado, ressalvado o disposto em normas especiais.
> §1º A incidência prevista no caput aplica-se, também, aos pagamentos efetuados ou aos recursos entregues a terceiros ou sócios, acionistas ou titular, contabilizados ou não, quando não for comprovada a operação ou a sua causa, bem como à hipótese de que trata o §2º, do art. 74 da Lei nº 8.383, de 1991.

A hipótese de que trata o §2º, do art. 74 da Lei nº 8.383, de 1991 é a da tributação do Imposto de Renda na fonte:

> Art. 74. Integrarão a remuneração dos beneficiários:
> §1º A empresa identificará os beneficiários das despesas e adicionará aos respectivos salários os valores a elas correspondentes.
> §2º A inobservância do disposto neste artigo implicará a tributação dos respectivos valores, exclusivamente na fonte, à alíquota de trinta e três por cento.

Cabe, ainda, trazer o atual Regulamento do Imposto de Renda, Decreto nº 9.580/2018, que regulamenta a tributação, a fiscalização, a arrecadação e a administração do Imposto sobre a Renda e Proventos de Qualquer Natureza:

> Seção I. Do pagamento a beneficiário não identificado
> Art. 730. Fica sujeito à incidência do imposto sobre a renda exclusivamente na fonte, à alíquota de trinta e cinco por cento, todo pagamento efetuado pelas pessoas jurídicas a beneficiário não identificado, ressalvado o disposto em normas especiais
> §1º A incidência de que trata o caput aplica-se, também, aos pagamentos efetuados ou aos recursos entregues a terceiros ou sócios, acionistas ou titulares, contabilizados ou não, quando não for comprovada a operação ou a sua causa
> §2º Considera-se vencido o imposto sobre a renda na fonte no dia do pagamento da referida importância
> §3º O rendimento será considerado líquido e caberá o reajustamento do rendimento bruto sobre o qual recairá o imposto sobre a renda
> Seção II. Da remuneração indireta paga a beneficiário não identificado
> Art. 731. A falta de identificação do beneficiário das despesas e das vantagens a que se refere o art. 679 e a sua não incorporação ao salário dos beneficiários implicarão a tributação exclusiva na fonte dos valores, à alíquota de trinta e cinco por cento
> §1º Considera-se vencido o imposto sobre a renda na fonte no dia do pagamento da referida importância
> §2º O rendimento será considerado líquido e caberá o reajustamento do rendimento bruto sobre o qual recairá o imposto sobre a renda

Posta a legislação, cabe explicar como as normas deverão ser analisadas.

A Regra Matriz de Incidência Tributária é uma criação da literatura jurídica – *vide*, por todos, Paulo de Barros CARVALHO (2021) – com o objetivo de analisar a norma tributária (em especial a norma padrão de incidência, é dizer, o tributo, a "obrigação principal", mas não só) de acordo com as características mínimas para sua compreensão. Como arquétipo, a análise permite ao intérprete verificar a legalidade do tributo em diversos aspectos – como, por exemplo, saber se certa taxa é um imposto "disfarçado" (através de binômio hipótese – base de cálculo) ou se um imposto tem característica de multa (a depender da hipótese e a consequente alíquota aplicada).

Em uma estrutura lógica deôntica (se ocorrer isso, deve-ser aquilo), o "se ocorrer" (hipótese) é demarcado minimamente pelo "que" ou "como" (critério material). Aqui, estar-se-á encontrando o "fato gerador", é dizer, a ocorrência no mundo fenomênico. É aquela situação definida em lei que faz com que surja a obrigação tributária. O "onde" e "quando" denotam a demarcação do espaço-tempo da conduta (critérios espacial e temporal, respectivamente). Além destes três critérios, na consequência da norma, tem-se os sujeitos envolvidos (critério pessoal) e qual será a prestação devida – no caso da obrigação tributária, quanto será devido (critério quantitativo). No pessoal, o "quem" tem o direito de receber e "quem" tem o direito de pagar. No quantitativo, o "quanto pagar": no caso dos impostos, o resultado da multiplicação entre a base de cálculo e a alíquota.

A partir do texto positivado, iniciamos com a identificação do IR – Beneficiário não identificado. Para uma primeira interpretação, na forma que a redação da legislação parece demonstrar, não se trata de multa, mas sim de uma alíquota maior de Imposto de Renda já existente ou mesmo de uma hipótese autônoma de IR. Descuramos, neste primeiro, momento de pensar no propósito da norma ou da interpretação histórica – do porquê que surge este "IR de 35% na fonte". Vamos às regras-matrizes:

REGRA-MATRIZ do Imposto de Renda a beneficiário não identificado
- Critério material: Pagar rendimentos a beneficiário não identificado.
- Critério espacial: Território nacional, onde deve ser residente o responsável pela retenção e recolhimento do imposto.
- Critério temporal[1]: Momento do pagamento do rendimento.
- Critério prestacional (quantitativo): A base de cálculo é o valor pago para o beneficiário não identificado e a alíquota é de 35%.
- Critério pessoal: O sujeito ativo é a União e o sujeito passivo é a fonte que paga os rendimentos ao beneficiário.

---

[1] Para Charles MCNAUGHTON (2019, p. 531-542), trata-se do momento do crédito ou pagamento do rendimento – aquilo que se concretizar primeiro. Todavia, ressalta o autor que a Receita Federal do Brasil entende ser o momento do registro contábil em conta do passivo da fonte pagadora que registra o dever de se pagar o rendimento ao contribuinte.

REGRA-MATRIZ do Imposto de Renda por operação sem causa

- Critério material: Pagar rendimentos a terceiros ou sócios, acionistas ou titulares, quando não for comprovada a operação ou a sua causa.
- Critério espacial: Território nacional, onde deve ser residente o responsável pela retenção e recolhimento do imposto.
- Critério temporal[2]: Momento do pagamento do rendimento.
- Critério prestacional (quantitativo): A base de cálculo é o valor pago (contabilizado ou não) sem comprovação da causa para o beneficiário identificado e a alíquota é de 35%.
- Critério pessoal: O sujeito ativo é a União e o sujeito passivo é a fonte que paga os rendimentos aos terceiros ou sócios, acionistas ou titulares.

Um ponto importante sobre a alíquota é que o §3º do art. 61 normatiza que o rendimento será considerado líquido e caberá o reajustamento do rendimento bruto sobre o qual recairá o imposto sobre a renda. Em outras palavras, a retenção da alíquota de 35% exclusiva na fonte gera *gross up* que eleva a alíquota a mais da metade da base tributada (53,84%). Exemplo:

> Pagamento no valor de R$ 1.000,00.
> Valor reajustado da base = R$ 1.000,00 / (1 - 35 %) = R$ 1.538,46
> Valor do IR Fonte a ser recolhido = R$ 1.538,46 x 35% = R$ 538,46

Nos arquétipos construídos, constam dois ilícitos tributários: a "não identificação" e a "não comprovação da causa", ambas hipóteses de descumprimento de deveres instrumentais com consequências próprias (multas). A causa lícita é tributada, é dizer, "pagar rendimentos" é causa de sujeição ao Imposto de Renda (Retido na Fonte), e, caso tais normas não existissem, o IR continuaria devido a todos os que recebem valores, independente da causa. Finalmente, a alíquota de 35%, majorada em relação às alíquotas normais de IR (que chegam ao limite de 27,5%) somente surge quando existem tais ilícitos.

Pela literalidade do artigo, os 35% são uma tributação exclusiva na fonte, o imposto é sobre a renda do beneficiário não identificado. Mas, a partir da regra-matriz, afloram rapidamente significações diversas:

1. Sobre o critério material: dado que não é uma opção da empresa ocultar a causa ou o beneficiário, trata-se de ilícito, e tributo não pode ter como hipótese um ato ilícito (art. 3º do CTN). A hipótese é penal e não tributária.

2. Sobre o critério pessoal: no primeiro arquétipo, na relação jurídico tributária não consta o beneficiário, posto que o sujeito passivo é "não identificado".

3. Sobre o critério quantitativo: a alíquota não mede a capacidade contributiva – nem do beneficiário não identificado e nem da fonte pagadora. A alíquota de 35%, em especial com o *gross up*, é confiscatória. E não respeita a progressividade.

---

[2] *Idem.*

Finalmente, o IR não pode ser majorado pela sua origem (princípio do *non olet*).

Vejamos tais pontos com mais vagar.

2.1 Critério material: a hipótese é penal e não tributária

Geraldo ATALIBA (2004, p. 36), em sua obra Hipótese de Incidência Tributária, ordena que o jurista verifique se a contingência de se ter que levar dinheiro ao Estado se trata de a) multa; b) obrigação convencional; c) indenização por dano; ou d) tributo. O primeiro critério a utilizarmos para diferenciar e localizar cada instituto é o da faculdade do cidadão em realizar a conduta. Temos aqui o tributo e a obrigação convencional. Enquanto, no primeiro caso, há uma prévia instituição legal, no segundo o sujeito contribuinte não participa diretamente de nenhum acordo entre ele e o Estado, é, por exemplo, uma obrigação oriunda de contrato. No segundo, são obrigações oriundas de fato ilícito a multa e a indenização. A indenização é uma recomposição, um ressarcimento. Deve, assim, buscar a situação do *status quo ante*. A multa, por sua vez, deve piorar a situação anterior para o sujeito praticante do ilícito.

O teste de reconhecimento acima exposto forma um conjunto em que só os tributos podem ser elementos. A definição do conceito de tributo, conforme o Código Tributário Nacional expõe tais requisitos:

> Art. 3º. Tributo é toda prestação pecuniária compulsória, em moeda ou cujo valor nela se possa exprimir, que não constitua sanção de ato ilícito, instituída em lei e cobrada mediante atividade administrativa plenamente vinculada.

Tributo, em uma definição de conceito, é uma norma que tem como antecedente uma hipótese não vedada por outra norma e que implica, por imposição legal, uma relação jurídica modalizada como obrigatória qual seja, o dever do contribuinte de levar dinheiro ao fisco. (FAVACHO, 2011).

O Direito é um conjunto de normas cuja conduta oposta deve levar a um ato coercitivo como sanção. Para Norberto BOBBIO (2007, p. 23-33), de um fato pode decorrer uma sanção punitiva (pena) ou incentivadora (prêmio). Descartamos de pronto, a "sanção-prêmio", consequência de um fato lícito, que poderia ser chamada somente de "prêmio". Sanção só o é de ato ilícito, o que, para nós, demonstra redundância da expressão "sanção de ato ilícito". Hans Kelsen[3] diz ser a sanção uma reação da comunidade

---

[3] Não se confunde, portanto, com as "normas de recompensa". Hans KELSEN (2006, p. 37 e 173) diferencia as notas de recompensa das sanções, pois aquelas não são nota distintiva da função essencial das ordens sociais como o Direito nem característica comum a todas as ordens sociais a que chamamos Direito.

jurídica a uma determinada conduta humana considerada socialmente nociva. O autor admite outros atos de coerção no Direito, mas só serão sanções aquelas decorrentes de um ato ilícito.[4]

Dito que toda sanção é de ato ilícito, vamos às elucidações dos termos. Paulo de Barros CARVALHO (2009, p. 34) explicita: sanção é a consequência, e coação é a execução forçada da sanção. Acordamos de início, a utilização de tais termos[5]. Como consequência, sanção comporta ao menos duas acepções jurídicas, expostas por Aurora Tomazini de CARVALHO (2016, p. 80-81), quais sejam:

> Em sentido amplo, pode ser entendida como toda relação prescrita no consequente de uma norma jurídica cuja hipótese descreve a inobservância de uma conduta imposta por outra regra jurídica, e em sentido estrito, pode ser entendida como a relação jurídica prescrita no consequente da norma secundária que impõe coativamente, por órgão jurisdicional, o implemento da conduta não-observada, pelo sujeito passivo, estabelecida em uma norma primária.

Utilizemos, doravante, a primeira acepção (sentido amplo), é dizer, como consequência da inobservância de uma conduta imposta por outra regra jurídica. Onde há multa, há um fato que tem como hipótese o descumprimento de uma norma. Pode ser, por exemplo, oriunda do descumprimento de uma norma que ordene a entrega de um tributo no prazo (multa moratória), ou mesmo que ordene sejam declarados todos os rendimentos auferidos (multa por sonegação de informações, o que veremos neste texto).

O art. 157 do CTN acrescenta que "a imposição de penalidade não ilide o pagamento integral do crédito tributário"[6]. O art. 3º do CTN é também norma destinada aos legisladores: qualquer instituição de tributo que tenha como antecedente previsto um fato ilícito será ilegal. A progressividade da alíquota para desestimular o consumo de cigarros, por exemplo, não possui natureza de sanção jurídica[7], haja vista a venda e o consumo de cigarro não serem ilícitos.

Em suma: não ser sanção de ato ilícito significa que (1) o ilícito não pode ser fato jurídico de uma obrigação tributária e (2) o montante devido não pode ser dimensionado em razão da ilicitude, como, por exemplo, a definição de

---

[4] "[Ilícito é] Uma determinada ação ou omissão humana que, por ser socialmente indesejável, é proibida pelo fato de a ela ou, mais corretamente, à sua verificação num processo juridicamente regulado se ligar um ato de coerção, pelo fato de a ordem jurídica a tornar pressuposto de um ato de coerção por ela estatuído". (KELSEN, 2006, p. 45).

[5] Adotamos em sentido amplo, pois a coatividade não é de competência exclusiva do órgão jurisdicional, podendo ser executada administrativamente.

[6] Nesse sentido, Paulo Roberto ANDRADE (2008, p. 98): "O 'falso problema' suscitado pelo artigo 3º estaria em fazer uma ressalva sobre um aspecto que, na ideologia do Código, é indiferente à tributação, qual seja, a licitude ou ilicitude do fato tributado. Enxergariam um falso problema aqueles que confundem os dois momentos de análise do problema: tributação do ato ilícito e tributação no ato ilícito". No mesmo sentido, Rubens Gomes de SOUSA (2007, p. 48).

[7] Usamos o termo "sanção jurídica" neste contexto para ressaltar que, aos olhos de outra ciência (sociologia, economia), possa ser entendida a progressividade como sanção.

uma alíquota maior para o Imposto de Renda advinda de jogos de azar.

Ao que é lícito cabe maior ou menor tributação, desde que o governo, respeitando os ditames da Constituição, assim o deseje. Ao que é ilícito cabe multa, ou seja, a proibição. Também por isso há entendimento de que a multa poderia ser confiscatória, enquanto o tributo, não[8].

Feita esta introdução, temos que a hipótese penal a) não se confunde com a tributária, dado o descumprimento de norma, e b) não exclui a exigência de tributo por parte de quem auferiu renda. A fonte pagadora deverá pagar o IR não com um "desconto sobre o pagamento", mas com recursos próprios, calculado com base no montante do pagamento efetuado. O beneficiário (sujeito indeterminado) tem disponibilidade de renda, mas a fonte pagadora é quem paga o tributo. A fonte deverá identificar os beneficiários para não sofrer a alíquota elevada. E a conduta da fonte pagadora, de forma culposa ou dolosa, é ilícita, posto que desrespeita outra norma (a de identificar o beneficiário, ou de efetuar pagamento com causa), e a pune com o fator de 35%.

Dado o caráter extrafiscal de toda exação tributária, em especial com o fito de desincentivo a certas ações dos Contribuintes, o tributo tem enorme relevo nas políticas públicas e no conceito estatal de justiça. E, por outro lado, a questão arrecadatória das multas faz com que a Administração acabe contando com este recurso financeiro, deixando assim de ser extraordinário para se tornar previsível e até necessário. Ainda que ambos incentivem condutas e, também, arrecadem dinheiro aos cofres públicos, tributos e multas são separáveis por um critério: a (i) licitude da hipótese normativa.

Os tributos sancionatórios, mesmo em um primeiro pensar "moralmente válidos", acabam desvirtuando algo muito mais caro ao ordenamento jurídico, que é a separação entre tributo e multa.

O tributo é o principal meio de financiar o Estado. É indispensável à sua existência. Seu papel extrafiscal está em incentivar ou desincentivar, conforme desejos políticos, práticas particulares, e não em conter ilegalidades. Isto porque a mudança de paradigma dos tempos em que os <u>povos conquistados</u> eram obrigados a pagar tributos se tornou um dever do <u>cidadão que contribui</u> para as atividades públicas de seu país. Logo, não

---

[8] *Ad argumentandum*, valemo-nos do alerta de Cesare BECCARIA (2004, p. 123) sobre os problemas de se confundir interesses punitivos e arrecadatórios: "O soberano e os magistrados achavam seu interesse nos delitos que deveriam prevenir. Os julgamentos não eram, então, nada menos do que um processo entre o fisco que percebia o preço do crime, e o culpado que deveria pagá-lo. Fazia-se disso um negócio civil, contencioso, como se se tratasse de uma querela particular, e não do bem público. Parecia que o fisco tinha outros direitos que exercer além da proteção da tranquilidade pública, e o culpado outras penas que sofrer além das que a necessidade do exemplo exigia".

existir diferença entre tributo e multa faz com que não haja diferença entre legalidade e ilegalidade, entre o orgulho e a vergonha.

As medidas tributárias de caráter sancionador não permitem as garantias próprias do Direito Penal. Por outro lado, o aumento do valor das multas com fins arrecadatórios pode fazer com que o Estado passe a contar com a ilicitude, e quiçá desejá-la. Acerta Paulo Roberto Coimbra SILVA (2007, p. 85) quando recomenda: "Mais adequado e ético seria dar aos valores das multas percebidas pelo fisco, máxime ao se considerar suas funções preponderantes (preventiva, punitiva e didática), destinação específica e diversa".

2.2 Critério pessoal: o beneficiário (não identificado) não faz parte da relação jurídica tributária

Agora vale observar, por interpretação histórica, que o art. 44 da Lei 8.541/1992 considerava "automaticamente recebido pelos sócios" os valores pagos a beneficiários não identificados ou sem causa. Houve uma mudança grave, posto que, enquanto antes se considerava "pelos sócios", passou-se a entender como sujeito de direito um "beneficiário não identificado".

> Art. 44. A receita omitida ou a diferença verificada na determinação dos resultados das pessoas jurídicas por qualquer procedimento que implique redução indevida do lucro líquido será considerada automaticamente recebida pelos sócios, acionistas ou titular da empresa individual e tributada exclusivamente na fonte à alíquota de 25%, sem prejuízo da incidência do imposto sobre a renda da pessoa jurídica. (Revogado pela Lei nº 9.249, de 1995).

Trocou-se uma presunção legalmente admitida por uma impossibilidade deôntica, qual seja uma relação sem um segundo sujeito.

O sujeito passivo, o qual terá que fazer o recolhimento na fonte, não é o "beneficiário não identificado". Ele jamais aparece na relação jurídico-tributária, simplesmente porque o direito não regula relações entre sujeitos não identificáveis – como é preciso linguagem para existir, é certo afirmar que o sujeito é inexistente. O sujeito precisa ser determinável para compor a norma em sentido estrito, e para ser punido em caso de descumprimento. O sujeito passivo, como visto, é o mesmo que praticou o ato: o pagador de rendimentos.

Se estamos tratando de Imposto de Renda, quem aufere renda é quem recebe – todavia, repise-se, não sabemos quem é, pois o beneficiário não é identificado. Quem recebe precisa declarar em seu IR que auferiu renda e, ainda, declarar que o recebimento sofreu retenção na fonte (assim, a tributação exclusiva fará com que o beneficiário não tenha que pagar novo IR).

Por diligência, através de cruzamento de informações, seria possível identificar o beneficiário e a empresa fonte (pagadora). É dizer, o que chamamos de "beneficiário não identificado" teria como termo mais correto "beneficiário não declarado".

É possível dizer que, no caso da regra-matriz de incidência tributária do beneficiário não identificado, este beneficiário, ao "ser identificado", deverá pagar multa pela ausência do rendimento em sua declaração.

A rigor, não é apropriado falar-se em <u>agente de retenção</u> e <u>substituto tributário</u>, posto que, ao não se identificar o beneficiário, não é possível saber quem é o substituído. Não sabemos quem é o contribuinte (art. 45 do CTN), titular da disponibilidade, e, nesse sentido, a lei não pode atribuir à fonte pagadora da renda a condição de responsável (parágrafo único). De forma rápida: o valor pago ao "beneficiário não identificado" é, a partir da letra da lei, líquido do IR Fonte. Não há, propriamente, uma retenção.

2.3 Critério quantitativo: a alíquota não mede a capacidade contributiva – nem do beneficiário e nem da fonte pagadora

O tributo e a multa são normas atingidas por outras normas de forma diferente: no nosso pensar, a multa pode ser confiscatória, mas o tributo não (art. 150, IV, da Constituição)[9]. Ainda que tanto o tributo quanto as multas tributárias se submetam ao mesmo regime de constituição, discussão administrativa, inscrição em dívida ativa e execução (art. 113, §1º, do CTN), tais exações não se equivalem.

A renda auferida por um cassino é tributada porque renda auferida é hipótese tributária do Imposto de Renda, independentemente de ter sido auferida ilicitamente. Nem o tributo se torna sanção, ou substitui a sanção, porque tributa um cassino.

A capacidade contributiva, ínsita à espécie "imposto", deve medir não o quanto foi auferido pelo beneficiário não identificado (dado que não sabemos nada desta pessoa – se aquela foi sua única fonte de renda, se teve despesas dedutíveis etc.), mas o quanto foi gasto pela empresa. Este Imposto de Renda não mede a capacidade econômica do beneficiário e nem possui caráter pessoal.

Para entendermos que há, efetivamente, um imposto de renda retido na fonte

---

[9] Existe um debate sobre o princípio do não confisco aplicado às multas de cunho eminentemente teleológico: para Hugo de Brito MACHADO (2004, p. 118), se o infrator não sentisse nenhum prejuízo significativo, as multas perderiam a efetividade. "Pretender-se que a multa legalmente cominada para a venda de mercadoria sem nota fiscal não seja confiscatória, mas suportável, de sorte que os comerciantes possam incluí-las nos seus custos operacionais, é pretender inteiramente ineficaz a sanção, que restará assim convertida num verdadeiro tributo de exigência eventual". Já o STF reconhece a aplicação às multas do princípio do não confisco, com o fito de evitar que o Estado confisque bens do contribuinte por via indireta. (ADI 551/RJ, Tribunal Pleno, Rel. Min. Ilmar Galvão, J. 23.10.2002, DJ 14.02.2003).

precisaríamos saber se o beneficiário efetivamente auferiu a renda. Do contrário, estamos tributando realmente o ato de pagar rendimentos a beneficiário não identificado.

Conforme o art. 145 da Constituição, §1º, sempre que possível, os impostos terão caráter pessoal e serão graduados segundo a capacidade econômica do contribuinte. O "sempre que possível" faz referência aos chamados "tributos indiretos", aqueles cujo fato é praticado pelo contribuinte (de direito) mas o valor é pago pelo contribuinte (de fato). O Imposto de Renda deverá medir a capacidade econômica do contribuinte, e deverá respeitar o princípio da progressividade. Como dito, não sabemos nada do beneficiário e, portanto, não é possível graduar o IR de forma diretamente proporcional ao valor da renda auferida no ano-calendário pelo contribuinte. Nesse sentido também não mede a capacidade econômica da fonte pagadora, que é quem realiza o fato tributário.

Abstraindo esta questão, vemos que as alíquotas do Imposto de Renda variam, no Brasil, de forma diferente quanto às modalidades de Imposto de Renda. No Imposto de Renda Pessoa Física há: Isenção, 7,5%, 15%, 22,5% e 27,5%. Grosso modo, quem aufere até R$ 22 mil por ano (leve-se em conta que o artigo foi escrito no ano de 2022) não será contribuinte de IR. As alíquotas progridem a cada R$ 11 mil anuais acrescidos até o valor de R$ 56 mil, quando o contribuinte atinge a alíquota máxima.

No caso do Imposto de Renda Retido na Fonte, há variação conforme a espécie de rendimento paga ao contribuinte. Ela pode ser variável a depender do tempo: no caso de investimentos em renda fixa as alíquotas são regressivas em razão do tempo, com prazo inicial de menos de 180 dias e final de acima de 720 dias: 22,5%, 20%, 17,5% e 15%. Em planos de benefício de caráter previdenciário, também há alíquota variável conforme o tempo: 35%, 30%, 25%, 20%, 15% e 10% (de acumulação inferior a dois anos a acumulação superior a dez anos). A alíquota é utilizada com o fito de beneficiar investimentos a longo prazo. Também varia a depender da origem: na hipótese de remessas ao exterior, as alíquotas variam de 15% a 25%, a depender da origem (rendimentos de capital e de trabalho). A tributação exclusiva na fonte da chamada Participação nos Lucros e Resultados (Lei 11.101/2005, art. 3º, §11) tem as mesmas alíquotas do Imposto de Renda Pessoa Física.

Em nenhum momento, encontramos uma alíquota fixa a 35%, como é o caso de "beneficiário não identificado" (e da renda sem causa, também chamada de "remuneração indireta"). Tal majoração tem como única justificativa o não cumprimento de dever instrumental (identificar o beneficiário; causa justificada). O artigo é vedado pela impossibilidade, conforme o art. 3º do CTN, de se tributar ato ilícito.

3 Cumulação do IRPJ (glosas de custos e despesas) com o IR Fonte (pagamento sem causa e/ou a beneficiário não identificado)

A Portaria CARF/ME nº 7.972, de 2/07/2021, convocou o Pleno e as Turmas da CSRF para análise e votação de enunciado, revisão e cancelamento de súmulas. A 34ª proposta, não aprovada, tinha como enunciado:

> É possível a exigência cumulada de IRPJ sobre glosas de custos e despesas e de Imposto de Renda incidente na fonte sobre pagamento a beneficiário não identificado, ou sem comprovação da operação ou da causa.
> Acórdãos Precedentes: 9101-003.341, 9101-004.543, 1201-003.397, 1201-003.615, 1301-003.019, 1301-004.147, 1302-003.215, 1302-003.723, 1401-003.046, 1401-004.125, 1402-003.693 e 1402-004.117.

Se o IREF (IR Exclusivo na Fonte) aqui tratado for entendido como um "imposto de renda com tributação exclusiva na fonte", e não como multa, é preciso saber se deverá incidir em conjunto com a glosa de despesas e a concomitância do IRPJ – ou se, dada a tributação já ocorrida (exclusiva na fonte), a glosa fará com que haja uma segunda tributação sobre a mesma hipótese (*bis in idem*).

Na análise feita através da regra-matriz, conferimos que o ato de pagar rendimentos a beneficiário não identificado ou sem causa tem como consequência o pagamento de 35% sobre o valor pago. Mas o ato de pagar rendimentos a beneficiário não identificado ou sem causa também tem como consequência a glosa da despesa, dado que o lucro foi indevidamente reduzido. É importante observar que o *bis in idem* só ocorre se a mesma base foi tributada duas vezes pelo mesmo tributo, e não pelo fato de que uma hipótese possuir várias consequências diferentes (de pagamento de tributos diversos, ou mesmo instrumentais).

O raciocínio predominante é de que, além do pagamento do imposto de renda com tributação exclusiva na fonte, deve ocorrer a glosa das despesas contabilizadas na escrituração fiscal:

> Note-se que se não houvesse o pagamento sem causa, ainda assim a glosa deveria ser efetuada e o IRPJ e a CSLL seriam devidos, embora, nesta situação, não seria exigível o IRRF. O pagamento de uma despesa não comprovada não se confunde com a escrituração indevida, até porque tratamos de matrizes jurídicas diferentes, razão pela qual não se verifica dupla penalização (tributos não se prestam a isso, como se sabe) ou bis in idem sobre único fato. Ademais, ainda que se possa pensar de forma distinta, com base numa interpretação econômica das regras tributárias, convém ressaltar que é vedado a este Conselho negar eficácia a norma tributária vigente e válida, a teor do disposto na Súmula CARF nº 2 ("o CARF não é competente para se pronunciar sobre a inconstitucionalidade de lei tributária"). Portanto, conclui-se que não há vedação para a exigência em paralelo de IRRF (sobre o pagamento sem causa) e do IRPJ e da CSLL (pela glosa de despesas fictícias), pois se trata de fatos distintos, os quais devem ser apurados e autuados, sem

margem para discricionariedade, como determina o art. 142 do Código Tributário Nacional. (Acórdão n° 9101- 004.250, Relatora Conselheira Viviane Vidal Wagner, Sessão de 09/07/2019).
INCIDÊNCIA DE IRPJ/CSLL PELA GLOSA DE DESPESAS E DE IRRF SOBRE PAGAMENTOS SEM CAUSA. COEXISTÊNCIA. POSSIBILIDADE. Sujeita-se à incidência do imposto de renda exclusivamente na fonte, à alíquota de 35%, o pagamento efetuado por pessoa jurídica a beneficiário não identificado ou quando não for comprovada a operação que lhe deu causa, sem prejuízo da glosa da despesa que resultou em redução indevida do lucro líquido do período. (Acórdão n° 9202-009.936 – CSRF / 2ª Turma, Relatora Conselheira Maria Helena Cotta Cardozo, Sessão de 23 de setembro de 2021).

É compreensível que o CARF, que não é competente para se pronunciar sobre a inconstitucionalidade de lei tributária (*vide* Súmula CARF n. 2, aprovada pelo Pleno em 2006), deva aplicar ambas as consequências – glosa e tributação do IRPJ; IREF.

Todavia, isto não dá azo a interpretar que a escrituração indevida e o pagamento indevido são fatos diversos. A escrituração só se torna "indevida" porque houve a descoberta de uma ilegalidade (no caso, pagamento a beneficiário não identificado ou sem causa). Separar um de outro é não observar a relação causa-consequência, ou mesmo gênero-espécie.

3 Imposição de multa isolada e qualificada

Dado que não há causa no pagamento, é preciso verificar se o intuito doloso é presumível. Se a resposta for afirmativa, é cabível a imposição de multa qualificada:

Lei 9.430/1996
Art. 44. Nos casos de lançamento de ofício, serão aplicadas as seguintes multas: (Redação dada pela Lei n° 11.488, de 2007).
I - de 75% (setenta e cinco por cento) sobre a totalidade ou diferença de imposto ou contribuição nos casos de falta de pagamento ou recolhimento, de falta de declaração e nos de declaração inexata;
§1° O percentual de multa de que trata o inciso I do caput deste artigo será duplicado nos casos previstos nos arts. 71, 72 e 73 da Lei no 4.502, de 30 de novembro de 1964, independentemente de outras penalidades administrativas ou criminais cabíveis. (Redação dada pela Lei n° 11.488, de 2007).

Lei 4.502/1964. Intuito de fraude
Art. 71. Sonegação é tôda ação ou omissão dolosa tendente a impedir ou retardar, total ou parcialmente, o conhecimento por parte da autoridade fazendária:
I - da ocorrência do fato gerador da obrigação tributária principal, sua natureza ou circunstâncias materiais;
II - das condições pessoais de contribuinte, suscetíveis de afetar a obrigação tributária principal ou o crédito tributário correspondente.

> Art. 72. Fraude é tôda ação ou omissão dolosa tendente a impedir ou retardar, total ou parcialmente, a ocorrência do fato gerador da obrigação tributária principal, ou a excluir ou modificar as suas características essenciais, de modo a reduzir o montante do impôsto devido a evitar ou diferir o seu pagamento.
>
> Art.. 73. Conluio é o ajuste doloso entre duas ou mais pessoas naturais ou jurídicas, visando qualquer dos efeitos referidos nos arts. 71 e 72.

Parte do CARF afasta a possibilidade de se verificar o dolo, pois, se não há a causa do pagamento, *a priori*, não há como presumir ou provar o intuito doloso. A aplicação da multa, portanto, é de 75%:

> IR-FONTE. PAGAMENTO SEM CAUSA E PARA BENEFICIÁRIO NÃO IDENTIFICADO. INAPLICABILIDADE DA QUALIFICAÇÃO DA MULTA DE OFÍCIO. A conduta de não identificar os beneficiários de pagamentos enseja a tributação pelo IR-Fonte de 35%, acrescido de multa de 75%, como determina a lei. (Acórdão 1201-002.975, Relatora Conselheira Gisele Barra Bossa, Sessão de 11/06/2019).

Outra parte entende que o desvio na causa é exatamente o que vai justificar a aplicabilidade da multa qualificada de 150%:

> MULTA QUALIFICADA. LEGITIMIDADE. Os registros contábeis de despesas e dos respectivos pagamentos, lastreados em documentos inidôneos, buscam, justamente, impedir ou retardar, por parte da autoridade fazendária, o conhecimento da ocorrência do fato gerador - o auferimento de renda por parte de terceiro -, sua natureza ou circunstâncias materiais. Cabível a imposição da multa isolada qualificada de 150%, quando demonstrado que o procedimento adotado pelo sujeito passivo se enquadra em qualquer das hipóteses definidas nos arts. 71 72 e 73 da Lei nº 4.502, de 1964. (Acórdão 1401-002.957, Relator Conselheiro Claudio de Andrade Camerano, Sessão de 17/10/2018).

Voltamos a afirmar que, em um ambiente que fosse possível julgar a ilegalidade de norma (a saber, o Judiciário), caberia entender que haveria *bis in idem* ao se aplicar esta verdadeira multa (o "IRF de 35%) com qualquer multa pela não identificação do beneficiário ou da causa.

Conforme a descrição legal é preciso haver dolo. A dúvida na qualificação legal (se o pagamento possui uma causa justificável aos olhos do Fisco) certamente não pode ser entendida como uma conduta dolosa, *prima facie*. E mesmo a não identificação do contribuinte é dever instrumental que não implica em necessário conluio. Aliás, da forma em que a redação está posta, é possível mesmo afirmar que é uma opção da empresa contribuinte, já que, em sua consequência, está descrita uma forma de tributação (exclusiva na fonte), e não uma multa!

Feitas estas considerações, concluímos que o dolo é provado e não presumido.

Considerações finais

Através da análise da legislação pela regra-matriz de incidência, concluímos que se trata de uma hipótese penal (e não tributária). O beneficiário não identificado não faz parte da relação jurídica tributária e a alíquota, ao não medir a capacidade contributiva, somente gradua a pena do ato ilícito.

A cumulação do IRPJ (glosas de custos e despesas) com o IR fonte (pagamento sem causa e/ou a beneficiário não identificado) só deve ocorrer no CARF pela limitação do Conselho de não julgar ilegalidades. O que de forma alguma implica em direta qualificação da multa: o dolo não possui presunção legal e precisa ser provado.

Para ulteriores investigações, vale perguntar se o valor pago "a título de propina", dado que não pode ser deduzido como despesa para a fonte pagadora, ao ser recebido pelo beneficiário, se este deveria pagar IR (se descoberto). Enquanto o entendimento for de que há IR Fonte e não houver anulação desta norma, questiona-se se quem recebeu o dinheiro não deverá ser tributado pelo IR: se por um lado os valores recebidos e posteriormente devolvidos representaram renda tributável (pois o contribuinte auferiu renda naquele momento), por outro, o valor foi (ou deveria ter sido) tributado pelo IR Fonte – e incidir o pagamento do IR pelo beneficiário implicaria em tributar duas vezes a mesma renda.

Em caso de pena de perdimento dos valores – efeito da condenação criminal, que tem como causa o crime e como consequência a perda do patrimônio do infrator – caso se tivesse aplicado os 35% da tributação exclusiva na fonte, o valor não poderia ser repetido pela empresa corruptora: a hipótese (pagar valor a beneficiário não identificado/sem causa ocorreu) e a consequência, ainda válida, é o do pagamento do IR Fonte.

O papel do fisco, ao se satisfazer em receber os 35% da empresa, sem que se diligencie para identificar os reais beneficiários, acaba transformando a pena ao corruptor como uma opção legalmente permitida, e a depender da situação, até mesmo vantajosa. Mais acertado seria não aplicar o art. 61 da Lei 8.981/95 aos casos decorrentes da assinatura de acordos de colaboração premiada, pois não se trata de imposto de renda, mas sim de multa. Como vimos, há impedimento legal ao CARF para tal.

Referências

ANDRADE, Paulo Roberto. **Tributação de atos ilícitos e inválidos**. São Paulo: Quartier Latin, 2008.

ATALIBA, Geraldo. **Hipótese de incidência tributária**. 6. ed. São Paulo: Malheiros, 2004.

BECCARIA, Cesare. **Dos delitos e das penas**. Trad. Paulo M. Oliveira. Rio de Janeiro: Ediouro, 2004.

BOBBIO, Norberto. **Da estrutura à função**: novos estudos de teoria do direito. Trad. Daniela Beccaccia Versiani; revisão técnica de Orlando Seixas Bechara e Renata Nagamine. Barueri: Manole, 2007.

CARVALHO, Aurora Tomazini de. **Curso de teoria geral do direito**: o Constructivismo Lógico-Semântico. 5. ed. São Paulo: Noeses, 2016.

CARVALHO, Paulo de Barros. **Direito tributário**: fundamentos jurídicos da incidência. 11. ed. São Paulo: Noeses, 2021.

CARVALHO, Paulo de Barros. Teoria da norma tributária. 5. ed. São Paulo: Quartier Latin, 2009.

FAVACHO, Fernando Gomes. **Definição do conceito de tributo**. São Paulo: Quartier Latin, 2011.

KELSEN, Hans. **Teoria pura do direito**. Trad. João Baptista Machado. 7. ed. São Paulo: Martins Fontes, 2006.

MACHADO, Hugo de Brito. **Os princípios jurídicos da tributação na Constituição de 1988**. 5. ed. São Paulo: Dialética, 2004.

McNAUGHTON, Charles William. **Curso de IRPF**. São Paulo: Noeses, 2019.

PAULSEN, Leandro. **Direito tributário**: Constituição e Código Tributário à luz da doutrina e da jurisprudência. 11. ed. Porto Alegre: Livraria do Advogado, 2009.

SILVA, Paulo Roberto Coimbra. **Direito tributário sancionador**. São Paulo: Quartier Latin, 2007.

SOUSA, Rubens Gomes de; ATALIBA, Geraldo; CARVALHO, Paulo de Barros. **Comentários ao Código Tributário Nacional**. 2. ed. São Paulo: Quartier Latin, 2007.

SCHOUERI, Luis Eduardo. **Direito tributário**. 2. ed. São Paulo: Saraiva, 2012.

Repercusiones socio económicas del derecho tributario colombiano

Anayibe Ome Barahona

RESUMEN

1. Introducción. 2. El derecho tributario y su tendencia de justicia social. 3. Régimen jurídico para el ejercicio y desarrollo de actividades económicas en el ordenamiento colombiano. 4. El derecho tributario y su impacto en la economía nacional. 5. Incentivos tributarios que impulsan el desarrollo de los principales renglones de la economía nacional. 6. Panorama jurídico de las reformas tributarias del siglo XXI. 7. Consideraciones finales. Referentes.

1 Introducción

En Colombia, el Derecho tributario no es una rama autónoma, está inmersa en el Derecho administrativo, parte esencial del Derecho público, regulador de la organización y funcionamiento del complejo estatal encargado de materializar la política social y económica, y de moderar la relación Estado – ciudadanos. Es decir que el Derecho tributario en el ordenamiento jurídico colombiano se aborda como una disciplina dependiente del Derecho administrativo, a diferencia de otros sistemas jurídicos – como el español – donde el Derecho tributario y el Derecho presupuestario toman relevancia e independencia, pese a hacer parte del Derecho financiero, especialidad encargada de regular los ingresos y gastos del Estado.

Debido a lo anterior, los planes de estudio de los programas universitarios de Derecho, inscriben el Derecho tributario como un espacio académico electivo de profundización, junto con especialidades como: contratación, ambiental, laboral, fiscal y Hacienda, entre otras. El hecho de no constituir una rama independiente en Colombia, no le resta importancia a esta especialidad jurídica que tiene por propósito fortalecer las finanzas del Estado, impulsar el desarrollo económico y social, así como, garantizar derechos y libertades constitucionales, gracias a su relación estrecha con otros campos del Derecho, como el Derecho de la Hacienda Pública, el Derecho Constitucional, el Derecho Económico, el Derecho Comercial, el Derecho Civil y su procedimiento, etc.

La utilidad económica y social que esta disciplina imprime a los distintos ordenamientos jurídicos, llevó a desarrollar el presente trabajo, con el objetivo de dar a conocer la forma como incide el Derecho tributario en el progreso social de todos los pueblos, y en el desarrollo económico de este país suramericano. En ese sentido, el presente texto se divide en siete acápites; el primero, está relacionado con la introducción, el segundo, muestra la tendencia de justicia social que caracteriza a la rama del Derecho en cuestión. Seguidamente y como acápite tres, se aborda el régimen jurídico que rige el ejercicio y desarrollo de actividades económica en Colombia, que incluye como sub – acápites, los derechos y principios constitucionales de orden económico, y el marco regulador.

El cuarto aparte, por su lado, plantea el impacto que produce el Derecho tributario sobre la economía nacional; mientras que el quinto, se detiene a relacionar los incentivos tributarios promotores del avance de los principales renglones de la economía nacional. El sexto, entre tanto, presenta el panorama jurídico de las reformas tributarias del siglo XXI que exhortó a examinar como sub – acápites: i) el nuevo mecanismo de extinción de la obligación tributaria: Obras por impuesto en las ZOMAC, ii) el principio constitucional de progresividad tributaria y, iii) la igualdad y equidad tributaria en los sujetos pasivos personas naturales del Impuesto sobre la renta; y, finalmente, el siete comprende las conclusiones.

2 El Derecho Tributario y su tendencia de justicia social

El Derecho tributario, rama principal del Derecho financiero, recoge las leyes tributarias que, en sí, constituyen "norma[s] general[es] y abstracta[s] que, [...] ante la ocurrencia de un determinado hecho fenoménico se producirá, como consecuencia jurídica, la instauración de una relación jurídico – tributaria" (CUCCI, 2014, p. 237). Estas leyes reglamentan la administración y control de los diferentes gravámenes, encargados de generar el recaudo que alimentan y fortalecen las arcas de la Nación, a partir del instituto jurídico del tributo compuesto por tres categorías básicas (impuesto, tasa y contribución especial) de reconocimiento internacional.

Esta rama jurídica hace posible la materialización de las políticas públicas, que buscan concretar "los objetivos de bienestar colectivo y [...] entender hacia dónde se quiere orientar el desarrollo y cómo hacerlo" (TORRES-MELO; SANTANDER, 2013, p. 15). De ahí que el Derecho tributario tenga una inclinación de justicia social, su operatividad no se limita a controlar un determinado número de gravámenes, en términos de MASBERNAT (2014, p. 141-146) su accionar se amplía a diversos contenidos y alcances, entre ellos, regular los ingresos y gastos, dos conceptos recíprocos que le permiten al ciudadano dar para recibir y viceversa.

La justicia que imprime la Constitución se extiende al sistema tributario, a cada una de las categorías que integran el instituto jurídico del tributo y a su repertorio de principios que lo vertebran. Frente a este panorama, un tributo resulta inconstitucional cuando no se ajuste al criterio de justicia tributaria, que "se plantea como vínculo y límite [del resto de] [...] principios tributarios" (BOLAÑOS, 2017, p. 61). La importancia y transcendencia del principio de justicia es de tal magnitud que, las NACIONES UNIDAS (2007, p. 1) reconocen su existencia cuando se respetan todos los derechos humanos y las libertades fundamentales. Es decir que, ante un eminente quebrantamiento de los anteriores, no puede hablarse de justicia social.

Entre los principios tributarios de trazo constitucional cobra importancia el criterio de legalidad, más conocido como de juridicidad, un concepto ampliamente abordado por RIVEROS (1998), cuya importancia radica en los diversos mecanismos jurídicos que propicia para encontrar solución a situaciones de orden político y social. EIBEN (2018), destaca las características de justicia inmersas en el principio de legalidad, propio del modelo de Estado de derecho, que en términos de UPRIMNY (2014, p. 170), presupone e involucra el funcionamiento de órganos e instituciones capaces de asegurar su respeto y cumplimiento. En términos de la Sentencia C-710/01 de la Corte Constitucional (Expediente D-3287, Magistrado Ponente – M.P, Jaime Córdoba), el principio de legalidad se asocia, de un lado, con el criterio de división de poderes, que le permite al legislador ostentar la condición de representante del conjunto de la sociedad, y de otro, con la relación individuo - Estado, por cuanto, su fuerza jurídica delimita el uso de poder de coerción, que solamente será legítimo cuando se acredite autorización previa de la ley.

En palabras de PIFFANO (2012, p. 17), la sociedad demanda un sistema tributario que acoja decisiones o pretensiones de interés colectivo, y que no se aparte de la justicia tributaria; eso llevó al legislador constituyente a arroparlo de una "serie de principios que, por una parte, [...] [cimientan] la existencia de las obligaciones tributarias y por otra, [...] [exhortan] a los administrados a su cumplimiento" (MUÑOZ; ORTIZ, 2016, p. 201), como por ejemplo, el deber de contribuir con las cargas e inversiones del Estado. Entre los propósitos que busca la colectividad está el progreso económico nacional, normalmente impulsado por la política fiscal, y, según CAMPOS, RADWAN y MELO (2018, p. 39), en el evento que concurra un mecanismo eficiente de recaudación y sea posible la distribución equitativa de riqueza, habrá fuentes de empleo y recursos para invertir, gracias al crecimiento del aparato productivo.

En opinión de NOVOA (2012), el estudio del Derecho tributario ha favorecido orientaciones conceptuales en materia de: i) cultura tributaria, ii) ingresos públicos o ingresos administrativos que acoge, entre otros instrumentos, las subvenciones, las donaciones y las tasas, iii) impuestos, iv) incentivos tributarios ambientales, etc., v) elementos constitutivos (cualitativos y cuantitativos) de las especies tributarias, y vi) la estructura formal y funcional del sistema tributario justo, que reclama la distribución equitativa del recaudo, el respeto por las garantías constitucionales de los obligados y la utilización del tributo como mecanismo dinamizador de las finanzas del Estado, que en su condición de institución jurídica, es regulado por el Derecho positivo.

3 Régimen jurídico para el ejercicio y desarrollo de actividades económicas en el ordenamiento colombiano

3.1 Derechos y principios constitucionales económicos

La Constitución Política de 1991 de Colombia, recoge los derechos sociales y económicos en el Capítulo 2 del Texto. Estos últimos, conocidos también como derechos económicos de libertad, se concretan en la propiedad y el cumplimiento de contratos; constituyen una garantía que tienen por finalidad "proteger el funcionamiento del mercado y la autonomía privada" (UPRIMNY; RODRÍGUEZ, 2005, p. 27). De ahí que los derechos económicos estén relacionados con la propiedad privada que lleva inmerso una función social de contenido ambiental, implicándole – en consecuencia – cumplir con obligaciones que conduzcan al sustento de las condiciones naturales del entorno. La propiedad privada, por consiguiente, está garantizada por el Texto Fundamental colombiano y el Estado está llamado a protegerla y promover las formas asociativas y solidarias de propiedad (Art. 58).

El sistema económico colombiano está cimentado por distintos principios constitucionales de los que es posible citar: i) el libre ejercicio de la actividad económica y de la iniciativa privada (Art. 333 C. P), ii) el derecho a ejercer libre competencia económica (Art. 333 C.P.), iii) el derecho a poseer propiedad privada (Art.58 C.P.), iv) la libertad para desempeñar cualquier profesión u oficio (Art. 26 C.P.), v) internacionalización de las relaciones económicas (Art. 226 C.P.), vi) la integración económica con otras naciones (Art. 227 C. P.), que en su conjunto, modulan la actividad económica, de las más importantes que complementan la función social a cargo del Estado, ya que con la producción de bienes y prestación de servicios coadyuva a materializar su cometido.

3.2 Marco regulador

El ejercicio de toda actividad económica en el ordenamiento colombiano se rige, inicialmente, por el Código de Comercio (Libro Segundo, Artículo 98 y subsiguientes) que regula todo lo concerniente a las sociedades mercantiles, entendidas éstas como todas aquellas que se constituyan para la ejecución de actos o empresas con fines mercantiles; no obstante, si se compone de actos mercantiles y, simultáneamente, de actos que no ostenten esa calidad, la sociedad será de – todos modos – de tipo comercial, y sí, por el contrario, su objeto social no contempla la ejecución de actos mercantiles, será considerada sociedad civil; sin embargo, esa condición no las exceptúa de la sujeción a la legislación mercantil (Art. 100).

Se suma a la lista legislativa la Ley 80 de 1993, de 28 de octubre, o Estatuto General de Contratación de la Administración Pública, que "tiene por objeto disponer las reglas y principios que rigen los contratos de las entidades estatales" (Art. 1). Tras ese propósito, regula las sociedades bajo cualquier modalidad que la legislación colombiana habilite constituir, y que sea sólo con la finalidad de presentar propuestas, celebrar y ejecutar contratos con las entidades del Estado. En dicho caso, la citada Ley 80 estipula que, la responsabilidad de tales sociedades y los efectos surgidos a partir de las mismas se regirán por las disposiciones consagradas para los consorcios (Art. 7, Parágrafo 3º). Seguidamente encontramos la Ley 222 de 1995, de 20 de diciembre, modificadora del Libro II del Código de Comercio y establecedora del nuevo régimen de procesos concursales.

No es posible dejar de lado la legislación fiscal, actualmente consolidada en el Estatuto Tributario (E.T., en adelante), aprobado por el Decreto 624 de 1989, que compiló en un tomo la normativa con fuerza de ley relativa a los tributos del orden estatal, administrados por la Dirección de Impuestos y Aduanas Nacionales (DIAN, en adelante), es decir que no acopia la normativa reglamentaria. El E.T. recoge el articulado de los cuerpos legislativos y adquiere uno propio en sus seis libros que lo conforman. El primero, recoge la normativa aplicable al Impuesto sobre la Renta y Complementarios[1], el segundo integra la regulación del sistema de Retención en la fuente, el tercero aglomera la legislación del Impuesto sobre las ventas – IVA, el cuarto desarrolla la regulación del Impuesto de timbre nacional, el libro quinto incorpora lo concerniente al procedimiento tributario y en el libro sexto recopila la normativa jurídica propia del Gravamen a los movimientos financieros-GMF. El mismo grado de transcendencia tiene el Estatuto Aduanero, aprobado por el Decreto 2685 de 1999, para regular los impuestos de aduanas y de comercio exterior, gravámenes también administrados por la DIAN.

---

[1] Conforme las disposiciones generales del E.T., el Impuesto sobre la Renta y Complementarios constituyen un solo impuesto.

En igual orden de importancia citamos la Ley 1014 de 2006, de 26 de enero, de fomento a la cultura del emprendimiento; que tiene entre sus objetos: i) promover el espíritu emprendedor en todos los estamentos educativos del país; ii) establecer mecanismos para el desarrollo de la cultura empresarial; iii) propiciar las condiciones para la creación y operación de nuevas empresas; iv) propender por el desarrollo productivo de las micro y pequeñas empresas innovadoras; v) fortalecer los procesos empresariales que contribuyan al desarrollo local, regional y territorial. Asimismo, su Decreto Reglamentario 4463 de 2006, de 15 de diciembre, que permite crear:

> Art. 1. Sociedades comerciales unipersonales, de cualquier tipo o especie, excepto comanditarias; o, sociedades comerciales pluripersonales de cualquier tipo o especie, siempre que al momento de su constitución cuenten con diez (10) o menos trabajadores o con activos totales, excluida la vivienda, por valor inferior a quinientos (500) salarios mínimos legales mensuales vigentes"[2].

El ejercicio de toda actividad económica, no obstante, está enmarcado en los principios universales ambientales contenidos en la Declaración de Río de Janeiro sobre Medio Ambiente y Desarrollo (1992); y a nivel nacional, en los consagrados por la Ley 99 de 1993, dirigidos al ejercicio de todo tipo de actividad económica:

> Art. 1.1. El proceso de desarrollo económico y social del país se orientará según los principios universales y del desarrollo sostenible contenidos en la Declaración de Río de Janeiro de junio de 1992 sobre Medio Ambiente y Desarrollo. Art.1.2. La biodiversidad del país, por ser patrimonio nacional y de interés de la humanidad, deberá ser protegida prioritariamente y aprovechada en forma sostenible. Art.1.7. El Estado fomentará la incorporación de los costos ambientales y el uso de instrumentos económicos para la prevención, corrección y restauración del deterioro ambiental y para la conservación de los recursos naturales renovables.

Es menester – en consecuencia - que el avance económico nacional esté orientado en los principios universales de Desarrollo Sostenible, ya que la biodiversidad del país, patrimonio nacional y de interés de la humanidad, requiere ser aprovechada en forma adecuada. Es preciso reconocer el esfuerzo incesante del legislativo colombiano en materia de regulación del conglomerado ambiental, que inició con el acopio de varios principios propios de la Convención de Estocolmo de 1972 y su traslado al Decreto Ley 2811 de 1974, denominado Código Nacional de Recursos Naturales Renovables y de Protección al Medio Ambiente - CNRNRAM, todavía vigente.

A decir verdad, la Convención de Estocolmo y el CNRNRAM sirvieron de modelo para el diseño de algunos preceptos de la Carta Magna de 1991:

---

[2] El salario mínimo mensual de Colombia que rige para 2022, equivale a USD 215,29 mensuales.

Art. 79. Todas las personas tienen derecho a gozar de un ambiente sano. [...]. Es deber del Estado proteger la diversidad e integridad del ambiente, conservar las áreas de especial importancia ecológica y fomentar la educación para el logro de estos fines.

Art.80. El Estado planificará el manejo y aprovechamiento de los recursos naturales, para garantizar su desarrollo sostenible, su conservación, restauración o sustitución. Además, deberá prevenir y controlar los factores de deterioro ambiental, imponer las sanciones legales y exigir la reparación de los daños causados.

Art. 81. Queda prohibida la fabricación, importación, posesión y uso de armas químicas, biológicas y nucleares, así como la introducción al territorio nacional de residuos nucleares y desechos tóxicos.

Estos preceptos constitucionales y varios criterios emanados de la Declaración de Río de Janeiro, sirvieron - al mismo tiempo – de fundamento para la expedición de la Ley 99 de 1993, marco de medio ambiente, promotora del Sistema Nacional Ambiental-SINA e institucionalizadora del hoy Ministerio de Ambiente y Desarrollo Sostenible, máximo órgano de carácter ambiental, que ha evaluado la necesidad de ampliar la legislación ambiental y de armonizarla a los avances económicos y sociales.

3.3 Caracterización de la economía nacional y sus sectores más representativos

SECRETARÍA GENERAL DE LA COMUNIDAD ANDINA (2011, p. 25-26), en uno de sus informes dio a conocer cinco sectores de la economía colombiana que el Ministerio de Hacienda y Crédito Público califica de "locomotoras del crecimiento económico", por generar impacto positivo sobre los ingresos de los hogares, el empleo, la demanda interna de la economía y la sostenibilidad fiscal del país. Estos sectores son: i) el minero-energético, ii) sector de vivienda, iii) infraestructura, iv) agro, e v) innovación tecnológica.

El primero, integrado por los subsectores eléctrico, petrolero, de gas natural, carbón mineral, de biocombustibles, de fuentes renovables y fuentes no convencionales. Es uno de los más antiguos del país, goza de capacidad de inversión en explotación de la empresa industrial del Estado, Ecopetrol, y se caracteriza por ser un gran receptor de inversión extranjera; no obstante, y pese a que es uno de los sectores económicos más grandes del país, en "2015, la participación del sector minero en el PIB fue de 8.47%, inferior al 9,30% del año 2011, siendo una de las ramas con menor participación en el PIB" (LUENGAS, 2019, p. 14); por debajo de la industria manufacturera, SIERRA y VELANDIA (2018, p. 10), apuntan que la contribución de este sector se ubicó en 11.06% en 2015, 0.98% menos respecto a 2012 que fue del 12.04%.

Le sigue el sector de vivienda, que, en términos de VARGAS y MOSCOSO (2020, p. 9), históricamente, junto con el sector minero-energético, han empujado el crecimiento de la economía colombiana. Pese a que el sector de la construcción no ha tenido representación significativa dentro del PIB, es de los sectores con más dinamismo de la economía nacional, su alta capacidad de generación de empleo ha hecho que se considere un sector económico bastante importante, generador de desarrollo. El destacado comportamiento del sector en cuestión, hizo que sus políticas se llevaran a los planes nacionales de desarrollo, como "estrategia de reducción de la pobreza y no en la [línea] de "crecimiento económico alto y sostenido"" (HURTADO, 2011, p.4).

Empezando la primera década del nuevo Siglo, los Gobiernos de turno acostumbraban fortalecer la política social, incentivando el aumento de la oferta de vivienda y otorgando subsidios a las familias de escasos recursos económicos para facilitar la compra de casas de habitación y permitir el acceso a la misma, ahora la política social se vigoriza, además, con otras estrategias – igualmente – generadoras de empleo, como la creación de empresa en zonas que fueron estropeadas por el conflicto armado o que han sufrido las consecuencias de los rigores de la naturaleza.

La tercera locomotora comprende el sector de infraestructura, integrada, fundamentalmente, por puertos marítimos, carreteras principales y terciarias, así como, aeropuertos de más calidad y capacidad. Su eficiencia se ha visto en la disminución de costes en el traslado de productos de exportación y en la mejora del intercambio de bienes en el mercado interno. En cuarto renglón está el agro, y su fortalecimiento obedece al desarrollo de la agricultura y la ganadería bovina; un frente económico que, según el MINISTERIO DE HACIENDA Y CRÉDITO PÚBLICO (2010, p. 15-18),– por décadas - estuvo decaído a raíz del conflicto armado, pero, gracias a: i) los programas de incentivo para la tecnificación y desarrollo del sector, ii) las nuevas políticas de restitución de tierras a las víctimas de la violencia, buscando su retorno al campo, lugar de donde salieron desplazados forzosamente; y iii) la firma de nuevos tratados comerciales que amplió el mercado de exportación para los productos agrícolas nacionales, la competitividad del sector se elevó y mejoró sustancialmente.

En quinto lugar se posiciona la innovación tecnológica, un sector bastante prometedor para el país, del que se esperan resultados positivos y reales en el futuro, con impactos positivos en el crecimiento económico colombiano, a través de la formulación y ejecución de muchos proyectos atrayentes. El Gobierno nacional, con este sector, aspira consolidar estándares altos de calidad; inicialmente se apuesta por la cualificación del capital humano, de modo que trascienda en la producción de bienes con valor agregado, por cuanto, generar productos con estándares de calidad implica mayores ingresos para los trabajadores y las familias, al tiempo que significa, crecimiento de la economía general del país.

4 El Derecho Tributario y su impacto en la economía nacional

El éxito de la economía nacional depende - en gran parte – del desarrollo de los objetivos fiscales, cuyos resultados están sujetos a las estructuras del sistema tributario que, de llegar a fallar el mecanismo de recaudo progresivo de los diferentes tributos, la actividad económica de los obligados tributarios sufriría menoscabo, afirman MONTOYA, RODRÍGUEZ y CABRERA (2020, p. 197); quebrantándose, así, la capacidad contributiva de los mismos, principal postulado constitucional que delimita el poder tributario del Estado. En palabras de PIFFANO (2012, p. 17), no basta que el sistema tributario busque la eficiencia económica y la equidad distributiva, es necesario - también - que cuente con una Administración tributaria capaz de ejercer un control óptimo de los tributos. Un tributo puede estar perfectamente diseñado, pero, eso no lo exime de dificultades de orden recaudatorio y de fiscalización, inhibiendo los propósitos de política pública que con él se persiguen.

A pesar de la importancia de la función fiscal de los tributos, los estudios dejaron de centrarse en la acción de recaudar, un ejemplo de ello, son los realizados por ORIHUELA (2017, p. 3) que, ahora se detienen a examinar en detalle el impacto que produce la carga fiscal sobre el universo de los obligados tributarios, la sociedad y el mercado, arbitrado por el Estado, cuya injerencia se mide en la regulación y dirección de las distintas actividades económicas, inspeccionadas por las autoridades administrativas encargadas de materializar los objetivos del Estado. Al respecto, HERNÁNDEZ (2019, p. 13), recuerda que el Fisco tiene la competencia puntual de garantizar el normal funcionamiento de la economía doméstica. De ahí que le corresponda "mantener una efectiva fiscalización de las operaciones y de los actos que practican los contribuyentes. Con ello se [...] [inhibe] el crecimiento [...], [del] fraude fiscal y demás modos de infringir la legislación" (TORRES, 2007, p. 12).

Labor no del todo sencilla, la globalización con "la expansión y la considerable movilidad de los capitales" (CEPAL, 2002, p.19), en palabras de PADIAL (2003, p. 60), incide notoriamente en los procesos de producción empresarial, haciendo engorroso la identificación del origen exacto de las rentas, repercutiendo en la delimitación de la base imponible del impuesto que grava la utilidad de las empresas de operación transnacional, precisamente porque éstas funcionan bajo "sistemas de producción integrados" (CEPAL, 2002, p. 19), ésto, les ayuda a reaccionar con más "capacidad de maniobra ante eventuales cambios, tales como [...] las fuerzas del mercado (inteligencia de mercado) [...] [y frente a] una situación de crisis" (ROMERO; COLINA, 2014, p. 71). En suma, la globalización económica repercute "en la configuración del sistema tributario y en los principios informadores de la política fiscal" (CAAMAÑO; CALDERÓN, 2002, p. 180).

El éxito del Derecho tributario sobre la economía local se mide por la estabilidad del sistema tributario que se lo proporcionan las leyes fiscales. En el caso colombiano, el flujo de reformas tributarias de tipo coyuntural, aprobadas en las últimas décadas, en opinión de CONFECÁMARAS (2005, p. 60) han hecho que sea complejo e inestable el sistema, generado serios problemas al país, en materia de inversión de capital nacional y extranjero. Pese a que "las reformas de la última década han sido efectivas para incrementar el recaudo, han causado un retroceso en la estructura tributaria del país" (CÁRDENAS; MERCER-BLACKMAN, 2006, p.1). Cuando un sistema es complejo, SARMIENTO, PENAGOS y CASTRO (2016, p. 15), explican que, los agentes económicos se sienten exhortados a distorsionar su capacidad de decisión en el orden económico, tributario, contable y financiero. ALMEIDA (2017, p. 53) considera, en ese sentido que, la complejidad del sistema también trae aparejado el fenómeno de la informalidad que consiste en el ejercicio de actividades legales no declaradas, agrupadas en las llamadas actividades de la economía oculta.

El CONSEJO PRIVADO DE COMPETITIVIDAD (2011) admite que, la estructura tributaria influye significativamente en el desarrollo económico y la competitividad del país. Obviamente, en la medida que un sistema tributario sea adecuado, es posible: i) modelar los incentivos tributarios que facilitan la inversión de capital, la generación de empleo y la exploración de alternativas de nuevos negocios, ii) generar recursos económicos suficientes, y iii) garantizar la estabilidad de las finanzas públicas. Todo en su conjunto, posibilita la satisfacción de las necesidades básicas de la población, no cubiertas en su totalidad en los países en vía de desarrollo, donde los umbrales de pobreza son altos, a raíz – precisamente - de problemas de índole de "distribución de ingresos, recursos productivos, tierra, capital, entre otros" (HERRERA; BARICHELLO, 2015, p. 42).

5 Incentivos tributarios que impulsan el desarrollo de los principales renglones de la economía nacional

El legislador fiscal colombiano haciendo uso de los fines extrafiscales del tributo en general, y de cada una de las categorías que lo integran, en particular; a través de los Impuestos sobre la renta e IVA, fijó beneficios tributarios para impulsar el desarrollo de los principales renglones de la economía. Aunque ZÚÑIGA, AGUILAR y PEDREROS (2019, p. 141), son escépticos frente al fenómeno de la extrafiscalidad, por cuanto, el principio de neutralidad o de no intervencionismo que rige el Derecho Tributario, evita que los tributos influyan en la toma de decisiones económicas de los sujetos interesados. A pesar de ello, la legislación tributaria contempla varios incentivos que favorecen la inversión extranjera directa (IED) y varios sectores claves de la economía nacional, con tratamiento de descuentos tributarios en el Impuesto sobre la renta y complementarios, tal como se presenta en la Tabla 1:

TABLA 1 – DESCUENTOS TRIBUTARIOS EN MATERIA DEL IMPUESTO SOBRE LA RENTA

Tipo de Incentivo	Sector Vinculado	Descripción	Norma Regulatoria
Inversiones económicas en control, conservación y mejoramiento ambiental	Medio Ambiente	Las personas jurídicas tienen derecho a descontar de su impuesto a cargo, el 25% de las inversiones realizadas en el respectivo ejercicio gravable.	Artículo 255, Estatuto Tributario
Inversiones en mejoramiento ambiental	Turístico	Los sujetos pasivos que adquieran predios destinados a la ejecución de actividades de conservación y restauración de recursos naturales renovables, pueden descontar del impuesto hasta el 35% del costo, aun cuando en ellos se desarrollen actividades turísticas; siempre y cuando la actividad turística sea compatible con la conservación y restauración de la diversidad biológica, los recursos naturales renovables y el medio ambiente.	Párrafo 2, Artículo 255, Estatuto Tributario
Inversiones en investigación, desarrollo tecnológico o innovación	Todos los sectores	Los sujetos pasivos que inviertan en proyectos de impacto ambiental, calificados así, por el Consejo Nacional de Beneficios Tributarios en Ciencia y Tecnología en Innovación, tienen derecho a descontar de su impuesto a cargo, el 25% del valor invertido en dichos proyectos.	Artículo 256, Estatuto Tributario
Crédito fiscal	Todos los sectores	Las Micro, Pequeñas y Medianas empresas podrán acceder a un crédito fiscal por un valor del 50% de la inversión realizada en proyectos de Investigación, Desarrollo Tecnológico e Innovación o vinculación de personal con título de doctorado.	Artículo 256-1, Estatuto Tributario

IVA pagado en activos fijos reales productivos.	Responsables del impuesto sobre las ventas (IVA) de todos los sectores	Los sujetos pasivos del IVA, pueden descontar del impuesto sobre la renta que corresponda al año en el que se efectúe su pago, o en cualquiera de los periodos gravables siguientes, el IVA pagado en la adquisición, construcción o formación e importación de activos fijos reales productivos.	Artículo 258-1, Estatuto Tributario

Fuente: Diseño propio a partir de articulado del Decreto 624 de 1989, que expide el Estatuto Tributario.

La Ley 2010 de 2019 (Art. 91), al modificar el Art. 235-2 E.T., declaró varias rentas como exentas en el Impuesto sobre la renta, por el término de diez (10) años, a partir del ejercicio gravable 2019 o del año en que el Ministerio de Agricultura y Desarrollo Rural emita el acto regulatorio de las rentas provenientes de inversiones que incrementen la productividad en el sector agropecuario. Medidas establecidas de cara a fomentar el desarrollo del campo colombiano. La Ley 1715 de 2014, modificada por la Ley 2099 de 2021, también contempla dos importantes deducciones tributarias dirigidas al sector energético, tal como lo enseña la Tabla 2.

TABLA 2 – DEDUCCIONES TRIBUTARIAS EN MATERIA DEL IMPUESTO SOBRE LA RENTA

Tipo de Incentivo	Sector Vinculado	Descripción	Norma Regulatoria
Proyectos en investigación, desarrollo e inversión	Energético	Las actividades de generación a partir de fuentes no convencionales de energía -FNCE que realicen erogaciones para producir y utilizar energía generada por fuentes no convencionales de energía y lleven a cabo gestión eficiente de la energía, pueden deducir en el Impuesto sobre la renta, en un periodo no mayor de 15 años contados a partir del año gravable siguiente al que haya entrado en operación la inversión, un monto equivalente al 50% del valor total de la inversión, sin que la deducción supere el 50% de la Renta Líquida declarada.	Artículo 11, Ley 1715 de 2014, modificado por la Ley 2099 de 2021 (Art. 8).
Instrumento para la promoción de las fuentes no convencionales de energía - FNCE y gestión eficiente de la energía: Depreciación acelerada de activos a una tasa anual no mayor del 33.33%.	Energético	Aplicable a las maquinarias, equipos y obras civiles necesarias para la pre-inversión, inversión y operación de los proyectos de generación con fuentes no convencionales de energía –FNCE, asimismo, para la medición y evaluación de los potenciales recursos y para acciones o medidas de gestión eficiencia de la energía, incluyendo equipos de medición inteligente que sean adquiridos y/o construidos, exclusivamente para esto fines.	Artículo 14, Ley 1715 de 2014, modificado por la Ley 2099 de 2021 (Art. 11).

Fuente: Diseño propio a partir de las Leyes 1715 de 2014, y su modificatoria 2099 de 2021.

El sector eléctrico, y en particular, los generadores de energía para fuentes renovables no convencionales o energías renovables; goza de exenciones en gravámenes arancelarios y de la exclusión y exención en el IVA. En virtud del Art. 477 E.T., los inversores de energía, así como, los controladores de carga para sistemas de energía solar con paneles, y los mismos paneles solares, están exentos del IVA. Los usuarios aduaneros, en consecuencia, tienen derecho a solicitar la devolución del IVA pagado por estos bienes, en declaraciones de importación nacionalizadas. La energía – en general -, entre tanto, no causa el Impuesto sobre las ventas, por cuanto, clasifica dentro de los bienes excluidos del impuesto, de que trata el Art. 424 del E.T.

De acuerdo al DANE (2022, p. 6), la ganadería tuvo un crecimiento de valor agregado en el IV trimestre de 2021, del 4%; y es que, desde el siglo pasado viene añadiendo valor al sector agropecuario, su significativa contribución ha llevado a tildarlo de mayor importancia dentro de las actividades agropecuarias; desafortunadamente, en palabras de NOVOA (2006, p. 57) su aportación no ha pesado dentro de las exportaciones. Esta realidad hizo que se incentivara el desarrollo ganadero a partir de incentivos tributarios; por eso, actualmente la carne de animales de la especie bovina, fresca, refrigerada o congelada, tiene la consideración de bienes que se encuentran exentos del IVA. Incentivo, luego extendido a la carne porcina, ovina, caprina, caballar, asnal o mular, a la carne y despojos comestibles, de aves, y al pescado fresco, refrigerado o congelado, excepto los filetes del mismo; también, a la leche, nata, queso y huevos frescos de gallinas y demás aves.

El legislador fiscal, no obstante, ha dinamizado la economía nacional mediante otros mecanismos; en esta ocasión, vale resaltar la declaratoria de zonas francas, que a la luz de la Ley 1004 de 2005, se trata de un:

> (Art. 1) [...] área geográfica delimitada dentro del territorio nacional, en donde se desarrollan actividades industriales de bienes y de servicios, o actividades comerciales, bajo una normatividad especial en materia tributaria, aduanera y de comercio exterior.

En palabras de PATERNINA y PEÑA (2014, p. 177), estos espacios jurídico- geográficos – además – de propiciar el ingreso de grandes capitales extranjeros al país, generando con ello, importantes beneficios a la población colombiana, como empleo y transferencia de conocimiento y tecnología; son objeto de exenciones en materia de Impuesto sobre la renta, IVA e Industria y Comercio. No cabe duda que estas zonas son bastante atractivas para los agentes económicos, y lo seguirán siendo, ya que el Estado viene fortaleciéndolas "con muchos más beneficios, [...] [y] con disposición para empresas que deseen empezar sus operaciones en estos lugares y gozar de tarifas diferenciales" (CALLEJAS, 2021, p. 20).

6 Panorama jurídico de las reformas tributarias del Siglo XXI

Durante las dos primeras décadas de este tercer milenio (2000-2019) el legislador fiscal, llegó a aprobar once reformas tributarias, y una en lo corrido de esta tercera década (2021), para un total de 12 reformas proferidas en lo transcurrido de este milenio. A continuación se resaltan las principales novedades de las dos últimas reformas tributarias:

TABLA 3 – ÚLTIMAS DOS REFORMAS TRIBUTARIAS

Reforma	Principales novedades introducidas	Modificaciones, eliminaciones y derogaciones	Observación
Ley 2010 de 2019 (Ley de crecimiento económico)	Establece la normalización tributaria para contribuyentes con activos omitidos o pasivos inexistentes. Decreta tres días sin IVA para todo el territorio nacional. Establece un descuento del 50% sobre el Impuesto de Industria y Comercio (ICA) para 2020 y 2021. Y, 100% para 2022.	Revive el Régimen de Tributación Simple, establecido por la Ley 1943 de 2018, declarada inexequible por la Corte Constitucional. Reafirma la vigencia del Régimen de Responsabilidad del IVA. Eliminó varios descuentos tributarios en el Impuesto sobre la renta, a partir de 2020.	
Ley 2155 de 2021 (Ley de Inversión Social)	Permite que pertenezcan al Régimen de Tributación Simple, empresas cuyos ingresos brutos anuales sean inferiores a 100.000 UVT (US$ 979.588). Reduce del 35% al 30% la tarifa del Impuesto sobre la Renta y complementarios, para las Sociedades nacionales y sus asimiladas, los establecimientos permanentes de entidades del exterior y las personas jurídicas extranjeras con o sin residencia en el país, a partir de 2022. Establece de forma permanente el incentivo fiscal de tres días sin IVA. Fija la factura de renta.	Decreta una nueva normalización tributaria para que los contribuyentes con activos omitidos o pasivos inexistentes aclaren su situación fiscal.	Aumentó de 80.000 a 100.000 UVTs (US$913.880,36). Afectando a empresas cuyos ingresos brutos anuales sean superiores a las 100.000 UVT, que quedan excluidas del Régimen de Tributación Simple.

Fuente: Diseño propio a partir de datos extraídos de la legislación fiscal.

6.1 Nuevo mecanismo de extinción de la obligación tributaria: obras por impuesto en las ZOMAC

La legislación tributaria colombiana contempla sus propios mecanismos de extinguir la obligación tributaria, no obstante, en algunos casos especiales se puede recurrir a las formas que consagra el Derecho civil como mecanismos extinguidores de las obligaciones. En su conjunto, es posible listar las siguientes: solución o pago, anticipos, compensación, nulidad y revocación, prescripción, novación, condición resolutoria, devoluciones y cobro coactivo. Entre las formas de obtener la solución o pago, se tienen los pagos de contado, los acuerdos de pago y las obras por impuesto.

En relación a las obras por impuesto, constituye la principal novedad tributaria introducida por la Ley 1819 de 2016, que va dirigida a las personas naturales o jurídicas obligadas a llevar contabilidad, contribuyentes del impuesto sobre la renta y complementarios, que en el período gravable inmediatamente anterior hayan obtenido ingresos brutos iguales o superiores a 33.610 Unidades de Valor Tributario (USD 313.865,00).

Este mecanismo, un modelo tomado de Perú, creado en este ordenamiento mediante Ley 29230 de 2008, además de posibilitar la realización de inversiones en infraestructura, muy "necesaria para incrementar la productividad, crecimiento y desarrollo de un país" (SEREBRISKY et al, 2017), permite a los obligados tributarios, a esos efectos, celebrar convenios con entidades públicas nacionales para recibir a cambio títulos negociables en los términos previstos por la ley.

Los títulos negociables que la norma contempla, se adquieren con el fin de realizar el pago del impuesto bajo compromisos de inversión directa en la ejecución de proyectos relacionados con agua potable y saneamiento básico, energía, salud pública, educación pública, bienes públicos rurales, adaptación al cambio climático y gestión del riesgo, pagos por servicios ambientales, tecnologías de la información y comunicaciones, infraestructura de transporte, infraestructura productiva, infraestructura cultural, infraestructura deportiva y las demás que defina el manual operativo de Obras por Impuestos; de trascendencia económica y social, en municipios ubicados en las llamadas Zonas Más Afectadas por el Conflicto Armado (ZOMAC).

Este mecanismo, tildado – también - de alivio fiscal o de incentivo para el sector privado en la labor de construcción de la paz nacional, ha tenido gran aceptación entre los obligados tributarios, por cuanto, pueden ver materializado el impuesto a su cargo en obras de beneficio comunitario. Estudios de CARVAJAL y MOREN (2020, p. 3), muestran que entre 2018 y 2020, las autoridades colombianas han logrado aprobar 100 proyectos bajo esta modalidad, en cuantías importantes, así: en 2018, US$ 53.688,70; en 2019, US$ 60.187,09; en 2020, US$ 50.954,57, para un total de: US$ 164.830,37 en los tres años fiscales.

6.2 Revisión al principio constitucional de progresividad tributaria

El sistema tributario está vertebrado en un amplio abanico de principios constitucionales, algunos consagrados taxativamente en el Texto Fundamental y otros, por el contrario, recogidos de manera tácita, sin que esto les reste relevancia; tanto en el primer como en el segundo caso, el nivel jurídico de acatamiento por el Estado y los particulares es el mismo. El principio de progresividad hace parte de ese repertorio y se configura, de una parte, en un "referente para la realización del Estado constitucional, social, democrático y ambiental de derecho" (CALVO, 2011, p. 67), y, de otra, en el "principal fundamento en la ampliación progresiva, y, además, significativa de los Derechos Humanos y de los mecanismos jurídicos orientados hacia su protección" (MUÑOZ, 2019, p. 3).

La Convención Americana sobre Derechos Humanos, buscando el desarrollo creciente en la materia, invita a los Estados miembros a trabajar decididamente para:

> (Art. 26) [...] lograr progresivamente la plena efectividad de los derechos que se derivan de las normas económicas, sociales y sobre educación, ciencia y cultura, contenidas en la Carta de la Organización de los Estados Americanos, reformada por el Protocolo de Buenos Aires.

Exhortación que aplica al campo tributario, por cuanto, impulsa al Estado a garantizar el efectivo cumplimiento de los derechos humanos. Siguiendo lo preceptuado por la Convención anterior, la Carta Política colombiana de 1991, recoge expresamente la progresividad en el Art. 363, que también ordena fundamentar el sistema tributario en el principio en cuestión, y en los criterios de equidad, eficiencia y no retroactividad.

El principio de progresividad no se agota en un impuesto determinado, aunque está presente en cada una de las especies tributarias, la Corte Constitucional, en su Sentencia C-521/19 (Expediente D-13124 - M.P. Cristina Pardo), recuerda que la progresividad de un impuesto no puede analizarse aisladamente del resto de figuras, sino a partir de sus efectos frente al conjunto del sistema tributario, integrado – como se sabe - por toda una organización legislativa, administrativa y técnica, que no estaría bien, estudiarse sin el asocio del límite espacial y temporal de la realidad en que el Estado ejerce su poder tributario.

El principio de progresividad tributaria imprime respeto del Estado hacia el ciudadano a la hora de exigir tributos, en cuanto, puede detraer renta sólo en forma progresiva según la capacidad económica individual del obligado. La principal manifestación de justicia tributaria se observa en el evento que el tributo consulte la capacidad económica del obligado, de manera que los sujetos con mayor renta contribuyan en proporción superior que aquellos con menores posibilidades económicas; es precisamente lo que viene resisando el legislador fiscal con el universo de obligados tributarios personas naturales, objeto de constantes reparos frente a la estructura de la tributación sobre la renta.

6.3 En búsqueda de la igualdad y equidad tributaria en los sujetos pasivos personas naturales del impuesto sobre la renta

La Sentencia C-397/11 de la Corte Constitucional (Expediente D-8304, M.P.

Jorge Ignacio Pretelt), siguiendo la regla inspirada en el mandato de justicia tributaria, establece que "los tributos han de gravar de igual manera a quienes tienen la misma capacidad de pago (equidad horizontal) y han de gravar en mayor proporción a quienes disponen de una mayor capacidad contributiva (equidad vertical)". Precepto que pareciera no cumplirse con los obligados personas naturales con residencia fiscal en territorio nacional, del Impuesto sobre la renta. Opinión justificada en el tratamiento diferencial que, desde la entrada en vigor la Ley 1607 de 2012, viene recibiendo ese grupo de contribuyentes. BONILLA et al (2015, p. 92), establecen que a diferencia de otros países europeos de la OCDE y de América Latina, en Colombia la tributación de los impuestos directos ha estado a cargo del sector empresarial que, en 2012, aportó el 82,6% del recaudo, mientras que, las personas naturales, en ese mismo año fiscal, lo hicieron con el 17.4%.

PEÑARANDA NIÑO (2017, p. 30) explica que, en aras de aumentar la participación de las personas naturales (físicas) en los ingresos tributarios, y con ello, lograr la igualdad y la equidad en el recaudo comparativo entre personas naturales y jurídicas, llevó al legislativo a aprobar la Ley 1607 de 2012, con la integración de dos mecanismos novedosos para determinar la renta de las personas naturales: Impuesto Mínimo Alternativo Nacional (IMAN) e Impuesto Mínimo Alternativo Simple (IMAS). El primero para la categoría de empleados y el segundo dirigido a la clasificación de trabajadores por cuenta propia; dos formas de liquidar el impuesto de renta que se suma al sistema ordinario o tradicional, recogido en el Art. 26 E.T.

Los estudios de ALEMÁN (2015, p. 19) han mostrado que los principios de progresividad y equidad horizontal se cumplen a cabalidad con la aplicación del mecanismo IMAN, mientras que con el IMAS, el efecto de los dos principios anteriores no es claro, básicamente porque el valor del impuesto a cargo generalmente resulta inferior al determinado por el sistema ordinario o el IMAN. Debido a que los dos mecanismos (IMAN e IMAS) no produjeron los resultados esperados, la Ley 1819 de 2016, cambió al sistema cedular el mecanismo de liquidar el impuesto de renta para las personas naturales residentes en el país, dividiendo las rentas en cinco fuentes y cédulas: i) de trabajo, ii) no laborales, iii) de pensiones, iv) de capital, y v) de dividendos y participaciones.

Sistema que no duró mucho tiempo en vigor, la Ley 2010 de 2019, mediante el Artículo 160, simplificó a tres el sistema cedular, quedando los distintos ingresos de las personas naturales residentes fiscales, clasificados y agrupados en las siguientes cédulas, reguladas ampliamente por el Estatuto Tributario: i) general, que recoge las rentas de trabajo, de capital y las no laborales (Art. 335 y 336 E.T), ii) de pensiones (Art. 337 E.T.), y iii) dividendos y participaciones (Art. 342 y 343). La Hacienda pública espera con esta modalidad, cerrar la brecha a la evasión fiscal, causada por situaciones de "informalidad de la economía, la ineficiencia de las entidades encargadas de fiscalizar y recaudar, el desconocimiento de la ley y [...] [de] factores como género, ideología, nivel de ingresos, etc." (ABAD; MEJÍA, 2015, p. 66).

El sistema cedular presenta cambios representativos en la depuración de la base gravable más que en las tarifas del impuesto, esto ha beneficiado al fisco nacional, en la medida que recibe mayor recaudo, ayudando en la reducción del déficit fiscal nacional, resultados que – en últimas - la Hacienda pública persigue; sin embargo, bajo la mirada de MARTÍNEZ y ZAPATA (2019, p. 16), los objetivos conseguidos lastran con los vacíos jurídicos detectados, subsanados de alguna manera con decretos reglamentarios, contrariando el alcance de los principios de legalidad, igualdad y equidad. La Corte Constitucional, en referencia al principio de igualdad, aclara en su Sentencia C-521/19 (Expediente D-13124, M.P. Cristina Pardo) que, éste imprime un criterio diferencial, por cuanto, da un tratamiento desigual de conformidad con la situación económica o las características socio-económicas del grupo social que soporta la regulación tributaria. En relación al principio de equidad tributaria, ha sido enfática en señalar que, actúa como una clara manifestación de igualdad, criterio indicativo de una universal protección a diferencia del principio de equidad que actúa como límite al ejercicio de la potestad normativa del Legislador.

Consideraciones finales

El sistema tributario y con él, la rama del Derecho que lo regula, pese a cumplir un papel fundamental en el desarrollo de la política pública, no es bien visto por los ciudadanos, por cuanto, lo relacionan con Hacienda que a través de la función recaudadora del instituto jurídico del tributo, detrae renta de los obligados tributarios, en cumplimiento del precepto constitucional que consagra el deber tributario de todos los ciudadanos, ayudar con los gastos e inversiones del Estado.

La economía nacional es una de las preocupaciones sentidas del Estado, pues, de su correcto funcionamiento depende la materialización de la política pública, de ahí que la Carta Constitucional colombiana recoja un amplio repertorio de derechos y principios económicos que benefician al sector productivo y emprendedor a la hora de instituir empresa en territorio colombiano; entre ellos, es posible citar el libre ejercicio de la actividad económica y el disfrute de propiedad privada que se concreta con la aplicación del primero, garantizando al fisco la detracción de renta constante en el tiempo.

El sector productivo se extiende a varios renglones de la economía nacional, y – actualmente – se beneficia de diferentes incentivos tributarios que buscan promocionar el desarrollo económico y social, básicamente, en aquellas zonas del país más golpeadas por el conflicto armado interno que estuvo vigente por más de seis décadas; lugares cuyo avance ha estado postergado. La reducción por diez años del tipo impositivo a nivel del Impuesto sobre la renta, es de esos incentivos de amplia aceptación por el empresariado colombiano, ya que les ha exhortado y permitido instituir empresa en sitios donde los violentos antes no lo permitían.

El ejecutivo, responsable de las iniciativas de reforma tributaria, viene incesantemente buscando la igualdad y equidad tributaria en los sujetos pasivos - personas naturales - del Impuesto sobre la renta; principios constitucionales que se estima, han perdido alcance en este grupo de contribuyentes, cuyo porcentaje de recaudo en materia de renta es menor frente a las personas jurídicas, que se destacan por sostener las finanzas del Estado, con un aporte al erario público de más del 80% de los ingresos tributarios del presupuesto nacional.

Referentes

ABAD, María Clara Mesa; MEJÍA, Paulina Tamayo. **El sistema fiscal colombiano**: implicaciones y causas de la evasión, un acercamiento al concepto de cultura tributaria. Trabajo de grado para obtener el título de Abogado, Universidad EAFIT, Medellín, 2015, p. 66. Disponible en: https://repository.eafit.edu.co/handle/10784/11270. Accedido en: 20 abr. 2022.

ALEMÁN, Carmen Rosa. **Cumplimiento de los principios de progresividad y equidad en el impuesto de renta de las personas naturales pertenecientes a la categoría de empleados bajo los sistemas tributarios establecidos en la Ley 1607 de 2012**. Trabajo de grado para optar al título de Especialista en Administración y Auditoría Tributaria, Universidad de Bogotá Jorge Tadeo Lozano, 2015.

ALMEIDA, Pablo. **Control de la evasión tributaria en un país en vías de desarrollo: La visibilidad de la economía oculta y su evasión**, emòria presentada per optar al grau de Doctor por la Universitat de Lleida, Programa de Doctorat en Construcció Europea: Aspectes Jurídics i Econòmics, 2017.

BOLAÑOS, Lucía del Carmen. Justicia tributaria como principio constitucional en el Estado social de derecho. **Revista de Derecho: División de Ciencias Jurídicas de la Universidad del Norte**, n. 48, p. 54-81, 2017.

BONILLA, Ricardo et al. **Informe final presentado al ministro de hacienda y crédito público**, Comisión de expertos para la equidad y la competitividad tributaria, 2015. Disponible en: https://img.lalr.co/cms/2016/01/12014159/Informe%20Final.pdf. Accedido en: 24 abr. 2022.

CAAMAÑO, M. A.; CALDERÓN, J. M. Globalización económica y poder tributario: ¿Hacia un nuevo derecho tributario? **Anuario da Facultade de Dereito da Universidade da Coruña**, n. 6, p. 179-209, 2002.

CALLEJAS, Kevin Eliecer. Las zonas francas y los beneficios tributarios en Colombia. **Revista Ágora**, v. 9, n. 12, p. 19-31, 2021.

CALVO, Néstor Javier. Aplicación del principio de progresividad en la jurisprudencia constitucional colombiana. **Memorando de Derecho**, Año 2, n. 2, p. 63-81, 2011.

CAMPOS, Maricela Alejandra Garzón; RADWAN, Amr Radwan Ahmed; MELO, Jacqueline Marisol Peñaherrera. El sistema tributario y su impacto en la Economía Popular y Solidaria en el Ecuador. **Revista de Ciencia, Tecnología e Innovación**, v. 5, n. 1, p. 38-53, 2018.

CÁRDENAS, Mauricio; MERCER-BLACKMAN, Valerie. **Análisis del sistema tributario colombiano y su impacto sobre la competitividade**. Cuadernos de Fedesarrollo. 2006. Disponible en: https://www.repository.fedesarrollo.org.co/handle/11445/1915. Accedido en: 18 may. 2022.

CARVAJAL, María Camila; MOREN, Mauricio. **Distorsiones de la renta recibida del sector minero**. Cedetrabajo, 2020. Disponible en: https://cedetrabajo.org/wp-content/uploads/2020/08/Distorsiones-de-la-renta-recibida-del-sector-minero.pdf. Accedido en: 18 may. 2022.

CEPAL. **Globalización y desarrollo**. Brasilia: CEPAL, 9 abr. 2002. Disponible en: https://repositorio.cepal.org/handle/11362/2724. Accedido en: 18 may. 2022.

CONFECÁMARAS. **El sistema tributario colombiano**: impacto sobre la eficiencia y la competitividad. Bogotá: Cámara de Comercio Colombo-Americana - Confecámaras, 2005. Disponible en: https://www.repository.fedesarrollo.org.co/bitstream/handle/11445/1018/Repor_Agosto_2005_Cardenas_y_Mercer.pdf?sequence=2&isAllowed=y. Accedido en: 18 may. 2022.

CONSEJO PRIVADO DE COMPETITIVIDAD. Capítulo 9: sistema tributário. **Consejo Privado de Competitividad**, 2011. Disponible en: https://compite.com.co/wp-content/uploads/2017/05/2011Tributario.pdf. Accedido en: 20 abr. 2022.

CUCCI, Jorge Bravo. Los fines extrafiscales de los tributos. **Foro Jurídico**, n. 13, p. 236-241, 2014.

DANE. **Producto Interno Bruto (PIB)**. Bogotá, 16 may. 2022. Disponible en: https://www.dane.gov.co/files/investigaciones/boletines/pib/bol_PIB_Itrim22_producion_y_gasto.pdf. Accedido en: 18 abr. 2022.

EIBEN, Ezequiel. Principio de Juridicidad como fundamento del Estado de Derecho. **Tu Espacio Jurídico**, 2018. Disponible en: https://tuespacioj uridico.com.ar/tudoctrina/2018/10/24/1-78/. Accedido en: 20 mar. 2022.

GARCÍA, Jorge García. **Las políticas económicas y el sector ganadero en Colombia**: 1950-1977. Cuadernos de historia económica y empresarial, n. 19, Banco de la República de Colombia, 2006. Disponible en: https://www.banrep.gov.co/sites/default/files/publicaciones/archivos/chee_1 9.pdf. Accedido en: 20 may. 2022.

HERNÁNDEZ, Carlos F. Forero. El derecho tributario, ¿derecho administrativo o derecho económico? **Revista Dos mil tres mil**, v. 21, p. 7-33, 2019.

HERRERA, Julián Augusto Casas; BARICHELLO, Rodrigo. Hacia una noción sobre pobreza. **Revista Apuntes del Cenes**, v. 34, n. 59, p. 39-62, 2015.

LUENGAS, Héctor Hugo Henao. **Crecimiento y productividad del sector minero en Colombia**: una aproximación desde un enfoque de crecimiento restringido por balanza de pagos. Trabajo de grado presentado como requisito para optar al título de Magister en Relaciones y Negocios Internacionales, Universidad Militar Nueva Granada, 2019. Disponible en: https://reposi tory.unimilitar.edu.co/bitstream/handle/10654/32396/HenaoLuengasHectorH ugo2019.pdf?sequence=2&isAllowed=y. Accedido en: 22 may. 2022.

MARTÍNEZ, José Ferney Marín; ZAPATA, Adriana María Taborda. **El principio de legalidad en la reglamentación del sistema cedular del impuesto de renta en personas naturales con ocasión de la Ley 1819 de 2016**. Ensayo presentado para optar al título de Abogado, Universidad de San Buenaventura Colombia, 2019. Disponible en: http://bibliotecadigital.usb.edu.co/bitstream/10819/7346/1/Principio_Legalida d_Reglamentacion_Marin_2019.pdf. Accedido en: 20 abr. 2022.

MASBERNAT, Patricio. Justicia y sistema tributário: una mirada desde la perspectiva inglesa. **Revista Díkaion de Actualidad Jurídica**, v. 23, n. 1, p. 135-169, 2014.

MINISTERIO DE HACIENDA Y CRÉDITO PÚBLICO. **Estrategia económica y fiscal 2010-2014**, 2010. Disponible en: https://incp.org.co/Site/info/archivos/1jce.pdf. Accedido en: 20 abr. 2022.

MONTOYA, José Wilmar Pino; RODRÍGUEZ, Juliana Carolina Farfán; CABRERA, Ruby Stella. Aproximación a la percepción social sobre el sistema tributario colombiano a partir de una revisión teórica. **Revista Económicas CUC**, v. 41, n. 2, p. 197-210, 2020.

MUÑOZ, Edinson Samir Díaz. El principio de progresividad en el derecho colombiano: revisión teórico-jurídica. **Revista Criterio Libre Jurídico**, v. 16, n. 2, p. 1-13, 2019.

MUÑOZ, María Alejandra Mora; ORTIZ, Omar Andrés Bernal. El sistema tributario colombiano, desarrollo y principios básicos. **Revista UNIMAR**, v. 2, n. 34, p. 201-219, 2016.

NACIONES UNIDAS. **Resolución aprobada por la Asamblea General el 26 de noviembre de 2007**: A/RES/62/10. Naciones Unidas, 2007. Disponible en: https://documents-dds-ny.un.org/doc/UNDOC/GEN/N07/464/40/PDF/N0746440.pdf. Accedido en: 20 abr. 2022.

NOVOA, César García. **El concepto de tributo**. Buenos Aires: Marcial Pons, 2012.

ORIHUELA, Angelo Edward Lázaro. **La función extrafiscal del tributo y el análisis económico del Derecho**. 21° Conferencia Anual de la Asociación Latinoamericana e Ibérica de Derecho y Economía (ALACDE), Lima, 10/11 jul. 2017. Disponible en: https://www.up.edu.pe/UP_Landing/alacde2017/papers/28-Lafuncion-extrafiscal-tributo-analisis-economico.pdf. Accedido en: 20 abr. 2022.

PADIAL, Ignacio Cruz. Globalización económica: sinónimo de desnaturalización tributaria. **Revista Crónica Tributaria**, n. 109, p. 59-77, 2003.

PATERNINA, Federico Diago; PEÑA, Ronald Chavarro. Las zonas francas como mecanismo de inversión extranjera. **Revista Dictamen Libre**, n. 14/15, p. 111-117, 2014.

PEÑARANDA NIÑO, Juan Pablo. **Ley 1607 de 2012**: lecciones de una reforma para otra reforma tributaria estructural. Bogotá: Universidad del Rosario, 2017. Disponible en: https://repository.urosario.edu.co/bitstream/handle/10336/17945/LEY-1607-DE-2012-MONOGRAFIA.-.pdf?sequence=1&isAllowed=y. Accedido en: 10 may. 2022.

PIFFANO, Horacio L.P. **Análisis económico del derecho tributário**. La Plata: Universidad Nacional de La Plata, 2012.

RIVEROS, Jorge Reyes. El principio de juridicidad y la modernidade. **Revista Chilena de Derecho**, v. 25, n. 1, p. 85-102, 1998.

ROMERO, Alberto; COLINA, Mary Analí Vera. Las empresas transnacionales y los países en desarrollo. **Revista Tendencias de la Facultad de Ciencias Económicas y Administrativas**, v. 15, n. 2, p. 58-89, 2014.

SARMIENTO, Ivon Hasbleidy Ramírez; PENAGOS, Diego Armando Sánchez; CASTRO, Jenny Marcela Silva. **Complejidad del sistema tributario colombiano y su impacto en la informalidad empresarial**. Trabajo de grado para optar al título de Especialista en Administración y Auditoria Tributaria, Universidad de Bogotá Jorge Tadeo Lozano, 2016.

SECRETARÍA GENERAL DE LA COMUNIDAD ANDINA. Estrategias económicas, productivas y comerciales en la Región Andina. **Revista de la Integración**, n. 7, 2011.

SEREBRISKY, Cinthya et al. **Financiamiento privado de la infraestructura de América Latina y el Caribe**: Chile, Perú y Uruguay como casos de estúdio. New York: Banco Interamericano de Desarrollo, 2017. Disponible en: https://publications.iadb.org/es/financiamiento-privado-de-la-infraestructura-en-america-latina-y-el-caribe-chile-peru-y-uruguay. Accedido en: 10 may. 2022.

SIERRA, Daniela González; VELANDIA, Valery Alexandra Fernández. **Impacto en la industria manufacturera de Colombia por las importaciones provenientes de Panamá en los últimos cinco años**. Bogotá, 2018, p. 10..

TARAZONA, Adriana Hurtado. La quinta "locomotora" del plan nacional de desarrollo 2010-2014 más allá del millón de viviendas. **Papeles de Coyuntura**, n. 30, p. 4-13, 2011.

TORRES, Heleno Taveira. **Derecho tributario y derecho privado**: autonomía privada, simulación y elusión tributaria. Buenos Aires: Marcial Pons, 2007.

VARGAS, Andrés Camilo Díaz; MOSCOSO, Julián Camilo Rincón. **Análisis económico del sector de vivienda en Bogotá 1998 - 2018**. Bogotá, 2020.

TORRES-MELO, Jaime; SANTANDER, Jairo. **Introducción a las políticas públicas**: conceptos y herramientas desde la relación entre Estado y ciudadanía. Bogotá: IEMP, 2013. Disponible en: https://fhcevirtual.umsa.bo/btecavirtual/?q=node/949. Accedido en: 10 may. 2022.

UPRIMNY, Rodrigo. Estado de derecho. Eunomía. **Revista en Cultura de la Legalidad**, n. 5, p. 168-176, 2014.

UPRIMNY, Rodrigo; RODRÍGUEZ, César Augusto. Constitución y modelo económico en Colombia: hacia una discusión productiva entre economía y derecho. **Debates de Coyuntura Económica**, p. 23-40, 2005. Disponible en: https://www.dejusticia.org/wpcontent/uploads/2017/04/fi_name_recurso_775.pdf. Accedido en: 10 may. 2022.

ZÚÑIGA, Patricia Toledo; AGUILAR, Francisco Riffo; PEDREROS, Pablo Torres. Impuestos extrafiscales en la reforma tributaria 2014: análisis crítico. **Revista de Derecho**, [S.l.], v. 32, n. 1, p. 139-156, 2019.

Jurisprudencia de la corte constitucional

Sentencia C-397/11. Disponible en: https://www.corteconstitucional.gov.co/RELATORIA/2011/C-397-11.htm.

Sentencia C-521/19. Disponible en: https://www.corteconstitucional.gov.co/relatoria/2019/C-521-19.htm#:~:text=El%20valor%20patrimonial%20neto%20de,1%20de%20enero%20de%202021.

Sentencia C-710/01. Disponible en: https://www.corteconstitucional.gov.co/relatoria/2001/C-710-01.htm.

A BASE DE CÁLCULO DO ICMS DIFAL – NÃO CONTRIBUINTE: "ÚNICA" OU "DUPLA"?

RONALDO MEDEIROS
ABÍLIO DE MEDEIROS RODRIGUES

SUMÁRIO

1. Introdução. 2. A Emenda Constitucional nº 87/2015 e suas regulamentações. 3. A base de cálculo do ICMS DIFAL – Não Contribuinte. 4. Necessidade de lei complementar para regulamentar a Emenda Constitucional nº 87/2015. 5. Considerações finais. Referências.

1 Introdução

O Brasil foi pioneiro na introdução de um imposto sobre o consumo do tipo sobre o Valor Agregado – IVA (BIDERMAN; ARVATE, 2004, p. 200), com a criação do imposto sobre operações relativas à circulação de mercadorias, realizadas por comerciantes, industriais e produtores – antigo ICM – pela Emenda Constitucional nº 18, de 1º de dezembro de 1965[1], que logo passaria a ser a principal fonte de obtenção de receita derivada por parte dos Estados-membros brasileiros[2], cujas normas gerais do então novel "IVA" brasileiro coube ao Decreto-Lei nº 406/1968.

O arcabouço normativo do então ICM permaneceu substancialmente inalterado desde os seus primórdios, fulcrado no princípio da não cumulatividade, autonomia dos estabelecimentos, crédito físico, misto de princípio de origem e destino, etc., até a promulgação da atual Constituição Federal de 1988, que, ao acrescentar a prestação de serviços de transportes interestadual e intermunicipal e de comunicação no campo de sua hipótese de incidência, transformou-o em Imposto sobre Operações relativas à Circulação de Mercadorias e Prestação de Serviços de Transporte Interestadual e Intermunicipal e de Comunicação – ICMS, tributo sobre o consumo esse, de longe, o mais complexo e de maior arrecadação do nosso Sistema Tributário.

A Tabela 1 sumariza bem a importância da tributação sobre o consumo para os Estados-membros em relação à estrutura da arrecadação tributária

---

[1] Art. 12. Compete aos Estados o imposto sobre operações relativas à circulação de mercadorias, realizadas por comerciantes, industriais e produtores.
[2] Utilizaremos as expressões "Estados-membros" ou "Estados", incluindo, também, o Distrito Federal como ente subnacional com competência para instituição e arrecadação do ICMS.

do Brasil no exercício de 2019[3]. Conforme podemos observar, o total de ICMS recolhido aos cofres públicos estaduais importou, nesse exercício, em, aproximadamente, de 509 bilhões de reais, o que corresponde a 7,01% da carga tributária total de 33,19% do PIB de 2019 e de 21,13% da arrecadação total de tributos, que importou em 2,4 trilhões de reais – é o tributo de maior arrecadação quando individualmente considerado.

Em que pese ser um dos poucos exemplos no mundo de tributação sobre o consumo do tipo IVA não ser de competência de governo central, a atribuição da competência aos Estados-membros para a instituição do antigo ICM foi, em grande parte, visando compensar esses entes subnacionais pela perda de receita tributária com a extinção do cumulativo Imposto sobre Vendas e Consignações – IVC.

TABELA 1 – IMPOSTO SOBRE O CONSUMO NO BRASIL – 2019

Especificação	R$ milhões	% PIB	% do total
Produto Interno Bruto	7.256.930,00		
Arrecadação Tributária Total	2.408.396,50	33,19%	100%
Tributos sobre o consumo	1.017.473,39	14,02%	42,25%
Federais	**440.481,70**	**6,07%**	**18,29%**
IPI	52.439,90	0,72%	2,18%
II	42.932,79	0,59%	1,78%
IOF	40.945,03	0,56%	1,70%
COFINS	237.371,89	3,27%	9,86%
PIS/PASEP	64.016,42	0,88%	2,66%
CIDE combustíveis	2.775,67	0,04%	0,12%
Estaduais	**508.832,00**	**7,01%**	**21,13%**
ICMS	508.832,00	7,01%	21,13%
Municipais	**68.159,69**	**0,94%**	**2,83%**
ISS	68.159,69	0,94%	2,83%

Fonte: Ministério da Economia. Receita Federal. (BRASIL, 2020).

Com a inauguração da nova ordem constitucional de 1988, a atual Carta Política traçou minudentemente, dentro do "Capítulo I – Do Sistema Tributário Nacional" do "Título VI – Da Tributação e do Orçamento", a moldura normativa do atual ICMS, da qual emerge uma das principais inovações trazidas constitucionalmente, que fora a utilização da alíquota interestadual, também para as operações e prestação que destinavam "bens e serviços" a consumidor final "contribuinte do imposto" localizado em outra unidade da federação –, uma vez que, para as operações com

---
[3] A carga tributária total de 33,19% do PIB em 2019, foi assim distribuída por base de incidência: 7,45% sobre a renda; 14,37% sobre bens e serviços; 1,60% sobre a propriedade; 9,20% sobre a folha de salários e 0,56% sobre transações financeiras. (BRASIL, 2020).

mercadorias entre contribuintes, já se utilizavam as alíquotas interestaduais estabelecidas por Resolução do Senado Federal desde a EC nº 18/1965[4] -, cuja consequência foi à legitimidade ativa atribuída ao Estado destinatário desses bens ou serviços adquiridos por consumidor final "contribuinte do imposto" para a cobrança do ICMS DIFAL - CONTRIBUINTE[5].

Importante ressaltar, para os objetivos propostos no presente trabalho, que, em relação às operações e prestações que destinavam bens e serviços a consumidor final "não contribuinte do imposto" [6], utilizava-se a alíquota interna, como se este ato jurídico tributário fora praticado internamente no território do Estado de origem – não se partilhava a carga tributária nessa situação – e, consequentemente, a receita tributária ficava inteiramente com o Estado de origem, geralmente, mais industrializado e desenvolvido.

Com as devidas adaptações à ordem jurídica tributária brasileira, o Prof. Francisco Nicolau DOMINGOS (2016, p. 45-46) realça as profundas mudanças políticas, econômicas e, sobretudo, tecnológicas, verificadas no mundo nas últimas décadas do século XX, cujo comércio eletrônico é fruto desses avanços tecnológicos, onde se destacam os informáticos e as telecomunicações, e que a tradução desses novos eventos em linguagem tem levado à complexidade da lei tributária.

Uma tentativa frustrada dos Estados em disciplinar à exigência do ICMS nas operações interestaduais que destinassem mercadoria ou bem a consumidor final não contribuinte do imposto, cuja aquisição ocorresse de forma não presencial no estabelecimento remetente, foi à edição do Protocolo ICMS 21, de 1º de abril de 2011[7], cuja normatividade deveria seguir seus ditames – sendo o Estado remetente, signatário ou não do referido Protocolo – o qual pela importância histórica transcrevemos sua Cláusula Primeira:

> Cláusula primeira Acordam as unidades federadas signatárias deste protocolo a exigir, nos termos nele previstos, a favor da unidade federada de destino da mercadoria ou bem, a parcela do Imposto sobre Operações Relativas à Circulação de Mercadorias e sobre Prestações de Serviços de Transporte

---

[4] Art. 12. (..) §1º A alíquota do imposto é uniforme para todas as mercadorias, não excedendo, nas operações que as destinem a outro Estado, o limite fixado em resolução do Senado Federal, nos termos do disposto em lei complementar.

[5] O Anexo 04 – Tabela de Código de Receitas – do Regulamento do Imposto sobre Operações Relativas à Circulação de Mercadorias e sobre Prestações de Serviços de Transporte Interestadual e Intermunicipal e de Comunicação do Estado da Paraíba – RICMS-PB (Decreto nº 18.930/1997), classifica tal operação ou prestação nos Códigos 1158 (entrada) e 1159 (saída).

[6] Convencionaremos, doravante, para os objetivos deste artigo, que a utilização da expressão "consumidor final" ou "ICMS DIFAL" abrangerá, apenas, consumidores não contribuintes do ICMS localizados em outro Estado da federação.

[7] Declarado inconstitucional pela ADI nº 4.628/DF, Rel. Min. Luiz Fux, Tribunal Pleno, j. 17.09.2014, DJ 24.11.2014.

Interestadual e Intermunicipal e de Comunicação - ICMS - devida na operação interestadual em que o consumidor final adquire mercadoria ou bem de forma não presencial por meio de internet, telemarketing ou showroom.
Parágrafo único. A exigência do imposto pela unidade federada destinatária da mercadoria ou bem, aplica-se, inclusive, nas operações procedentes de unidades da Federação não signatárias deste protocolo.

Nesse cenário posto até 2015, permaneceu a concentração da tributação do ICMS nos Estados onde estavam localizados os estabelecimentos físicos dos vendedores virtuais (princípio da origem), que, historicamente, eram os Estados mais desenvolvidos da federação – São Paulo, Rio de Janeiro e Minas Gerais -, o que agravava, ainda mais, as desigualdades sociais e regionais[8] brasileiras.

Sumarizando bem esse momento de crescente aumento do comércio eletrônico (*e-commerce*) e seus reflexos na principal fonte de receita pública dos Estados-membros, Adma Felícia Barbosa Murro NOGUEIRA (2018, p. 302-321) com precisão assim assinalou:

Com o avanço do comércio eletrônico, tais discussões ganharam ainda mais corpo. As principais plataformas de venda eletrônica localizavam-se nesses mesmos "Estados fornecedores" e, além de não gerarem receita tributária aos Estados de destino, reduziam ainda mais suas arrecadações. Além da venda não presencial, realizada exclusivamente pela *internet*, o aprimoramento das plataformas eletrônicas fez com que muitas lojas físicas também passassem a funcionar como meros *showrooms*, apenas com itens de exposição, sendo a venda efetivada por meio do seu canal eletrônico, com entrega direta no local determinado pelo consumidor.
Diante de tal cenário, alguns Estados passaram a argumentar que o comércio eletrônico favorecia ainda mais a distorção da destinação do ICMS originalmente vislumbrada pela CF/88, já que impossibilitava a repartição desse imposto entre a unidade federada de origem e a de destino. Algumas Fazendas Estaduais, inclusive, passaram a considerar como local da operação, para fins de incidência do ICMS, aquela onde a venda tivesse sido negociada e concluída (onde se localizava o *showroom*), e não onde ocorresse a saída física da mercadoria.

É nesse cenário de perda crescente de arrecadação de ICMS por parte dos Estados consumidores (importadores líquidos) [9], que desequilibrava sobremaneira nosso frágil federalismo fiscal, que foi editada a Emenda Constitucional nº 87, de 16 de abril de 2015, a qual analisaremos no próximo item.

---

[8] Cf. Constituição Federal, "Art. 3º, III constituem um dos objetivos fundamentais da República Federativa do Brasil erradicar a pobreza e a marginalização e reduzir as desigualdades sociais;"
[9] Por importadores líquidos, definimos os Estados cujo valor das importações supera o das exportações de mercadorias, bens e serviços nas relações comerciais interestaduais; e, por exportadores líquidos, os Estados cujo valor das exportações supera o das importações no comércio interestadual.

2 A Emenda Constitucional nº 87/2015 e suas regulamentações

Diante desse cenário acima traçado de avanços econômicos, sociais e, principalmente, tecnológicos que impactavam, e ainda impactam a arrecadação da principal fonte de receita própria dos Estados-membros, percebe-se uma trajetória crescente de desequilíbrio do federalismo fiscal brasileiro, tendo em vista a diminuição do peso relativo dos Estados na divisão da receita tributária. (AFONSO; LUKIC; CASTRO, 2018, p. 986-1018).

Em grande parte, devido à pressão política exercida, principalmente, pelos Estados consumidores ou importadores líquidos, foi promulgada a Emenda Constitucional nº 87/2015, que deu nova redação aos incisos VII e VIII do §2º do art. 155 e acrescentou o art. 99 no Ato das Disposições Constitucionais Transitórias da CF/88, *in verbis*:

> Constituição Federal:
> Art. 155 [...]
> §2º O Imposto previsto no inciso II atenderá ao seguinte:
> [...]
> VII - nas operações e prestações que destinem bens e serviços a consumidor final, contribuinte ou não do imposto, localizado em outro Estado, adotar-se-á a alíquota interestadual e caberá ao Estado de localização do destinatário o imposto correspondente à diferença entre a alíquota interna do Estado destinatário e a alíquota interestadual;
> VIII - a responsabilidade pelo recolhimento do imposto correspondente à diferença entre a alíquota interna e a interestadual de que trata o inciso VII será atribuída:
> a) ao destinatário, quando este for contribuinte do imposto;
> b) ao remetente, quando o destinatário não for contribuinte do imposto;
>
> O Ato das Disposições Constitucionais Transitórias
> Art. 99. Para efeito do disposto no inciso VII do §2º do art. 155, no caso de operações e prestações que destinem bens e serviços a consumidor final não contribuinte localizado em outro Estado, o imposto correspondente à diferença entre a alíquota interna e a interestadual será partilhado entre os Estados de origem e de destino, na seguinte proporção:
> I - para o ano de 2015: 20% (vinte por cento) para o Estado de destino e 80% (oitenta por cento) para o Estado de origem;
> II - para o ano de 2016: 40% (quarenta por cento) para o Estado de destino e 60% (sessenta por cento) para o Estado de origem;
> III - para o ano de 2017: 60% (sessenta por cento) para o Estado de destino e 40% (quarenta por cento) para o Estado de origem;
> IV - para o ano de 2018: 80% (oitenta por cento) para o Estado de destino e 20% (vinte por cento) para o Estado de origem;
> V - a partir do ano de 2019: 100% (cem por cento) para o Estado de destino.

Inaugura-se, assim, uma nova relação jurídica tributária nas operações e prestações que destinam bens e serviços a consumidor final "não contribuinte do imposto", cujo remetente na condição de contribuinte do imposto deverá recolher o "ICMS DIFAL - NÃO CONTRIBUINTE" [10] à unidade federada de destino.

Visando padronizar os procedimentos e a extraterritorialidade das normas a serem observadas por todos os Estados-membros da federação brasileira, em relação às operações e prestações que destinem bens e serviços a consumidor final não contribuinte do ICMS trazidas pela EC nº 87/2015, o Conselho Nacional de Política Fazendária – CONFAZ reuniu-se em 17 de setembro de 2015, em Brasília/DF, e, por unanimidade, aprovou o Convênio ICMS 93/2015, nos termos do arts. 102 e 199 do Código Tributário Nacional – CTN[11] (Lei nº 5.172, de 25 de outubro de 1966).

Dois questionamentos desde então geraram, e, ainda geram, bastante divergências de interpretação e aplicação por parte da dogmática jurídica da então novel alteração constitucional, quais sejam: 1) <u>A EC nº 87/2015 teve por finalidade reduzir a carga tributária incidente sobre as operações interestaduais que destinem bens e serviços a consumidor final "não contribuinte" do ICMS, localizado em outro Estado da federação ou só a partilha do mesmo quantum do imposto anteriormente cobrado pelos Estados de origem?</u> (2) <u>Sobre que base de cálculo do ICMS será calculado o diferencial de alíquotas: base "única" ou "dupla"?</u>

As repostas a essas perguntas são as premissas básicas para as conclusões a serem propostas no presente trabalho.

Nesse ínterim, o Supremo Tribunal Federal – STF, em sede da ADI nº 5.469/DF[12] e RE nº 1.287.019/DF[13], consolidou a jurisprudência da Corte Suprema pela inconstitucionalidade formal das cláusulas primeira, segunda, terceira, sexta e nona do Convênio ICMS nº 93, de 17 de setembro de 2015, do Conselho Nacional de Política Fazendária (CONFAZ), por invasão de campo próprio de lei complementar federal, porém modulou os efeitos da declaração de inconstitucionalidade das cláusulas primeira, segunda, terceira, sexta e nona do convênio questionado, para que a decisão produza

---

[10] Código de Receita 1046 do Anexo 04 do RICMS-PB.
[11] "Art. 102. A legislação tributária dos Estados, do Distrito Federal e dos Municípios vigora, no País, fora dos respectivos territórios, nos limites em que lhe reconheçam extraterritorialidade os convênios de que participem, ou do que disponham esta ou outras leis de normas gerais expedidas pela União."
[...]
"Art. 199. A Fazenda Pública da União e as dos Estados, do Distrito Federal e dos Municípios prestar-se-ão mutuamente assistência para a fiscalização dos tributos respectivos e permuta de informações, na forma estabelecida, em caráter geral ou específico, por lei ou convênio."
[12] ADI 5.464/DF, Rel. Min. Dias Toffoli, Plenário, DJe de 25.05.2021.
[13] RE 1.287.019/DF, Relator Min. Marco Aurélio, Plenário, DJe de 25.05.2021.

efeitos, quanto à cláusula nona, desde a data da concessão da medida cautelar nos autos da ADI nº 5.464/DF e, quanto às cláusulas primeira, segunda, terceira e sexta, a partir do exercício financeiro seguinte à conclusão deste presente julgamento (2022).

Visando cumprir o comando normativo da jurisprudência consolidada do STF, consubstanciada de que a regulamentação da "nova" relação jurídico tributária trazida pela EC nº 87/2015 é matéria reservada à lei complementar federal, foi promulgada a Lei Complementar nº 190, de 4 de janeiro de 2022 (DOU de 05/01/2022), que alterou a Lei Complementar nº 87, de 13 de setembro de 1996 (Lei Kandir), a qual passou a regulamentar a cobrança do Imposto sobre Operações relativas à Circulação de Mercadorias e sobre Prestações de Serviços de Transporte Interestadual e Intermunicipal e de Comunicação (ICMS) nas operações e prestações interestaduais destinadas a consumidor final não contribuinte do imposto localizado em outra unidade da federação.

Apenas com a finalidade de disciplinar os procedimentos e a extraterritorialidade das normas a serem observadas por todas as unidades da federação em relação às operações e prestações que destinem bens e serviços a consumidor final não contribuinte do ICMS trazidas pela EC nº 87/2015, foi celebrado o Convênio ICMS nº 236, de 27 de dezembro de 2021 (DOU de 06/01/2022) [14].

Sendo assim, atualmente, a juridicidade do ICMS DIFAL – NÃO CONTRIBUINTE passou a ter sua moldura normativa traçada pela LC nº 190/2022 e Convênio ICMS 236/2021, a qual dependendo dos procedimentos adotados nos diferentes Estados da federação, alguns desses entes subnacionais internalizam tais normas por meio de lei ordinária e decreto[15].

3 A base de cálculo do ICMS DIFAL – não contribuinte

Nesse item, residem, talvez, as maiores divergências de interpretação e aplicação das normas constitucionais e infraconstitucionais que introduziram no nosso ordenamento jurídico essa "nova" relação jurídica tributária de se repartir a carga tributária incidente sobre as operações e prestações que

---

[14] Dispõe sobre os procedimentos a serem observados nas operações e prestações que destinem mercadorias, bens e serviços a consumidor final não contribuinte do ICMS, localizado em outra unidade federada.
[15] A Lei Ordinária nº 12.308/2022 (DOU de 31/05/2022) alterou a Lei do ICMS do Estado da Paraíba (Lei nº 6.379/1996), para internalizar a regulamentação do ICMS DIFAL – NÃO CONTRIBUINTE estatuída pela LC nº 190/2022.

destinam bens e serviços a consumidor final não contribuinte do imposto – que antes da EC nº 87/2015 se utilizava do princípio da origem -, cujo Estado de destino dessas operações interestaduais passou a ser também o ente arrecadador da correspondente diferença entre a alíquota interna do Estado destinatário e a alíquota interestadual – mas em cima de que base de cálculo do ICMS?

Para responder a esta pergunta precisaremos investigar as condições de produção parlamentar da EC nº 87/2015, para concluirmos se o referido diploma normativo teve por finalidade reduzir ou não a carga tributária e correspondente valor do ICMS a ser cobrado sobre as operações e prestações que destinam bens e serviços a consumidor final não contribuinte do imposto, localizado em outra unidade da federação.

Compulsando o Parecer da Comissão de Constituição e Justiça e Cidadania do Senado Federal quanto à Proposta de Emenda à Constituição nº 7, de 2015 (nº 197, de 2012, na Câmara dos Deputados, originária da PEC nº 103, de 2011, do Senador Delcídio Amaral), não encontramos argumentos que fundamentem – além de repartir o ICMS incidente sobre as operações e prestações que destinam bens e serviços a consumidor final não contribuinte do imposto – reduzir a carga tributária ou o imposto incidente em tal operação ou prestação interestadual, conforme se percebe do exceto extraído de tal Parecer, infra transcrito:

> O comércio não presencial remonta a longa data no Brasil. Encomendas por catálogo, vendas por telefone e entregas de mercadorias pelos correios sempre fizeram parte do quotidiano do brasileiro comum.
> Recentemente, o advento da internet instituiu o chamado e-commerce, ou comércio eletrônico, em que o comprador é exposto a uma variedade de produtos e preços sem precedentes em nossa história econômica.
> A recente melhoria nos indicadores de emprego e renda da população brasileira impulsionou mais ainda o setor, facilitando o acesso a recursos eletrônicos por camadas sociais antes excluídas até mesmo do comércio de produtos básicos para a subsistência.
> Essa nova realidade trouxe muitos benefícios para o cidadão comum, mas também muitas distorções no equilíbrio econômico entre as unidades federadas. A maioria das lojas virtuais é sediada em poucos Estados, geralmente os mais ricos e desenvolvidos, que, mantida a sistemática atual de distribuição da arrecadação do ICMS, retêm toda a arrecadação do tributo. A fórmula constitucional atual permite tal anomalia ao determinar a incidência da alíquota interna, geralmente elevada, em operações envolvendo mercadorias destinadas a compradores não contribuintes do imposto e localizados em outro Estado. Trata-se, em última análise, da própria radicalização do princípio da origem.
> A PEC em comento procura reequilibrar essa relação, ordenando que parte dos recursos auferidos pelo recolhimento do ICMS seja canalizada para o Estado de destino, numa justa adequação à realidade dos fatos, que mostra tendência

crescente de utilização do e-commerce nas mais diversas transações.

Nesse sentido, adotaremos de *lege ferenda*, a premissa de que, não existindo a finalidade de se reduzir a carga tributária ou o ICMS cobrado sobre essa "nova" relação jurídica tributária inaugurada pela EC nº 87/2015, a primeira conclusão a que chegamos, em relação aos dois questionamentos acima feitos é que: <u>O ICMS "cobrado" antes da entrada em vigor da referida emenda constitucional deveria ser, necessariamente, igual ao valor rateado ou distribuído desse imposto entre os Estados de origem e destino, após a entrada em vigor da referida Emenda</u>.

Assim sendo, o cálculo do ICMS DIFAL – NÃO CONTRIBUINTE para que se cumpra a premissa adotada no presente trabalho, deveria ser a seguinte:

TABELA 2 – CÁLCULO DO ICMS DIFAL – NÃO CONTRIBUINTE

Metodologia antes da EC 87/15	
Valor da operação (Base de cálculo – BC)	R$ 100,00
ICMS destacado – origem (18%) (A)	R$ 18,00
Preço da mercadoria (B)	R$ 82,00
Metodologia depois da EC 87/15 (base dupla)	
Preço da mercadoria (B)	R$ 82,00
Base de cálculo "por dentro" – origem	R$ 88,17
ICMS origem (7%) (C)	R$ 6,17
Base de cálculo "por dentro" – destino	R$ 100,00
ICMS destino (18%) (D)	R$ 18,00
Diferencial de alíquota (D - C)	R$ 11,83
Total do ICMS (E)	R$ 18,00

Fonte: Elaboração própria.

Para o cálculo do ICMS "por dentro", utilizamos a fórmula: BC = [preço ÷ (1 - alíquota)]. Observe que o ICMS total cobrado foi de R$ 18,00, igual nas duas metodologias. Em outras palavras, (A) é igual a (E).

É consabido que, desde a criação do imposto sobre operações relativas à circulação de mercadorias, realizadas por comerciantes, industriais e produtores - antigo ICM - pela Emenda Constitucional nº 18/1965, cujas normas gerais do então "IVA" brasileiro coube ao Decreto-Lei nº 406, de 31 de dezembro 1968, já se previa o cálculo do ICMS "por dentro", conforme norma insculpida no §7º do art. 2º deste diploma legal, nesses termos:

> §7º O montante do imposto de circulação de mercadorias integra a base de cálculo a que se refere este artigo, constituindo o respectivo destaque mera indicação para fins de controle.

Nesse mesmo sentido, tanto a Constituição Federal quanto a Lei

Complementar nº 87/1996 (Lei Geral do ICMS), dispõe que o ICMS integra sua própria base de cálculo, isto é, ele é calculado "por dentro", conforme a seguir transcrevemos:

> Constituição Federal:
> Art. 155. [...]
> §2º [...]
> XII - cabe à lei complementar:
> [...]
> i) fixar a base de cálculo, de modo que o montante do imposto a integre, também na importação do exterior de bem, mercadoria ou serviço.
> Lei Complementar nº 87/96:
> Art. 13. A base de cálculo do imposto é:
> [...]
> §1º Integra a base de cálculo do imposto, inclusive nas hipóteses dos incisos V, IX e X do *caput* deste artigo:
> I - o montante do próprio imposto, constituindo o respectivo destaque mera indicação para fins de controle; (grifo nosso).

Sendo assim, apenas se utilizarmos a metodologia de ICMS "por dentro" e "base dupla"[16], conforme demonstrado na Tabela 2, é que realizaremos a premissa adotada de *lege ferenda* neste artigo de que o imposto "cobrado" antes e depois da EC nº 87/2015 deveriam ser necessariamente iguais – qualquer outra metodologia utilizada irá distorcer esse cálculo do imposto e afrontar os princípios da não discriminação baseada em procedência ou destino e da livre concorrência, positivados constitucionalmente.

3.1 A base de cálculo do ICMS DIFAL no convênio ICMS 93/2015

O Conselho Nacional de Política Fazendária – CONFAZ, na sua 247ª reunião extraordinária, realizada em Brasília/DF, no dia 17 de setembro de 2015, aprovou o Convênio ICMS 93/2015, que tinha como ementa:

> Dispõe sobre os procedimentos a serem observados nas operações e prestações que destinem bens e serviços a consumidor final não contribuinte do ICMS, localizado em outra unidade federada.

A partir de uma interpretação histórica, notadamente por quem participou presencialmente da referida reunião do CONFAZ, podemos atestar que a escolha por uma "base única" prevista no §1º da Cláusula

---

[16] Conceituamos base de cálculo dupla ou "base dupla" quando para o cálculo do ICMS DIFAL, utiliza-se duas bases de cálculo – uma com a inclusão (por dentro) da alíquota interestadual (Estado fornecedor) para o cálculo do ICMS do Estado de origem, e a outra base com a inclusão (por dentro) da alíquota interna do Estado de destino (Estado consumidor) para o cálculo do ICMS DIFAL; ao revés, base de cálculo única ou "base única" é quando para a metodologia de cálculo do ICMS DIFAL há apenas uma base sobre a qual incidirá as alíquotas interestadual e interna.

Segunda do Convênio 93/2015 foi uma <u>decisão política consensuada entre todos os Secretários de Fazenda</u>, reivindicada pelos Estados fornecedores (exportadores líquidos) – a exemplo de São Paulo -, pois, caso contrário – adoção de uma "base dupla" – estes Estados não aprovariam o referido Convênio do ICMS, dado, entre outros argumentos, à complexidade operacional da adoção de tal metodologia de cálculo em "base dupla" para o contribuinte.

Nesse sentido, visando evitar ainda mais a perda de arrecadação crescente por parte dos Estados consumidores devido ao aumento exponencial do *e-commerce*, assim foi acordado o texto sobre a base de cálculo "única" a ser utilizada nas operações e prestações que destinem bens e serviços a consumidor final não contribuinte do ICMS, localizado em outra unidade federada, *in verbis*:

> <u>Cláusula segunda</u> [...]
> [...]
> §1° A base de cálculo do imposto de que tratam os incisos I e II do caput é única e corresponde ao valor da operação ou o preço do serviço, observado o disposto no §1° do art. 13 da Lei Complementar n° 87, de 13 de setembro de 1996.
> §1°-A O ICMS devido ás unidades federadas de origem e destino deverão ser calculados por meio da aplicação das seguintes fórmulas:
> ICMS origem = BC x ALQ inter.
> ICMS destino = [BC x ALQ intra] - ICMS origem.
> Onde:
> BC = base de cálculo do imposto, observado o disposto no §1°;
> ALQ inter = alíquota interestadual aplicável à operação ou prestação;
> ALQ intra = alíquota interna aplicável à operação ou prestação no Estado de destino.

Com base na regulamentação da EC n° 87/2015 aprovada pelo Convênio ICMS n° 93/2015, assim passou a ser o cálculo do ICMS DIFAL – NÃO CONTRIBUINTE:

TABELA 3 – CÁLCULO DO ICMS DIFAL – CONVÊNIO ICMS 93/2015

Metodologia do Convênio 93/15 (base única)	
Preço da mercadoria	R$ 82,00
Base de cálculo "por dentro" – origem	R$ 88,17
ICMS origem (7%) (A)	R$ 6,17
Base de cálculo "por dentro" – destino	R$ 88,17
ICMS destino (18%) (B)	R$ 15,87
Diferencial de alíquota (B - A)	R$ 9,70
Total do ICMS	R$ 15,87

Fonte: Elaboração própria.

Para o cálculo do ICMS "por dentro", utilizamos a fórmula: BC = [preço ÷ (1 - alíquota)]. Observe que o ICMS total cobrado foi de R$ 15,87, valor inferior ao da Tabela 2 (R$ 18,00).

Conclui-se que, com a metodologia de cálculo estatuída pelo Convênio ICMS n°

93/2015, há uma diminuição do ICMS "cobrado" em relação à sistemática utilizada na Tabela 2 – base de cálculo dupla. O ICMS DIFAL – NÃO CONTRIBUINTE distribuído aos Estados de destino reduziu-se de R$ 11,83 para R$ 9,70 – perda percentual do ICMS cobrado de 18,01% -; enquanto o ICMS total dessa nova incidência tributária passou de R$ 18,00 para R$ 15,87 – redução de 11,83%.

Conforme já mencionado acima, o STF, no julgamento da ADI nº 5.469/DF, declarou a inconstitucionalidade formal das cláusulas primeira, segunda, terceira, sexta e nona do Convênio ICMS nº 93/2015, do Conselho Nacional de Política Fazendária (CONFAZ), por invasão de campo próprio de lei complementar federal, porém, modulou os efeitos da decisão para 1º de janeiro de 2022 – exceto da Cláusula Nona, cujos efeitos da decisão foram desde a data da concessão da medida cautelar.

4 Necessidade de lei complementar para regulamentar a Emenda Constitucional nº 87/2015

Sem aprofundarmos na discussão doutrinária acerca das matérias que estariam reservadas à lei complementar[17], o certo é que o atual Sistema Tributário Nacional positivou as três funções genéricas de competência da lei complementar tributária, conforme se extrai do preceito constitucional:

> Art. 146. Cabe à lei complementar:
> I - dispor sobre conflitos de competência, em matéria tributária, entre a União, os Estados, o Distrito Federal e os Municípios;
> II - regular as limitações constitucionais ao poder de tributar;
> III - estabelecer normas gerais em matéria de legislação tributária, especialmente sobre:
> a) <u>definição de tributos e de suas espécies, bem como, em relação aos impostos discriminados nesta Constituição, a dos respectivos fatos geradores, bases de cálculo e contribuintes;</u>
> b) obrigação, lançamento, crédito, prescrição e decadência tributários;
> c) adequado tratamento tributário ao ato cooperativo praticado pelas sociedades cooperativas.
> d) definição de tratamento diferenciado e favorecido para as microempresas e para as empresas de pequeno porte, inclusive regimes especiais ou simplificados no caso do imposto previsto no art. 155, II, das contribuições previstas no art. 195, I e §§ 12 e 13, e da contribuição a que se refere o art. 239. (BRASIL, Constituição Federal, 1988, art. 146). (grifo nosso).

O professor Eurico Marcos Diniz de SANTI (2008, p. 329), ao revelar o real papel das normas gerais estatuídas, como, por exemplo, no Código Tributário Nacional e na Lei Complementar do ICMS (art. 155, §2ª, inciso

---

[17] Quanto à controvérsia doutrinária acerca das correntes dicotômica e tricotômica em matéria de lei complementar, veja-se SCHOUERI (2013, p. 75).

XII, da CF), afirma que normas "gerais" não são apenas as "genéricas", mas sim normas que valem para todos os entes políticos, e arremata:

> Diante dessa premissa, não é possível aceitar a interpretação de que o termo gerais da expressão constitucional "normas gerais em matéria de legislação tributária" designa apenas diretrizes genéricas: estabelecer normas gerais sobre legislação tributária implica definir em lei complementar os parâmetros nacionais das respectivas materialidades, aplicáveis, indiscriminadamente, à União, aos Estados, aos Municípios e ao Distrito Federal.

Com a finalidade precípua de cumprir os ditames constitucionais de estabelecer os aspectos gerais do ICMS, fulcrados nos art. 146, inciso III e art. 155, §2º, inciso XII, todos da CF/88, foi editada a Lei Complementar nº 87, de 13 de setembro de 1996 (DOU de 16/09/1996), com entrada em vigor prevista para o primeiro dia do segundo mês seguinte ao da sua publicação, isto é, a referida Lei Geral do ICMS passou, hipoteticamente, a incidir sobre os fatos geradores realizados a partir de 1º de dezembro de 1996.

Essa preocupação de se definir os parâmetros nacionais do ICMS se justifica também pelo fato de que, diferentemente do Imposto sobre o Valor Agregado (IVA) europeu, cuja competência impositiva de referido tributo sobre o consumo é do governo central, aqui no Brasil, diferentemente, poderíamos correr o risco de uma desagregação da sistemática geral do ICMS, em função da instituição fracionada de competência ter sido atribuída a 27 (vinte e sete) entes políticos diferentes – 26 (vinte e seis) Estados-membros mais o Distrito Federal. (MEDEIROS, 2015, p. 57).

Nesse sentido, Aroldo Gomes de MATTOS (2006, p. 33) elenca as principais razões que se encontram para as atribuições específicas à Lei Complementar do ICMS (LC nº 87/1996) das matérias discriminadas no art. 155, §2º, inciso XII, da CF/1988 são as seguintes:

> a) dar ao ICMS um tratamento uniforme em todo território nacional, por ser um imposto a ser instituído fracionariamente pelos Estados;
> b) expungir possíveis conflitos de competência ente os entes tributantes ou cumulação dos impostos incidentes sobre o consumo (ICMS x IPI x ISS), principalmente nas atividades mistas, conforme já advertia Geraldo Ataliba, pois "onde cabe ISS, não cabe ICM; onde cabe ICM, não cabe ISS; onde cabe ISS, não cabe IPI; onde cabe IPI, não cabe ISS. Isso é radical na Constituição";
> c) definir seus contribuintes (ou o "destinatário legal do tributo" como prefere Hector Villegas) e o local das operações relativas à circulação de mercadorias e da prestação dos serviços tributáveis;
> d) dispor sobre o complexo e controvertido regime de substituição tributária "para frente" e "para trás", elegendo, inclusive, os respectivos contribuintes substitutos e substituídos;
> e) coibir a "guerra fiscal" para atrair investimentos, tão a gosto das pessoas tributantes, através de um sistema rígido de desonerações fiscais e incentivos financeiros, já regrado pela Lei Complementar 24/75, com certas perplexidades, na

vigência da Constituição Federal anterior; e.

f) disciplinar o regime de compensação do imposto, matéria de transcendental importância econômico-tributária, dando praticidade ou praticabilidade ao princípio da sua não cumulatividade, inclusive quanto à problemática dos saldos credores acumulados.

É exatamente essa função da lei complementar de estabelecer os contornos gerais da materialidade do ICMS, submetendo obrigatoriamente as ordens jurídicas parciais (Estados-membros), que se extrai do julgamento da ADI nº 5.469/DF, cuja importância para o presente artigo, transcrevemos a ementa infra:

> Ementa: Ação direta de inconstitucionalidade. Legitimidade ativa da associação autora. Emenda Constitucional nº 87/2015. ICMS. Operações e prestações em que haja destinação de bens e serviços a consumidor final não contribuinte do ICMS localizado em estado distinto daquele do remetente. Inovação constitucional. Matéria reservada à lei complementar. (art. 146, I e III, a e b; e art. 155, §2º, XII, a, b, c, d e i, da CF/88). Cláusulas primeira, segunda, terceira e sexta do Convênio ICMS nº 93/2015. Inconstitucionalidade. Tratamento tributário diferenciado e favorecido destinado a microempresas e empresas de pequeno porte. Simples Nacional. Matéria reservada à lei complementar (art. 146, inciso III, d, e parágrafo único CF/88). Cláusula nona do Convênio ICMS nº 93/2015. Inconstitucionalidade. Cautelar deferida na ADI nº 5.464/DF, ad referendum do Plenário.
> 1. A associação autora é formada por pessoas jurídicas ligadas ao varejo que atuam no comércio eletrônico e têm interesse comum identificável Dispõe, por isso, de legitimidade ativa ad causam para ajuizamento da ação direta de inconstitucionalidade (CF/88, art. 103, IX).
> 2. Cabe à lei complementar dispor sobre conflitos de competência em matéria tributária e estabelecer normas gerais sobre os fatos geradores, as bases de cálculo, os contribuintes dos impostos discriminados na Constituição e a obrigação tributária (art. 146, I, e III, a e b). Também cabe a ela estabelecer normas gerais em matéria de legislação tributária sobre definição de tratamento diferenciado e favorecido para as microempresas e as empresas de pequeno porte, podendo instituir regime único de arrecadação de impostos e contribuições.
> 3. Especificamente no que diz respeito ao ICMS, o texto constitucional consigna caber à lei complementar, entre outras competências, definir os contribuintes do imposto, dispor sobre substituição tributária, disciplinar o regime de compensação do imposto, fixar o local das operações, para fins de cobrança do imposto e de definição do estabelecimento responsável e fixar a base de cálculo do imposto (art. 155, §2º, XII, a, b, c, d e i).
> 4. A EC nº 87/2015 criou uma nova relação jurídico-tributária entre o remetente do bem ou serviço (contribuinte) e o estado de destino nas operações com bens e serviços destinados a consumidor final não contribuinte do ICMS. Houve, portanto, substancial alteração na sujeição ativa da obrigação tributária. O ICMS incidente nessas operações e prestações, que antes era devido totalmente ao estado de origem, passou a ser dividido entre dois sujeitos ativos,

cabendo ao estado de origem o ICMS calculado com base na alíquota interestadual e ao estado de destino, o diferencial entre a alíquota interestadual e sua alíquota interna.

5. <u>Convênio interestadual não pode suprir a ausência de lei complementar dispondo sobre obrigação tributária, contribuintes, bases de cálculo/alíquotas e créditos de ICMS nas operações ou prestações interestaduais com consumidor final não contribuinte do imposto, como fizeram as cláusulas primeira, segunda, terceira e sexta do Convênio ICMS nº 93/2015.</u>

6. A Constituição também dispõe caber à lei complementar – e não a convênio interestadual – estabelecer normas gerais em matéria de legislação tributária, especialmente sobre definição de tratamento diferenciado e favorecido para as microempresas e as empresas de pequeno porte, o que inclui regimes especiais ou simplificados de certos tributos, como o ICMS (art. 146, III, d, da CF/88, incluído pela EC nº 42/03).

7. A LC nº 123/06, que instituiu o Regime Especial Unificado de Arrecadação de Tributos e Contribuições devidos pelas Microempresas e pelas Empresas de Pequeno Porte – Simples Nacional –, trata de maneira distinta as empresas optantes desse regime em relação ao tratamento constitucional geral atinente ao denominado diferencial de alíquotas de ICMS referente às operações de saída interestadual de bens ou de serviços a consumidor final não contribuinte. Esse imposto, nessa situação, integra o próprio regime especial e unificado de arrecadação instituído pelo citado diploma.

8. A cláusula nona do Convênio ICMS nº 93/15, ao determinar a extensão da sistemática da Emenda Constitucional nº 87/2015 aos optantes do Simples Nacional, adentra no campo material de incidência da LC nº 123/06, que estabelece normas gerais relativas ao tratamento tributário diferenciado e favorecido a ser dispensado a microempresas e empresas de pequeno porte.

9. Existência de medida cautelar deferida na ADI nº 5.464/DF, ad referendum do Plenário, para suspender a eficácia da cláusula nona do Convênio ICMS nº 93/15, editado pelo Conselho Nacional de Política Fazendária (CONFAZ), até o julgamento final daquela ação. 10. Ação direta julgada procedente, declarando-se a inconstitucionalidade formal das cláusulas primeira, segunda, terceira, sexta e nona do Convênio ICMS nº 93, de 17 de setembro de 2015, do Conselho Nacional de Política Fazendária (CONFAZ), por invasão de campo próprio de lei complementar federal.

11. Modulação dos efeitos da declaração de inconstitucionalidade das cláusulas primeira, segunda, terceira, sexta e nona do convênio questionado, para que a decisão produza efeitos, quanto à cláusula nona, desde a data da concessão da medida cautelar nos autos da ADI nº 5.464/DF e, quanto às cláusulas primeira, segunda, terceira e sexta, a partir do exercício financeiro seguinte à conclusão deste presente julgamento (2022), aplicando-se a mesma solução em relação às respectivas leis dos estados e do Distrito Federal, para as quais a decisão deverá produzir efeitos a partir do exercício financeiro seguinte à conclusão deste julgamento (2022), exceto no que diz respeito às normas legais que versarem sobre a cláusula nona do Convênio ICMS nº 93/15, cujos efeitos deverão retroagir à data da concessão da medida cautelar nos autos da ADI nº 5.464/DF. Ficam ressalvadas da modulação as ações judiciais em curso. (ADI 5.464/DF, Relator Min. Dias Toffoli,

Plenário, DJe de 25.05.2021). (grifo nosso).

Em cumprimento à jurisprudência consolidada do STF, nos julgamentos da ADI 5.469/DF e do RE 1.287.019/DF (repercussão geral), foi editada a Lei Complementar nº 190, de 4 de janeiro de 2022 (DOU de 05/01/2022), que alterou a Lei Complementar nº 87, de 13 de setembro de 1996 (Lei Kandir), para regulamentar a cobrança do Imposto sobre Operações relativas à Circulação de Mercadorias e sobre Prestações de Serviços de Transporte Interestadual e Intermunicipal e de Comunicação (ICMS) nas operações e prestações interestaduais destinadas a consumidor final não contribuinte do imposto, localizado em outro Estado.

A primeira questão que irá gerar bastante discussão doutrinária e jurisprudencial, diz respeito que a Lei Complementar nº 190/2022, ao ser sancionada e publicada no Diário Oficial da União no exercício em curso de 2022, e os Estados-membros passando a cobrar a referida "nova" exação a partir desse mesmo exercício financeiro (2022), não estaria sendo desrespeitado o princípio da anterioridade anual, previsto no art. 150, III, "b", da CF/88 – a anterioridade nonagesimal (art. 150, III, "c")[18] foi prevista no artigo de vigência do referido ato normativo.

Segundo o art. 150, III, "b", da CF/88, o tributo não pode ser cobrado no mesmo exercício financeiro em que haja sido publicada a lei que o instituiu ou aumentou, cujo objetivo do princípio da anterioridade anual está relacionado à proteção da confiança do administrado-contribuinte, ao impor um prazo entre a lei que instituiu ou aumentou um tributo e o início de sua vigência. (SCHOUERI, 2013, p. 310-321).

A Profª Odete MEDAUAR (2018, p. 130-131), ao tratar do princípio da proteção da confiança para Administração Pública, assim preleciona:

> Um dos desdobramentos do princípio da segurança jurídica encontra-se no princípio da proteção da confiança, também denominado princípio da confiança legítima. Consagrado no direito alemão e no holandês, por exemplo, vem-se consolidando na jurisprudência da Corte de Justiça da União Europeia. E vem recebendo atenção dos estudiosos.
>
> A proteção da confiança diz respeito à preservação de direitos e expectativas de particulares ante alterações inopinadas de normas e de orientações administrativas que, mesmo legais, são de tal modo abruptas ou radicais que suas consequências se revelam desastrosas; também se refere à realização de promessas ou compromissos aventados pela Administração, que geraram esperanças fundadas no seu cumprimento.

---

[18] Art. 150. Sem prejuízo de outras garantias asseguradas ao contribuinte, é vedado à União, aos Estados, ao Distrito Federal e aos Municípios: [...] III - cobrar tributos:[...] b) no mesmo exercício financeiro em que haja sido publicada a lei que os instituiu ou aumentou; c) antes de decorridos noventa dias da data em que haja sido publicada a lei que os instituiu ou aumentou, observado o disposto na alínea b; (grifo nosso).

[...]
Nos últimos anos, o princípio da segurança jurídica vem obtendo relevante acolhida nos julgados do STF.

Os Estados, em sede da ADI nº 7.070/DF, defendem, por intermédio do Colégio Nacional de Procuradores Gerais dos Estados e do Distrito Federal - CONPEG, que não há de se considerar o princípio da anterioridade na cobrança do DIFAL, pois não há a criação ou majoração de um tributo. Os dispositivos da LC nº 190/2022 apenas estabeleceram uma nova sistemática de adequação do ICMS em operações interestaduais, e arremata:

> Como já se teve oportunidade de demonstrar no tópico anterior, a jurisprudência do e. Supremo Tribunal Federal, analisando matéria similar a presente, já assentou a validade das leis estaduais instituidoras de ICMS editadas posteriormente a alteração constitucional que previa nova incidência (ICMS na importação de bens por pessoa física ou jurídica), esclarecendo que, editada a lei complementar com normas gerais, a cobrança do imposto é possível imediatamente com a sua entrada em vigor (Tema 1.094/STF). Em outras palavras: no entendimento da Excelsa Corte, firmado por ocasião do julgamento do Tema 1.094/STF, desde o dia da publicação da lei complementar (entrada em vigor), os fatos geradores ocorridos podem ser objeto da exação, desde que previstos na lei estadual instituidora.
> [...]
> Ocorre que, ao pretender arrastar a regra da anterioridade nonagesimal para um campo de incidência que o constituinte – na interpretação já sedimentada pela Excelsa Corte – não previu (art. 3º, parte final), e ao buscar postergar a cobrança do imposto a despeito de sua previsão constitucional, da vigência das normas gerais e da existência das leis estaduais (art. 24-A, §4º), o legislador complementar violou o pacto federativo, a competência tributária dos Estados e do Distrito Federal, bem como princípios constitucionais caros, tais quais a livre concorrência, a isonomia e a neutralidade tributária. Há, assim, flagrante inconstitucionalidade material nos dispositivos[19].

A segunda questão, que entendo vai gerar menos discussão, é que nos termos da decisão da ADI nº 5.469/DF, apenas se houver alteração às disposições da Lei Complementar nº 123/2006, é que essa "nova" relação jurídica tributária poderá ser aplicada aos contribuintes optantes pelo Regime Especial Unificado de Arrecadação de Tributos e Contribuições devidos pelas Microempresas e Empresas de Pequeno Porte - Simples Nacional, em relação ao imposto devido à unidade federada de destino.

No próximo item, abordaremos a "nova" base de cálculo do ICMS DIFAL – NÃO CONTRIBUINTE regulamentada pela LC nº 190/2022, cujas regras procedimentais seguem o Convênio ICMS 236/2021.

---

[19] Disponível em: https://redir.stf.jus.br/paginadorpub/paginador.jsp?docTP=TP&docID=759155173&prcID=6333675. Acesso em: 6 jun. 2022.

4.1 A base de cálculo na Lei Complementar nº 190/2022 e Convênio ICMS 236/2021

O texto da LC nº 190/2022 começa tratando do aspecto subjetivo da materialidade da cobrança do ICMS DIFAL, nos termos da redação do inciso VIII do §2º do art. 155 da CF/88 determinada pela EC nº 87/2015, definindo quem é o sujeito passivo em relação ao ICMS DIFAL – NÃO CONTRIBUINTE, conforme o §2º art. 4º na LC nº 87/1996, *in verbis*:

> Art. 4º [...]
> §1º [...]
> §2º É ainda <u>contribuinte do imposto</u> nas operações ou prestações que destinem mercadorias, bens e serviços a consumidor final domiciliado ou estabelecido em outro Estado, em relação à diferença entre a alíquota interna do Estado de destino e a alíquota interestadual:
> I - o <u>destinatário</u> da mercadoria, bem ou serviço, <u>na hipótese de contribuinte do imposto</u>;
> II - o <u>remetente</u> da mercadoria ou bem ou o prestador de serviço, <u>na hipótese de o destinatário não ser contribuinte do imposto</u>. (grifo nosso).

Para os fins objetivados no presente trabalho, interessa-nos analisar o tratamento tributário trazido pela LC nº 190/2022 a essa "nova" relação jurídica tributária do ICMS DIFAL – NÃO CONTRIBUNTE, especialmente, em relação ao fato gerador e à base de cálculo do imposto nessas operações e prestações, cujo texto legal está assim redigido:

> Art. 12. Considera-se ocorrido o fato gerador do imposto no momento:
> [...]
> XIV - do início da prestação de serviço de transporte interestadual, nas prestações não vinculadas a operação ou prestação subsequente, cujo tomador não seja contribuinte do imposto domiciliado ou estabelecido no Estado de destino; (Incluído pela Lei Complementar nº 190, de 2022).
> [...]
> XVI - da saída, de estabelecimento de contribuinte, de bem ou mercadoria destinados a consumidor final não contribuinte do imposto domiciliado ou estabelecido em outro Estado. (Incluído pela Lei Complementar nº 190, de 2022).
> [...]
> Art. 13. A base de cálculo do imposto é:
> [...]
> <u>X - nas hipóteses dos incisos XIV e XVI do caput do art. 12 desta Lei Complementar, o valor da operação ou o preço do serviço, para o cálculo do imposto devido ao Estado de origem e ao de destino. (Incluído pela Lei Complementar nº 190, de 2022).</u>
> §1º Integra a base de cálculo do imposto, inclusive nas hipóteses dos incisos V, IX e X do *caput* deste artigo: (Redação dada pela Lei Complementar nº 190, de 2022).

I - o montante do próprio imposto, constituindo o respectivo destaque mera indicação para fins de controle;
II - o valor correspondente a:
a) seguros, juros e demais importâncias pagas, recebidas ou debitadas, bem como descontos concedidos sob condição;
b) frete, caso o transporte seja efetuado pelo próprio remetente ou por sua conta e ordem e seja cobrado em separado.
2º Não integra a base de cálculo do imposto o montante do Imposto sobre Produtos Industrializados, quando a operação, realizada entre contribuintes e relativa a produto destinado à industrialização ou à comercialização, configurar fato gerador de ambos os impostos.
§3º No caso da alínea "b" do inciso IX e do inciso X do *caput* deste artigo, o imposto a pagar ao Estado de destino será o valor correspondente à diferença entre a alíquota interna do Estado de destino e a interestadual. (Redação dada pela Lei Complementar nº 190, de 2022).
[...]
§6º Utilizar-se-á, para os efeitos do inciso IX do *caput* deste artigo: (Incluído pela Lei Complementar nº 190, de 2022).
I - a alíquota prevista para a operação ou prestação interestadual, para estabelecer a base de cálculo da operação ou prestação no Estado de origem; (Incluído pela Lei Complementar nº 190, de 2022).
II - a alíquota prevista para a operação ou prestação interna, para estabelecer a base de cálculo da operação ou prestação no Estado de destino. (Incluído pela Lei Complementar nº 190, de 2022).
§7º Utilizar-se-á, para os efeitos do inciso X do caput deste artigo, a alíquota prevista para a operação ou prestação interna no Estado de destino para estabelecer a base de cálculo da operação ou prestação. (Incluído pela Lei Complementar nº 190, de 2022). (grifo nosso).

Por sua vez, o Conselho Nacional de Política Fazendária – CONFAZ, na sua 343ª reunião extraordinária, realizada em Brasília/DF, no dia 27 de dezembro de 2021, tendo em vista o disposto nos incisos VII e VIII do §2º do art. 155 da Constituição Federal, no art. 82 do Ato das Disposições Constitucionais Transitórias – ADCT da Constituição Federal, na Lei Complementar nº 190, de 4 de janeiro de 2022, bem como nos arts. 102 e 199 do Código Tributário Nacional (lei nº 5.172/1966), celebrou o Convênio ICMS nº 236, de 27 de dezembro de 2021 (DOU de 06/01/2022), que dispõe sobre os procedimentos a serem observados nas operações e prestações que destinem mercadorias, bens e serviços a consumidor final não contribuinte do ICMS, localizado em outra unidade federada.

Repise-se que a finalidade precípua desse Convênio é apenas disciplinar uniformemente os procedimentos a serem utilizados pelos entes subnacionais no rateio da carga tributária incidente nas operações e prestações que destinem mercadorias, bens e serviços a consumidor final não contribuinte do ICMS, localizado em outra unidade federada, conforme assim está escrito textualmente:

> <u>Cláusula segunda</u> - Nas operações e prestações de que trata este convênio, o contribuinte que as realizar deve:
> I - se remetente da mercadoria ou do bem:
> <u>a) utilizar a alíquota interna prevista na unidade federada de destino para calcular o ICMS total devido na operação;</u>
> <u>b) utilizar a alíquota interestadual prevista para a operação, para o cálculo do imposto devido à unidade federada de origem;</u>
> <u>c) recolher, para a unidade federada de destino, o imposto correspondente à diferença entre o imposto calculado na forma da alínea "a" e o calculado na forma da alínea "b";</u>
> II - se prestador de serviço:
> a) utilizar a alíquota interna prevista na unidade federada de destino para calcular o ICMS total devido na prestação;
> b) utilizar a alíquota interestadual prevista para a prestação, para o cálculo do imposto devido à unidade federada de origem;
> c) recolher, para a unidade federada de destino, o imposto correspondente à diferença entre o imposto calculado na forma da alínea "a" e o calculado na forma da alínea "b".
> §1º A base de cálculo do imposto de que tratam os incisos I e II do "*caput*" é única e corresponde ao valor da operação ou o preço do serviço, observado o art. 13 da Lei Complementar nº 87, de 13 de setembro de 1996.
> §2º Considera-se unidade federada de destino da prestação de serviço de transporte aquela onde tenha fim à prestação.
> §3º O recolhimento de que trata a alínea "c" do inciso II do "caput" não se aplica quando o transporte for efetuado pelo próprio remetente ou por sua conta e ordem (cláusula "CIF - *Cost, Insurance and Freight*").
> §4º O adicional de até dois pontos percentuais na alíquota de ICMS aplicável às operações e prestações, nos termos previstos no art. 82, §1º, do Ato das Disposições Constitucionais Transitórias da Constituição Federal, destinado ao financiamento dos fundos estaduais e distrital de combate à pobreza, é considerado para o cálculo do imposto, conforme disposto na alínea "a" dos incisos I e II do "caput", cujo recolhimento deve observar a legislação da respectiva unidade federada de destino.
> §5º Os benefícios fiscais da redução da base de cálculo ou de isenção do ICMS, autorizados por meio de convênios ICMS com base na Lei Complementar nº 24, de 07 de janeiro de 1975, ou na Lei Complementar nº 160, de 07 de agosto de 2017, implementados nas respectivas unidades federadas de origem ou de destino, serão considerados no cálculo do valor da DIFAL nos termos do Convênio ICMS nº 153, de 11 de dezembro de 2015. (grifo nosso).

Conforme a disciplina estatuída pelos atos normativos acima discriminados, deve-se incluir a alíquota prevista para a operação ou prestação interna no Estado de destino para se estabelecer a base de cálculo dessas operações ou prestações interestaduais (base única).

Assim sendo, o ICMS DIFAL – NÃO CONTRIBUINTE será calculado, atualmente, segundo a metodologia a seguir demonstrada:

TABELA 4 – CÁLCULO DO ICMS DIFAL – LC 190/2022

Metodologia da LC 190/22 (base única)	
Preço da mercadoria	R$ 82,00
Base de cálculo "por dentro" – destino	R$ 100,00
ICMS total (18%) (A)	R$ 18,00
Base de cálculo origem	R$ 100,00
ICMS origem (7%) (B)	R$ 7,00
Diferencial de alíquota (A - B)	R$ 11,00
Total do ICMS	R$ 18,00

Fonte: Elaboração própria.

Para o cálculo do ICMS "por dentro", utilizamos a fórmula: BC = [preço ÷ (1 - alíquota)]. Observe que o ICMS total cobrado foi de R$ 18,00, igual ao da Tabela 2 (R$ 18,00).

Ademais, comparando as três metodologias das Tabelas 2, 3 e 4, chegamos a valores diferentemente pagos pelo consumidor final, conforme a memória de cálculo utilizada no referido diploma normativo, senão vejamos:

TABELA 5 – COMPARATIVO DE CÁLCULOS

Item	Tabela 2: Metodologia "Base Dupla"	Tabela 3: Metodologia do Convênio 93/15	Tabela 4: Metodologia da LC 190/22	Diferença (1)	Diferença (2)	Variação (1)	Variação (2)
A	B	C	D	E = C - B	F = D - B	G = [C ÷ B] - 1	H = [D ÷ B] - 1
Preço da Mercadoria	82,00	82,00	82,00	-	-	0,00%	0,00%
ICMS – Origem	6,17	6,17	7,00	-	0,83	0,00%	13,45%
ICMS – Destino	11,83	9,70	11,00	- 2,13	-0,83	- 18,01%	-7,02%
Valor Final	100,00	97,87	100,00	- 2,13	-	- 2,13%	0,00%

Fonte: Elaboração própria.

Resumidamente, podemos observar nas metodologias empregadas nas Tabelas 2 e 3, que o valor final cobrado do consumidor da Tabela 2 chega a R$ 100,00, já na metodologia da Tabela 3 chega ao valor de R$ 97,87, resultando numa diferença a menor de R$ 2,13. Esta diferença no preço final é resultante da aplicação da metodologia da base de cálculo "única" do ICMS utilizada pelo Convênio ICMS 93/2015, que resulta num valor a menor "cobrado" de ICMS, impactando, assim, no valor final desembolsado pelo consumidor final.

Esta redução da carga tributária decorrente da aplicação da metodologia da Tabela 3 (Convênio ICMS nº 93/2015) ocasionava uma redução no preço final pago pelo consumidor final. Redução esta do valor do ICMS a ser pago que implicava numa concorrência desleal entre os contribuintes, cuja assimetria beneficiava as operações interestaduais em detrimento das operações internas, incentivando assim, que os consumidores finais buscassem realizar suas compras em outras unidades da federação diferentemente da sua.

Entretanto, o art. 152 da Constituição Federal proíbe esta distinção em razão da procedência ou destino, senão vejamos: "É vedado aos Estados, ao Distrito Federal e aos Municípios estabelecer diferença tributária entre bens e serviços, de qualquer natureza, em razão de sua procedência ou destino". (grifo nosso).

Em conjunto com o princípio da não discriminação tributária em razão da origem do bem, citado anteriormente, o nosso ordenamento jurídico tributário constitucional proíbe também instituir tratamento desigual entre contribuintes que se encontrem em situação equivalente (princípio da isonomia – art. 150, II), bem como o da neutralidade tributária prevista no art. 146-A.

Ademais, a tributação, ao impactar diferentemente o preço final da mercadoria ou bem cobrado ao consumidor final – dependendo da metodologia de cálculo utilizada -, afronta também o princípio da ordem econômica consubstanciado na livre concorrência (art. 170, IV, da CF).

Em que pese à metodologia de cálculo do ICMS DIFAL – NÃO CONTRIBUINTE estatuída pela LC nº 190/2022 – base única com inclusão da alíquota interna do Estado de destino – corrigir a distorção criada pela tributação no preço final do bem ou serviço adquirido por consumidor final não contribuinte do imposto -, haja vista, conforme a Tabela 4, o preço final cobrado passa a ser o mesmo (R$ 100,00), os Estados destinatários (consumidores) perderão ainda 7,02% de arrecadação do imposto, enquanto os Estados de origem (fornecedores) aumentarão em 13,45% sua arrecadação de ICMS nessas operações e prestações inauguradas pela EC nº 87/2015.

Considerações finais

Conforme exposto acima, apenas se utilizássemos a metodologia de ICMS "por dentro" e "base dupla", conforme demonstrado na Tabela 2, é que realizaríamos a premissa adotada de *lege ferenda* neste artigo de que o imposto "cobrado" antes e depois da EC nº 87/1996 deveriam ser necessariamente iguais, para fins de não afetar a livre concorrência da atividade empresarial e reforçar o federalismo fiscal brasileiro – qualquer outra metodologia utilizada irá distorcer esse valor colimado.

Percebe-se claramente os três momentos distintos e estanques em que o ordenamento jurídico tributário brasileiro tratou da tributação do ICMS das operações e prestações que destinem mercadorias, bens e serviços a consumidor final não contribuinte do ICMS, localizado em outra unidade federada, quais sejam: i) antes da EC nº 87/2015, na qual não se repartia o ICMS cobrado nessas operações ou prestações (princípio da origem); ii) a partir da EC nº 87/2015 e Convênio ICMS 93/2015, cuja base de cálculo era única, mas se embutia apenas a alíquota interestadual do ICMS no preço da mercadoria ou serviço; e iii) a partir da Lei Complementar nº 190/2022 e Convênio ICMS 236/2021, cuja base de cálculo também é única, mas com a diferença de que se passou a incluir a alíquota prevista para a operação ou prestação interna no Estado de destino nessa base de cálculo.

Os reflexos na arrecadação de ICMS DIFAL – NÃO CONTRIBUINTE para os Estados de destino (consumidores) podem ser comprovados analisando as metodologias de cálculos contidas nas Tabelas 2, 3 e 4, sintetizada na Tabela 5. Partindo-se do mesmo preço hipotético de uma mercadoria (R$ 82,00), o valor do ICMS DIFAL a ser cobrado e destinado aos Estados consumidores passou de zero – antes da EC nº 87/2015 -, para R$ 9,70 – a partir da EC nº 87/2015 e Convênio ICMS 93/2015, e, para R$ 11,00 – com o advento da LC nº 190/2022 e Convênio ICMS 236/2021; enquanto o ICMS total incidente nessas operações e prestações que destinem mercadorias, bens e serviços a consumidor final não contribuinte localizado em outro Estado da federação, foi de R$ 18,00 (princípio da origem), R$ 15,87 (origem e destino) e R$ 18,00 (origem e destino), respectivamente.

Porém, mesmo repartindo-se a carga tributária incidente nas operações e prestações que destinem mercadorias, bens e serviços a consumidor final não contribuinte do ICMS, o ICMS DIFAL – NÃO CONTRIBUINTE, conforme os referidos diplomas normativos, fato é que não se atingiu o valor do ICMS a recolher ao Estado de destino (consumidor) de R$ 11,83, caso fosse utilizada a premissa adotada nesse trabalho de que a EC nº 87/2015 não teve por finalidade reduzir carga tributária dessas operações e prestações, e, para tanto, só se realizaria tal premissa caso fosse adotada a "base dupla" e "por dentro" do ICMS demonstrada na Tabela 2.

Admitiríamos uma possível redução de carga tributária e, consequentemente, a diminuição de arrecadação do ICMS DIFAL – NÃO CONTRIBUINTE aos Estados destinatários desses bens e serviços, se as referidas operações e prestações fossem objeto de saídas internas subsequentes, o que não vem ser o caso da aquisição de bens e serviços por parte de consumidor final não contribuinte do imposto, na qual se complementaria a arrecadação "perdida" por parte dos Estados consumidores.

Ademais, partindo-se de um mesmo preço de uma mercadoria (operação sem

ICMS), o valor cobrado do consumidor final não pode ser diferente, pois, assim agindo, estamos agredindo frontalmente o princípio da não discriminação baseada em procedência ou destino (art. 152), bem como o da livre concorrência (art. 170, IV), traduzido na neutralidade tributária que deve se buscar na tributação sobre o consumo para se garanta, assim, a igualdade de condições competitivas (art. 146-A).

Entendemos defensável a tese encampada pelos Estados de que não houve, efetivamente, instituição ou aumento de tributos com a edição da EC nº 87/2015; o tributo cobrado continua sendo da espécie ICMS de competência de todos Estados-membros, bem como não houve aumento de carga tributária, conforme demonstrado nas Tabelas deste artigo. Razão pela qual, não há falar em necessidade do cumprimento dos princípios da anterioridade anual e nonagesimal. Mesmo assim, a LC nº 190/2022 estabeleceu que a produção de seus efeitos (eficácia) deverá cumprir ao previsto no art. 150, III, "c", da CF – princípio da anterioridade nonagesimal.

Corroborando esse entendimento dos Estados, o STF no julgamento da ADI 7.066 (ABIMAQ)[20], em sede de cognição sumária, negou a concessão de medida cautelar requerida, para suspender a cobrança do ICMS DIFAL – NÃO CONTRIBUINTE por todo o ano de 2022, cujo Ministro Relatou Alexandre de Moraes assim arrematou:

> O Princípio da anterioridade previsto no art. 150, III, "b", da CF, protege o contribuinte contra intromissões e avanços do Fisco sobre o patrimônio privado, o que não ocorre no caso em debate, pois trata-se um tributo já existente (diferencial de alíquota de ICMS), sobre fato gerador antes já tributado (operações interestaduais destinadas a consumidor não contribuinte), por alíquota (final) inalterada, a ser pago pelo mesmo contribuinte, sem aumento do produto final arrecadado.

Quanto à exigência das empresas optantes pelo SIMPLES NACIONAL de recolher o ICMS DIFAL – NÃO CONTRIBUINTE aos Estados destinatários, defendemos, no mesmo sentido da jurisprudência do STF (ADI nº 5.469/DF), que a obrigação depende de alteração na Lei Complementar nº 123/06, para que tal exação possa ser cobrada por fora de tal regime diferenciado e favorecido dispensado às microempresas e empresas de pequeno porte no âmbito dos Poderes da União, dos Estados, do Distrito Federal e dos Municípios.

Finalizando, haverá a necessidade dos Estados alterarem suas leis ordinárias do ICMS – e respectivos Regulamentos – para fins de cobrança do ICMS DIFAL – NÃO CONTRIBUINTE, conforme a atual normatividade estatuída pela LC nº 190/2022 e Convênio ICMS 236/21.

---

[20] ADI 7.066, Rel. Min. Alexandre de Moraes, Plenário Virtual, DJe de 19.05.2021.

Referências

AFONSO, José Roberto R.; LUKIC, Melina Rocha; CASTRO, Kleber Pacheco de. ICMS: crise federativa e obsolescência. **Revista Direito GV**, São Paulo, v.14, n. 3, p. 986-1018, set. / dez. 2018. Disponível em: https://bibliotecadigital.fgv.br/ojs/index.php/revdireitogv/article/view/78026. Acesso em: 2 mar. 2022.

BIDERMAN, Ciro; ARVATE, Paulo. **Economia do setor público no Brasil**. Rio de Janeiro: Elsevier, 2004.

BRASIL. **Carga tributária no Brasil 2019**. Análise por tributos e bases de incidência. Brasília, jul. 2020. Disponível em: http://www.gov.br/receitafederal/pt-br/acesso-a-informação/dados-abertos/receitadata/estudos-e-aduaneiros/estudos-e-estatisticas/carga-tributaria-no-brasil/ctb-2019-v2-publicação.pdf. Acesso em: 4 out. 2021.

DOMINGOS, Francisco Nicolau. **Os métodos alternativos de resolução de conflitos tributários**: novas tendências dogmáticas. Porto Alegre: Núria Fabris, 2016.

MATTOS, Aroldo Gomes de. **ICMS**: comentários à legislação nacional. São Paulo: Dialética, 2006.

MEDAUAR, Odete. **Direito administrativo moderno**. 21. ed. Belo Horizonte: Fórum, 2018.

MEDEIROS, Ronaldo Raimundo. **A (in)segurança jurídica do contencioso administrativo tributário estadual**: estudo de casos sobre a aplicação da Súmula nº 166 nas saídas por transferência de mercadorias. Dissertação (mestrado) – Escola de Direito de São Paulo da Fundação Getúlio Vargas, 2015.

NOGUEIRA, Adma Felícia Barbosa Murro. E-Commerce: aspectos tributários sob a perspectiva brasileira. In: FARIA, Renato Vilela; SILVEIRA, Ricardo Maitto; MONTEIRO, Alexandre Luiz Moraes do Rego [coord.]. **Tributação da economia digital**: desafios no brasil, experiência internacional e nova perspectiva. São Paulo: Saraiva Educação, 2018.

SANTI, Eurico Marcos Diniz de. O código tributário nacional e as normas gerais de direito tributário. In: SANTI, Eurico Marcos Diniz de. [coord.]. **Curso de direito tributário e finanças públicas**: do fato à norma, da realidade ao conceito jurídico. São Paulo: Saraiva, 2008.

SCHOUERI, Luís Eduardo. **Direito tributário**. 3. ed. São Paulo: Saraiva, 2013.

Natureza jurídica da substituição tributária de ICMS para a jurisprudência

Lídia Maria Ribas
Hendrick Pinheiro
Júlia Braceiro Daneluzzi

Sumário

1. Introdução. 2. Desenvolvimento. 3. Considerações finais. Referências.

1 Introdução

A natureza de algumas normas de substituição tributária do ICMS desperta certa inquietação, em especial no que tange ao momento de sua revogação. Alguns autores equiparam muitas destas regras a isenções, arrogando a aplicação das disposições dos arts. 178 e 179 do Código Tributário Nacional (CTN), ou mesmo sustentam que seu restabelecimento deveria respeitar o princípio da anterioridade, previsto no art. 150, inciso III, "b" e "c", da Constituição Federal (CF), por representar uma espécie de "reinstituição de tributos" (DERZI; MOURA, 2020).

Porém, para entender um pouco melhor o fenômeno, seria interessante verificar como a jurisprudência entende a questão. Para tanto, propõe-se a sua análise sob dois parâmetros: as decisões reconhecem aplicáveis os arts. 178 e 179 do CTN, equiparando a substituição às isenções e decisões que entendem a revogação de normas de substituição tributária como majoração de tributos, que, portanto, devem respeitar a anterioridade tributária.

Para analisar a questão, no primeiro item do desenvolvimento, será apresentada uma revisão teórica sobre os conceitos de substituição tributária e isenção que serão adotados, bem como sobre o alcance semântico das normas dos arts. 178 e 179 do CTN e do art. 150, inciso III, "b" e "c" da CF.

No segundo tópico do desenvolvimento, propõe-se uma análise voltada a aplicabilidade dos arts. 178 e 179 do CTN às normas de substituição. Para tanto, buscar-se-á responder se tais critérios foram utilizados como aplicáveis na análise da validade de normas de substituição.

O terceiro tópico será dedicado ao princípio da anterioridade, previsto no art. 150, inciso III, "b" e "c" da CF, com especial atenção para saber se os tribunais pátrios consideraram essa limitação ao poder de tributar como aplicável às normas de substituição tributária do ICMS.

A presente pesquisa propõe uma análise qualitativa (GUBA; LINCOLN, 1994), de viés pós-positivista (ANDRADE, 2006), realizada por meio de pesquisa bibliográfica de natureza dogmática (ADEODATO, 1999), conduzida a partir da análise documental de enunciados normativos e jurisprudência brasileira. Adota-se aqui o método hipotético-dedutivo, tomando como hipótese a asserção de que a jurisprudência não equipara regras de substituição tributária a incentivos fiscais.

A pesquisa será desenvolvida considerando a base de dados disponível nos sites do Supremo Tribunal Federal, Superior Tribunal de Justiça, e, em relação aos tribunais estaduais, serão analisados casos do Tribunais de Justiça de cinco estados brasileiros com maior produto interno bruto (São Paulo, Rio de Janeiro, Minas Gerais, Paraná e Rio Grande do Sul).

Foi utilizado o critério de seleção teórica (EISENHARDT, 1989) para selecionar os dados, considerando todos os casos encontrados sobre o tema nas cortes superiores e os casos julgados nos últimos 10 (dez) anos para as cortes estaduais, limite este que busca assegurar a atualidade da pesquisa.

A busca foi realizada utilizando sempre as expressões "substituição tributária" e "diferimento" associadas à expressão "isenção", "anterioridade" e "legalidade". O conteúdo das decisões é analisado e serve de base para a elaboração do texto resultado da pesquisa, que cita os julgados à medida em que trata dos tópicos específicos.

2 Desenvolvimento

O art. 114 do Código Tributário Nacional enuncia que o fato gerador da obrigação tributária principal consiste na prática de determinado ato no mundo fenomênico que corresponda à situação definida em lei. Essa prévia definição é importante à medida que a disciplina geral da responsabilidade tributária e, por extensão, do próprio conteúdo normativo do regime de substituição tributária, resgata expressamente a noção de fato gerador como categoria vinculativa ao terceiro que será, por força de lei, responsabilizado pela obrigação tributária, nos termos do art. 128 do Código Tributário Nacional.

Nesse sentido, em que pese o fato de inexistir na legislação dispositivo normativo que defina com exatidão o alcance e delimitações da substituição tributária, infere-se do referido art. 128 do Código Tributário Nacional que esta ocorre quando certa obrigação tributária, desde sua gênese, é imputada diretamente a terceiro, que faz às vezes do sujeito que efetivamente praticou a situação fática descrita na hipótese de incidência, em virtude de determinação legal.

O mecanismo é utilizado por conveniência da fiscalização e arrecadação tributárias, precipuamente com relação a impostos incidentes sobre operações sucessivas – como é o caso do ICMS. Consiste, portanto, em desdobramento do princípio da praticabilidade à medida que, sob a ótica da fiscalização, em vez de se exigir um determinado tributo de centenas ou milhares de agentes, enfoca-se a atividade arrecadatória em apenas um sujeito.

Disso resulta, portanto, a racionalização das atividades de fiscalização e arrecadação em virtude da exclusão da cadeia tributária de toda uma pluralidade de sujeitos que, não fosse o mecanismo de substituição, seriam os responsáveis pelo cumprimento da obrigação principal.

Ao mesmo tempo, porém, surge a partir dessa dinâmica o seguinte questionamento: uma vez que a responsabilidade pelo cumprimento da obrigação tributária é redirecionada a agente diverso daquele que, em princípio, teria deflagrado o fato gerador, não ficaria o terceiro, vinculado à relação jurídico-tributária por força de lei, onerado para além de suas capacidades contributivas?

Diante desse imbróglio, há quem afirme, com acentuada pertinência, que na cadeia axiológica de valores tutelados pela ordem constitucional brasileira, o resguardo da capacidade contributiva do substituto teria precedência sobre o aventado princípio da praticabilidade que beneficiaria a fiscalização (CARRAZZA, 2018, p. 241).

É justamente por isso, diante da amplitude das possíveis implicações contidas na controvérsia acima ilustrada, torna-se imprescindível estipular, com o maior grau de objetividade possível, os meios pelos quais o contribuinte pode resguardar-se de eventual invasão patrimonial para além de suas forças contributivas: pode o contribuinte valer-se do anteparo legal estatuído nos arts. 178 e 179 do Código Tributário Nacional? Ficaria a atividade fiscalizatória e arrecadatória adstrita aos preceitos constitucionais da anterioridade, tal como plasmados no art. 150, inciso III, da Constituição Federal?

E, se assim o for, significaria dizer que o conteúdo normativo da substituição tributária se equipararia a uma modalidade de benefício fiscal, a depender da situação fática?

É para essas questões que a jurisprudência analisada neste capítulo busca fornecer balizas capazes de estabelecer um grau maior de objetividade e de segurança jurídica atrelada à disciplina da substituição tributária afeita aos casos que envolvem especificamente o ICMS.

Antes de adentrar na análise da referida jurisprudência, porém, é necessário adensar a compreensão teórico-dogmática acerca dos principais pontos que enovelam a presente temática.

2.1 Referencial Teórico: Substituição Tributária no ICMS e Isenção como Categorias jurídicas

Conforme visto no tópico anterior, o delineamento conceitual da substituição tributária perfaz um dos principais desafios para que se possa fornecer um mínimo de segurança jurídica para aplicação do referido instituto. De sorte, ademais, que as consequências de sua aplicação, muitas das quais com efeitos *a posteriori*, possam ser canalizadas pelos meios adequados de que a legislação dispõe – até mesmo quando for o caso de revogação da legislação autorizativa da substituição, sobretudo para se obter previsibilidade quanto aos efeitos deflagrados a partir daí.

Apenas assim se poderá prevenir a extrapolação indevida dos limites interpretativos que circunscrevem os preceitos legais pertencentes a determinado ordenamento – o que, conforme ensina Klaus Vogel, pode se manifestar de forma patológica tanto no exercício irrestrito da autonomia privada por parte dos contribuintes, quanto na hipertrofia legada aos órgãos da administração pública responsáveis pela atividade arrecadatória (SCHOUERI; GALENDI JR., 2017, p. 575).

Daí advém o viés pós-positivista enunciado no início do presente capítulo, tendo em vista que o marco teórico subjacente a presente análise não se satisfaz nem com mera interpretação ancorada exclusivamente na literalidade do diploma legal, tampouco na discricionariedade calcada no manejo de princípios com elevado grau de abstração e com pouco esteio na concretude das práticas e relações jurídicas efetivamente postas no mundo fenomênico.

É em meio a esses dois extremos, que deve transitar a tarefa crítica de investigar os limites e eventuais potencialidades subutilizadas de determinado instituto jurídico – no presente caso, a substituição tributária que envolve ICMS. Trata-se, assim, de restringir a interpretação ao sentido possível das palavras à luz do ordenamento jurídico como um todo, método de profunda inspiração na doutrina e na jurisprudência alemãs e, amplamente acolhidas na doutrina nacional (ÁVILA, 2012, p. 518).

Com esse breve escorço teórico, importa realçar que o intuito não é meramente propedêutico. O objetivo é fixar um crivo por meio do qual a jurisprudência colhida neste capítulo será analisada. Em outras palavras, é necessário estabelecer um *standard* para afirmar se, ao cabo da análise jurisprudencial, a solução legada pelos órgãos judiciais corresponde à complexidade e magnitude dos problemas teóricos que lhes foram contrapostos – ou, como ocorre com certa frequência, se a jurisprudência formada acaba criando novos problemas, ao invés de desatar os antigos.

O art. 121, parágrafo único, II, do Código Tributário Nacional, enuncia que, por vezes, o dever de cumprir a obrigação tributária pode ser atribuído a terceiro que não praticou o fato imponível.

Trata-se da sujeição passiva indireta, pela qual pessoa diversa do contribuinte, mas que mantém conexão com o fato jurídico tributário, torna-se responsável pelo adimplemento da obrigação.

Dentre as modalidades de sujeição, destaca-se a substituição tributária, na qual disposição expressa de lei transfere, desde logo, a obrigação tributária e as providências necessárias ao seu cumprimento, à pessoa diversa daquela que possui relação econômica com o ato ou negócio tributado (SOUSA, 1975).

Assim, nessas hipóteses, é a própria lei que impõe a substituição do sujeito passivo direto pelo indireto, de modo que desde o nascimento da obrigação, o terceiro toma o lugar daquele que efetivamente praticou o fato descrito na hipótese de incidência (CARVALHO, 2007, p. 334-335).

Dessa forma, se é a lei o marco normativo para a sujeição de determinado agente ao regime da substituição tributária, tanto maior será a importância de buscar o sentido possível para a melhor – leia-se, correta – interpretação acerca do regime da substituição tributária atrelada ao ICMS. Especialmente por se tratar de uma modalidade tributária que, por sua essência, pode desdobrar-se em múltiplas fases compreendidas dentro de uma cadeia produtiva.

É possível afirmar que a precípua finalidade da substituição tributária é imprimir maior eficiência na execução da legislação tributária, de modo a racionalizar a atividade desempenhada pela administração tributária, simplificando seus atos e, de certa forma, diminuindo os custos inerentes ao cumprimento das normas (COSTA, 2018, p. 240).

Destarte, em vez de se exigir o tributo de centenas ou até milhares de produtores, recolhe-se o tributo de apenas um só sujeito, o que possibilita uma sistemática de fiscalização bem mais simples, eficaz, que tem a finalidade de evitar eventuais sonegações ou outras práticas elisivas.

Usualmente, a doutrina e a jurisprudência apontam para duas espécies de substituição tributária no ordenamento jurídico: a progressiva (ou "para frente") e a regressiva (ou "para trás").

A primeira está descrita no art. 150, §7º, da Constituição Federal, incluída pela Emenda Constitucional n. 3, de 1993, que permite que a lei atribua a terceiro a condição de responsável pelo pagamento de imposto ou contribuição, cujo fato gerador irá ocorrer posteriormente.

Tal modalidade é aplicável a impostos incidentes em operações sucessivas, chamados de "impostos multifásicos". Consiste em uma tributação que se opera para o futuro, presumindo-se a posterior ocorrência do fato gerador. Assim, o responsável pelo recolhimento do tributo encontra-se na etapa antecedente da cadeia econômica, sendo a apuração da base de cálculo feita de forma estimada, uma vez que o fato descrito na hipótese de incidência ainda não ocorreu efetivamente.

Sem embargo das louváveis considerações de Roque Antônio CARRAZZA (2018, p. 479-481) a respeito da inconstitucionalidade da norma por ofensa aos princípios da capacidade contributiva e da segurança jurídica, a jurisprudência brasileira é pacífica no sentido de que o regime de substituição tributária para frente seria legítimo por configurar espécie de diferenciação de fiscalização e recolhimento de tributos (BRASIL, 2011), sem perder de vista que a presunção de consumação do fato jurídico tributário futuro deve ser sempre relativa, sendo certa a possibilidade de restituição, na hipótese de não ocorrência, como maneira de coibir o enriquecimento sem causa do Fisco (BRASIL, 2016)[1].

A segunda modalidade de substituição tributária (regressiva ou "para trás") ocorre mediante o diferimento tributário; técnica simplificadora pela qual o imposto devido é cumulado na etapa subsequente de circulação. Pressupõe-se, nessas circunstâncias, a tributação plurifásica, sendo comum que sua estipulação ocorra em operações envolvendo número considerável de fornecedores.

Geraldo Ataliba e Cleber Giardino, em aprofundado estudo sobre o tema, no qual analisam a questão sob o ponto de vista da não-cumulatividade e da geração de crédito, chamam atenção para o fato de que não se trata de um mero adiamento ou procrastinação da operação, do pagamento, do lançamento ou não-incidência do tributo, provavelmente porque o vencimento da obrigação está condicionado à realização de um fato futuro a ser praticado pelo substituto (SOARES DE MELO, 2019, p. 228).

Seja como for, vislumbra-se que todos os métodos de substituição tributária são igualmente fundados na comodidade e no interesse da fiscalização. Ocorre que, em diversas situações, a simples mudança do sujeito passivo responsável pelo adimplemento da obrigação tributária pode provocar a sensação de que o mecanismo acarreta espécie de vantagem ou

---

[1] A respeito do tema o Supremo Tribunal Federal, superando o posicionamento que vinha sendo adotado desde 2002, fixou a tese: "é devida a restituição da diferença do Imposto sobre Circulação de Mercadorias e Serviços – ICMS pago a mais no regime de substituição tributária para frente se a base de cálculo efetiva da operação for inferior à presumida." (BRASIL, 2016).

desagravamento fiscal em prol do particular.

É comum que, na prática, a substituição tributária seja confundida com os chamados benefícios fiscais, regulados pelos artigos 178 e 179 do Código Tributário Nacional. No entanto, conforme será demonstrado, apesar de se tratar de semelhança apenas aparente, mostra-se necessária a problematização do tema, com o fito de entender se a jurisprudência aplica os regramentos atinentes aos benefícios fiscais às hipóteses em que a desoneração de dá em virtude da modificação do sujeito passivo.

De fato, os benefícios fiscais correspondem a uma redução ou até eliminação – direta ou indireta – do ônus tributário, nos termos de lei ou norma específica[2]. Consoante disposição do art. 14 da Lei Complementar n. 101/2000 e do art. 175, CTN, são benefícios fiscais: a anistia, o subsídio, o crédito presumido, a concessão de isenção desde que em caráter não geral, a alteração de alíquota e a modificação de base de cálculo.

Extrai-se que, realmente, configuram-se como institutos tributários completamente diversos, porquanto na substituição tributária há uma alteração do sujeito e não uma desoneração do ônus tributário propriamente dito.

Se por um lado os benefícios fiscais são instituídos para desenvolver economicamente determinada região ou setor de atividade, ou, ainda, são concedidos em função de certos bens, pessoas ou serviços para retirar a possibilidade de tributação, a substituição tributária não tem o escopo de beneficiar contribuintes, mas tão somente facilitar a própria atividade do Fisco.

Nessa esteira, Marçal JUSTEN FILHO (1985, p. 355) é categórico ao sustentar que a substituição tributária não pode ser encarada como benefício fiscal, notadamente a isenção, tendo em vista que não corresponde a uma não-incidência do tributo ou uma exoneração do ônus tributário:

> A figura do diferimento não se confunde com a substituição. E isso porque o diferimento importa subsunção do pagamento da prestação tributária à ocorrência de um fato futuro e incerto: nova operação relativa à circulação da mesma mercadoria. A substituição envolve, exclusivamente, alteração do sujeito passivo. Análise das circunstâncias jurídicas demonstra que, antes de verificada nova operação relativa à circulação da mesma mercadoria, inexiste débito ou relação tributária. Isso comprova que o diferimento se insere dentro da categoria de não-incidência. Somente haverá fato imponível se e enquanto ocorrer uma operação relativa à circulação da mercadoria,

---

[2] Em sede do julgamento da ADI n. 2.777/SP, o Ministro Cezar Peluso ponderou: "o benefício fiscal, ou incentivo fiscal, tem por finalidade estimular ou desestimular comportamentos, mediante desoneração ou redução da carga tributária, ou, ainda, concessão de condições mais favoráveis para o pagamento de tributo devido, o que, não precisaria dizê-lo, não se confunde em nenhum aspecto com o instituto da repetição do indébito" (BRASIL, 2003).

subsequente àquela sujeita ao regime do diferimento.

Na mesma linha de raciocínio, a jurisprudência é firme ao estabelecer que o diferimento tributário não constituiria benefício fiscal em razão de inexistir dispensa do pagamento do tributo, mas sim uma conveniência para o Estado (BRASIL, 2010).

Pondera-se, contudo, que, na prática, ao se transferir o ônus para um terceiro, é inegável que o contribuinte acaba por se desonerar do seu dever tributário. É por essa razão que Célio CHIESA (2017, p. 15) defende que o termo "diferimento" possui diversas acepções, sendo utilizado tanto no sentido de "adiar o pagamento" - que corresponderia à substituição tributária - quanto "postergar a incidência" – que seria equivalente a isenção.

Dessa maneira, deve-se averiguar em qual medida as regras específicas de concessão, revogação e modificação de isenção poderiam ser aplicadas aos casos em que o desagravamento ocorre em razão da alteração do sujeito passivo.

Noutro passo, deve-se considerar se, na visão dos Tribunais, a simples modificação do sujeito incumbido de adimplir a obrigação tributária deveria estar submetida ao princípio da anterioridade, previsto no art. 150, inciso III, "b" e "c", da CF, já que, de certa forma, pode representar a criação ou majoração de um encargo financeiro inesperado.

Vale lembrar que o escopo do princípio da anterioridade vai além da mera previsibilidade e da não-surpresa, pois busca assegurar que o sujeito responsável pelo pagamento do tributo obtenha o conhecimento antecipado do dispêndio que será realizado. Como ensina Francisco RABELLO FILHO (2002, p. 100-103), a anterioridade é uma exteriorização do princípio da segurança jurídica, na medida em que o sujeito passivo passa, a saber, com a antecedência necessária, se haverá um incremento em sua carga.

Por esse ângulo, começa a ganhar contornos mais bem delimitados a ideia de que a substituição tributária compõe um complexo de técnicas especiais de tributação, e não um benefício fiscal em sentido estrito. Mas, se a substituição não se amolda à natureza jurídica de benefício fiscal, como debelar a situação em que a alteração do responsável representa, em certa medida, a desoneração do contribuinte e o aumento de encargo a um terceiro? Seriam aplicáveis as regras atinentes à isenção para revogação? E, mais, seriam aplicáveis as regras da anterioridade para instituição do regime ou seu cancelamento?

Eis aí o ponto nevrálgico da jurisprudência que ora se passa a analisar.

2.2 Aplicação jurisprudencial dos artigos 178 e 179 do CTN

Os arts. 178 e 179 do CTN disciplinam a concessão, modificação e revogação do benefício fiscal da isenção, de modo que seu funcionamento estaria integralmente regulamentado durante sua vigência, com o fito de assegurar segurança jurídica aos contribuintes.

Os referidos dispositivos determinam que, como exceção feita aos impostos sobre a renda e patrimônio (art. 104, III, CTN), a revogação ou modificação da isenção tributária (benefício fiscal) pode ocorrer a qualquer tempo, desde que haja previsão normativa para tanto. Trata-se, pois, de desdobramento do princípio da legalidade.

Aliás, a relevância da matéria é tamanha que o Supremo Tribunal Federal editou a Súmula n. 544, que estabelece: isenções tributárias concedidas, sob condição onerosa, não podem ser livremente suprimidas.

Se por um lado é certa a proteção à segurança jurídica em matéria de benefícios fiscais, especialmente no que tange a isenções, por outro ângulo pairam sérias dúvidas acerca de sua aplicabilidade ao regime de substituição tributária. É que, apesar de possuírem premissas diversas, tanto os benefícios fiscais quanto a substituição tributária não têm o condão de modificar o tributo em si.

Vale averiguar, assim, o posicionamento dos Tribunais sobre a temática, com o fito de identificar se as normas de caráter protetivo e alicerçadas na segurança jurídica incidiriam nas hipóteses de alteração do sujeito passivo.

Extrai-se da análise realizada que a jurisprudência majoritária interpreta que, na substituição tributária ocorre mera transferência da responsabilidade de recolhimento da obrigação tributária, isto é, altera-se o momento da obrigação, não gerando benefício fiscal algum, de modo que seriam inaplicáveis as disposições dos arts. 178 e 179 do CTN.

Esse é, inclusive, o entendimento majoritário do Supremo Tribunal Federal que, na maioria das vezes, decide de forma categórica pela impossibilidade de aplicação analógica do arcabouço normativo da isenção ao regime de substituição tributária (BRASIL, 2014a; BRASIL, 2017).

Contudo, no julgamento da ADI 1851/AL, o STF equiparou a substituição tributária a benefício fiscal: na hipótese, a Suprema Corte considerou que, sendo a substituição tributária de análise facultativa, isto é, que reclamava opção pelo contribuinte, sua criação teria natureza de benefício fiscal (BRASIL, 1998). Este entendimento foi aplicado ainda em outras duas oportunidades.

Com base nessa premissa, o STF reconheceu a constitucionalidade das normas estaduais que vedavam a devolução do montante pago a maior em relação à base de cálculo presumida.

Aparentemente, trata-se de precedente isolado e decorrente da técnica do *distinguishing*, na medida em que a substituição tributária somente poderia ser equiparada a benefício fiscal quando tiver natureza facultativa.

No âmbito do Superior Tribunal de Justiça, a maioria dos julgados também indica que os arts. 178 e 179 do CTN seriam inaplicáveis aos casos de substituição tributária (BRASIL, 2011; BRASIL, 2008).

Não se verifica, entretanto, uniformidade semelhante na jurisprudência do Tribunal de Justiça de São Paulo.

Ao apreciar o recurso de apelação n. 0047123-94.2010.8.26.0114, o TJSP consignou expressamente a aplicação da exegese do art. 179 do CTN à hipótese dos autos de substituição tributária. De acordo com o órgão colegiado, o diferimento analisado representaria mais que mera "técnica de arrecadação", sendo, na realidade, desoneração daquele que é dispensado de realizar o recolhimento tributário na fase da cadeia, uma vez que o encargo é transferido para responsabilidade de outro sujeito (SÃO PAULO, 2011c). Daí a aplicação do art. 179 do CTN como adequação à regularidade fiscal.

No mesmo sentido, ao apreciar caso em que portaria dispensou distribuidor hospitalar de se submeter à sistemática de substituição tributária, o TJSP entendeu que incidiria, na espécie, ao art. 179 do CTN. Na visão do órgão, a dispensa do encargo tributário representaria verdadeiro benefício fiscal (SÃO PAULO, 2013).

Veja-se que, nessa demanda, havia certa coincidência entre os institutos: ao desonerar sujeito da cadeia por meio de substituição tributária, o Estado acabou concedendo benefício fiscal equivalente à isenção para aquele sujeito em específico.

Aliás, o TJSP reconheceu que os institutos podem ser correlatos ao enseio do julgamento do recurso de apelação n. 0026040-22.2010.8.26.0114. Em que pese o reconhecimento do diferimento como modalidade de substituição tributária, a Corte entendeu que seria aplicável a esse regime a disciplina do regime isentivo, na medida em que se postergaria o lançamento do tributo (SÃO PAULO, 2011b).

Por outro lado, existem casos, em que o TJSP registrou a impossibilidade de aplicação analógica do arcabouço normativo da isenção à substituição tributária, sob o fundamento de que, ao contrário dos benefícios fiscais, a responsabilidade tributária não exonera o substituto da carga tributária (SÃO PAULO, 2018).

Em relação aos julgados dos tribunais de justiça do Rio de Janeiro (2020a), Paraná (2020) e Rio Grande do Sul (2019), depreende-se que estes são uníssonos ao consignar que a legislação voltada a disciplinar as regras de isenção não se estenderia à substituição tributária.

Em sentido oposto, o Tribunal de Justiça de Minas Gerais, na ocasião do julgamento de apelação n. 1356231-43.2003.8.13.0024 (MINAS GERAIS, 2004), asseverou expressamente que, muito embora existam diferenças significativas entre os institutos, às questões teóricas não seriam suficientes para ensejar, no caso concreto, tratamento diverso entre a revogação de isenção e desoneração momentânea de sujeito da cadeia em regime de substituição tributária progressiva.

Na espécie, a substituída insurgia-se contra a revogação do "benefício fiscal de concessão de crédito presumido" na cadeia do ICMS. O TJMG, ao analisar o caso, entendeu que seria aplicável o disposto no art. 178 do CTN, pois admitir o contrário (impossibilidade de modificação ou revogação a qualquer tempo) equivaleria à "inviabilização do próprio instituto da substituição tributária progressiva", visto que retiraria o caráter eminentemente prático.

Ora, a depender do momento vivenciado por cada setor, é possível que haja a alteração do universo de contribuinte, o que demandaria do Estado frequente análise da conveniência de centralização da fiscalização em determinado ponto da cadeia.

Diante dos julgados coletados, é possível vislumbrar que a jurisprudência possui a preocupação de diferenciar benefícios fiscais do regime de substituição tributária.

No entanto, há casos em que a inserção ou retirada de sujeito da cadeia do imposto multifásico, ou, ainda, desoneração de um elo da cadeia, pode representar verdadeiro benefício fiscal, porquanto a mera tática arrecadatória pode acabar por reduzir o ônus tributário de determinado sujeito. Nessas circunstâncias em que há congruência entre os institutos, a jurisprudência acaba, muitas vezes, aplicando as disposições do art. 178 e 179 do CTN.

Além disso, não se pode olvidar que a substituição tributária decorre de imposição legal, razão pela qual sua revogação ou modificação também deveriam se sujeitar ao princípio da legalidade e - assim como sua instituição - à conveniência da fiscalização.

2.3 Aplicação jurisprudencial do artigo 150, inciso III, da Constituição Federal

Em relação à aplicação do art. 150, III, da Constituição Federal (princípio da anterioridade) observa-se, igualmente, que existe posicionamento em ambos os sentidos.

No julgamento do AgRg no RE n 682.631/MG, de relatoria do Ministro

Roberto Barroso, o Supremo Tribunal Federal entendeu que o regime de substituição tributária não poderia ser alcançado pelo princípio da anterioridade, haja vista que o encargo de suportar o tributo seria ressarcido na operação de saída da mercadoria:

> EMENTA: AGRAVO REGIMENTAL EM AGRAVO REGIMENTAL EM RECURSO EXTRAORDINÁRIO COM AGRAVO. DECRETO Nº 45.138/09-MG. INSTITUIÇÃO DO REGIME DE SUBSTITUIÇÃO TRIBUTÁRIA. HIPÓTESE QUE NÃO REPRESENTA OFENSA AOS PRINCÍPIOS DA ANTERIORIDADE ANUAL E NONAGESIMAL 1. O Supremo Tribunal Federal tem entendido que os postulados da anterioridade anual e da anterioridade nonagesimal estão circunscritos às hipóteses de instituição e majoração de tributos. 2. O regime de apuração da substituição tributária não está alcançado pelo âmbito de proteção da tutela da não surpresa, na medida em que o agravamento inicial que decorre do dever de suportar o imposto pelos demais entes da cadeia será ressarcido na operação de saída da mercadoria. 3. Na hipótese sob análise, não há aumento quantitativo do encargo e sim um dever de cooperação com a Administração tributária. 4. Agravo regimental a que se nega provimento. (BRASIL, 2014a). (Sem destaque no original).

Em outra oportunidade (BRASIL, 2014b), o mesmo ministro ainda pontuou que o mesmo entendimento não seria aplicável aos casos de redução de benefício fiscal. Assim, nas hipóteses de diminuição de um benefício que reduziu a base de cálculo do imposto, deveria ser observado o art. 150, III, "c" da CF, na medida em que o contribuinte não poderia ser surpreendido com um aumento súbito da carga tributária. À diferença do que ocorre com a substituição tributária, aqui não haveria transferência do imposto.

Por outro lado, é certo que um dos casos mais representativos da matéria é o RE 266.602/MG, de relatoria da Ministra Ellen Gracie: na circunstância o STF, por maioria, considerou que muito embora o regime de substituição tributária não represente criação de novo tributo, a alteração do sujeito passivo da obrigação tributária mereceria proteção do princípio da irretroatividade e, por extensão, da anterioridade, tendo em vista a necessidade de salvaguardar o contribuinte e dar previsibilidade às relações:

> RECURSO EXTRAORDINÁRIO. ICMS. SUBSTITUIÇÃO TRIBUTÁRIA. DERIVADOS DE PETRÓLEO. CONSTITUICIONALIDAE. 1. O Plenário desta Corte, ao julgar o RE 213.396 (DJ de 01/12/2000), assentou a constitucionalidade do sistema de substituição tributária "para frente", mesmo antes da promulgação da EC nº 03/93. 2. Alegação de que a aplicação do sistema de substituição tributária no mês de março de 1989 ofenderia o princípio da irretroatividade. Procedência. Embora a instituição deste sistema não represente a criação de um novo tributo, há substancial alteração no sujeito passivo da obrigação tributária. 3. Recurso extraordinário conhecido e provido em parte. (BRASIL, 2007).

No mesmo sentido, no julgamento do ARE 1076550 AgR/GO (BRASIL, 2020), a Primeira Turma do STF entendeu, mediante equiparação com a imputação de sujeição passiva por substituição tributária, que a precípua finalidade constitucional da anterioridade seria evitar a quebra desproporcional da confiança, de modo que seria cabível a extensão do princípio às relações em que a alteração legislativa perpetrada pelo Estado acaba, na prática, importando majoração ou criação de tributo.

Segundo esse raciocínio, seria possível sustentar a irretroatividade e necessidade de observância da anterioridade à imputação de sujeição passiva por substituição tributária, dado que a precípua finalidade do princípio da anterioridade é assegurar ao sujeito passivo previsibilidade para que não seja surpreendido com a cobrança de exação tributária.

Assim, ainda que a substituição tributária represente mera tática arrecadatória, havendo ressarcimento nas demais etapas da cadeia, o sujeito que arcará efetivamente com a carga tributária deve ter o direito de, ao menos, se preparar para o pagamento, em decorrência da confiança depositada no Estado.

Em relação aos tribunais locais, também é possível verificar julgados nos dois sentidos, ou seja, tanto pela aplicação do art. 150, III, da CF aos casos de substituição tributária quanto pela sua inaplicabilidade.

Na ocasião do julgamento do recurso de apelação n. 017992-29.2010.8.26.0032 (SÃO PAULO, 2018), o Tribunal de Justiça de São Paulo assentou a impossibilidade de aplicação da anterioridade – anual ou nonagesimal – ao regime de apuração da substituição tributária, sob o fundamento de que o princípio somente incidiria nas hipóteses de aumento quantitativo do encargo tributário e não quando há mera "cooperação com a Administração tributária".

Em sentido oposto, a 7ª Câmara de Direito Público do TJSP (SÃO PAULO, 2011a) consignou que há casos em que a substituição tributária vai além da mera tática de arrecadação, na medida em que, na prática, acaba por desonerar o contribuinte, dispensando-o de recolher o tributo naquela fase da cadeia em específico, e transfere a outrem o dever.

Segundo o raciocínio exarado, o terceiro a quem incumbe efetuar o recolhimento do tributo deveria ter previsibilidade como efetivação do direito de se preparar para o dispêndio referente ao que lhe será exigido (ainda que seja cabível ressarcimento futuro).

Há casos, como o recurso de apelação n. 1002548-31.2018.8.26.0428, em que o TJSP manifestou que não seria possível definir, a priori, se o regime de substituição tributária imposto deveria se submeter à anterioridade. Na ocasião, o colegiado posicionou-se pela necessidade de produção probatória para refutar eventual inconstitucionalidade da produção imediata dos efeitos do ato que instituiu a substituição tributária. (SÃO PAULO, 2020).

No âmbito do Tribunal de Justiça do Rio de Janeiro, a maioria dos julgados localizados entendiam pela desnecessidade de observância à anterioridade para instituição do regime de substituição tributária. (RIO DE JANEIRO, 2020b).

Vale destacar, somente os casos em que a substituição tributária deflagra majoração do valor agregado (MVA), circunstância esta que exigiria anterioridade, de acordo com o TJRJ. (RIO DE JANEIRO, 2019).

No mesmo sentido, o Tribunal de Justiça do Paraná, nos acórdãos n. 0001345-35.2017.8.16.0179 (PARANÁ, 2019a) e 0001316-82.2017.8.16.0179 (PARANÁ, 2019b), posicionou-se no sentido de que a substituição tributária analisada, por envolver MVA, provocaria majoração indireta do próprio tributo e, por essa circunstância, deveria respeitar o princípio da anterioridade plasmado no art. 150, III, "b" e "c", da CF.

Em relação ao Tribunal de Justiça do Rio Grande do Sul, também prevalece à interpretação de que o regime de substituição tributária não estaria sujeito à aplicação do art. 150, III, CF, exceto quando a substituição representar majoração da base de cálculo do tributo, mediante readequação da margem de valor agregado (RIO GRANDE DO SUL, 2017).

Vislumbra-se, portanto, a tendência dos tribunais a não aplicarem o princípio da anterioridade – plena ou nonagesimal – aos casos de substituição tributária, porquanto não implicam, em princípio, majoração da carga tributária.

De qualquer forma, é possível extrair dos precedentes analisados a preocupação de verificar *in concreto* se a mera alteração do sujeito passivo tem o condão de majorar ou reduzir a carga tributária em determinado ponto da cadeia, uma vez que, nessa circunstância, o art. 150, III, CF seria aplicável ao regime de alteração do sujeito passivo. Denota-se, ainda que de forma incipiente, preocupação dos tribunais em garantir ao contribuinte previsibilidade para arcar com eventual aumento do encargo.

3 Considerações finais

Diante do exposto, verifica-se que a jurisprudência – assim como a doutrina – possui a preocupação em demarcar as diferenças entre os institutos da substituição tributária e dos benefícios fiscais. Contudo, tal diferenciação não se mostra tão simples na prática.

Por vezes, a técnica arrecadatória que visa à simplificação do recebimento do tributo se confunde com a instituição de benefícios fiscais, na medida em que desonera ou reduz a carga tributária incidente.

Nessas circunstâncias em que há coincidência entre os institutos, a jurisprudência admite a aplicação dos arts. 178 e 179 do CTN ao regime de substituição tributária, por entender que, na essência, haveria regra de isenção.

Demais disso, a jurisprudência majoritária entende que a revogação de benefício fiscal e a transferência da responsabilidade tributária não precisam observar a anterioridade, uma vez que em nenhuma das hipóteses há a criação de um tributo propriamente dito, tampouco sua majoração.

Todavia, existem julgados que consignam a necessidade de observância da anterioridade nos casos de substituição tributária, sob o argumento de que o responsável deveria ter como se programar para o dispêndio. Esse entendimento está em consonância com a segurança jurídica e a legítima confiança, haja vista que, ainda que o responsável possa se ressarcir do tributo eventualmente adiantado, é justo que este tenha tempo hábil para se planejar para o adimplemento.

Em suma, os conceitos de "substituição tributária" e "benefícios fiscais" não são tão estanques quanto aparentam ser. Para correta delimitação dos institutos, há que se observar, na prática, o modo como se interrelacionam.

Referências

ADEODATO, João Maurício. Bases para uma metodologia da pesquisa em direito. **Revista da Faculdade de Direito de São Bernardo do Campo**, v. 4, p. 171-187, 1999.

ANDRADE, José Maria Arruda de. **Interpretação da norma tributária**. São Paulo: MP Editora, 2006.

ÁVILA, Humberto. **Segurança jurídica**: entre permanência, mudança e realização no Direito Tributário. 2. ed. São Paulo: Malheiros, 2012.

BRASIL, Superior Tribunal de Justiça, **EREsp n. 1.119.205/MG**, Primeira Seção, julg. 27 out. 2010, DJe 08 nov. 2010.

BRASIL, Superior Tribunal de Justiça. **RMS 21.118-SE**. Primeira Turma, julg. 12 jun. 2007, DJ 29 jun. 2007.

BRASIL, Superior Tribunal de Justiça. **RMS 23.696/RR**, Primeira Turma, julg. 18 mar. 2008, DJ 12 mai. 2008.

BRASIL, Superior Tribunal de Justiça. **RMS 32.937/MT**, Primeira Turma, julg. 06 dez. 2011, DJ 13 dez. 2011.

BRASIL, Supremo Tribunal Federal. **ADI 1.851/AL**, Tribunal Pleno, julg. 03 set. 1998, DJ 23 out. 1998.

BRASIL, Supremo Tribunal Federal. **ADI 277/SP**. Tribunal Pleno, julg. 07 out. 2003, DJ 16 out. 2003.

BRASIL, Supremo Tribunal Federal. **ARE 1008315 AgR/RJ**, Primeira Turma, julg. 24 nov. 2017, DJ 07 dez. 2017.

BRASIL, Supremo Tribunal Federal. **ARE 1076550 AgR/GO**, Primeira Turma, julg. 20 dez. 2019, DJ 13 fev. 2020.

BRASIL, Supremo Tribunal Federal. **ARE 682.631 AgR-AgR**, Primeira Turma, julg. 25 mar. 2014, DJ 02 mai. 2014a.

BRASIL, Supremo Tribunal Federal. **RE 266.602**, Tribunal Pleno, julg. 14 set. 2006, DJ 02 fev. 2007.

BRASIL, Supremo Tribunal Federal. **RE 564.225 AgR/RS**, Primeira Turma, julg. 02 set. 2014, DJ 18 nov. 2014b.

BRASIL, Supremo Tribunal Federal. **RE-RG 593.849/MG**. Tribunal Pleno, j. 19 out. 2016, DJ 22 out. 2016.

CARRAZZA, Roque Antônio. **ICMS**. 16. ed. São Paulo: Malheiros, 2018.

CARVALHO, Paulo de Barros. **Curso de direito tributário**. 19. ed. São Paulo: Saraiva, 2007.

CHIESA, Clélio. Isenção. **Enciclopédia jurídica da PUC-SP**. Celso Fernandes Campilongo, Alvaro de Azevedo Gonzaga e André Luiz Freire (coords.). Tomo: Direito Tributário. Paulo de Barros Carvalho, Maria Leonor Leite Vieira, Robson Maia Lins (coord. de tomo). 1. ed. São Paulo: Pontifícia Universidade Católica de São Paulo, 2017. Disponível em: https://enciclopedia juridica.pucsp.br/verbete/290/edicao-1/isencao. Acesso em: 15 mar. 2022.

COSTA, Regina Helena. **Curso de direito tributário**: Constituição e Código Tributário Nacional. 8. ed. São Paulo: Saraiva, 2018.

DERZI, Misabel; MOURA, Fernando. Projeto de lei que prevê taxação de dividendos é impertinente. **Consultor Jurídico**, 1º de abril de 2020. Disponível em: https://https://www.conjur.com.br/2020-abr-01/misabel-derzi-fernando-moura-pl-7662020-impertinente. Acesso em: 11 fev. 2022.

EISENHARDT, K. M. Building theories from case study research. **Academy of Management Review**, v. 14, n. 4, p. 532-550, 1989.

GUBA, Ergon G.; e LINCOLN, Yvonna S. Competing paradigms in qualitative research. In: N.K. Denzin e Y. Lincoln (eds.). **Handbook of qualitative research**. Thousand Oaks, Sage Publications, 1994.

JUSTEN FILHO, Marçal. **O imposto sobre serviços na Constituição**. São Paulo: RT, 1985.

MINAS GERAIS. Tribunal de Justiça de Minas Gerais. **Ap 1356231-43.2003.8.13.0024**, Quinta Câmara Cível, julg. 18 nov. 2004, DJ 07 dez. 2004.

PARANÁ. Tribunal de Justiça do Paraná. **Ap 0001345-35.2017.8.16.0179**, Primeira Câmara Cível, julg. 21 out. 2019, DJ 21 out. 2019a.

PARANÁ. Tribunal de Justiça do Paraná. **Ap 0001316-82.2017.8.16.0179**, Terceira Câmara Cível, julg. 09 dez. 2019, DJ 10 dez. 2019b.

PARANÁ. Tribunal de Justiça do Paraná. **Ap 0004580-50.2017.8.16.0004**, Segunda Câmara Cível, julg. 10 mar. 2020, DJ 11 mar. 2020.

RABELLO FILHO, Francisco Pinto. **O princípio da anterioridade da lei tributária**. São Paulo: Revista dos Tribunais, 2002.

RIO DE JANEIRO. Tribunal de Justiça do Rio de Janeiro. **Ap 0032086-60.2016.8.19.0001**, Quinta Câmara Cível, julg. 28 jan. 2020, DJ 31 jan. 2020a.

RIO DE JANEIRO. Tribunal de Justiça do Rio de Janeiro. **Ap 0174998-61.2008.8.19.0001**, Vigésima Quarta Câmara Cível, julg. 08 abr. 2020, DJ 14 abr. 2020b.

RIO DE JANEIRO. Tribunal de Justiça do Rio de Janeiro. **Ap 0204963-74.2014.8.19.0001**, Quinta Câmara Cível, julg. 06 ago. 2019, DJ 08 ago. 2019.

RIO GRANDE DO SUL. Tribunal de Justiça do Rio Grande do Sul. **AI 0374580-59.2016.8.21.7000**, Vigésima Segunda Câmara Cível, julg. 26 jun. 2017, DJ 06 jul. 2017.

RIO GRANDE DO SUL. Tribunal de Justiça do Rio Grande do Sul. **Ap 0218249-44.2019.8.21.7000**, Primeira Câmara Cível, julg. 02 out. 2019, DJ 04 out. 2019.

SÃO PAULO, Tribunal de Justiça de São Paulo. **Ap 0047123-94.2010.8.26.0114**, Sétima Câmara de Direito Público, julg. 22 ago. 2011, DJ 22 ago. 2011a.

SÃO PAULO, Tribunal de Justiça de São Paulo. **Ap 0017992-29.2010.8.26.0032**, Décima Quinta Câmara de Direito Público, julg. 01 fev. 2018, DJ 06 mar. 2018.

SÃO PAULO, Tribunal de Justiça de São Paulo. **Ap 0025815-88.2010.8.26.0053**, Décima Segunda Câmara de Direito Público. Julg. 21 ago. 2013, DJ 27 ago. 2013.

SÃO PAULO, Tribunal de Justiça de São Paulo. **Ap 0026040-22.2010.8.26.0114**, Décima Primeira Câmara de Direito Público, julg. 05 dez. 2011, DJ 12 dez. 2011b.

SÃO PAULO, Tribunal de Justiça de São Paulo. **Ap 0047123-94.2010.8.26.0114**, Sétima Câmara de Direito Público, julg. 22 ago. 2011, DJ 22 ago. 2011c.

SÃO PAULO, Tribunal de Justiça de São Paulo. **Ap 1002548-31.2018.8.26.0428**, Quarta Câmara de Direito Público, julg. 15 out. 2018, DJ 14 abr. 2020.

SCHOUERI, Luís Eduardo; GALENDI JR., Ricardo André. Irretroatividade e função extrafiscal do tributo: elementos para a superação definitiva da Súmula nº 584 do STF. In: DELIGNE, Maysa de Sá Pittondo; LEITE, Matheus Soares (coord.). **Extrafiscalidade**: conceito, intepretação, limites e alcance. Belo Horizonte: Fórum, 2017.

SOARES DE MELO, José Eduardo de. **ICMS**: teoria e prática. 21. ed. São Paulo: Dialética, 2019.

SOUSA, Rubens Gomes de. **Compêndio de legislação tributária**. São Paulo: Editora Resenha Tributária, 1975.

Autoras e autores

Abílio de Medeiros Rodrigues
Cursando MBA Executivo em Gestão Pública Fazendária pela Fundação Getúlio Vargas (FGV-IDE). Especialista em Auditoria Fiscal-Contábil pela Universidade Federal da Paraíba (UFPB). Gerente de Planejamento da SEFAZ-PB. Auditor Fiscal Tributário Estadual da SEFAZ-PB. E-mail: abilioamr@gmail.com

Ana Paula Basso
Doutora em Direito Tributário Europeu pela "Unversidad de Castilla-La Mancha", na Espanha, e na "Università di Bologna", na Itália. Professora da graduação e da Pós-Graduação da Universidade Federal da Paraíba (UFPB). Vice- coordenadora do Programa de Pós-Graduação em Ciências Jurídicas, da UFPB. Líder do Grupo de Pesquisa Estudos de Direito Tributário e suas repercussões socioeconômicas – GPEDTRS/CAPES/CNPQ/UFPB. E-mail: anapaula.basso@gmail.com

Anayibe Ome Barahona
Candidata a doctora en Derecho, por la Universidad de Castilla – La Mancha, de España, Investigadora y miembro activo del grupo SINAPSIS de la Universidad de la Amazonia, Colombia; e-mails: a.ome@udla.edu.co; e, anayibe_ome@yahoo.com.

Anderson Diego Marinho da Silva
Mestrando em Direito e Desenvolvimento pelo Centro Universitário de João Pessoa/Unipê. E-mail: advogadoandersonmarinho@gmail.com.

André Borges Coelho de Miranda Freire
Doutorando e Mestre em Direito Tributário pela Universidade de São Paulo – USP. Especialista em Direito Tributário pela FGV-SP. Advogado e Procurador do Município de João Pessoa. Ex-Procurador do Estado de Sergipe.

André Luna
Doutorando e Mestre em Direito Econômico pela Universidade Federal da Paraíba – UFPB. Especialista em Direito Tributário pelo IBET e em Redes de Computadores pela Universidade Federal do Rio Grande do Norte – UFRN. MBA em Gestão de Projetos pela Fundação Getúlio Vargas – FGV. Servidor público estadual. E-mail: andre.luna@academico.ufpb.br

ANDREW DOS SANTOS FILGUEIRA
Mestrando em Direito Tributário pelo IBET. Professor do IBET em Belém/PA. Advogado na Favacho Franco Advogados. E-mail: andrew@favachofranco.com.

ANNA KARLA DA SILVA BRISOLA
Master's student in Legal Sciences at Universidade Federal da Paraíba (UFPB). Bachelor of Laws at Centro Universitário de João Pessoa – UNIPÊ. Tax lawyer. E-mail: anna.k.brisola@gmail.com

ANTÔNIO CARLOS DINIZ MURTA
Doutor em Direito pela UFMG. Professor titular da Universidade FUMEC. Procurador do Estado de Minas Gerais. E-mail: acmurta@fumec.br.

ANTÔNIO DE MOURA BORGES
Pós-doutor em Direito pela Georgetown University Law Center (GULC), EUA e pela Universidad Complutense de Madrid (UCM), Espanha. Doutor em Direito pela Universidade de São Paulo (USP). Professor titular do Programa de Pós-Graduação em Direito da Universidade de Brasília (UnB). E-mail: antoniodemouraborges@gmail.com

ARNALDO OLIVEIRA DA SILVA NETO
Mestrando do Programa de Pós-Graduação em Ciências Jurídicas da Universidade Federal da Paraíba – UFPB. Graduando em Ciências Econômicas pela Universidade Federal de Campina Grande – UFCG. E-mail: arnaldo.oliveira@academico.ufpb.br

BRUNO BASTOS DE OLIVEIRA
Doutor e Mestre em Direito pela UFPB. Professor do Programa de Pós-Graduação em Direito da Universidade de Marília – UNIMAR. E-mail: advogado.bbastos.adv@gmail.com.

DANIELLE VICTOR AMBROSANO
Mestra em Direito pela Universidade Federal de Pernambuco - UFPE. Sócia no escritório Cunha Leão Advogados. E-mail: danielle@cunhaleao.com.br

DIANA DE MELO COSTA LIMA
Mestranda em Direito Econômico pela Universidade Federal da Paraíba – UFPB. Advogada e Procuradora do Estado de Pernambuco

FERNANDO GOMES FAVACHO
Doutor em Direito Tributário pela PUC/SP. Coordenador do IBET em Belém/PA. Conselheiro do CARF. E-mail: fernando.favacho@carf.economia.gov.br.

Fernando José Viana
Mestre em Ciências Jurídicas pela Universidade Federal da Paraíba – UFPB. Bacharel em Ciências Jurídicas pela Faculdade Brasileira de Ciências Jurídicas – SUESC/RJ. Bacharel em Ciências Econômicas pela Gay Lussac Instituto de Ensino Superior/RJ. Especialista em Direito Tributário e Processo Tributário pela Escola Superior de Advocacia – ESA/OAB-PB/UNINASSAU. E-mail: fjvadv@gmail.com.

Francisco de Assis Diego Santos De Souza
Aluno especial do doutorado e mestre em Ciências Jurídicas pela Universidade Federal da Paraíba – UFPB.

Francisco Leite Duarte
Doutorando e Mestre em Direito pela Universidade Federal da Paraíba – UFPB. Auditor Fiscal da Receita Federal do Brasil. Professor da Escola Superior da Magistratura da Paraíba – ESMA-PB), Centro Universitário de João Pessoa – Unipê e Universidade Estadual da Paraíba – UEPB.

Gabriel Xavier Marino
Graduado em Direito pela Universidade FUMEC. Advogado. E-mail: gabrielxmarino@gmail.com

Gabrielle Jacobi Kölling
Pós-doutoranda em Direito pelo Centro Universitário do Distrito Federal – UDF (bolsista da Fundação de Amparo à Pesquisa do Distrito Federal – FAPDF). Doutora em Direito pela Universidade do Vale do Rio dos Sinos – Unisinos. Professora do Mestrado Profissional em Direito, Mercado, Compliance e Segurança Humana do Complexo de Ensino Renato Saraiva – Faculdade CERS. E-mail: koll.gabrielle@gmail.com

Harrison Alexandre Targino Júnior
Mestrando em Ciências Jurídicas pela UFPB. Especialista em Direito Público e Direito Civil. E-mail: harrisontarginojunior@gmail.com

Hector Ruslan Rodrigues Mota
Mestre em Direito pela UFPB. E-mail: hectorruslan@hotmail.com

Hendrick Pinheiro
Doutorando em Direito Econômico, Financeiro e Tributário pela USP. Mestre em Direito Econômico, Financeiro e Tributário pela USP. Especialista em Direito Tributário pelo Instituto Brasileiro de Estudos Tributários – IBET. E-mail: h.pinheiro@manesco.com.br

Isabela Dativo Sena
Graduanda em Direito pela Universidade Federal da Paraíba. Pesquisadora do Grupo de Pesquisa Estudos de Direito Tributário e suas repercussões socioeconômicas – GPEDTRS/CAPES/CNPQ/UFPB. E-mail: isabelasena2000@gmail.com

Jeferson Teodorovicz
Pós-Doutor em Direito pela UNB. Doutor em Direito Econômico e Financeiro pela USP. Mestre em Direito Econômico e Socioambiental pela PUCPR. Especialista em Gestão Contábil e Tributária pela UFPR. Graduado em Direito pela PUCPR. Conselheiro Titular do CARF. Professor da Escola de Políticas Públicas e Governo – EPPG da FGV – Brasília – DF.

Joedson de Souza Delgado
Doutorando em Direito pela UnB. Mestre em Direito pelo Centro Universitário de Brasília – CEUB. Servidor público federal. E-mail: joedson.delgado@hotmail.com

Júlia Braceiro Daneluzzi
Especialista em Direito Tributário Brasileiro pelo Instituto Brasileiro de Direito Tributário – IBDT (em curso). Graduada em Direito pela PUC-SP. Exerceu atividade acadêmica de monitoria em Direito Constitucional III e IV. Pesquisadora na Facoltá di Giurisprudenza de Lecce em Filosofia do Direito. Advogada, com atuação em direito tributário. E-mail: juliadaneluzzi@uol.com.br

Laércio Damiane Cerqueira da Silva
Doutor e Mestre em Economia Aplicada pelo Programa de Pós-Graduação em Economia da UFPB. Professor Adjunto do Departamento de Economia da UFPB. Advogado Especialista em Direito Tributário. Perito Econômico-Financeiro. E-mail: laerciocerqueira@hotmail.com.

Lídia Maria Ribas
Doutora e Mestre em Direito do Estado pela PUC/SP. Professora permanente do Mestrado em Direitos Humanos da UFMS. Líder do Grupo de Pesquisas Direito, Políticas Públicas e Desenvolvimento Sustentável e pesquisadora no Grupo de Pesquisas - Tutela Jurídica das Empresas em face do Direito Ambiental Constitucional, ambos do CNPq. Membro da ABDT, da ADPMS, da ABDI e do CEDIS/UNL. Orcid: https://orcid.org/0000-0003-4764-6661. E-mail: limaribas@uol.com.br

Lidiane da Cruz Garcia
Mestre e Doutoranda em Direito pela Unimar, no Programa de Doutorado na Área de concentração: Empreendimentos econômicos, desenvolvimento e mudança social. E-mail lidianecruzgarcia@hotmail.com

Luciana Grassano de Gouvêa Melo
Doutora em Direito pela UFPE, com estágio pós-doutoral na Universidade de Bolonha, na Itália. Professora associada dos programas de graduação, mestrado e doutorado em Direito da UFPE. Ex-diretora da Faculdade de Direito do Recife/UFPE (2007 a 2015) e Procuradora do Estado de Pernambuco. E-mail: luggmelo@gmail.com

Luis María Romero Flor
Doctor en Derecho por la Universidad de Castilla-La Mancha – UCLM (España) y Doctor en Fiscalidad Europea por la Universidad de Bolonia – UNIBO (Itália). Profesor titular de Derecho Financiero y Tributario de la UCLM. E-mail: LuisMaria.Romero@uclm.es

Maria de Fátima Ribeiro
Doutora em Direito Tributário pela Pontifícia Universidade Católica de São Paulo. Professora titular do Programa de Mestrado e Doutorado em Direito e do curso de Graduação em Direito da Unimar -Universidade de Marília-SP. E-mail: professoramariadefatimaribeiro@gmail.com

Raul Messias Lessa
Mestrando em Ciências Jurídicas pela UFPB. Assessor Judiciário da Justiça Federal Seccional de Alagoas. Secretário do Conselho Regional de Odontologia de Alagoas.

Ronaldo Medeiros
Doutorando em Direito Fiscal pela Faculdade de Direito da Universidade de Lisboa (FDUL). Mestre em Direito Tributário pela FGV DIREITO SP. Especialista em Direito Processual Civil pela Universidade Potiguar (UnP), em Auditoria Fiscal-Contábil pela Universidade Federal da Paraíba (UFPB) e em Economia do Trabalho pela Universidade Federal da Paraíba (UFPB). Auditor Fiscal Tributário Estadual da SEFAZ-PB. Associado do Instituto Brasileiro de Direito Tributário (IBDT). E-mail: medeirossre@hotmail.com.

Severino Pereira Cavalcanti Neto
Mestrando do Programa de Pós-Graduação em Ciências Jurídicas da UFPB. E-mail: severino.cavalcanti@academico.ufpb.br.

Waldemar de Albuquerque Aranha Neto
Doutorando e Mestre em Direito pela UFPB. Professor de Direito Tributário e Financeiro no Centro de Ciências Jurídicas da UFPB. Auditor Fiscal da Secretaria da Fazenda Municipal de João Pessoa. ORCID: https://orcid.org/0000-0001-6136-8018. E-mail: wnetojp@hotmail.com.

 www.ingramcontent.com/pod-product-compliance
Ingram Content Group UK Ltd.
Pitfield, Milton Keynes, MK11 3LW, UK
UKHW022242230426
12048UKWH00018BA/1406